人民法院
办理执行案件规范

（第二版）

最高人民法院执行局 编

人民法院出版社

图书在版编目（CIP）数据

人民法院办理执行案件规范 / 最高人民法院执行局编. -- 2版. -- 北京 : 人民法院出版社, 2022.12
ISBN 978-7-5109-3638-8

Ⅰ. ①人… Ⅱ. ①最… Ⅲ. ①法院－执行(法律)－法律规范－中国 Ⅳ. ①D926.2

中国版本图书馆CIP数据核字(2022)第221787号

人民法院办理执行案件规范（第二版）

最高人民法院执行局　编

策划编辑　陈建德　兰丽专
责任编辑　丁塞峨
执行编辑　杨　洁　赵杰琼
出版发行　人民法院出版社
地　　址　北京市东城区东交民巷 27 号（100745）
电　　话　（010）67550562（责任编辑）　67550558（发行部查询）
　　　　　65223677（读者服务部）
客 服 QQ　2092078039
网　　址　http://www.courtbook.com.cn
E - mail　courtpress@sohu.com
印　　刷　保定市中画美凯印刷有限公司
经　　销　新华书店

开　　本　787 毫米×1092 毫米　1/16
字　　数　448 千字
印　　张　36.75
版　　次　2022 年 12 月第 1 版　2022 年 12 月第 1 次印刷
书　　号　ISBN 978-7-5109-3638-8
定　　价　138.00 元

《人民法院办理执行案件规范（第二版）》
编　委　会

重编说明

习近平总书记在党的二十大报告中强调，“要以良法促进发展、保障善治”。最高人民法院执行局于2017年编撰的《人民法院办理执行案件规范》（以下简称《规范》），对执行领域法律规范进行体系化整理，内容全面、结构合理、体系完整、适用方便，在很大程度上解决了执行领域法律规范空白点多、分散凌乱、适用困难等方面的问题，一经出版即成为全国法院执行人员人手一册的“办案宝典”，以及当事人充分行使诉讼权利、有效保障合法权益的规范指南，受到广泛好评。

“治国无其法则乱，守法而不变则衰。”《规范》出版以来，执行实践及相应的法律规范，发生了翻天覆地的变化：“基本解决执行难”目标如期实现，执行工作进入攻坚之后的巩固和提高阶段；最高人民法院陆续出台涉执行司法解释，发布指导性案例，执行领域法律规范更加完备；民法典的出台、民事诉讼法的修正，使部分民事诉讼制度发生变化，为确保法律适用标准统一，最高人民法院在全面清理的基础上发布了与民法典配套的司法解释，其中，涉执行类司法解释修正18件、废止8件；最高人民法院牵头起草民事强制执行法（草案），于2022年6月21日提请全国人大常委会审议。在执行规范化建设的崭新阶段，对现行有效的执行规范进行系统梳理，实现执行法律规范的体系化，是满足办案需要、回应实践需求、规范执行行为的重要举措，对于推进执行工作现代化、助力民事强制执行立法也具有重要意义。

为此，最高人民法院执行局历时两年，在广泛征求全国法院执行系统意见建议的基础上，采取全局参与和专班起草的工作模式，反复研究、修改，完成了《规范》的重新编撰工作。重新编撰的《规范》共修正原有条目324条，新增条目452条，删除条目127条。修正主文3120处，修正脚注（不含法律、司法解释条文序号）770处。重新编撰后的条目数量由1000条增加到1325条。

重新编撰后的《规范》具有“全”“明”“清”“捷”四大特点：一是“全”，实现了对执行领域法律规范全覆盖。《规范》对1949年以来涉及执行的16部法律、90部司法解释、101部规范性文件、30篇指导性案例、105篇请示答复进行了全面整合，是执行领域法律规范的“集大成者”。二是“明”，对执行法律规则空白、争议问题进行了明确。进一步梳理执行工作中存在的疑难问题，尤其是实践中出现的新情况、新问题，对于达成基本共识的，在《规范》中予以明确。三是“清”，对执行法律规范重复、冲突之处进行梳理。针对法律、司法解释、规范性文件对同一问题作出不同规定的问题，明确了可以适用的条文，指明了法律适用的具体路径。四是“捷”，提高了执行法律规范查找和适用的便捷程度。形成了一套以操作规程为核心、覆盖执行工作各重要节点的执行案件办案规范，编章节条的体例结构和归纳的条文要旨，以及脚注中对相关规则的汇总梳理，方便执行人员、当事人及其诉讼代理人维护权益“按图索骥”。需要特别说明的是，《规范》系对现行执行法律规范的体系化编撰，具有工具性价值，但本身并不具有法律效力，不能直接作为执行人员办理案件、当事人维护权益的法律依据，具体的法律规则以现行有效的法律、司法解释和规范性文件为准。

我们相信，重新编撰后的《规范》，能够进一步满足执行人员的办案需要，提升执行工作规范化水平，也能够为制定民事强制执行法及其配套司法解释提供基础性支撑。

凡　例

本规范正文所用主要法律名称均用简语，其例如下：

《中华人民共和国刑法》	刑法
《中华人民共和国民法典》	民法典
《中华人民共和国公司法》	公司法
《中华人民共和国证券法》	证券法
《中华人民共和国仲裁法》	仲裁法
《中华人民共和国企业破产法》	企业破产法
《中华人民共和国民事诉讼法》	民事诉讼法
《中华人民共和国刑事诉讼法》	刑事诉讼法
《中华人民共和国行政诉讼法》	行政诉讼法
《中华人民共和国海事诉讼特别程序法》	海事诉讼特别程序法

总 目 录

第一编 执行工作一般规范

第二编　执行实施案件办理规范

第三编　执行审查案件办理规范

目 录

第一编 执行工作一般规范

第二编 执行实施案件办理规范

第三编　执行审查案件办理规范

第一编　执行工作一般规范

第一章 执行管辖

1.【执行管辖的一般规定】

发生法律效力的民事判决、裁定、调解书，由第一审人民法院或者与第一审人民法院同级的被执行的财产所在地人民法院执行。①

发生法律效力的实现担保物权裁定、确认调解协议裁定、支付令，由作出裁定、支付令的人民法院或者与其同级的被执行财产所在地的人民法院执行。认定财产无主的判决，由作出判决的人民法院将无主财产收归国家或者集体所有。②

刑事裁判涉财产部分，由第一审人民法院执行。第一审人民法院可以委托财产所在地的同级人民法院执行。③

发生法律效力的行政判决书、行政裁定书、行政赔偿判决书和行政调解书，由第一审人民法院执行。④ 行政机关申请人民法院强制执行其行政行为的，由申请人所在地的基层人民法院受

---

① 参照《中华人民共和国民事诉讼法》（2021年12月24日修正）第二百三十一条第一款、第二百四十一条。

② 《最高人民法院关于适用〈中华人民共和国民事诉讼法〉的解释》（法释〔2015〕6号，2022年3月22日修正）第四百六十条。

③ 《最高人民法院关于刑事裁判涉财产部分执行的若干规定》（法释〔2014〕13号）第二条，参照《最高人民法院关于适用〈中华人民共和国刑事诉讼法〉的解释》（法释〔2021〕1号）第五百二十二条。

④ 参照《最高人民法院关于适用〈中华人民共和国行政诉讼法〉的解释》（法释〔2018〕1号）第一百五十四条第一款。

理；执行对象为不动产的，由不动产所在地的基层人民法院受理。①

知识产权法院审理的第一审案件，生效判决、裁定、调解书需要强制执行的，知识产权法院所在地的高级人民法院可指定辖区内其他中级人民法院执行。②

法律规定由人民法院执行的其他法律文书③，由被执行人住所地或者被执行的财产所在地人民法院执行。④

2. 【请求外国法院承认与执行】

人民法院作出的发生法律效力的判决、裁定，如果被执行人或者其财产不在中华人民共和国领域内，当事人请求执行的，可以由当事人直接向有管辖权的外国法院申请承认和执行，也可以由人民法院依照中华人民共和国缔结或者参加的国际条约的规定，或者按照互惠原则，请求外国法院承认和执行。

中华人民共和国涉外仲裁机构⑤作出的发生法律效力的仲裁裁决，当事人请求执行的，如果被执行人或者其财产不在中华人民共和国领域内，应当由当事人直接向有管辖权的外国法院申请承认和执行。⑥

3. 【“被执行的财产所在地”的确定】

被执行的财产为不动产的，该不动产的所在地为被执行的财

---

① 参照《最高人民法院关于适用〈中华人民共和国行政诉讼法〉的解释》（法释〔2018〕1号）第一百五十七条第一款。

② 《最高人民法院关于知识产权法院案件管辖等有关问题的通知》（法〔2014〕338号）第六条。

③ “其他法律文书”包括商事仲裁裁决、劳动人事争议仲裁裁决及调解书、农村土地承包仲裁裁决及调解书、经公证赋予强制执行效力的债权文书等。

④ 《中华人民共和国民事诉讼法》（2021年12月24日修正）第二百三十一条第二款。

⑤ 国内其他仲裁机构作出的发生法律效力的具有涉外因素的仲裁裁决，被执行人住所地或者其财产均不在国内的，适用本规范第2条的规定。

⑥ 《中华人民共和国民事诉讼法》（2021年12月24日修正）第二百八十七条。

产所在地。[1]

被执行的财产为股权或者股份的，该股权或者股份的发行公司住所地为被执行的财产所在地。[2]

被执行的财产为商标权、专利权、著作权等知识产权的，该知识产权权利人的住所地为被执行的财产所在地。

被执行的财产为到期债权的，被执行人的住所地为被执行的财产所在地。

4.【选择管辖】

两个以上人民法院都有管辖权的，当事人可以向其中一个人民法院申请执行；当事人向两个以上人民法院申请执行的，由最先立案的人民法院管辖。[3]

5.【管辖竞合】

对两个以上人民法院都有管辖权的执行案件，人民法院在立案前发现其他有管辖权的人民法院已经立案的，不得重复立案。

立案后发现其他有管辖权的人民法院已经立案的，应当撤销案件；已经采取执行措施的，应当将控制的财产交先立案的执行法院处理。[4]

---

① 被执行的不动产已办理登记的，因其登记地与所在地是一致的，故以其所在地为被执行的财产所在地，即以登记地为被执行的财产所在地；被执行的不动产未办理登记的，应当以该不动产所在地为被执行的财产所在地。

② 参照《最高人民法院关于人民法院强制执行股权若干问题的规定》（法释〔2021〕20号）第三条、《最高人民法院执行局关于法院能否以公司证券登记结算地为财产所在地获得管辖权问题的复函》（〔2010〕执监字第16号）。复函主要内容为："本院认为，证券登记结算机构是为证券交易提供集中登记、存管与结算服务的机构，但证券登记结算机构存管的仅是股权凭证，不能将股权凭证所在地视为股权所在地。由于股权与其发行公司具有密切的联系，因此，应当将股权的发行公司住所地认定为该类财产所在地。深圳中院将证券登记结算机构所在地认定为上市公司的财产所在地予以立案执行不当。"

③ 《最高人民法院关于人民法院执行工作若干问题的规定（试行）》（法释〔1998〕15号，2020年12月23日修正）第13条。

④ 《最高人民法院关于适用〈中华人民共和国民事诉讼法〉执行程序若干问题的解释》（法释〔2008〕13号，2020年12月23日修正）第二条。

6.【管辖争议的处理】

人民法院之间因执行管辖权发生争议的，由双方协商解决；协商不成的，报请双方共同的上级人民法院指定管辖。①

7.【指定执行、提级执行】

上级人民法院对下级人民法院的执行案件，认为需要提级执行、指定执行的，可以裁定提级执行、指定执行。

高级人民法院、中级人民法院对本院的执行案件，认为需要指定下级人民法院执行的，可以指定执行。②

高级人民法院对最高人民法院函示指定执行、提级执行的案件，中级人民法院对高级人民法院函示指定执行、提级执行的案件，应当裁定指定执行、提级执行。③

基层人民法院和中级人民法院管辖的执行案件，因特殊情况需要由上级人民法院执行的，可以报请上级人民法院执行。④

8.【提级执行的情形】

上级人民法院对下级人民法院的下列案件可以裁定提级执行：

（一）上级人民法院指令下级人民法院限期执结，逾期未执结需要提级执行的；

（二）下级人民法院报请上级人民法院提级执行，上级人民法院认为应当提级执行的；

（三）疑难、重大和复杂的案件，上级人民法院认为应当提

---

① 《最高人民法院关于人民法院执行工作若干问题的规定（试行）》（法释〔1998〕15号，2020年12月23日修正）第14条。

② 参照《最高人民法院关于高级人民法院统一管理执行工作若干问题的规定》（法发〔2000〕3号）第八条。

③ 参照《最高人民法院关于高级人民法院统一管理执行工作若干问题的规定》（法发〔2000〕3号）第八条、第九条。

④ 《最高人民法院关于人民法院执行工作若干问题的规定（试行）》（法释〔1998〕15号，2020年12月23日修正）第15条。

级执行的。[①]

9.【管辖异议的处理】

人民法院受理执行申请后，当事人自收到执行通知书之日起十日内对管辖权提出异议的，由执行审查机构审查处理[②]。管辖权异议审查和复议期间，不停止执行。[③]

10.【执行程序中发现无管辖权的处理】

执行程序中，执行法院发现本院确无管辖权的，应当撤销案件，并告知申请执行人向有管辖权的人民法院申请执行。[④]

已经控制财产的，经征询申请执行人意见，执行法院也可以将案件移送有管辖权的人民法院执行，并撤销案件。受移送的人民法院应当受理。受移送的人民法院认为依照规定不属于本院管辖的，应当报请上级人民法院指定管辖，不得再自行移送。[⑤]

无管辖权的人民法院依照前款规定将案件移送有管辖权的人民法院执行的，移送人民法院对被执行的财产采取的查封、扣押、冻结措施，视为受移送人民法院采取的查封、扣押、冻结措施，查封期限届满后受移送人民法院可凭移送人民法院的移送执行函直接办理续行查封、扣押、冻结手续。但移送执行时查封、扣押、冻结措施的有效期限不足一个月的，移送法院应当先行办理续行查封、扣押、冻结手续，再行移送。

---

① 参照《最高人民法院关于高级人民法院统一管理执行工作若干问题的规定》（法发〔2000〕3号）第九条。

② 参见本规范第1263条。

③ 参照《最高人民法院关于适用〈中华人民共和国民事诉讼法〉执行程序若干问题的解释》（法释〔2008〕13号，2020年12月23日修正）第三条。

④ 参照《最高人民法院关于适用〈中华人民共和国民事诉讼法〉执行程序若干问题的解释》（法释〔2008〕13号，2020年12月23日修正）第三条第二款，《最高人民法院关于执行案件立案、结案若干问题的意见》（法发〔2014〕26号）第十八条第一项。

⑤ 参照《中华人民共和国民事诉讼法》（2021年12月24日修正）第三十七条，《最高人民法院关于执行案件立案、结案若干问题的意见》（法发〔2014〕26号）第十八条第一项。

第二章　执行人员及其回避

11.【执行人员】

执行人员包括法官、执行员以及其他依法参与执行的司法警察、法官助理、书记员等司法辅助人员。

人民法院不得安排人民陪审员参加案件执行工作。①

12.【依法履职的要求】

执行人员执行公务时，应向有关人员出示工作证件，并按规定着装。②

执行人员执行公务时应严格遵守法律、行政法规以及司法解释的规定，严格遵守中央政法委、最高人民法院、最高人民检察院、公安部、国家安全部、司法部联合发布的《新时代政法干警“十个严禁”》等纪律规范，严格遵守法官职业道德，依法、公正、廉洁执行。

执行人员依法履行法定职责受法律保护。③

---

① 参照《最高人民法院、司法部关于〈中华人民共和国人民陪审员法〉实施中若干问题的答复》（法发〔2020〕29号）第11条。

② 参照《最高人民法院关于人民法院执行工作若干问题的规定（试行）》（法释〔1998〕15号，2020年12月23日修正）第7条。

③ 参照《中共中央办公厅、国务院办公厅关于保护司法人员依法履行法定职责规定》第四条，《最高人民法院关于依法保障法官权利的若干规定》（法发〔2005〕20号），《最高人民法院关于最高人民法院人民法院落实〈保护司法人员依法履行法定职责规定〉的实施办法》（法发〔2017〕4号）等相关内容。

13. 【执行回避情形之一】

执行人员有下列情形之一的，应当自行回避，当事人有权申请其回避：

（一）是本案当事人或者当事人近亲属的；

（二）本人或者其近亲属与本案有利害关系的；

（三）担任过本案的证人、鉴定人、辩护人、诉讼代理人、翻译人员的；

（四）是本案诉讼、执行程序代理人近亲属的；

（五）本人或者其近亲属持有本案非上市公司当事人的股份或者股权的；

（六）与本案当事人或者诉讼、执行程序代理人有其他利害关系，可能影响公正执行的。①

14. 【执行回避情形之二】

执行人员有下列情形之一的，当事人有权申请其回避：

（一）接受本案当事人及其受托人宴请，或者参加由其支付费用的活动的；

（二）索取、接受本案当事人及其受托人财物或者其他利益的；

（三）违反规定会见本案当事人、诉讼或执行程序代理人的；

（四）为本案当事人推荐、介绍诉讼或执行程序代理人，或者为律师、其他人员介绍代理本案的；

（五）向本案当事人及其受托人借用款物的；

（六）有其他不正当行为，可能影响公正执行的。②

---

① 参照《中华人民共和国民事诉讼法》（2021年12月24日修正）第四十七条，《最高人民法院关于适用〈中华人民共和国民事诉讼法〉的解释》（法释〔2015〕5号，2022年3月22日修正）第四十三条、第四十九条。

② 参照《中华人民共和国民事诉讼法》（2021年12月24日修正）第四十七条，《最高人民法院关于适用〈中华人民共和国民事诉讼法〉的解释》（法释〔2015〕5号，2022年3月22日修正）第四十四条、第四十九条。

15.【执行回避的程序】

当事人对执行人员有申请回避的权利。[①] 当事人提出回避申请的，应当说明理由，并在案件进入执行程序后，执行程序终结前提出。被申请回避的人员在人民法院作出是否回避的决定前，应当暂停参与本案的工作，但案件需要采取紧急措施的除外。[②]

审判人员、执行员、书记员的回避由院长决定。其他人员的回避由审判长、执行局长决定。审判人员、执行员、书记员有应当自行回避的情形，没有自行回避，当事人也没有申请其回避的，由院长或者审判委员会决定其回避。[③]

人民法院对当事人提出的回避申请，应当在申请提出的三日内，以口头或书面形式作出决定。申请人对决定不服的，可以在接到决定时申请复议一次。复议期间，被申请回避的人员，不停止参与本案的工作。人民法院对复议申请，应当在三日内作出复议决定，并通知复议申请人。[④]

---

① 参照《最高人民法院关于适用〈中华人民共和国民事诉讼法〉的解释》（法释〔2015〕5号，2022年3月22日修正）第四十七条、第四十九条。

② 参照《中华人民共和国民事诉讼法》（2021年12月24日修正）第四十八条。

③ 参照《中华人民共和国民事诉讼法》（2021年12月24日修正）第四十九条，《最高人民法院关于适用〈中华人民共和国民事诉讼法〉的解释》（法释〔2015〕5号，2022年3月22日修正）第四十六条、第四十九条。

④ 《中华人民共和国民事诉讼法》（2021年12月24日修正）第五十条。

第三章　执行的申请和受理

16. 【执行依据的种类】

下列发生法律效力的具有给付内容的法律文书是人民法院据以强制执行的依据：

（一）民事判决，准予实现担保物权①、确认调解协议、财产保全、证据保全、先予执行等民事裁定，民事调解书，民事制裁决定，支付令；②

（二）行政判决、裁定、调解书；③

（三）刑事裁判涉财产部分内容，刑事附带民事判决、裁定、调解书；④

（四）仲裁裁决、调解书；⑤

（五）劳动人事争议仲裁裁决书、调解书；⑥

---

① 参照《中华人民共和国民事诉讼法》（2021年12月24日修正）第二百零三条、第二百零四条。

② 参照《最高人民法院关于人民法院执行工作若干问题的规定（试行）》（法释〔1998〕15号，2020年12月23日修正）第2条，《最高人民法院关于适用〈中华人民共和国民事诉讼法〉的解释》（法释〔2015〕5号，2022年3月22日修正）第四百六十条。

③ 参照《最高人民法院关于人民法院执行工作若干问题的规定（试行）》（法释〔1998〕15号，2020年12月23日修正）第2条。

④ 参照《最高人民法院关于刑事裁判涉财产部分执行的若干规定》（法释〔2014〕13号）第一条。

⑤ 参照《中华人民共和国民事诉讼法》（2021年12月24日修正）第二百四十四条。

⑥ 参照《中华人民共和国劳动争议调解仲裁法》（2007年12月29日）第五十一条。

（六）农村土地承包仲裁裁决书、调解书；[①]

（七）经公证赋予强制执行效力的债权文书；[②]

（八）法律、司法解释规定的其他应由人民法院执行的法律文书。

17.【申请执行的一般规定】

发生法律效力的法律文书[③]，当事人必须履行。一方当事人未履行的，对方当事人可以依法向人民法院申请执行。[④]

18.【撤回上诉时的执行内容】

当事人在二审期间达成诉讼外和解协议后撤回上诉，当事人可以向人民法院申请执行一审判决。[⑤]

被执行人以已履行和解协议为由提出执行异议的，可以参照本规范第 109 条的规定审查处理。[⑥]

19.【担保人承担担保责任后的直接申请执行】

生效法律文书已确认担保人承担担保责任后可以向主债务人行使追偿权，担保人承担责任后直接向人民法院申请执行主债务

---

① 参照《中华人民共和国农村土地承包经营纠纷调解仲裁法》（2009 年 6 月 27 日）第四十九条。

② 参照《中华人民共和国民事诉讼法》（2021 年 12 月 24 日修正）第二百四十五条。

③ 即本规范第 16 条规定的具有给付内容的相关法律文书。

④ 参照《中华人民共和国民事诉讼法》（2021 年 12 月 24 日修正）第二百四十三条。

⑤ 参照最高人民法院指导案例 2 号“吴梅诉四川省眉山西城纸业有限公司买卖合同纠纷案”（最高人民法院 2011 年 12 月 20 日发布）。其裁判要点为：民事案件二审期间，双方当事人达成和解协议，人民法院准许撤回上诉的，该和解协议未经人民法院依法制作调解书，属于诉讼外达成的协议。一方当事人不履行和解协议，另一方当事人申请执行一审判决的，人民法院应予支持。

⑥ 参照最高人民法院指导案例 119 号“安徽省滁州市建筑安装工程有限公司与湖北追日电气股份有限公司执行复议案”（最高人民法院 2019 年 12 月 24 日发布）。其裁判要点为：执行程序开始前，双方当事人自行达成和解协议并履行，一方当事人申请强制执行原生效法律文书的，人民法院应予受理。被执行人以已履行和解协议为由提出执行异议的，可以参照《最高人民法院关于执行和解若干问题的规定》第十九条的规定审查处理。

人的，人民法院应当受理。[①]

20.【连带责任人承担责任后的直接申请执行】

生效法律文书已确认连带责任人有权追偿的数额，连带责任人承担连带责任后直接向人民法院申请执行其他连带责任人的，人民法院应当受理。[②]

21.【移送执行】

民事制裁决定、具有交纳诉讼费用内容的法律文书[③]、具有财产判项内容的刑事裁判文书[④]，以及人民检察院提起公益诉讼案件判决、裁定[⑤]发生法律效力后，义务人未履行义务的，由审判部门移送立案部门立案后，交由执行机构执行。[⑥] 移送执行应由审判部门填写移送执行书，明确需执行的事项和应注意的问题，连同生效的法律文书一并移送。

---

① 参照《最高人民法院关于判决主文已经判明担保人承担担保责任后有权向被担保人追偿，该追偿权是否须另行诉讼问题请示的答复》（〔2009〕执他字第4号）。答复主要内容为："原则同意你院倾向性意见中无须另行诉讼的意见。即对人民法院的生效判决书已经确定担保人承担担保责任后，可向主债务人行使追偿权的案件，担保人无须另行诉讼，可以直接向人民法院申请执行。但行使追偿权的范围应当限定在抵押担保责任范围内。"

② 参照《最高人民法院关于判决中已确定承担连带责任的一方向其他连带责任人追偿数额的可直接执行问题的复函》（经他〔1996〕4号）。复函内容为："陕西省高级人民法院：你院陕高法93号请示收悉。经研究，答复如下：基本同意你院报告中的第二种意见。我院（法）经121号复函所指的追偿程序，针对的是判决后连带责任人依照判决代主债务人偿还了债务或承担的连带责任超过自己应承担的份额的情况。而你院请示案件所涉及的生效判决所确认的中国机电设备西北公司应承担的连带责任已在判决前履行完毕，判决主文中已判定该公司向其他连带责任人追偿的数额，判决内容是明确的，可执行的。据此，你院可根据生效判决和该公司的申请立案执行，不必再作裁定。"

③ 债权人垫付了相关诉讼费用，债权人同意由债务人直接向其给付的，由债权人一并申请执行。

④ 参照《最高人民法院关于适用〈中华人民共和国刑事诉讼法〉的解释》（法释〔2021〕1号）第五百二十一条。

⑤ 参照《最高人民法院、最高人民检察院关于检察公益诉讼案件适用法律若干问题的解释》（法释〔2018〕6号，2020年12月23日最高人民法院审判委员会第1823次会议、2020年12月28日最高人民检察院第十三届检察委员会第58次会议修正）第十二条。

⑥ 参照《最高人民法院关于人民法院执行工作若干问题的规定（试行）》（法释〔1998〕15号，2020年12月23日修正）第17条第2款。

财产保全、证据保全、先予执行裁定生效后，参照前款规定办理。

22.【申请执行时效的一般规定】

申请执行的期间为二年。申请执行时效的中止、中断，适用法律有关诉讼时效中止、中断的规定。

前款规定的期间，从法律文书规定履行期间的最后一日起计算；法律文书规定分期履行的，从最后一期履行期限届满之日起计算；法律文书未规定履行期间的，从法律文书生效之日起计算。①

法律文书规定债务人负有不作为义务的，申请执行时效期间从债务人违反不作为义务之日起计算。②

23.【不适用诉讼时效的情形】

下列请求权不适用申请执行时效的规定：

（一）请求停止侵害、排除妨碍、消除危险；

（二）不动产物权和登记的动产物权的权利人请求返还财产；

（三）请求支付抚养费、赡养费或者扶养费；

（四）依法不适用诉讼时效的其他请求权。③

人格权受到侵害的，受害人有权依照本法和其他法律的规定请求行为人承担民事责任。受害人的停止侵害、排除妨碍、消除危险、消除影响、恢复名誉、赔礼道歉请求权，不适用申请执行时效的规定。④

24.【申请执行时效的中止】

在申请执行时效期间的最后六个月内，因下列障碍，不能行使请求权的，申请执行时效中止：

---

① 《中华人民共和国民事诉讼法》（2021 年 12 月 24 日修正）第二百四十六条。

② 《最高人民法院关于适用〈中华人民共和国民事诉讼法〉执行程序若干问题的解释》（法释〔2008〕13 号，2020 年 12 月 23 日修正）第二十一条。

③ 参照《中华人民共和国民法典》（2020 年 5 月 28 日）第一百九十六条。

④ 参照《中华人民共和国民法典》（2020 年 5 月 28 日）第九百九十五条。

（一）不可抗力；

（二）无民事行为能力人或者限制民事行为能力人没有法定代理人，或者法定代理人死亡、丧失民事行为能力、丧失代理权；

（三）继承开始后未确定继承人或者遗产管理人；

（四）权利人被义务人或者其他人控制；

（五）其他导致权利人不能行使请求权的障碍。

自中止时效的原因消除之日起满六个月，申请执行时效期间届满。①

25.【申请执行时效的中断】

申请执行时效因申请执行、当事人双方达成和解协议、当事人一方提出履行要求或者同意履行义务而中断。从中断时起，申请执行时效期间重新计算。②

26.【与申请执行具有同等中断效力的情形】

一方当事人申请破产、申报破产债权、申请执行前财产保全或行为保全、在另案中主张抵销、提起代位权诉讼、转让债权以及其他与申请执行具有同等申请执行时效中断效力的事项，人民法院应当认定与“申请执行”具有同等的中断申请执行时效的效力。③

27.【“当事人一方提出履行要求”的认定】

具有下列情形之一的，可以认定为本规范第 25 条规定的“当事人一方提出履行要求”，产生申请执行时效中断的效力：

---

① 参照《中华人民共和国民法典》（2020 年 5 月 28 日）第一百九十四条。

② 《最高人民法院关于适用〈中华人民共和国民事诉讼法〉执行程序若干问题的解释》（法释〔2008〕13 号，2020 年 12 月 23 日修正）第二十条。

③ 参照《最高人民法院关于审理民事案件适用诉讼时效制度若干问题的规定》（法释〔2008〕11 号，2020 年 12 月 23 日修正）第十一条、第十六条、第十七条第一款。该规定第十六条规定：“债权人提起代位权诉讼的，应当认定对债权人的债权和债务人的债权均发生诉讼时效中断的效力。”第十七条第一款规定：“债权转让的，应当认定诉讼时效从债权转让通知到达债务人之日起中断。”

（一）当事人一方直接向对方当事人送交提出履行要求的文书，对方当事人在文书上签名、盖章、按指印或者虽未签名、盖章、按指印但能够以其他方式证明该文书到达对方当事人的；

（二）当事人一方以发送信件或者数据电文方式要求履行义务，信件或者数据电文到达或者应当到达对方当事人的；

（三）当事人一方为金融机构，依照法律规定或者当事人约定从对方当事人账户中扣收欠款本息的；

（四）当事人一方下落不明，对方当事人在国家级或者下落不明的当事人一方住所地的省级有影响的媒体上刊登具有提出履行要求的公告的，但法律和司法解释另有特别规定的，适用其规定。

前款第 1 项情形中，对方当事人为法人或者其他组织的，签收人可以是其法定代表人、主要负责人、负责收发信件的部门或者被授权主体；对方当事人为自然人的，签收人可以是自然人本人、同住的具有完全行为能力的亲属或者被授权主体。①

28.【“当事人同意履行义务”的认定】

债务人作出分期履行、部分履行、提供担保、请求延期履行、制定清偿债务计划等承诺或行为的，应当认定为本规范第 25 条规定的“当事人同意履行义务”，产生申请执行时效中断的效力。②

29.【超过申请执行时效的处理】

申请执行人超过申请执行时效期间向人民法院申请强制执行的，人民法院应予受理。被执行人对申请执行时效期间提出异议，人民法院经审查异议成立的，裁定不予执行。③ 被执行人未

---

① 参照《最高人民法院关于审理民事案件适用诉讼时效制度若干问题的规定》（法释〔2008〕11 号，2020 年 12 月 23 日修正）第八条。

② 参照《最高人民法院关于审理民事案件适用诉讼时效制度若干问题的规定》（法释〔2008〕11 号，2020 年 12 月 23 日修正）第十四条。

③ 《最高人民法院关于适用〈中华人民共和国民事诉讼法〉的解释》（法释〔2015〕5 号，2022 年 3 月 22 日修正）第四百八十一条。

对申请执行时效提出异议的，人民法院不应对申请执行时效问题进行释明及主动适用申请执行时效的规定裁定不予执行。①

被执行人作出同意履行义务的意思表示后，又以超过申请执行时效为由提出异议的，人民法院不予支持。

被执行人履行全部或者部分义务后，又以不知道申请执行时效期间届满为由请求执行回转②的，人民法院不予支持。③

30.【担保物权申请执行时效的规定】

主债权诉讼时效期间届满后，抵押权人主张行使抵押权的，人民法院不予支持；抵押人以主债权诉讼时效期间届满为由，主张不承担担保责任的，人民法院应予支持。主债权诉讼时效期间届满前，债权人仅对债务人提起诉讼，经人民法院判决或者调解后未在民事诉讼法规定的申请执行时效期间内对债务人申请强制执行，其向抵押人主张行使抵押权的，人民法院不予支持。④

31.【申请执行时效约定的禁止】

申请执行时效的期间、计算方法以及中止、中断的事由，当事人约定无效。

当事人对申请执行时效利益的预先放弃无效。⑤

32.【申请执行的一般形式要件】

当事人申请执行应当提交下列文件和证件：

（一）申请执行书。申请执行书中应当写明双方当事人的基本情况、申请执行的理由、事项、执行标的、送达地址、联系方

---

① 参照《中华人民共和国民法典》（2020年5月28日）第一百九十三条、《最高人民法院关于审理民事案件适用诉讼时效制度若干问题的规定》（法释〔2008〕11号，2020年12月23日修正）第二条。

② 此处“执行回转”应作广义理解，不等同于《中华人民共和国民事诉讼法》（2021年12月24日修正）第二百四十条规定的执行回转。

③ 《最高人民法院关于适用〈中华人民共和国民事诉讼法〉的解释》（法释〔2015〕5号，2022年3月22日修正）第四百八十一条第二款。

④ 《最高人民法院关于适用〈中华人民共和国民法典〉有关担保制度的解释》（法释〔2020〕28号）第四十四条第一款。

⑤ 参照《中华人民共和国民法典》（2020年5月28日）第一百九十七条。

式，以及申请执行人所了解的被执行人的财产状况。申请执行人书写申请执行书确有困难的，可以口头提出申请。人民法院立案部门对口头申请应当制作笔录，由申请执行人签字或盖章。外籍当事人申请执行的，应当提交中文申请执行书。当事人所在国与中华人民共和国缔结或共同参加的司法协助条约有特别规定的，按照条约规定办理。

（二）生效法律文书副本。

（三）申请执行人的身份证明。自然人申请的，应当出示公民身份证、护照、港澳通行证、军官证等身份证明；法人申请的，应当提交法人营业执照[①]副本（或统一社会信用代码证书副本[②]）、法定代表人身份证明；非法人组织申请的，应当提交营业执照（或统一社会信用代码证书）副本、主要负责人身份证明。

（四）继承人或权利承受人申请执行的，应当提交继承或承受权利的证明文件。

（五）委托代理人代为申请执行的，应当提交法律规定的委托代理手续等材料。

（六）向被执行的财产所在地人民法院申请执行的，应当提交该人民法院辖区有可供执行财产的证明材料。

（七）已申请财产保全的，应提交相关财产保全材料。

---

① 根据相关规定，自 2015 年 10 月 1 日起营业执照、组织机构代码证和税务登记证“三证合一”。“三证合一”制度施行后，企业登记时依次申请，分别由工商行政管理部门核发工商营业执照、组织机构代码管理部门核发组织机构代码证、税务部门核发税务登记证，改为一次申请、合并核发一个加载法人和其他组织统一社会信用代码的营业执照。故领取了新的营业执照的申请执行人申请执行时仅需提交营业执照副本即可。如系旧的营业执照，则还需同时提交组织机构代码证副本。

② 机关法人、事业单位法人，申请执行时不可能提交营业执照副本，但应提交统一社会信用代码证书副本，未核发统一社会信用代码证书的，应提交组织机构代码证书副本。

（八）其他应当提交的文件或证件。[①]

实行网上立案的，申请执行人提交前款规定的文件和证件可以是符合有关规定[②]的电子化文件和证件。

人民法院依据《最高人民法院关于为跨境诉讼当事人提供网上立案服务的若干规定》，为外国人、香港特别行政区、澳门特别行政区和台湾地区居民、经常居所地位于国外或者港澳台地区的我国内地公民以及在国外或者港澳台地区登记注册的企业和组织提供网上立案指引、查询、委托代理视频见证、登记立案服务。

33.【申请执行的特殊形式要件】

申请执行仲裁机构的仲裁裁决，应当向人民法院提交有仲裁条款的合同书或仲裁协议书。申请执行国外仲裁机构的仲裁裁决的，应当提交经我国驻外使领馆认证或我国公证机关公证的仲裁裁决书中文文本。[③]

申请执行公证债权文书的，除应当提交作为执行依据的公证债权文书等申请执行所需的材料外，还应当提交证明履行情况等内容的执行证书。公证债权文书应当包括公证证词、被证明的债

---

① 参照《最高人民法院关于人民法院执行工作若干问题的规定（试行）》（法释〔1998〕15号，2020年12月23日修正）第18条、第20条，《最高人民法院关于人民法院登记立案若干问题的规定》（法释〔2015〕8号）第六条、第十八条，《最高人民法院关于适用〈中华人民共和国民事诉讼法〉执行程序若干问题的解释》（法释〔2008〕13号，2020年12月23日修正）第一条。

② 参照《人民法院在线诉讼规则》（法释〔2021〕12号）第十一条规定："当事人可以在诉讼平台直接填写录入起诉状、答辩状、反诉状、代理意见等诉讼文书材料。当事人可以通过扫描、翻拍、转录等方式，将线下的诉讼文书材料或者证据材料作电子化处理后上传至诉讼平台。诉讼材料为电子数据，且诉讼平台与存储该电子数据的平台已实现对接的，当事人可以将电子数据直接提交至诉讼平台。当事人提交电子化材料确有困难的，人民法院可以辅助当事人将线下材料作电子化处理后导入诉讼平台。"

③ 参照《最高人民法院关于人民法院执行工作若干问题的规定（试行）》（法释〔1998〕15号，2020年12月23日修正）第19条。

权文书等内容。权利义务主体、给付内容应当在公证证词中列明。①

申请执行农村土地承包仲裁委员会作出的先予执行裁定的，应当一并提交申请执行人提供的担保情况。②

34.【申请执行的实质要件】

当事人申请执行应当符合下列条件：

（一）申请执行的法律文书已经生效且该文书确定的履行义务所附的条件已经成就或者所附的期限已经届满；

（二）申请执行人是生效法律文书确定的权利人或者其继承人、权利承受人；

（三）申请执行的法律文书权利义务主体明确；

（四）申请执行的法律文书具有给付内容③且给付内容具体、

---

① 参照《最高人民法院关于公证债权文书执行若干问题的规定》（法释〔2018〕18号）第三条、第四条。

② 参照《最高人民法院关于审理涉及农村土地承包经营纠纷调解仲裁案件适用法律若干问题的解释》（法释〔2014〕1号，2020年12月23日修正）第九条第二款。根据《中华人民共和国农村土地承包经营纠纷调解仲裁法》（2009年6月27日）第四十二条的规定，农村土地承包仲裁委员会对权利义务关系明确的农村土地承包经营纠纷，可依当事人申请作出维持现状、恢复农业生产以及停止取土、占地等行为的先予执行裁定。一方当事人不履行先行裁定的，另一方当事人可以向人民法院申请执行，但应当提供相应的担保。

③ 鉴于司法实务中有些诉讼并非单纯的确认之诉、给付之诉或者形成之诉，而是两者甚至三者结合，为充分维护当事人的合法权益，节约司法资源，在确定某个判决是否有明确的给付内容时，人民法院除依据裁判主文外，还可以适当结合当事人的诉讼请求、裁判事实及理由。例如，分割共有物诉讼中，原告仅请求分割，未请求交付分割所得财产，人民法院亦未判决交付的，虽然裁判主文未明言给付内容，但亦应认可此类判决具有执行力。又如，原告仅请求确认合同无效，未请求对方为其他给付，人民法院亦未判决给付的，如果裁判事实及理由中已认定对方基于无效合同取得财产，则权利人得基于该判决申请强制执行，请求对方返还相应财产。参见最高人民法院执行局编：《执行工作指导》（总第76辑），人民法院出版社2021年版，第196页。

明确①；

（五）生效法律文书确定的义务未履行或者未全部履行；

（六）属于受申请执行的人民法院管辖。②

前款第2项规定的“权利承受人”，在法律文书生效后进入执行程序前合法承受权利的，权利承受人可直接申请执行，无须作出变更申请执行人的裁定。③

法律文书确定继续履行合同的，应当明确继续履行的具体内容。④

35.【法律文书主文应明确的内容】

法律文书主文应当明确具体：

（一）给付金钱的，应当明确数额。需要计算利息、违约金数额的，应当有明确的计算基数、标准、起止时间等；

（二）交付特定标的物的，应当明确特定物的名称、数量、具体特征等特定信息，以及交付时间、方式等；

（三）确定继承的，应当明确遗产的名称、数量、数额等；

（四）离婚案件分割财产的，应当明确财产名称、数量、数

---

① 《最高人民法院关于人民法院立案、审判与执行工作协调运行的意见》（法发〔2018〕9号）第9条规定：“审判部门在审理涉及交付特定物、恢复原状、排除妨碍等案件时，应当查明标的物的状态。特定标的物已经灭失或者不宜恢复原状、排除妨碍的，应告知当事人可申请变更诉讼请求。”第10条规定：“审判部门在审理再审裁定撤销原判决、裁定发回重审的案件时，应当注意审查诉讼标的物是否存在灭失或者发生变化致使原诉讼请求无法实现的情形。存在该情形的，应告知当事人可申请变更诉讼请求。”

② 参照《最高人民法院关于人民法院执行工作若干问题的规定（试行）》（法释〔1998〕15号，2020年12月23日修正）第16条，《最高人民法院关于适用〈中华人民共和国民事诉讼法〉的解释》（法释〔2015〕5号，2022年3月22日修正）第四百六十一条第一款。

③ 参照最高人民法院指导案例34号“李晓玲、李鹏裕申请执行厦门海洋实业（集团）股份有限公司、厦门海洋实业总公司执行复议案”（最高人民法院2014年12月18日发布）。其裁判要点为：生效法律文书确认的权利人在进入执行程序前合法转让债权的，债权受让人即权利承受人可以作为申请执行人直接申请执行，无须执行法院作出变更申请执行人的裁定。

④ 《最高人民法院关于适用〈中华人民共和国民事诉讼法〉的解释》（法释〔2015〕5号，2022年3月22日修正）第四百六十一条第二款。

额等；

（五）继续履行合同的，应当明确当事人继续履行合同的内容、方式等；

（六）排除妨碍、恢复原状的，应当明确排除妨碍、恢复原状的标准、时间等；

（七）停止侵害的，应当明确停止侵害行为的具体方式，以及被侵害权利的具体内容或者范围等；

（八）确定子女探视权的，应当明确探视的方式、具体时间和地点，以及交接办法等；

（九）当事人之间互负给付义务的，应当明确履行顺序。①

（十）判令建设工程施工合同发包人在欠付工程款范围内对实际施工人承担责任的，应当明确欠付工程款的具体数额。②

对前款规定中财产数量较多的，可以在法律文书后另附清单。③

36.【调解书的可执行性】

民事调解书应当具有可执行性。

审判部门在民事调解中，应当审查双方意思的真实性、合法性，注重调解书的可执行性。能即时履行的，应要求当事人即时履行完毕。④

当事人在一审、二审程序中达成以物抵债协议的，债务人应立即履行该协议。当事人请求人民法院出具调解书对以物抵债协议予以确认的，人民法院不予准许，应当继续对原债权债务关系

---

① 《最高人民法院关于人民法院立案、审判与执行工作协调运行的意见》（法发〔2018〕9号）第11条第1款。

② 参照《最高人民法院关于审理建设工程施工合同纠纷案件适用法律问题的解释（一）》（法释〔2020〕25号）第四十三条第二款。

③ 《最高人民法院关于人民法院立案、审判与执行工作协调运行的意见》（法发〔2018〕9号）第11条第2款。

④ 《最高人民法院关于人民法院立案、审判与执行工作协调运行的意见》（法发〔2018〕9号）第12条。

进行审理。[①]

37.【附条件执行依据的执行】

生效法律文书确定了担保条款条件或者承担民事责任的条件，当事人认为条件成就申请执行的，人民法院可以在执行程序中对当事人履行调解书的情况及承担民事责任的条件是否成就予以审查。但在案情复杂、当事人双方争议较大的情况下，一般不宜在执行程序中直接审查认定，当事人可以通过另诉等方式主张权利。[②]

生效判决确定被执行人给付违约金的终期为被执行人履行完毕相应合同义务之日，对于被执行人是否履行完毕以及何时履行完毕合同义务，如果涉及复杂的实体争议，可以由当事人协商解决；协商不成的，在执行程序中难以径行认定，宜由当事人通过另行诉讼的方式予以解决。

38.【对待给付义务的执行】

执行依据涉及对待给付义务的，在申请执行人没有履行自己承担的给付义务的情况下，人民法院不能对对方所负的对待给付

---

① 参照《全国法院民商事审判工作会议纪要》（法〔2019〕254号）第44条第2款。

② 参照最高人民法院（2019）最高法执监24号执行裁定。其裁判摘要为：《最高人民法院关于人民法院民事调解工作若干问题的规定》第十九条第一款明确规定，调解书确定的担保条款条件或者承担民事责任的条件成就时，当事人申请执行的，人民法院应当依法执行。根据上述规定精神，人民法院可以在执行程序中对当事人履行调解书的情况及承担民事责任的条件是否成就予以审查。但由于对承担民事责任的条件是否成就的认定，需要审查调解书生效后新发生事实，相关问题属于新的实体权利义务争议，在案情复杂、当事人双方争议较大的情况下，为更充分保障当事人程序权利，人民法院一般不宜在执行程序中直接审查认定，而宜由当事人通过另诉等方式主张权利。

义务予以强制执行。①

39. 【申请执行受理和立案登记】

对申请执行，人民法院立案部门应当一律接收申请执行材料，出具书面凭证并注明收到日期。对符合法律规定的申请执行，应当当场予以登记立案，移交执行机构执行。对不符合法律规定的申请执行，应当予以释明。② 当事人经释明后，仍然坚持提出申请的，裁定不予受理。③

对当场不能判定申请执行是否符合法律规定的，应当在七日内决定是否立案。④

40. 【申请执行材料的补正】

当事人提交的申请执行书和相关材料不符合要求的，人民法院立案部门应当一次性书面告知在指定期限内补正。当事人在指定期限内补正的，人民法院决定是否立案的期间，自收到补正材料之日起计算。

---

① 参照最高人民法院（2020）最高法执监275号执行裁定。其裁判摘要为：案涉判决第一项判项为王某弟于该判决生效后五日内搬离案涉停车场，新开公司按照双方签订的《承包停车场合同书》第六条的约定给予王某弟相应补偿。上述两项义务存在明显的牵连关系，彼此互为对待给付。执行依据涉及此种对待给付的，在性质上属于执行依据附停止条件，即申请执行人履行自己承担的给付义务，是其申请人民法院强制执行对方所承担的对待给付义务的条件，质言之，在申请执行人没有履行自己承担的给付义务的情况下，人民法院不能对对方所负的对待给付义务予以强制执行。否则，就意味着隔断了对待给付义务之间的牵连关系，让对方丧失了用对待给付义务担保、督促申请执行人履行自己所负义务的重要保障，有失公平。就此以言，新开公司申请人民法院强制执行王某弟搬离案涉停车场的条件为：新开公司按照双方签订的《承包停车场合同书》第六条的约定，给予王某弟相应补偿。在新开公司没有履行该项补偿义务之前，不能通过执行程序单方面强制王某弟搬离案涉停车场。

② 参照《最高人民法院关于人民法院登记立案若干问题的规定》（法释〔2015〕8号）第二条、第十二条、第十八条。

③ 参照《最高人民法院关于推行立案登记制改革的意见》（法发〔2015〕6号）第三条。

④ 参照《最高人民法院关于人民法院执行工作若干问题的规定（试行）》（法释〔1998〕15号，2020年12月23日修正）第16条，《最高人民法院关于人民法院推行立案登记制改革的意见》（法发〔2015〕6号）第三条。

当事人在指定期限内没有补正的，退回申请执行材料并记录在册；坚持提出申请的，裁定不予受理。经补正仍不符合要求的，裁定不予受理。[①]

41.【出具书面不予受理裁定】

人民法院对申请执行不予受理的，应当出具书面裁定，并载明理由。[②]

42.【退还诉讼费用不得立执行案件】

人民法院在判决生效后退还当事人预交但不应负担的诉讼费用时，不得以立执行案件的方式退还。[③]

① 参照《最高人民法院关于人民法院登记立案若干问题的规定》（法释〔2015〕8号）第七条、第十八条。

② 参照《最高人民法院关于人民法院登记立案若干问题的规定》（法释〔2015〕8号）第九条、第十八条。

③《最高人民法院关于人民法院立案、审判与执行工作协调运行的意见》（法发〔2018〕9号）第6条。

第四章　执行当事人及其变更、追加

43.【申请执行人、被执行人的范围】

申请执行人包括：

（一）执行申请受理时的权利人；

（二）经另案裁判确认的共同权利人或连带权利人；

（三）经执行程序依法变更的申请执行人；

（四）法律、司法解释规定的其他主体。

被执行人包括：

（一）执行申请受理时确定的义务人；

（二）经另案裁判确认的共同义务人或连带义务人；

（三）经执行程序依法追加或变更的被执行人；

（四）法律、司法解释规定的其他主体。

44.【执行案件的委托代理】

当事人、法定代理人可以委托一至二人作为执行案件的代理人。

下列人员可以被委托为执行案件的代理人：

（一）律师、基层法律服务工作者；

（二）当事人的近亲属[①]或者工作人员；

---

① 根据《最高人民法院关于适用〈中华人民共和国民事诉讼法〉的解释》（法释〔2015〕5号，2022年3月22日修正）第八十五条规定，此处“近亲属”是指与当事人有夫妻、直系血亲、三代以内旁系血亲、近姻亲关系以及其他有抚养、赡养关系的亲属。

（三）当事人所在社区、单位以及有关社会团体推荐的公民。①

45.【委托代理手续】

委托他人代理执行案件的，应当向人民法院提交经委托人签字或盖章的授权委托书，写明代理人的姓名或者名称、代理事项、权限和期限。

委托代理人代为放弃、变更民事权利，或代为进行执行和解，或代为收取执行款物的，应当有委托人的特别授权。②

侨居在国外的中华人民共和国公民从国外寄交或者托交的授权委托书，必须经中华人民共和国驻该国的使领馆证明；没有使领馆的，由与中华人民共和国有外交关系的第三国驻该国的使领馆证明，再转由中华人民共和国驻该第三国使领馆证明，或者由当地的爱国华侨团体证明。③

人民法院认为确有必要的，可以要求当事人到庭核实委托代理的相关情况，并制作笔录入卷。

46.【外籍当事人的委托代理】

执行案件④中的外籍当事人，可以委托本国人为代理人，也可以委托本国律师以非律师身份担任代理人；⑤需要委托律师作为代理人的，必须委托中华人民共和国的律师。⑥外国驻华使领

---

① 参照《中华人民共和国民事诉讼法》（2021年12月24日修正）第六十一条。

② 《最高人民法院关于人民法院执行工作若干问题的规定（试行）》（法释〔1998〕15号，2020年12月23日修正）第20条。

③ 《中华人民共和国民事诉讼法》（2021年12月24日修正）第六十二条第三款。

④ 根据《中华人民共和国民事诉讼法》（2021年12月24日修正）第二百六十八条、第二百六十九条规定，人民法院办理涉外籍当事人执行案件，应当使用我国通用的语言、文字。当事人要求提供翻译的，可以提供，费用由当事人承担。对享有外交或领事特权与豁免的外国人、外国组织或者国际组织为被执行人的执行案件，应当依照我国有关法律和我国缔结或者参加的国际条约的规定办理。

⑤ 参照《最高人民法院关于适用〈中华人民共和国民事诉讼法〉的解释》（法释〔2015〕5号，2022年3月22日修正）第五百二十六条。

⑥ 参照《中华人民共和国民事诉讼法》（2021年12月24日修正）第二百七十条。

馆官员，受本国公民的委托，可以以个人名义担任执行案件代理人，但在执行程序中不享有外交或者领事特权和豁免权。①

外国驻华使领馆授权其本馆官员，在作为当事人的本国国民不在中华人民共和国领域内的情况下，可以以外交代表身份为其本国国民在中华人民共和国聘请中华人民共和国律师或者中华人民共和国公民代理执行案件。②

47.【外籍当事人的委托代理手续】

代表外国企业或者组织参加执行程序的人，应当向人民法院提交其有权作为代表人参加执行程序的证明，该证明应当经该企业或者组织的设立登记地国或者办理了营业登记手续的第三国所在国公证机关公证，并经中华人民共和国驻该国使领馆认证，或者履行中华人民共和国与该所在国订立的有关条约中规定的证明手续。③

外国人、外国企业或者组织的代表人委托代理人代理执行案件，在人民法院法官的见证下签署授权委托书，或者在中华人民共和国境内签署授权委托书，经中华人民共和国公证机构公证的，人民法院应予认可。④

在中华人民共和国领域内没有住所的外国人、无国籍人、外国企业和组织委托中华人民共和国律师或者其他人代理执行案件，从中华人民共和国领域外寄交或者托交的授权委托书，应当经所在国公证机关证明，并经中华人民共和国驻该国使领馆认证，或者履行中华人民共和国与该所在国订立的有关条约中规定

---

① 参照《最高人民法院关于适用〈中华人民共和国民事诉讼法〉的解释》（法释〔2015〕5号，2022年3月22日修正）第五百二十六条。

② 参照《最高人民法院关于适用〈中华人民共和国民事诉讼法〉的解释》（法释〔2015〕5号，2022年3月22日修正）第五百二十七条。

③ 参照《最高人民法院关于适用〈中华人民共和国民事诉讼法〉的解释》（法释〔2015〕5号，2022年3月22日修正）第五百二十一条第三款。

④ 参照《最高人民法院关于适用〈中华人民共和国民事诉讼法〉的解释》（法释〔2015〕5号，2022年3月22日修正）第五百二十三条、第五百二十四条。

的证明手续后，才具有效力。①

依照本条第1款、第3款规定，需要办理公证、认证手续，而外国当事人所在国与中华人民共和国没有建立外交关系的，可以经该国公证机关公证，经与中华人民共和国有外交关系的第三国驻该国使领馆认证，再转由中华人民共和国驻该第三国使领馆认证。②

48.【港澳台当事人的委托代理手续】

我国台湾地区、香港特别行政区、澳门特别行政区当事人委托他人代理执行案件，应当向人民法院提交由委托人签名或者盖章的授权委托书。授权委托书应当履行相关的公证、认证或者其他证明手续，但授权委托书在人民法院法官的见证下签署或者经中国大陆公证机关公证证明是在中国大陆签署的除外。③

49.【当事人变更、追加的法定原则】

执行过程中，申请执行人或其继承人、权利承受人可以向人民法院申请变更、追加当事人。申请符合法定条件的，人民法院应予支持。④

非因法定事由，不得变更、追加当事人。

50.【申请执行人死亡、宣告失踪时的变更、追加】

作为申请执行人的自然人死亡或被宣告死亡，该自然人的遗产管理人、继承人、受遗赠人或其他因该自然人死亡或被宣告死亡依法承受生效法律文书确定权利的主体，申请变更、追加其为申请执行人的，人民法院应予支持。

作为申请执行人的自然人被宣告失踪，该自然人的财产代管

---

① 参照《中华人民共和国民事诉讼法》(2021年12月24日修正)第二百七十一条。

② 参照《最高人民法院关于适用〈中华人民共和国民事诉讼法〉的解释》(法释〔2015〕5号，2022年3月22日修正)第五百二十二条。

③ 参照《最高人民法院关于认可和执行台湾地区民事判决的规定》(法释〔2015〕13号)第六条。

④《最高人民法院关于民事执行中变更、追加当事人若干问题的规定》(法释〔2016〕21号，2020年12月23日修正)第一条。

人申请变更、追加其为申请执行人的，人民法院应予支持。①

51.【申请执行人离婚时的变更、追加】

作为申请执行人的自然人离婚时，生效法律文书确定的权利全部或部分分割给其配偶，该配偶申请变更、追加其为申请执行人的，人民法院应予支持。②

52.【申请执行人终止时的变更、追加】

作为申请执行人的法人或非法人组织终止，因该法人或非法人组织终止依法承受生效法律文书确定权利的主体，申请变更、追加其为申请执行人的，人民法院应予支持。③

53.【申请执行人合并时的变更、追加】

作为申请执行人的法人或非法人组织因合并而终止，合并后存续或新设的法人、非法人组织申请变更其为申请执行人的，人民法院应予支持。④

54.【申请执行人分立时的变更、追加】

作为申请执行人的法人或非法人组织分立，依分立协议约定承受生效法律文书确定权利的新设法人或非法人组织，申请变更、追加其为申请执行人的，人民法院应予支持。⑤

55.【申请执行人清算或破产时的变更、追加】

作为申请执行人的法人或非法人组织清算或破产时，生效法律文书确定的权利依法分配给第三人，该第三人申请变更、追加

---

① 《最高人民法院关于民事执行中变更、追加当事人若干问题的规定》（法释〔2016〕21号，2020年12月23日修正）第二条。

② 《最高人民法院关于民事执行中变更、追加当事人若干问题的规定》（法释〔2016〕21号，2020年12月23日修正）第三条。

③ 《最高人民法院关于民事执行中变更、追加当事人若干问题的规定》（法释〔2016〕21号，2020年12月23日修正）第四条。

④ 《最高人民法院关于民事执行中变更、追加当事人若干问题的规定》（法释〔2016〕21号，2020年12月23日修正）第五条。

⑤ 《最高人民法院关于民事执行中变更、追加当事人若干问题的规定》（法释〔2016〕21号，2020年12月23日修正）第六条。

其为申请执行人的，人民法院应予支持。[1]

56.【申请执行人被撤销时的变更、追加】

作为申请执行人的机关法人被撤销，继续履行其职能的主体申请变更、追加其为申请执行人的，人民法院应予支持，但生效法律文书确定的权利依法应由其他主体承受的除外；没有继续履行其职能的主体，且生效法律文书确定权利的承受主体不明确，作出撤销决定的主体申请变更、追加其为申请执行人的，人民法院应予支持。[2]

57.【债权转让时的变更、追加】

申请执行人将生效法律文书确定的债权依法转让给第三人，且书面认可第三人取得该债权，该第三人申请变更、追加其为申请执行人的，人民法院应予支持。[3]

申请执行人将生效法律文书确定的债权转让给第三人，但双方就第三人是否已经承受该债权存在争议，申请执行人对债权转让不予认可的，执行程序不宜审查实体争议，不得直接依据存在

---

① 《最高人民法院关于民事执行中变更、追加当事人若干问题的规定》（法释〔2016〕21号，2020年12月23日修正）第七条。

② 《最高人民法院关于民事执行中变更、追加当事人若干问题的规定》（法释〔2016〕21号，2020年12月23日修正）第八条。

③ 《最高人民法院关于民事执行中变更、追加当事人若干问题的规定》（法释〔2016〕21号，2020年12月23日修正）第九条。

争议的债权转让合同变更第三人为申请执行人。[①]

58.【债权连续转让时的变更、追加】

债权连续转让且转让过程明确、连续的，执行法院可以根据债权转让人或受让人的申请直接裁定变更最后受让人为申请执行人。[②]

---

① 参照最高人民法院（2016）最高法执复26号案件。其裁判要点为：关于执行过程中变更申请执行人的问题，现行法律和司法解释并无明确规定。《最高人民法院关于民事执行中变更、追加当事人若干问题的规定》第十八条（2020年12月23日修正后为第十六条，编者注）规定："人民法院受理执行案件应当符合下列条件……（2）申请执行人是生效法律文书确定的权利人或其继承人、权利承受人……"第二十条（2020年12月23日修正后为第十八条，编者注）规定："申请执行，应当向人民法院提交下列文件和证件……（4）继承人或权利承受人申请执行的，应当提交继承或者承受权利的证明文件……"参照上述规定，执行过程中，生效法律文书确定的权利人的权利承受人，可以申请将其变更为申请执行人，但应当提交承受权利的证明文件，以证明其确为权利承受人。本案中，生效判决确定的权利人是井某华，其已依照生效判决申请强制执行，内蒙古自治区高级人民法院立案执行并采取了相应的执行措施。岳某公司持与井某华签订的《债权转让协议书》申请变更该公司为申请执行人，但井某华对此不予认可，说明双方对岳某公司是否已承受生效法律文书确定的债权存在争议，这些争议涉及双方实体权利义务，且未经生效法律文书确定，在执行程序中不宜审查认定。在井某华对债权转让不予认可的情况下，岳某公司仅提交尚有争议的《债权转让协议书》，不足以证明其系生效法律文书确定的权利人的权利承受人，执行法院不能直接依据双方存在争议的《债权转让协议书》，否定原申请执行人井某华的主体资格，变更岳某公司为申请执行人。岳某公司主张已受让债权的，可以通过诉讼等途径进行救济。

② 参照《最高人民法院关于判决确定的金融不良债权多次转让人民法院能否裁定变更执行主体请示的答复》（〔2009〕执他字第1号）。答复内容为："湖北省高级人民法院：你院鄂高法（2009）21号请示收悉。经研究，答复如下：《最高人民法院关于人民法院执行若干问题的规定（试行）》，已经对申请执行人的资格以明确。其中第18条（2020年12月23日修正后为第16条，编者注）第1款规定：'人民法院受理执行案件应当符合下列条件：……（2）申请执行人是生效法律文书确定的权利人或继承人、权利承受人。'该款中的'权利承受人'，包含通过债权转让的方式承受债权的人。依法从金融资产管理公司受让债权的受让人将债权再行转让给其他普通受让人的，执行法院可以依据上述规定，依债权转让协议以及受让人或者转让人的申请，裁定变更申请执行主体。《最高人民法院关于金融资产管理公司收购、处置银行不良资产有关问题的补充通知》第三条，虽只就金融资产管理公司转让金融不良债权环节可以变更申请执行主体作了专门规定，但并未排除普通受让人再行转让给其他普通受让人时变更申请执行主体。此种情况下裁定变更申请执行主体，也符合该通知及其他相关文件中关于支持金融不良债权处置工作的司法政策，但对普通受让人不能适用诉讼费用减半收取和公告通知债务人等专门适用金融资产管理公司处置不良债权的特殊政策规定。"

59.【被执行人死亡、宣告失踪时的变更、追加】

作为被执行人的自然人死亡或被宣告死亡，申请执行人申请变更、追加该自然人的遗产管理人、继承人、受遗赠人或其他因该自然人死亡或被宣告死亡取得遗产的主体为被执行人，在遗产范围内承担责任的，人民法院应予支持。

作为被执行人的自然人被宣告失踪，申请执行人申请变更该自然人的财产代管人为被执行人，在代管的财产范围内承担责任的，人民法院应予支持。①

60.【被执行人合并时的变更、追加】

作为被执行人的法人或非法人组织因合并而终止，申请执行人申请变更合并后存续或新设的法人、非法人组织为被执行人的，人民法院应予支持。②

61.【被执行人分立时的变更、追加】

作为被执行人的法人或非法人组织分立，申请执行人申请变更、追加分立后新设的法人或非法人组织为被执行人，对生效法律文书确定的债务承担连带责任的，人民法院应予支持。但被执行人在分立前与申请执行人就债务清偿达成的书面协议另有约定的除外。③

62.【涉个人独资企业及其投资人、个体工商户的变更、追加和直接执行】

作为被执行人的个人独资企业，不能清偿生效法律文书确定的债务，申请执行人申请变更、追加其出资人为被执行人的，人民法院应予支持。个人独资企业出资人作为被执行人的，人民法院可以直接执行该个人独资企业的财产。

---

① 《最高人民法院关于民事执行中变更、追加当事人若干问题的规定》（法释〔2016〕21号，2020年12月23日修正）第十条。

② 《最高人民法院关于民事执行中变更、追加当事人若干问题的规定》（法释〔2016〕21号，2020年12月23日修正）第十一条。

③ 《最高人民法院关于民事执行中变更、追加当事人若干问题的规定》（法释〔2016〕21号，2020年12月23日修正）第十二条。

个体工商户的字号为被执行人的，人民法院应当将生效法律文书注明的该字号个体工商户经营者一并列为被执行人，并可以直接执行该字号经营者的财产。①

63. 【涉合伙企业的变更、追加】

作为被执行人的合伙企业，不能清偿生效法律文书确定的债务，申请执行人申请变更、追加普通合伙人为被执行人的，人民法院应予支持。

作为被执行人的有限合伙企业，财产不足以清偿生效法律文书确定的债务，申请执行人申请变更、追加未按期足额缴纳出资的有限合伙人为被执行人，在未足额缴纳出资的范围内承担责任的，人民法院应予支持。②

合伙企业合伙人作为被执行人的，合伙人的自有财产不足以清偿其与合伙企业无关的债务的，该合伙人可以以其从合伙企业中分取的收益用于清偿；债权人也可以依法请求人民法院强制执行该合伙人在合伙企业中的财产份额用于清偿。

人民法院强制执行合伙人的财产份额时，应当通知全体合伙人，其他合伙人有优先购买权；其他合伙人未购买，又不同意将该财产份额转让给他人的，依照合伙企业法第五十一条③的规定为该合伙人办理退伙结算，或者办理削减该合伙人相应财产份额的结算。④

---

① 参照《最高人民法院关于民事执行中变更、追加当事人若干问题的规定》（法释〔2016〕21号，2020年12月23日修正）第十三条，《最高人民法院关于人民法院立案、审判与执行工作协调运行的意见》（法发〔2018〕9号）第3条。

② 《最高人民法院关于民事执行中变更、追加当事人若干问题的规定》（法释〔2016〕21号，2020年12月23日修正）第十四条。

③ 《中华人民共和国合伙企业法》（2006年8月27日修订）第五十一条规定："合伙人退伙，其他合伙人应当与该退伙人按照退伙时的合伙企业财产状况进行结算，退还退伙人的财产份额。退伙人对给合伙企业造成的损失负有赔偿责任的，相应扣减其应当赔偿的数额。退伙时有未了结的合伙企业事务的，待该事务了结后进行结算。"

④ 参照《中华人民共和国合伙企业法》（2006年8月27日修订）第四十二条。

64.【涉法人分支机构的变更、追加和直接执行】

作为被执行人的法人分支机构，不能清偿生效法律文书确定的债务，申请执行人申请变更、追加该法人为被执行人的，人民法院应予支持。法人直接管理的责任财产仍不能清偿债务的，人民法院可以直接执行该法人其他分支机构的财产。

作为被执行人的法人，直接管理的责任财产不能清偿生效法律文书确定债务的，人民法院可以直接执行该法人分支机构的财产。①

金融机构的分支机构作为被执行人的，对被执行人未能提供可供执行财产的，应当依法裁定逐级变更其上级机构为被执行人，直至其总行、总公司。每次变更前，均应当给予被变更主体十五日的自动履行期限；逾期未自动履行的，依法予以强制执行。②

65.【涉非法人组织的变更、追加】

个人独资企业、合伙企业、法人分支机构以外的非法人组织作为被执行人，不能清偿生效法律文书确定的债务，申请执行人申请变更、追加依法对该非法人组织的债务承担责任的主体为被执行人的，人民法院应予支持。③

66.【股东出资不足的变更、追加】

作为被执行人的营利法人，财产不足以清偿生效法律文书确定的债务，申请执行人申请变更、追加未缴纳或未足额缴纳出资的股东、出资人或依公司法规定对该出资承担连带责任的发起人为被执行人，在尚未缴纳出资的范围内依法承担责任的，人民法院

---

① 参照《最高人民法院关于民事执行中变更、追加当事人若干问题的规定》（法释〔2016〕21号，2020年12月23日修正）第十五条。

② 参照《最高人民法院、中国人民银行关于依法规范人民法院执行和金融机构协助执行的通知》（法发〔2000〕21号）第八条。

③ 《最高人民法院关于民事执行中变更、追加当事人若干问题的规定》（法释〔2016〕21号，2020年12月23日修正）第十六条。

院应予支持。①

在注册资本认缴制下，股东依法享有期限利益。债权人以公司不能清偿到期债务为由，请求未届出资期限的股东在未出资范围内对公司不能清偿的债务承担补充赔偿责任的，人民法院不予支持。但是，下列情形除外：

（一）公司作为被执行人的案件，人民法院穷尽执行措施无财产可供执行，已具备破产原因，但不申请破产的；

（二）在公司债务产生后，公司股东（大）会决议或以其他方式延长股东出资期限的。②

67.【股东抽逃出资的变更、追加】

作为被执行人的营利法人，财产不足以清偿生效法律文书确定的债务，申请执行人申请变更、追加抽逃出资的股东、出资人为被执行人，在抽逃出资的范围内承担责任的，人民法院应予支持。③

68.【瑕疵股权转让的变更、追加】

作为被执行人的公司，财产不足以清偿生效法律文书确定的债务，其股东未依法履行出资义务即转让股权，申请执行人申请变更、追加该原股东或依公司法规定对该出资承担连带责任的发起人为被执行人，在未依法出资的范围内承担责任的，人民法院应予支持。④

69.【一人公司股东的变更、追加】

作为被执行人的一人有限责任公司，财产不足以清偿生效法律文书确定的债务，股东不能证明公司财产独立于自己的财产，

---

① 《最高人民法院关于民事执行中变更、追加当事人若干问题的规定》（法释〔2016〕21号，2020年12月23日修正）第十七条。

② 参照《全国法院民商事审判工作会议纪要》（法〔2019〕254号）第6条。

③ 《最高人民法院关于民事执行中变更、追加当事人若干问题的规定》（法释〔2016〕21号，2020年12月23日修正）第十八条。

④ 《最高人民法院关于民事执行中变更、追加当事人若干问题的规定》（法释〔2016〕21号，2020年12月23日修正）第十九条。

申请执行人申请变更、追加该股东为被执行人，对公司债务承担连带责任的，人民法院应予支持。①

70.【公司未经清算的变更、追加】

作为被执行人的公司，未经清算即办理注销登记，导致公司无法进行清算，申请执行人申请变更、追加有限责任公司的股东、股份有限公司的董事和控股股东为被执行人，对公司债务承担连带清偿责任的，人民法院应予支持。②

71.【股东、出资人或主管部门无偿接受财产的变更、追加】

作为被执行人的法人或非法人组织，被注销或出现被吊销营业执照、被撤销、被责令关闭、歇业等解散事由后，其股东、出资人或主管部门无偿接受其财产，致使该被执行人无遗留财产或遗留财产不足以清偿债务，申请执行人申请变更、追加该股东、出资人或主管部门为被执行人，在接受的财产范围内承担责任的，人民法院应予支持。③

72.【第三人在被执行人注销时承诺承担责任的变更、追加】

作为被执行人的法人或非法人组织，未经依法清算即办理注销登记，在登记机关办理注销登记时，第三人书面承诺对被执行人的债务承担清偿责任，申请执行人申请变更、追加该第三人为被执行人，在承诺范围内承担清偿责任的，人民法院应予支持。④

73.【第三人自愿代履行的变更、追加】

执行过程中，第三人向执行法院书面承诺自愿代被执行人履行生效法律文书确定的债务，申请执行人申请变更、追加该第三

---

① 《最高人民法院关于民事执行中变更、追加当事人若干问题的规定》（法释〔2016〕21号，2020年12月23日修正）第二十条。

② 《最高人民法院关于民事执行中变更、追加当事人若干问题的规定》（法释〔2016〕21号，2020年12月23日修正）第二十一条。

③ 《最高人民法院关于民事执行中变更、追加当事人若干问题的规定》（法释〔2016〕21号，2020年12月23日修正）第二十二条。

④ 《最高人民法院关于民事执行中变更、追加当事人若干问题的规定》（法释〔2016〕21号，2020年12月23日修正）第二十三条。

人为被执行人，在承诺范围内承担责任的，人民法院应予支持。①

74.【第三人无偿接受调拨、划转财产的变更、追加】

作为被执行人的法人或非法人组织，财产依行政命令被无偿调拨、划转给第三人，致使该被执行人财产不足以清偿生效法律文书确定的债务，申请执行人申请变更、追加该第三人为被执行人，在接受的财产范围内承担责任的，人民法院应予支持。②

75.【重复承担责任的禁止】

被申请人在应承担责任范围内已承担相应责任的，人民法院不得责令其重复承担责任。③

76.【未判决承担实体义务的当事人的变更、追加】

对已参加诉讼但生效裁判未判决其承担实体义务的当事人，人民法院有权依据相关法律的规定直接在执行程序中作出追加或变更该当事人为被执行人的裁定，但追加或变更该当事人为被执行人的事实和理由已在诉讼过程中经审判部门审查并予以否定的除外。④

77.【当事人的姓名、名称变更的处理】

执行当事人的姓名或名称发生变更的，人民法院可以直接将

---

① 《最高人民法院关于民事执行中变更、追加当事人若干问题的规定》（法释〔2016〕21 号，2020 年 12 月 23 日修正）第二十四条。

② 《最高人民法院关于民事执行中变更、追加当事人若干问题的规定》（法释〔2016〕21 号，2020 年 12 月 23 日修正）第二十五条。

③ 《最高人民法院关于民事执行中变更、追加当事人若干问题的规定》（法释〔2016〕21 号，2020 年 12 月 23 日修正）第二十六条。

④ 参照《最高人民法院关于人民法院在执行程序中能否将已参加过诉讼、但生效裁判未判决其承担实体义务的当事人追加或变更为被执行人的问题的答复》（〔2007〕执他字第 5 号）。答复主要内容为："青海省高级人民法院：你院〔2006〕青执他字第 1 号《关于青海省储备物资管理局二五一处与中国建设银行李家峡支行、原建行李家峡支行劳动服务公司、原李家峡加油站借欠油料款纠纷一案的请示报告》收悉。经研究，答复如下：对已参加诉讼、但生效裁判未判决其承担实体义务的当事人，人民法院在执行程序中如需追加或变更该当事人为被执行人，除非追加或变更该当事人为被执行人的事实和理由，已在诉讼过程中经审判部门审查并予以否定，否则，并不受生效裁判未判决该当事人承担实体义务的限制。根据现行法律和司法解释，人民法院有权依据相关法律的规定，直接在执行程序中作出追加或变更该当事人为被执行人的裁定。"

姓名或名称变更后的主体作为执行当事人，并在法律文书中注明变更前的姓名或名称。①

78.【变更、追加的申请与审查】

申请人申请变更、追加执行当事人，应当向执行法院提交书面申请及相关证据材料。

除事实清楚、权利义务关系明确、争议不大的案件外，执行法院应当组成合议庭审查并公开听证。经审查，理由成立的，裁定变更、追加；理由不成立的，裁定驳回。

执行法院应当自收到书面申请之日起六十日内作出裁定。有特殊情况需要延长的，由本院院长批准。②

79.【变更、追加期间的财产保全】

执行法院审查变更、追加被执行人申请期间，申请人申请对被申请人的财产采取查封、扣押、冻结措施的，执行法院应当参照民事诉讼法第一百零三条③的规定办理。

申请执行人在申请变更、追加第三人前，向执行法院申请查封、扣押、冻结该第三人财产的，执行法院应当参照民事诉讼法

---

① 《最高人民法院关于民事执行中变更、追加当事人若干问题的规定》（法释〔2016〕21号，2020年12月23日修正）第二十七条。

② 《最高人民法院关于民事执行中变更、追加当事人若干问题的规定》（法释〔2016〕21号，2020年12月23日修正）第二十八条。

③ 《中华人民共和国民事诉讼法》（2021年12月24日修正）第一百零三条规定："人民法院对于可能因当事人一方的行为或者其他原因，使判决难以执行或者造成当事人其他损害的案件，根据对方当事人的申请，可以裁定对其财产进行保全、责令其作出一定行为或者禁止其作出一定行为；当事人没有提出申请的，人民法院在必要时也可以裁定采取保全措施。人民法院采取保全措施，可以责令申请人提供担保，申请人不提供担保的，裁定驳回申请。人民法院接受申请后，对情况紧急的，必须在四十八小时内作出裁定；裁定采取保全措施的，应当立即开始执行。"

第一百零四条[①]的规定办理。[②]

80.【变更、追加裁定的复议申请】

被申请人、申请人或其他执行当事人对执行法院作出的变更、追加裁定或驳回申请裁定不服的，可以自裁定书送达之日起十日内向上一级人民法院申请复议，但依据本规范第 82 条的规定应当提起诉讼的除外。[③]

81.【变更、追加裁定的复议审查及复议期间的执行】

上一级人民法院对复议申请应当组成合议庭审查，并自收到申请之日起六十日内作出复议裁定。有特殊情况需要延长的，由本院院长批准。

被裁定变更、追加的被申请人申请复议的，复议期间，人民法院不得对其争议范围内的财产进行处分。申请人请求人民法院继续执行并提供相应担保的，人民法院可以准许。[④]

82.【变更、追加裁定的起诉】

被申请人或申请人对执行法院依据本规范第 63 条第 2 款、第 66 条至第 70 条规定作出的变更、追加裁定或驳回申请裁定不服的，可以自裁定书送达之日起十五日内，向执行法院提起执行异议之诉。

被申请人提起执行异议之诉的，以申请人为被告。申请人提

---

① 《中华人民共和国民事诉讼法》（2021 年 12 月 24 日修正）第一百零四条规定："利害关系人因情况紧急，不立即申请保全将会使其合法权益受到难以弥补的损害的，可以在提起诉讼或者申请仲裁前向被保全财产所在地、被申请人住所地或者对案件有管辖权的人民法院申请采取保全措施。申请人应当提供担保，不提供担保的，裁定驳回申请。人民法院接受申请后，必须在四十八小时内作出裁定；裁定采取保全措施的，应当立即开始执行。申请人在人民法院采取保全措施后三十日内不依法提起诉讼或者申请仲裁的，人民法院应当解除保全。"

② 参照《最高人民法院关于民事执行中变更、追加当事人若干问题的规定》（法释〔2016〕21 号，2020 年 12 月 23 日修正）第二十九条。

③ 参照《最高人民法院关于民事执行中变更、追加当事人若干问题的规定》（法释〔2016〕21 号，2020 年 12 月 23 日修正）第三十条。

④ 《最高人民法院关于民事执行中变更、追加当事人若干问题的规定》（法释〔2016〕21 号，2020 年 12 月 23 日修正）第三十一条。

起执行异议之诉的，以被申请人为被告。[①]

83.【被申请人执行异议之诉的审理及诉讼期间的执行】

被申请人提起的执行异议之诉，人民法院经审理，按照下列情形分别处理：

（一）理由成立的，判决不得变更、追加被申请人为被执行人或者判决变更责任范围；

（二）理由不成立的，判决驳回诉讼请求。

诉讼期间，人民法院不得对被申请人争议范围内的财产进行处分。申请人请求人民法院继续执行并提供相应担保的，人民法院可以准许。[②]

84.【申请人执行异议之诉的审理】

申请人提起的执行异议之诉，人民法院经审理，按照下列情形分别处理：

（一）理由成立的，判决变更、追加被申请人为被执行人并承担相应责任或者判决变更责任范围；

（二）理由不成立的，判决驳回诉讼请求。[③]

---

① 参照《最高人民法院关于民事执行中变更、追加当事人若干问题的规定》（法释〔2016〕21号，2020年12月23日修正）第三十二条。

② 《最高人民法院关于民事执行中变更、追加当事人若干问题的规定》（法释〔2016〕21号，2020年12月23日修正）第三十三条。

③ 《最高人民法院关于民事执行中变更、追加当事人若干问题的规定》（法释〔2016〕21号，2020年12月23日修正）第三十四条。

第五章　执行担保

85. 【执行担保的一般规定】

执行担保，是指担保人依照民事诉讼法第二百三十八条[①]规定，为担保被执行人履行生效法律文书确定的全部或者部分义务，向人民法院提供的担保。[②]

执行担保可以由被执行人提供财产担保，也可以由他人提供财产担保或者保证。[③]

86. 【提交担保书】

被执行人或者他人提供执行担保的，应当向人民法院提交担保书，并将担保书副本送交申请执行人。[④] 担保书中应当载明担保人的基本信息、暂缓执行期限、担保期间、被担保的债权种类及数额、担保范围、担保方式、被执行人于暂缓执行期限届满后

---

① 《中华人民共和国民事诉讼法》（2021 年 12 月 24 日修正）第二百三十八条规定："在执行中，被执行人向人民法院提供担保，并经申请执行人同意的，人民法院可以决定暂缓执行及暂缓执行的期限。被执行人逾期仍不履行的，人民法院有权执行被执行人的担保财产或者担保人的财产。"

② 参照《最高人民法院关于执行担保若干问题的规定》（法释〔2018〕4 号，2020 年 12 月 23 日修正）第一条。

③ 《最高人民法院关于执行担保若干问题的规定》（法释〔2018〕4 号，2020 年 12 月 23 日修正）第二条。

④ 《最高人民法院关于执行担保若干问题的规定》（法释〔2018〕4 号，2020 年 12 月 23 日修正）第三条。

仍不履行时担保人自愿接受直接强制执行的承诺等内容。①

提供财产担保的，担保书中还应当载明担保财产的名称、数量、质量、状况、所在地、所有权或者使用权归属等内容。②

87.【公司提供担保的特别规定】

公司为被执行人提供执行担保的，应当提交符合公司法第十六条③规定的公司章程、董事会或者股东会、股东大会决议。④

88.【申请执行人的书面同意】

被执行人或者他人提供执行担保，申请执行人同意的，应当向人民法院出具书面同意意见，也可以由执行人员将其同意的内容记入笔录，并由申请执行人签名或者盖章。⑤

89.【担保物权登记与担保财产的查封】

被执行人或者他人提供财产担保，可以依照民法典规定办理登记等担保物权公示手续；已经办理公示手续的，申请执行人可以依法主张优先受偿权。

申请执行人申请人民法院查封、扣押、冻结担保财产的，人民法院应当准许，但担保书另有约定的除外。⑥

---

① 《最高人民法院关于执行担保若干问题的规定》（法释〔2018〕4号，2020年12月23日修正）第四条第一款。

② 《最高人民法院关于执行担保若干问题的规定》（法释〔2018〕4号，2020年12月23日修正）第四条第二款。

③ 《中华人民共和国公司法》（2018年10月26日修正）第十六条规定："公司向其他企业投资或者为他人提供担保，依照公司章程的规定，由董事会或者股东会、股东大会决议；公司章程对投资或者担保的总额及单项投资或者担保的数额有限额规定的，不得超过规定的限额。公司为公司股东或者实际控制人提供担保的，必须经股东会或者股东大会决议。前款规定的股东或者受前款规定的实际控制人支配的股东，不得参加前款规定事项的表决。该项表决由出席会议的其他股东所持表决权的过半数通过。"

④ 《最高人民法院关于执行担保若干问题的规定》（法释〔2018〕4号，2020年12月23日修正）第五条。

⑤ 《最高人民法院关于执行担保若干问题的规定》（法释〔2018〕4号，2020年12月23日修正）第六条。

⑥ 《最高人民法院关于执行担保若干问题的规定》（法释〔2018〕4号，2020年12月23日修正）第七条。

90.【执行担保期间暂缓执行】

人民法院决定暂缓执行的，可以暂缓全部执行措施的实施，但担保书另有约定的除外。①

暂缓执行的期限应当与担保书约定一致，但最长不得超过一年。②

担保书内容与事实不符，且对申请执行人合法权益产生实质影响的，人民法院可以依申请执行人的申请恢复执行。③

91.【担保责任的承担】

暂缓执行期限届满后被执行人仍不履行义务，或者暂缓执行期间担保人有转移、隐藏、变卖、毁损担保财产等行为的，人民法院可以依申请执行人的申请恢复执行，并直接裁定执行担保财产或者保证人的财产，不得将担保人变更、追加为被执行人。

执行担保财产或者保证人的财产，以担保人应当履行义务部分的财产为限。被执行人有便于执行的现金、银行存款的，应当优先执行该现金、银行存款。④

92.【担保期间】

担保期间自暂缓执行期限届满之日起计算。

担保书中没有记载担保期间或者记载不明的，担保期间为一年。⑤

担保期间届满后，申请执行人申请执行担保财产或者保证人财产的，人民法院不予支持。他人提供财产担保的，人民法院可

---

① 《最高人民法院关于执行担保若干问题的规定》（法释〔2018〕4号，2020年12月23日修正）第八条。

② 《最高人民法院关于执行担保若干问题的规定》（法释〔2018〕4号，2020年12月23日修正）第十条。

③ 《最高人民法院关于执行担保若干问题的规定》（法释〔2018〕4号，2020年12月23日修正）第九条。

④ 《最高人民法院关于执行担保若干问题的规定》（法释〔2018〕4号，2020年12月23日修正）第十一条。

⑤ 《最高人民法院关于执行担保若干问题的规定》（法释〔2018〕4号，2020年12月23日修正）第十二条。

以依其申请解除对担保财产的查封、扣押、冻结。①

93.【担保人的追偿权】

担保人承担担保责任后，提起诉讼向被执行人追偿的，人民法院应予受理。②

94.【执行担保的参照适用】

被执行人申请变更、解除全部或者部分执行措施，并担保履行生效法律文书确定义务的，参照适用本规范第85条至第93条。③

95.【诉讼中为财产保全提供的保证】

人民法院在审理案件期间，保证人为被执行人提供保证，人民法院据此未对被执行人的财产采取保全措施或解除保全措施的，案件审结后如果被执行人无财产可供执行或其财产不足清偿债务时，即使生效法律文书中未确定保证人承担责任，人民法院有权裁定执行保证人在保证责任范围内的财产。④ 但是第三人保证系在一审或二审程序中作出，终审判决确定被告无须承担责任，再审又改判被告承担责任的除外。⑤

---

① 《最高人民法院关于执行担保若干问题的规定》（法释〔2018〕4号，2020年12月23日修正）第十三条。

② 《最高人民法院关于执行担保若干问题的规定》（法释〔2018〕4号，2020年12月23日修正）第十四条。

③ 参照《最高人民法院关于执行担保若干问题的规定》（法释〔2018〕4号，2020年12月23日修正）第十五条。

④ 参照《最高人民法院关于人民法院执行工作若干问题的规定（试行）》（法释〔1998〕15号，2020年12月23日修正）第54条。

⑤ 参照最高人民法院（2021）最高法执监211号执行裁定。其裁判摘要为：宋某碧、高某珍要求中恒泰集团公司、中恒泰担保公司承担担保责任是基于中恒泰集团公司、中恒泰担保公司为解除西山区法院（2013）西法民保字第246号、第247号民事裁定保全查封的恒誉房地产公司财产提供的担保。云南省高级人民法院就宋某碧、高某珍的诉请审理后，于2014年6月20日作出（2013）云高民一初字第12号、13号民事判决，未判令恒誉房地产公司承担责任。上述判决生效后，因恒誉房地产公司无须承担责任，对恒誉房地产公司采取的财产保全措施即应予以解除，中恒泰集团公司、中恒泰担保公司在上述两案中对解封恒誉房地产公司保全财产所承诺承担的担保责任亦应终结。两案进入再审程序后，云南省高级人民法院依宋某碧、高某珍提出的财产保全申请，以（2016）云民再18号、19号民事裁定保全查封了恒誉房地产公司的财产。恒誉房地产公司虽提出提供解除保全的申请，但未获准许。宋某碧、高某珍以中恒泰集团公司、中恒泰担保公司曾在云南省高级人民法院（2013）云高民一初字第12号、13号案件审理过程中为解除恒誉房地产公司财产保全提供担保为由，主张两公司在（2016）云民再18号、19号案件中仍应承担担保责任，没有事实和法律依据。

第六章　执行和解

96.【和解协议】

当事人可以自愿协商达成和解协议，依法变更生效法律文书确定的权利义务主体、履行标的、期限、地点和方式等内容。

和解协议一般采用书面形式。①

97.【执行和解的效力与要件】

和解协议达成后，有下列情形之一的，人民法院可以裁定中止执行：

（一）各方当事人共同向人民法院提交书面和解协议的；

（二）一方当事人向人民法院提交书面和解协议，其他当事人予以认可的；

（三）当事人达成口头和解协议，执行人员将和解协议内容记入笔录，由各方当事人签名或者盖章的。②

中止执行后，申请执行人申请解除查封、扣押、冻结的，人民法院可以准许。③

当事人达成执行和解协议，需要长期履行的，可以以终结执

---

① 《最高人民法院关于执行和解若干问题的规定》（法释〔2018〕3号，2020年12月23日修正）第一条。

② 《最高人民法院关于执行和解若干问题的规定》（法释〔2018〕3号，2020年12月23日修正）第二条。

③ 《最高人民法院关于执行和解若干问题的规定》（法释〔2018〕3号，2020年12月23日修正）第三条。

行方式报结。对该种情形终结执行的案件在报结时可以不作必须解除强制执行措施的要求。因被执行人不履行和解协议申请执行人申请恢复执行原生效法律文书的，以恢复执行方式立案。①

98.【委托人的特别授权】

委托代理人代为执行和解，应当有委托人的特别授权。②

99.【执行和解的变更】

当事人协商一致，可以变更执行和解协议，并向人民法院提交变更后的协议，或者由执行人员将变更后的内容记入笔录，并由各方当事人签名或者盖章。③

100.【以物抵债和解协议】

当事人达成以物抵债执行和解协议的，人民法院不得依据该协议作出以物抵债裁定。④

101.【和解协议的履行】

执行和解协议履行过程中，符合民法典第五百七十条⑤规定情形的，债务人可以依法向有关机构申请提存；执行和解协议约定给付金钱的，债务人也可以向执行法院申请提存。⑥

---

① 参照《最高人民法院关于进一步规范近期执行工作相关问题的通知》（法〔2018〕141号）“三、关于和解长期履行案件的报结问题”。

② 《最高人民法院关于执行和解若干问题的规定》（法释〔2018〕3号，2020年12月23日修正）第四条。

③ 《最高人民法院关于执行和解若干问题的规定》（法释〔2018〕3号，2020年12月23日修正）第五条。

④ 《最高人民法院关于执行和解若干问题的规定》（法释〔2018〕3号，2020年12月23日修正）第六条。

⑤ 《中华人民共和国民法典》（2020年5月28日）第五百七十条规定：“有下列情形之一，难以履行债务的，债务人可以将标的物提存：（一）债权人无正当理由拒绝受领；（二）债权人下落不明；（三）债权人死亡未确定继承人、遗产管理人，或者丧失民事行为能力未确定监护人；（四）法律规定的其他情形。标的物不适于提存或者提存费用过高的，债务人依法可以拍卖或者变卖标的物，提存所得的价款。”

⑥ 《最高人民法院关于执行和解若干问题的规定》（法释〔2018〕3号，2020年12月23日修正）第七条。

执行和解协议履行完毕的，人民法院以“执行完毕”方式结案。①

执行和解协议履行完毕，申请执行人因被执行人迟延履行、瑕疵履行遭受损害的，可以向执行法院另行提起诉讼。②

在履行和解协议的过程中，申请执行人因被执行人迟延履行申请恢复执行的同时，又继续接受并积极配合被执行人的后续履行，直至和解协议全部履行完毕的，属于民事诉讼法及相关司法解释规定的和解协议已经履行完毕不再恢复执行原生效法律文书的情形。③

102.【不履行和解协议的效力】

被执行人一方不履行执行和解协议的，申请执行人可以申请恢复执行原生效法律文书，也可以就履行执行和解协议向执行法院提起诉讼。④

恢复执行后，对申请执行人就履行执行和解协议提起的诉讼，人民法院不予受理。⑤

申请执行人就履行执行和解协议提起诉讼，执行法院受理后，可以裁定终结原生效法律文书的执行。执行中的查封、扣

---

① 《最高人民法院关于执行和解若干问题的规定》（法释〔2018〕3号，2020年12月23日修正）第八条，《最高人民法院关于执行案件立案、结案若干问题的意见》（法发〔2014〕26号）第十五条第一款。

② 《最高人民法院关于执行和解若干问题的规定》（法释〔2018〕3号，2020年12月23日修正）第十五条。

③ 参照最高人民法院指导案例126号“江苏天宇建设集团有限公司与无锡时代盛业房地产开发有限公司执行监督案”（最高人民法院2019年12月24日发布）。其裁判要点：在履行和解协议的过程中，申请执行人因被执行人迟延履行申请恢复执行的同时，又继续接受并积极配合被执行人的后续履行，直至和解协议全部履行完毕的，属于民事诉讼法及相关司法解释规定的和解协议已经履行完毕不再恢复执行原生效法律文书的情形。

④ 《最高人民法院关于执行和解若干问题的规定》（法释〔2018〕3号，2020年12月23日修正）第九条。

⑤ 《最高人民法院关于执行和解若干问题的规定》（法释〔2018〕3号，2020年12月23日修正）第十三条。

押、冻结措施，自动转为诉讼中的保全措施。[①]

103.【和解协议无法继续履行的处理】

申请执行人与被执行人对执行和解协议的内容产生争议，客观上已无法继续履行的，可以执行原生效法律文书。

对执行和解协议中原执行依据未涉及的内容，以及履行过程中产生的争议，当事人可以通过其他救济程序解决。[②]

104.【申请恢复执行的期间】

申请恢复执行原生效法律文书，适用民事诉讼法第二百四十六条[③]申请执行期间的规定。

当事人不履行执行和解协议的，申请恢复执行期间自执行和解协议约定履行期间的最后一日起计算。[④]

105.【恢复执行的审查】

申请执行人以被执行人一方不履行执行和解协议为由申请恢复执行，人民法院经审查，理由成立的，裁定恢复执行；有下列情形之一的，裁定不予恢复执行：

（一）执行和解协议履行完毕后申请恢复执行的；

（二）执行和解协议约定的履行期限尚未届至或者履行条件

---

① 《最高人民法院关于执行和解若干问题的规定》（法释〔2018〕3 号，2020 年 12 月 23 日修正）第十四条。

② 参照最高人民法院指导案例 124 号“中国防卫科技学院与联合资源教育发展（燕郊）有限公司执行监督案”（最高人民法院 2019 年 12 月 24 日发布）。其裁判要点为：申请执行人与被执行人对执行和解协议的内容产生争议，客观上已无法继续履行的，可以执行原生效法律文书。对执行和解协议中原执行依据未涉及的内容，以及履行过程中产生的争议，当事人可以通过其他救济程序解决。

③ 《中华人民共和国民事诉讼法》（2021 年 12 月 24 日修正）第二百四十六条规定：“申请执行的期间为二年。申请执行时效的中止、中断，适用法律有关诉讼时效中止、中断的规定。前款规定的期间，从法律文书规定履行期间的最后一日起计算；法律文书规定分期履行的，从最后一期履行期限届满之日起计算；法律文书未规定履行期间的，从法律文书生效之日起计算。”

④ 参照《最高人民法院关于执行和解若干问题的规定》（法释〔2018〕3 号，2020 年 12 月 23 日修正）第十条。

尚未成就的，但符合民法典第五百七十八条[①]规定情形的除外；

（三）被执行人一方正在按照执行和解协议约定履行义务的；

（四）其他不符合恢复执行条件的情形。[②]

当事人、利害关系人认为恢复执行或者不予恢复执行违反法律规定的，可以依照民事诉讼法第二百三十二条[③]规定提出异议。[④]

106.【执行和解协议的无效与可撤销】

当事人、利害关系人认为执行和解协议无效或者应予撤销的，可以向执行法院提起诉讼。执行和解协议被确认无效或者撤销后，申请执行人可以据此申请恢复执行。

被执行人以执行和解协议无效或者应予撤销为由提起诉讼的，不影响申请执行人申请恢复执行。[⑤]

107.【已履行部分的扣除】

恢复执行后，执行和解协议已经履行部分应当依法扣除。当事人、利害关系人认为人民法院的扣除行为违反法律规定的，可

---

① 《中华人民共和国民法典》（2020年5月28日）第五百七十八条规定："当事人一方明确表示或者以自己的行为表明不履行合同义务的，对方可以在履行期限届满前请求其承担违约责任。"

② 《最高人民法院关于执行和解若干问题的规定》（法释〔2018〕3号，2020年12月23日修正）第十一条。

③ 《中华人民共和国民事诉讼法》（2021年12月24日修正）第二百三十二条规定："当事人、利害关系人认为执行行为违反法律规定的，可以向负责执行的人民法院提出书面异议。当事人、利害关系人提出书面异议的，人民法院应当自收到书面异议之日起十五日内审查，理由成立的，裁定撤销或者改正；理由不成立的，裁定驳回。当事人、利害关系人对裁定不服的，可以自裁定送达之日起十日内向上一级人民法院申请复议。"下同。

④ 《最高人民法院关于执行和解若干问题的规定》（法释〔2018〕3号，2020年12月23日修正）第十二条。

⑤ 《最高人民法院关于执行和解若干问题的规定》（法释〔2018〕3号，2020年12月23日修正）第十六条。

以依照民事诉讼法第二百三十二条规定提出异议。[①]

108. 【执行和解中的担保条款】

执行和解协议中约定担保条款，且担保人向人民法院承诺在被执行人不履行执行和解协议时自愿接受直接强制执行的，恢复执行原生效法律文书后，人民法院可以依申请执行人申请及担保条款的约定，直接裁定执行担保财产或者保证人的财产。[②]

109. 【执行外和解】

执行过程中，被执行人根据当事人自行达成但未提交人民法院的和解协议，或者一方当事人提交人民法院但其他当事人不予认可的和解协议，依照民事诉讼法第二百三十二条规定提出异议的，人民法院按照下列情形，分别处理：

（一）和解协议履行完毕的，裁定终结原生效法律文书的执行；

（二）和解协议约定的履行期限尚未届至或者履行条件尚未成就的，裁定中止执行，但符合民法典第五百七十八条[③]规定情形的除外；

（三）被执行人一方正在按照和解协议约定履行义务的，裁定中止执行；

（四）被执行人不履行和解协议的，裁定驳回异议；

（五）和解协议不成立、未生效或者无效的，裁定驳回异议。[④]

---

① 《最高人民法院关于执行和解若干问题的规定》（法释〔2018〕3号，2020年12月23日修正）第十七条。

② 《最高人民法院关于执行和解若干问题的规定》（法释〔2018〕3号，2020年12月23日修正）第十八条。

③ 《中华人民共和国民法典》（2020年5月28日）第五百七十八条规定："当事人一方明确表示或者以自己的行为表明不履行合同义务的，对方可以在履行期限届满前请求其承担违约责任。"

④ 参照《最高人民法院关于执行和解若干问题的规定》（法释〔2018〕3号，2020年12月23日修正）第十九条。

执行程序开始前，双方当事人自行达成和解协议并履行，一方当事人申请强制执行原生效法律文书的，人民法院应予受理。被执行人以已履行和解协议为由提出执行异议的，可以参照前款规定审查处理。[①]

---

① 参照最高人民法院指导案例119号“安徽省滁州市建筑安装工程有限公司与湖北追日电气股份有限公司执行复议案”（最高人民法院2019年12月24日发布）。其裁判要点为：执行程序开始前，双方当事人自行达成和解协议并履行，一方当事人申请强制执行原生效法律文书的，人民法院应予受理。被执行人以已履行和解协议为由提出执行异议的，可以参照《最高人民法院关于执行和解若干问题的规定》第十九条的规定审查处理。

第七章 暂缓执行

110. 【暂缓执行的一般规定】

执行程序开始后，人民法院可以因法定事由决定对某一项或者某几项执行措施在规定的期限内暂缓实施。非因法定事由不得决定暂缓执行。①

111. 【暂缓决定的作出】

暂缓执行由执行法院或者其上级人民法院执行机构作出决定。人民法院决定暂缓执行的，应当制作暂缓执行决定书，并及时送达当事人。②

112. 【依申请暂缓执行的情形】

有下列情形之一的，经当事人或者其他利害关系人申请，人民法院可以决定暂缓执行：

（一）执行措施或者执行程序违反法律规定的；

（二）执行标的物存在权属争议的；

（三）被执行人对申请执行人享有抵销权的。③

113. 【暂缓执行申请的审查及处理】

人民法院在收到暂缓执行申请后，应当在十五日内作出决

① 参照《最高人民法院关于正确适用暂缓执行措施若干问题的规定》（法发〔2002〕16号）第一条。

② 参照《最高人民法院关于正确适用暂缓执行措施若干问题的规定》（法发〔2002〕16号）第二条。

③《最高人民法院关于正确适用暂缓执行措施若干问题的规定》（法发〔2002〕16号）第三条。

定，并在作出决定后五日内将决定书发送当事人或者其他利害关系人。①

114.【暂缓执行的担保】

人民法院根据本规范第112条决定暂缓执行的，应当同时责令申请暂缓执行的当事人或者其他利害关系人在指定的期限内提供相应的担保。②

115.【继续执行优先原则】

被执行人或者其他利害关系人提供担保申请暂缓执行，申请执行人提供担保要求继续执行的，执行法院可以继续执行。③

116.【依职权暂缓执行的情形】

有下列情形之一的，人民法院可以依职权决定暂缓执行：

（一）上级人民法院已经受理执行争议案件并正在处理的；

（二）人民法院发现据以执行的生效法律文书确有错误，并正在按照审判监督程序进行审查的；④

（三）当事人、利害关系人对网络司法拍卖行为提出异议的，异议、复议期间，人民法院可以决定暂缓拍卖。案外人对网络司法拍卖的标的提出异议的，人民法院应决定暂缓拍卖。⑤

人民法院依照前款第1项、第2项规定决定暂缓执行的，一般应由申请执行人或者被执行人提供相应的担保。⑥

---

① 《最高人民法院关于正确适用暂缓执行措施若干问题的规定》（法发〔2002〕16号）第六条。

② 参照《最高人民法院关于正确适用暂缓执行措施若干问题的规定》（法发〔2002〕16号）第四条第一款。

③ 《最高人民法院关于正确适用暂缓执行措施若干问题的规定》（法发〔2002〕16号）第四条第二款。

④ 《最高人民法院关于正确适用暂缓执行措施若干问题的规定》（法发〔2002〕16号）第七条第一款。

⑤ 参照《最高人民法院关于人民法院网络司法拍卖若干问题的规定》（法释〔2016〕18号）第三十六条。

⑥ 参照《最高人民法院关于正确适用暂缓执行措施若干问题的规定》（法发〔2002〕16号）第七条第二款。

117. 【暂缓执行的期限】

暂缓执行的期间不得超过三个月。因特殊事由需要延长的，可以适当延长，延长的期限不得超过三个月。

暂缓执行的期限从执行法院作出暂缓执行决定之日起计算。暂缓执行的决定由上级人民法院作出的，从执行法院收到暂缓执行决定之日起计算。①

118. 【暂缓执行的审查】

人民法院应当组成合议庭对是否暂缓执行进行审查并作出决定，必要时应当听取当事人或者利害关系人的意见。②

119. 【暂缓执行的监督】

上级人民法院发现执行法院对不符合暂缓执行条件的案件决定暂缓执行，或者对符合暂缓执行条件的案件未予暂缓执行的，应当作出决定予以纠正。执行法院收到该决定后，应当遵照执行。③

120. 【暂缓执行期限届满后的恢复执行】

暂缓执行期限届满后，人民法院应当立即恢复执行。

暂缓执行期限届满前，据以决定暂缓执行的事由消灭的，如果该暂缓执行的决定是由执行法院作出的，执行法院应当立即作出恢复执行的决定；如果该暂缓执行的决定是由执行法院的上级人民法院作出的，执行法院应当将该暂缓执行事由消灭的情况及时报告上级人民法院，该上级人民法院应当在收到报告后十日内审查核实并作出恢复执行的决定。④

---

① 《最高人民法院关于正确适用暂缓执行措施若干问题的规定》（法发〔2002〕16号）第十条。

② 参照《最高人民法院关于正确适用暂缓执行措施若干问题的规定》（法发〔2002〕16号）第十一条。

③ 《最高人民法院关于正确适用暂缓执行措施若干问题的规定》（法发〔2002〕16号）第十二条。

④ 《最高人民法院关于正确适用暂缓执行措施若干问题的规定》（法发〔2002〕16号）第十三条。

第八章　中止执行

121.【应当中止执行的情形】

具有下列情形之一的，人民法院应当裁定中止执行：

（一）申请执行人表示可以延期执行的；

（二）案外人对执行标的提出确有理由的异议的；

（三）作为一方当事人的公民死亡，需要等待继承人继承权利或者承担义务的；

（四）作为一方当事人的法人或者其他组织终止，尚未确定权利义务承受人的；①

（五）人民法院已受理以被执行人为债务人的破产申请的②，或者依据《最高人民法院关于适用〈中华人民共和国民事诉讼法〉的解释》第五百一十一条③规定，将案件移送破产审查的；

（六）被执行人申请撤销仲裁裁决并已由人民法院受理的，或者被执行人、案外人对仲裁裁决执行案件提出不予执行申请并

---

① 《中华人民共和国民事诉讼法》（2021 年 12 月 24 日修正）第二百六十三条第一款第一项至第四项。

② 参照《中华人民共和国企业破产法》（2006 年 8 月 27 日）第十九条。

③ 《最高人民法院关于适用〈中华人民共和国民事诉讼法〉的解释》（法释〔2015〕5 号，2022 年 3 月 22 日修正）第五百一十一条规定："在执行中，作为被执行人的企业法人符合企业破产法第二条第一款规定情形的，执行法院经申请执行人之一或者被执行人同意，应当裁定中止对该被执行人的执行，将执行案件相关材料移送被执行人住所地人民法院。"

提供适当担保的；[①]

（七）执行依据按审判监督程序决定再审的，但追索赡养费、扶养费、抚养费、抚恤金、医疗费用、劳动报酬等案件，可以不中止执行的除外；[②]

（八）执行过程中发现有非法集资犯罪嫌疑的，或者执行标的物属于公安机关、人民检察院、人民法院侦查、起诉、审理非法集资刑事案件的涉案财物的；[③]

（九）人民法院认为应当中止执行的其他情形。[④]

裁定对部分被执行人中止执行的，不影响对同一执行案件其他被执行人的执行。

122.【可以中止执行的情形】

受理第三人撤销之诉案件后，原告提供相应担保，请求中止执行的，人民法院可以准许。[⑤]

各方当事人达成和解协议，并有本规范第 97 条第 1 款情形之一的，可以裁定中止执行。[⑥]

被执行人根据当事人自行达成但不符合本规范第 97 条第 1 款情形的和解协议提出异议的，经审查和解协议约定的履行期限尚未届至或者履行条件尚未成就的，或者被执行人一方正在按照

---

① 参照《中华人民共和国仲裁法》（2017 年 9 月 1 日修正）第六十四条、《最高人民法院关于人民法院办理仲裁裁决执行案件若干问题的规定》（法释〔2018〕5 号）第七条。

② 参照《中华人民共和国民事诉讼法》（2021 年 12 月 24 日修正）第二百一十三条。

③ 《最高人民法院、最高人民检察院、公安部关于办理非法集资刑事案件适用法律若干问题的意见》（公通字〔2014〕16 号）第七条。

④ 《中华人民共和国民事诉讼法》（2021 年 12 月 24 日修正）第二百六十三条第一款第五项。

⑤ 参照《最高人民法院关于适用〈中华人民共和国民事诉讼法〉的解释》（法释〔2015〕5 号，2022 年 3 月 22 日修正）第二百九十条、第二百九十七条。

⑥ 参照《最高人民法院关于执行和解若干问题的规定》（法释〔2018〕3 号，2020 年 12 月 23 日修正）第二条。

和解协议约定履行义务的，裁定中止执行。①

123. 【中止执行裁定】

中止执行应当依法制作裁定书，载明中止执行的事由和依据，并送达当事人。② 中止执行的裁定，送达当事人后立即生效。③

124. 【中止执行后的恢复执行】

中止执行的情形消失后，执行法院可以根据当事人的申请或依职权恢复执行。

恢复执行应当书面通知当事人。④

125. 【中止执行期间的续封】

中止执行期间，因查封、扣押、冻结期限届满需要对执行标的物办理续行查封、扣押、冻结手续的，执行法院应当根据申请执行人的申请办理续行查封、扣押、冻结手续，也可以依职权办理续行查封、扣押、冻结手续。⑤

126. 【中止执行期间异议的处理】

中止执行期间，当事人、利害关系人依据民事诉讼法第二百三十二条⑥的规定提出异议，或者案外人依据民事诉讼法第二百

---

① 参照《最高人民法院关于执行和解若干问题的规定》（法释〔2018〕3 号，2020 年 12 月 23 日修正）第十九条。

② 参照《中华人民共和国民事诉讼法》（2021 年 12 月 24 日修正）第二百六十三条，《最高人民法院关于人民法院执行工作若干问题的规定（试行）》（法释〔1998〕15 号，2020 年 12 月 23 日修正）第 62 条。

③ 参照《中华人民共和国民事诉讼法》（2021 年 12 月 24 日修正）第二百六十五条。

④ 《最高人民法院关于人民法院执行工作若干问题的规定（试行）》（法释〔1998〕15 号，2020 年 12 月 23 日修正）第 60 条。

⑤ 参照《最高人民法院关于适用〈中华人民共和国民事诉讼法〉的解释》（法释〔2015〕5 号，2022 年 3 月 22 日修正）第四百八十五条第二款、第三款。

⑥ 《中华人民共和国民事诉讼法》（2021 年 12 月 24 日修正）第二百三十二条规定："当事人、利害关系人认为执行行为违反法律规定的，可以向负责执行的人民法院提出书面异议。当事人、利害关系人提出书面异议的，人民法院应当自收到书面异议之日起十五日内审查，理由成立的，裁定撤销或者改正；理由不成立的，裁定驳回。当事人、利害关系人对裁定不服的，可以自裁定送达之日起十日内向上一级人民法院申请复议。"

三十四条[①]的规定提出异议的，执行法院应当依法进行审查并作出裁定。

127.【中止执行期间当事人的变更、追加】

中止执行期间，申请执行人或其继承人、权利承受人申请变更、追加执行当事人的，执行法院应当依法审查并作出处理。

---

① 《中华人民共和国民事诉讼法》（2021 年 12 月 24 日修正）第二百三十四条规定："执行过程中，案外人对执行标的提出书面异议的，人民法院应当自收到书面异议之日起十五日内审查，理由成立的，裁定中止对该标的的执行；理由不成立的，裁定驳回。案外人、当事人对裁定不服，认为原判决、裁定错误的，依照审判监督程序办理；与原判决、裁定无关的，可以自裁定送达之日起十五日内向人民法院提起诉讼。"

第九章　终结本次执行程序

128. 【终结本次执行程序的条件】

执行法院终结本次执行程序，应当同时符合下列条件：

（一）已向被执行人发出执行通知、责令被执行人报告财产；

（二）已向符合条件的被执行人发出限制消费令，并将符合条件的被执行人纳入失信被执行人名单；

（三）已穷尽财产调查措施，未发现被执行人有可供执行的财产或者发现的财产不能处置；

（四）被执行人下落不明的，已依法予以查找；被执行人或者其他人妨害执行的，已依法采取罚款、拘留等强制措施，构成犯罪的，已依法启动刑事责任追究程序。①

原终结本次执行程序中已发出限制消费令的恢复执行案件，人民法院再次终结本次执行程序的，可无须再根据前款第 2 项发出限制消费令。②

129. 【“责令被执行人报告财产”应完成事项】

本规范第 128 条第 1 款第 1 项中的“责令被执行人报告财产”，是指应当完成下列事项：

---

① 参照《最高人民法院关于严格规范终结本次执行程序的规定（试行）》（法〔2016〕373 号）第一条，《最高人民法院关于进一步规范近期执行工作相关问题的通知》（法〔2018〕141 号）“二、关于终结本次执行程序相关问题（二）”。

② 参照《最高人民法院关于进一步规范近期执行工作相关问题的通知》（法〔2018〕141 号）“二、关于终结本次执行程序相关问题（一）”。

（一）向被执行人发出报告财产令；

（二）对被执行人报告的财产情况予以核查；

（三）对逾期报告、拒绝报告或者虚假报告的被执行人或者相关人员，依法采取罚款、拘留等强制措施，构成犯罪的，依法启动刑事责任追究程序。

人民法院应当将财产报告、核实及处罚的情况记录入卷。①

130.【“穷尽财产调查措施”应完成事项】

本规范第128条第1款第3项中的“已穷尽财产调查措施”，是指应当完成下列调查事项：

（一）对申请执行人或者其他人提供的财产线索进行核查；

（二）通过网络执行查控系统对被执行人的存款、车辆及其他交通运输工具、不动产、有价证券等财产情况进行查询；

（三）无法通过网络执行查控系统查询本款第2项规定的财产情况的，在被执行人住所地或者可能隐匿、转移财产所在地进行必要调查；

（四）被执行人隐匿财产、会计账簿等资料且拒不交出的，依法采取搜查措施；

（五）经申请执行人申请，根据案件实际情况，依法采取审计调查、公告悬赏等调查措施；

（六）法律、司法解释规定的其他财产调查措施。

人民法院应当将财产调查情况记录入卷。②

131.【网络调查的要求】

执行法院通过总对总网络执行查控系统查询被执行人财产的，必须完成对所有已开通查询功能的财产项目的查询，仅查询部分财产项目的，不符合完成网络调查事项的要求。拟终结本次

---

① 参照《最高人民法院关于严格规范终结本次执行程序的规定（试行）》（法〔2016〕373号）第二条。

② 参照《最高人民法院关于严格规范终结本次执行程序的规定（试行）》（法〔2016〕373号）第三条。

执行程序时距完成前次总对总网络查控已超过三个月的，还应在终结本次程序之前再次通过总对总网络执行查控系统查询被执行人的财产。①

132.【现场调查的要求】

积极采取现场调查等方式，查明被执行人财产状况和履行义务能力，一般应当完成下列调查事项：

（一）对申请执行人提供的财产线索，必须予以核实，并将核实情况记录入卷；

（二）向被执行人发出报告财产令时，应及时传唤被执行人或其法定代表人、负责人、实际控制人到人民法院接受调查询问；

（三）住房公积金、金融理财产品、收益类保险、股息红利等未实现网络查控的财产，应前往现场调查，并制作调查笔录附卷为凭；

（四）被执行人是自然人的，向被执行人所在单位及居住地周边群众调查了解被执行人生活居住、劳动就业、收入、债权、股权等情况，并制作调查笔录附卷为凭；

（五）被执行人是法人或其他组织的，对其住所地、经营场所进行现场调查；全面核查被执行人企业性质及设立、合并分立、投资经营、债权债务、变更终止等情况，并可依申请进行审计调查。②

被执行人在本地的可以通过直接调查或委托网格员或向居委会、村委会调查等方式调查；被执行人在外地的可以通过事项委托，委托当地法院调查。当事人自己或者委托律师调查的，执行法院可以根据实际情况对调查结果予以认定。对于申请执行人提

---

① 《最高人民法院关于进一步规范近期执行工作相关问题的通知》（法〔2018〕141号）“二、关于终结本次执行程序相关问题（三）”。

② 参照《最高人民法院关于进一步规范近期执行工作相关问题的通知》（法〔2018〕141号）“二、关于终结本次执行程序相关问题（五）”。

供线索或者认可被执行人不在住所地的，可不再至住所地调查。

133. 【“发现的财产不能处置”情形】

本规范第128条第1款第3项中的“发现的财产不能处置”，包括下列情形：[①]

（一）被执行人的财产经法定程序拍卖、变卖未成交，申请执行人不接受抵债或者依法不能交付其抵债，又不能对该财产采取强制管理等其他执行措施的；

（二）人民法院在登记机关查封的被执行人车辆、船舶等财产，未能实际扣押的。[②]

134. 【轮候查封财产终结本次执行程序的条件】

在先查封被执行人财产的，执行法院要按程序主动推进财产强制变价程序，不得以申请执行人未申请为由不进行变价。[③]

轮候查封但享有优先权的，执行法院要按程序及时向首封法院（或者公安机关）商请移送处分权，首封法院要积极配合移送，推进处置程序。首封法院（或公安机关）在收到商请移送执行函之日起十五日内未出具移送执行函的[④]，执行法院可以裁定终结本次执行程序。[⑤]

无抵押等优先权的轮候查封案件，已穷尽财产调查措施，未发现被执行人除首封法院查封财产外有其他可供执行的财产，符合下列情形的，可以终本方式结案：

---

① 实践中，有发现财产但系轮候查封的，属于发现的财产不能处置的情形。

② 参照《最高人民法院关于严格规范终结本次执行程序的规定（试行）》（法〔2016〕373号）第四条。

③ 参照《最高人民法院关于进一步规范终结本次执行程序案件办理，切实保护各方当事人合法权益的通知》（法明传〔2021〕371号）“三、严格规范财产处置，把好‘变价关’”。

④ 参照《最高人民法院关于首先查封法院与优先债权执行法院处分查封财产有关问题的批复》（法释〔2016〕6号）第二条第二款。

⑤ 参照《最高人民法院关于进一步规范终结本次执行程序案件办理，切实保护各方当事人合法权益的通知》（法明传〔2021〕371号）“三、严格规范财产处置，把好‘变价关’”。

（一）经在先查封法院确认，查封财产确无余值可以分配；

（二）符合参与分配条件的，已向首封法院发出参与分配函，首封法院在法定期限内不能处置完毕的。

135.【申请执行人意见的听取】

终结本次执行程序前，人民法院应当将案件执行情况、采取的财产调查措施、被执行人的财产情况、终结本次执行程序的依据及法律后果等信息告知申请执行人，并听取其对终结本次执行程序的意见。

征求申请执行人意见时，可以采取面谈、电话、邮件、传真、短信、微信等方式，必须将征求意见情况记录入卷为凭；有下列情形之一的，可不再征求申请执行人意见：

（一）执行内容仅为追缴诉讼费或罚款的；

（二）行政非诉执行案件；

（三）刑事财产刑执行案件；

（四）申请执行人申请终结本次执行程序的。①

136.【终结本次执行程序的审批】

经过财产调查未发现可供执行的财产，在申请执行人签字确认或者执行法院组成合议庭审查核实并经院长批准后，可以裁定终结本次执行程序。②

137.【终结本次执行程序裁定的内容】

终结本次执行程序应当制作裁定书，载明下列内容：

（一）申请执行的债权情况；

（二）执行经过及采取的执行措施、强制措施；

（三）查明的被执行人财产情况；

---

① 参照《最高人民法院关于严格规范终结本次执行程序的规定（试行）》（法〔2016〕373号）第五条，《最高人民法院关于进一步规范近期执行工作相关问题的通知》（法〔2018〕141号）“二、关于终结本次执行程序相关问题（四）”。

② 《最高人民法院关于适用〈中华人民共和国民事诉讼法〉的解释》（法释〔2015〕5号，2022年3月22日修正）第五百一十七条第一款。

(四)实现的债权情况;

(五)申请执行人享有要求被执行人继续履行债务及依法向人民法院申请恢复执行的权利,被执行人负有继续向申请执行人履行债务的义务。

终结本次执行程序裁定书送达申请执行人后,执行案件可以作结案处理。人民法院进行相关统计时,应当对以终结本次执行程序方式结案的案件与其他方式结案的案件予以区分。

终结本次执行程序裁定书应当依法在互联网上公开。①

138.【终结本次执行程序的异议】

当事人、利害关系人认为终结本次执行程序违反法律规定的,可以提出执行异议。人民法院应当依照民事诉讼法第二百三十二条的规定进行审查。②

139.【终结本次执行程序后的继续履行】

终结本次执行程序后,被执行人应当继续履行生效法律文书确定的义务。被执行人自动履行完毕的,当事人应当及时告知执行法院。③

140.【恢复执行及财产的定期查询】

终结本次执行程序后,申请执行人发现被执行人有可供执行财产的,可以向执行法院申请恢复执行。申请恢复执行不受申请执行时效期间的限制。执行法院核查属实的,应当恢复执行。④

141.【发现财产的立即控制】

终结本次执行程序后,发现被执行人有可供执行财产,不立

① 《最高人民法院关于严格规范终结本次执行程序的规定(试行)》(法〔2016〕373号)第六条。

② 参照《最高人民法院关于严格规范终结本次执行程序的规定(试行)》(法〔2016〕373号)第七条。

③ 《最高人民法院关于严格规范终结本次执行程序的规定(试行)》(法〔2016〕373号)第八条。

④ 《最高人民法院关于严格规范终结本次执行程序的规定(试行)》(法〔2016〕373号)第九条第一款。

即采取执行措施可能导致财产被转移、隐匿、出卖或者毁损的，执行法院可以依申请执行人申请或依职权立即采取查封、扣押、冻结等控制性措施。①

142.【终结本次执行程序与移送破产】

案件符合终结本次执行程序条件，又符合移送破产审查相关规定的，执行法院应当在作出终结本次执行程序裁定的同时，将执行案件相关材料移送被执行人住所地人民法院进行破产审查。②

143.【终结本次执行程序信息库及信息的公开】

执行案件报结后，下列案件信息汇入最高人民法院建立的终结本次执行程序案件信息库：

（一）作为被执行人的法人或者其他组织的名称、住所地、组织机构代码及其法定代表人或者负责人的姓名，作为被执行人的自然人的姓名、性别、年龄、身份证件号码和住址；

（二）生效法律文书的制作单位和文号，执行案号、立案时间、执行法院；

（三）生效法律文书确定的义务和被执行人的履行情况；

（四）人民法院认为应当记载的其他事项。

终结本次执行程序案件信息库的案件信息向社会公开。③

144.【错误信息的更正】

当事人、利害关系人认为公布的终结本次执行程序案件信息错误的，可以向执行法院申请更正。执行法院审查属实的，应当在三日内予以更正。④

---

① 《最高人民法院关于严格规范终结本次执行程序的规定（试行）》（法〔2016〕373号）第十条。

② 《最高人民法院关于严格规范终结本次执行程序的规定（试行）》（法〔2016〕373号）第十一条。

③ 参照《最高人民法院关于严格规范终结本次执行程序的规定（试行）》（法〔2016〕373号）第十二条、第十三条。

④ 《最高人民法院关于严格规范终结本次执行程序的规定（试行）》（法〔2016〕373号）第十四条。

145.【执行和强制措施效力的延续】

终结本次执行程序后，执行法院已对被执行人依法采取的执行措施和强制措施继续有效。[①]

146.【续封和当事人的变更、追加】

终结本次执行程序后，申请执行人申请延长查封、扣押、冻结期限的，人民法院应当依法办理续行查封、扣押、冻结手续。

终结本次执行程序后，当事人、利害关系人申请变更、追加执行当事人，符合法定情形的，人民法院应予支持。变更、追加被执行人后，申请执行人申请恢复执行的，人民法院应予支持。[②]

147.【终结本次执行程序后妨害执行的处理】

终结本次执行程序后，被执行人或者其他人妨害执行的，人民法院可以依法予以罚款、拘留；构成犯罪的，依法追究刑事责任。[③]

148.【终结本次执行程序信息的屏蔽】

有下列情形之一的，人民法院应当在三日内将案件信息从终结本次执行程序案件信息库中屏蔽：

（一）生效法律文书确定的义务执行完毕的；

（二）依法裁定终结执行的；

（三）依法应予屏蔽的其他情形。[④]

---

① 《最高人民法院关于严格规范终结本次执行程序的规定（试行）》（法〔2016〕373号）第十五条。

② 《最高人民法院关于严格规范终结本次执行程序的规定（试行）》（法〔2016〕373号）第十六条。

③ 《最高人民法院关于严格规范终结本次执行程序的规定（试行）》（法〔2016〕373号）第十七条。

④ 《最高人民法院关于严格规范终结本次执行程序的规定（试行）》（法〔2016〕373号）第十八条。

第十章　终结执行

149.【终结执行的情形】

具有下列情形之一的，人民法院应当裁定终结执行：

（一）申请人撤销（撤回）执行申请的；①

（二）申请执行人就履行执行和解协议提起诉讼并已由执行法院受理的；②

（三）据以执行的法律文书被撤销的；③

（四）作为被执行人的公民死亡，无遗产可供执行，又无义务承担人的；④

（五）追索赡养费、扶养费、抚养费案件的权利人死亡的；⑤

（六）作为被执行人的公民因生活困难无力偿还借款，无收

① 《中华人民共和国民事诉讼法》（2021年12月24日修正）第二百六十四条第一项，《最高人民法院关于执行案件立案、结案若干问题的意见》（法发〔2014〕26号）第十七条第一款第一项。

② 参照《最高人民法院关于执行和解若干问题的规定》（法释〔2018〕3号，2020年12月23日修正）第十四条。

③ 《中华人民共和国民事诉讼法》（2021年12月24日修正）第二百六十四条第二项，《最高人民法院关于执行案件立案、结案若干问题的意见》（法发〔2014〕26号）第十七条第一款第二项。

④ 《中华人民共和国民事诉讼法》（2021年12月24日修正）第二百六十四条第三项，《最高人民法院关于执行案件立案、结案若干问题的意见》（法发〔2014〕26号）（法发〔2014〕26号）第十七条第一款第三项。

⑤ 《中华人民共和国民事诉讼法》（2021年12月24日修正）第二百六十四条第四项，《最高人民法院关于执行案件立案、结案若干问题的意见》（法发〔2014〕26号）第十七条第一款第四项。

入来源，又丧失劳动能力的；①

（七）被执行人被人民法院裁定宣告破产或裁定终止和解程序、重整程序的；②

（八）作为被执行人的企业法人或其他组织被撤销、注销、吊销营业执照或者歇业、终止后既无财产可供执行，又无义务承受人，也没有能够依法追加变更执行主体的；③

（九）特定物的执行中，特定物毁损、灭失，双方当事人对折价赔偿又不能协商一致的；④

---

① 《中华人民共和国民事诉讼法》（2021年12月24日修正）第二百六十四条第五项，《最高人民法院关于执行案件立案、结案若干问题的意见》（法发〔2014〕26号）第十七条第一款第五项。

② 参照《最高人民法院关于人民法院执行工作若干问题的规定（试行）》（法释〔1998〕15号，2020年12月23日修正）第61条，《最高人民法院关于执行案件立案、结案若干问题的意见》（法发〔2014〕26号）第十七条第一款第八项，《最高人民法院关于执行案件移送破产审查若干问题的指导意见》（法发〔2017〕2号）第20条。《最高人民法院执行工作办公室就湖南高院继续执行中科软件集团有限公司诉圣方科技公司一案的答复意见》（〔执〕明传〔2007〕10号）中指出："……牡丹江中院破产案件终结，是因为债权人会议通过了和解协议并执行完毕，债务人圣方科技公司按照和解协议规定的条件清偿了债务，破产原因消除。经破产法院裁定认可的和解协议，对债务人和全体债权人均有约束力。中科软件公司参加了破产程序，依法应当受该和解协议的约束。破产和解是债务人破产再生程序，和解协议执行完毕后，其法人资格仍存续，但不再承担和解协议规定以外的债务的清偿责任。对此，当时法律虽无明文规定，但参照新企业破产法，应作此理解。此种情况下圣方科技公司未被宣告破产，并保留主体资格，这一点不能成为你院恢复执行的理由。在牡丹江中院裁定终结破产程序后，你院应当裁定对圣方科技公司执行终结。"《中华人民共和国企业破产法》（2006年8月27日）第九十八条规定："债权人会议通过和解协议的，由人民法院裁定认可，终止和解程序，并予以公告。管理人应当向债务人移交财产和营业事务，并向人民法院提交执行职务的报告。"债权人会议通过和解协议经人民法院认可后即应裁定终止和解程序，此时参照《最高人民法院关于执行案件移送破产审查若干问题的指导意见》（法发〔2017〕2号）第20条规定，即应裁定终结执行，不必等待和解协议执行完毕。

③ 《最高人民法院关于执行案件立案、结案若干问题的意见》（法发〔2014〕26号）第十七条第一款第六项。

④ 参照《最高人民法院关于适用〈中华人民共和国民事诉讼法〉的解释》（法释〔2015〕5号，2022年3月22日修正）第四百九十二条。

（十）仲裁裁决被撤销或者决定重新仲裁的；①

（十一）公证债权文书进入执行程序后，债权人又提起诉讼且诉讼案件已被受理的；②

（十二）执行刑事裁判涉财产部分、刑事附带民事裁判过程中，符合本规范第 1024 条规定情形的；③

（十三）行政执行标的灭失的；④

（十四）人民法院认为应当终结执行的其他情形。⑤

当事人达成执行和解协议，需要长期履行的，可以依据本规范第 97 条裁定中止执行，并以终结执行方式报结。对该种情形下终结执行的案件在报结时可以不作必须解除强制执行措施的要求。因被执行人不履行和解协议申请执行人申请恢复执行原生效法律文书的，以恢复执行方式立案。⑥

150.【终结执行裁定】

除本规范第 149 条第 2 款规定的情形外，终结执行应当依法

---

① 参照《中华人民共和国仲裁法》（2017 年 9 月 1 日修正）第六十四条第二款，《最高人民法院关于人民法院办理仲裁裁决执行案件若干问题的规定》（法释〔2018〕5 号）第七条第一款。仲裁裁决包括劳动人事争议仲裁裁决，参照《最高人民法院关于审理劳动争议案件适用法律问题的解释（一）》（法释〔2020〕26 号）第二十五条第二款。

② 参照《最高人民法院关于公证债权文书执行若干问题的规定》（法释〔2018〕18 号）第二十四条第二款。

③ 参照《最高人民法院关于适用〈中华人民共和国刑事诉讼法〉的解释》（法释〔2021〕1 号）第五百二十九条。

④ 《最高人民法院关于执行案件立案、结案若干问题的意见》（法发〔2014〕26 号）第十七条第一款第九项。

⑤ 参照《中华人民共和国民事诉讼法》（2021 年 12 月 24 日修正）第二百六十四第六项，《最高人民法院关于执行案件立案、结案若干问题的意见》（法发〔2014〕26 号）第十七条第一款第十三项。

⑥ 参照《最高人民法院关于进一步规范近期执行工作相关问题的通知》（法〔2018〕141 号）“三、关于和解长期履行案件的报结问题”。

制作裁定书，载明终结执行的事由和法律依据，并送达当事人。[①]终结执行的裁定，送达当事人后立即生效。[②]

当事人、利害关系人自收到裁定之日起六十日内可以依照民事诉讼法第二百三十二条规定对终结执行行为提出异议。当事人、利害关系人未收到法律文书的，应当自知道或者应当知道人民法院终结执行之日起六十日内提出。超出期限提出执行异议的，人民法院不予受理。[③]

151.【终结执行后的再次申请执行】

依照本规范第 149 条规定终结执行的案件，申请执行的条件具备时，申请执行人申请恢复执行的，人民法院应当恢复执行。[④]

因撤销（撤回）执行申请而终结执行后，当事人在本规范第 22 条第 1 款、第 2 款规定的申请执行时效期间内再次申请执行的，人民法院应当受理。[⑤]

因达成和解协议而撤回执行申请的，申请执行人申请恢复原生效法律文书的执行，应符合本规范第六章执行和解部分的相关规定。

---

① 参照《最高人民法院关于人民法院执行工作若干问题的规定（试行）》（法释〔1998〕15 号，2020 年 12 月 23 日修正）第 62 条，《最高人民法院关于执行案件立案、结案若干问题的意见》（法发〔2014〕26 号）第十七条第二款。

② 参照《中华人民共和国民事诉讼法》（2021 年 12 月 24 日修正）第二百六十五条。

③ 参照《最高人民法院关于对人民法院终结执行行为提出执行异议期限问题的批复》（法释〔2016〕3 号）。批复主要内容为："湖北省高级人民法院：你院《关于咸宁市广泰置业有限公司与咸宁市枫丹置业有限公司房地产开发经营合同纠纷案的请示》（鄂高法〔2015〕295 号）收悉。经研究，批复如下：当事人、利害关系人依照民事诉讼法第二百二十五条（2021 年 12 月 24 日修正后为第二百三十二条，编者注）规定对终结执行行为提出异议的，应当自收到终结执行法律文书之日起六十日内提出；未收到法律文书的，应当自知道或者应当知道人民法院终结执行之日起六十日内提出。批复发布前终结执行的，自批复发布之日起六十日内提出。超出该期限提出执行异议的，人民法院不予受理。此复。"

④ 参照《最高人民法院关于执行案件立案、结案若干问题的意见》（法发〔2014〕26 号）第六条第五项。

⑤ 参照《最高人民法院关于适用〈中华人民共和国民事诉讼法〉的解释》（法释〔2015〕5 号，2022 年 3 月 22 日修正）第五百一十八条。

152.【执行程序终结后对已执行标的妨害行为的处理】

在执行终结六个月内，被执行人或者其他人对已执行的标的有妨害行为的，人民法院可以依申请排除妨害，并可以依照民事诉讼法第一百一十四条[①]规定进行处罚。因妨害行为给执行债权人或者其他人造成损失的，受害人可以另行起诉。[②]

---

① 《中华人民共和国民事诉讼法》（2021 年 12 月 24 日修正）第一百一十四条规定："诉讼参与人或者其他人有下列行为之一的，人民法院可以根据情节轻重予以罚款、拘留；构成犯罪的，依法追究刑事责任：（一）伪造、毁灭重要证据，妨碍人民法院审理案件的；（二）以暴力、威胁、贿买方法阻止证人作证或者指使、贿买、胁迫他人作伪证的；（三）隐藏、转移、变卖、毁损已被查封、扣押的财产，或者已被清点并责令其保管的财产，转移已被冻结的财产的；（四）对司法工作人员、诉讼参加人、证人、翻译人员、鉴定人、勘验人、协助执行的人，进行侮辱、诽谤、诬陷、殴打或者打击报复的；（五）以暴力、威胁或者其他方法阻碍司法工作人员执行职务的；（六）拒不履行人民法院已经发生法律效力的判决、裁定的。人民法院对有前款规定的行为之一的单位，可以对其主要负责人或者直接责任人员予以罚款、拘留；构成犯罪的，依法追究刑事责任。"

② 《最高人民法院关于适用〈中华人民共和国民事诉讼法〉的解释》（法释〔2015〕5 号，2022 年 3 月 22 日修正）第五百一十九条。

第十一章　执行程序和破产程序的衔接

153.【执行案件移送破产审查的工作原则】

执行案件移送破产审查工作，涉及执行程序与破产程序之间的转换衔接，不同法院之间，同一法院内部执行部门、立案部门、破产审判部门之间，应坚持依法有序、协调配合、高效便捷的工作原则，防止推诿扯皮，影响司法效率，损害当事人合法权益。①

154.【执行案件移送破产审查的条件】

执行案件移送破产审查，应同时符合下列条件：

（一）被执行人为企业法人；

（二）被执行人或者有关被执行人的任何一个执行案件的申请执行人书面同意将执行案件移送破产审查；

（三）被执行人不能清偿到期债务，并且资产不足以清偿全部债务或者明显缺乏清偿能力。②

155.【执行案件移送破产审查的管辖】

执行案件移送破产审查，由被执行人住所地人民法院管辖。在级别管辖上，实行以中级人民法院管辖为原则、基层人民法院管辖为例外的管辖制度。中级人民法院经高级人民法院批准，也

---

① 《最高人民法院关于执行案件移送破产审查若干问题的指导意见》（法发〔2017〕2号）第1条。

② 参照《最高人民法院关于执行案件移送破产审查若干问题的指导意见》（法发〔2017〕2号）第2条。

可以将案件交由具备审理条件的基层人民法院审理。①

156.【执行案件移送破产事宜的告知】

执行法院在执行程序中应加强对执行案件移送破产审查有关事宜的告知和征询工作。②

157.【执行案件移送破产审查前的意见征询】

执行法院采取财产调查措施后，发现作为被执行人的企业法人符合企业破产法第二条③规定的，应当及时询问申请执行人、被执行人是否同意将案件移送破产审查。申请执行人、被执行人均不同意移送且无人申请破产的，执行法院就执行变价所得的财产，在扣除执行费用及清偿优先受偿的债权后，对于普通债权，按照财产保全和执行中查封、扣押、冻结财产的先后顺序清偿。企业法人的其他已经取得执行依据的债权人申请参与分配的，人民法院不予支持。④

158.【执行案件移送破产审查的决定程序】

执行部门应严格遵守执行案件移送破产审查的内部决定程序。承办人认为执行案件符合移送破产审查条件的，应提出审查意见，经合议庭评议同意后，由执行法院院长签署移送决定。⑤

基层人民法院拟将执行案件移送异地中级人民法院进行破产审查的，在作出移送决定前，应先报请其所在地中级人民法院执

---

① 参照《最高人民法院关于执行案件移送破产审查若干问题的指导意见》（法发〔2017〕2号）第3条。

② 参照《最高人民法院关于执行案件移送破产审查若干问题的指导意见》（法发〔2017〕2号）第4条。

③ 《中华人民共和国企业破产法》（2006年8月27日）第二条规定："企业法人不能清偿到期债务，并且资产不足以清偿全部债务或者明显缺乏清偿能力的，依照本法规定清理债务。企业法人有前款规定情形，或者有明显丧失清偿能力可能的，可以依照本法规定进行重整。"

④ 参照《最高人民法院关于执行案件移送破产审查若干问题的指导意见》（法发〔2017〕2号）第4条，《最高人民法院关于适用〈中华人民共和国民事诉讼法〉的解释》（法释〔2015〕5号，2022年3月22日修正）第五百一十四条。

⑤ 《最高人民法院关于执行案件移送破产审查若干问题的指导意见》（法发〔2017〕2号）第5条。

行部门审核同意。[①]

159. 【移送决定的送达及其异议的处理】

执行法院作出移送决定后，应当于五日内送达申请执行人和被执行人。申请执行人或被执行人对决定有异议的，可以在受移送法院破产审查期间提出，由受移送法院一并处理。[②]

160. 【移送后的中止执行】

执行法院作出移送决定后，应当书面通知所有已知执行法院，执行法院均应中止对被执行人的执行程序。但是，对被执行人的季节性商品、鲜活、易腐烂变质以及其他不宜长期保存的物品，执行法院应当及时变价处置，处置的价款不作分配。受移送法院裁定受理破产案件的，执行法院应当在收到裁定书之日起七日内，将该价款移交受理破产案件法院。案件符合终结本次执行程序条件的，执行法院可以同时裁定终结本次执行程序。[③]

被执行人的所有执行法院未依照前款规定中止对被执行人的执行程序的，采取执行措施的相关单位应当依法予以纠正。依法执行回转的财产，应当认定为企业法人的破产财产。[④]

裁定对被执行人中止执行的，不影响对同一执行案件其他被执行人的执行。

相关人民法院拒不解除保全措施或者拒不中止执行的，破产受理人民法院可以请求该法院的上级人民法院依法予以纠正。对债务人财产采取保全措施或者执行措施的人民法院未依法及时解除保全措施、移交处置权，或者中止执行程序并移交有关财产

---

① 参照《最高人民法院关于执行案件移送破产审查若干问题的指导意见》（法发〔2017〕2号）第6条。

② 《最高人民法院关于执行案件移送破产审查若干问题的指导意见》（法发〔2017〕2号）第7条。

③ 《最高人民法院关于执行案件移送破产审查若干问题的指导意见》（法发〔2017〕2号）第8条。

④ 参照《最高人民法院关于适用〈中华人民共和国企业破产法〉若干问题的规定（二）》（法释〔2013〕22号）第五条。

的，上级人民法院应当依法予以纠正。相关人员违反上述规定造成严重后果的，破产受理人民法院可以向人民法院纪检监察部门移送其违法审判责任线索。①

161.【查控措施的延续】

执行法院决定移送后、受移送法院裁定受理破产案件之前，对被执行人的查封、扣押、冻结措施不解除。查封、扣押、冻结期限在破产审查期间届满的，申请执行人可以向执行法院申请延长期限，由执行法院负责办理。②

162.【材料的移送及补正】

执行法院作出移送决定后，应当向受移送法院移送下列材料：

（一）执行案件移送破产审查决定书；

（二）申请执行人或被执行人同意移送的书面材料；

（三）执行法院采取财产调查措施查明的被执行人的财产状况，已查封、扣押、冻结财产清单及相关材料；

（四）执行法院已分配财产清单及相关材料；

（五）被执行人债务清单；

（六）其他应当移送的材料。③

移送的材料不完备或内容错误，影响受移送法院认定破产原因是否具备的，受移送法院可以要求执行法院补齐、补正，执行法院应于十日内补齐、补正。该期间不计入受移送法院破产审查期间。

受移送法院需要查阅执行程序中的其他案件材料，或者依法

---

① 参照《全国法院民商事审判工作会议纪要》（法〔2019〕254号）第109条。

② 参照《最高人民法院关于执行案件移送破产审查若干问题的指导意见》（法发〔2017〕2号）第9条。

③ 参照《最高人民法院关于执行案件移送破产审查若干问题的指导意见》（法发〔2017〕2号）第10条。

委托执行法院办理财产处置等事项的，执行法院应予协助配合。[①]

163. 【移送材料的接收和登记立案】

执行法院移送案件时，应当确保材料完备，内容、形式符合规定。受移送法院应当认真审核并及时反馈意见，不得无故不予接收或暂缓立案。[②]

执行法院移送破产审查的材料，由受移送法院立案部门负责接收。受移送法院不得以材料不完备等为由拒绝接收。立案部门经审核认为移送材料完备的，应以“破申”作为案件类型代字编制案号登记立案，并及时将案件移送破产审判部门进行破产审查。

破产审判部门在审查过程中发现本院对案件不具有管辖权的，应当按照民事诉讼法第三十七条[③]的规定处理。[④]

164. 【受移送法院破产审查与受理】

受移送法院的破产审判部门应当自收到移送的材料之日起三十日内作出是否受理的裁定。受移送法院作出裁定后，应当在五日内送达申请执行人、被执行人，并送交执行法院。[⑤]

申请执行人申请或同意移送破产审查的，裁定书中以该申请执行人为申请人，被执行人为被申请人；被执行人申请或同意移送破产审查的，裁定书中以该被执行人为申请人；申请执行人、

---

① 《最高人民法院关于执行案件移送破产审查若干问题的指导意见》（法发〔2017〕2号）第11条。

② 参照《全国法院破产审判工作会议纪要》（法〔2018〕53号）第41条。

③ 《中华人民共和国民事诉讼法》（2021年12月24日修正）第三十七条规定：“人民法院发现受理的案件不属于本院管辖的，应当移送有管辖权的人民法院，受移送的人民法院应当受理。受移送的人民法院认为受移送的案件依照规定不属于本院管辖的，应当报请上级人民法院指定管辖，不得再自行移送。”

④ 参照《最高人民法院关于执行案件移送破产审查若干问题的指导意见》（法发〔2017〕2号）第12条。

⑤ 《最高人民法院关于执行案件移送破产审查若干问题的指导意见》（法发〔2017〕2号）第13条。

被执行人均同意移送破产审查的，双方均为申请人。[①]

165. 【执破衔接中执行费用的处理】

受移送法院裁定受理破产案件的，在此前的执行程序中产生的评估费、公告费、保管费等执行费用，可以参照破产费用的规定，从债务人财产中随时清偿。[②]

166. 【被执行人财产的移交】

执行法院收到受移送法院受理裁定后，应当于七日内将已经扣划到账的银行存款、实际扣押的动产、有价证券等被执行人财产移交给受理破产案件的法院或管理人。[③]

执行法院收到受移送法院受理裁定时，已通过拍卖、变卖程序处置且成交裁定已送达买受人的拍卖、变卖财产，通过以物抵债偿还债务且抵债裁定已送达债权人的抵债财产，已完成转账、汇款、现金交付的执行款，因财产所有权已经发生变动，不属于被执行人的财产，不再移交。[④]

---

① 《最高人民法院关于执行案件移送破产审查若干问题的指导意见》（法发〔2017〕2号）第14条。

② 《最高人民法院关于执行案件移送破产审查若干问题的指导意见》（法发〔2017〕2号）第15条。

③ 《最高人民法院关于执行案件移送破产审查若干问题的指导意见》（法发〔2017〕2号）第16条，参照《最高人民法院关于对重庆市高级人民法院〈关于破产申请受理前已经划扣到执行法院账户尚未支付给申请执行人的款项是否属于债务人财产及执行法院收到破产管理人中止执行告知函后应否中止执行问题的请示〉的答复函》（〔2017〕最高法民他72号）。复函主要内容为："人民法院裁定受理破产申请时已经扣划到执行法院账户但尚未支付给申请人执行的款项，仍属于债务人财产，人民法院裁定受理破产申请后，执行法院应当中止对该财产的执行。执行法院收到破产管理人发送的中止执行告知函后仍继续执行的，应当根据《最高人民法院关于适用〈中华人民共和国破产法〉若干问题的规定（二）》第五条依法予以纠正，故同意你院审判委员会的倾向性意见，由于法律、司法解释和司法政策的变化，我院2004年12月22日作出的《关于如何理解〈最高人民法院关于破产司法解释〉第六十八条的请示的答复》（〔2013〕民二他字第52号）相应废止。"

④ 参照《最高人民法院关于执行案件移送破产审查若干问题的指导意见》（法发〔2017〕2号）第17条。

167.【执行措施的衔接】

执行法院收到破产受理裁定后，应当解除对债务人财产的查封、扣押、冻结措施；或者根据破产受理法院的要求，出具函件将查封、扣押、冻结财产的处置权交破产受理法院。破产受理法院可以持执行法院的移送处置函件进行续行查封、扣押、冻结，解除查封、扣押、冻结，或者予以处置。

执行法院收到破产受理裁定拒不解除查封、扣押、冻结措施的，破产受理法院可以请求执行法院的上级法院依法予以纠正。①

执行法院作出移送决定前已经启动的司法拍卖程序，在移送决定作出后可以继续进行。拍卖成交的，拍卖标的不再纳入破产程序中债务人财产范围，但是拍卖所得价款应当按照破产程序依法进行分配。执行程序中已经作出资产评估报告或者审计报告，且评估结论在有效期内或者审计结论满足破产案件需要的，可以在破产程序中继续使用。②

168.【受移送法院不予受理或驳回申请的处理】

受移送法院作出不予受理或驳回申请裁定的，应当在裁定生效后七日内将接收的材料、被执行人的财产退回执行法院，执行法院应当恢复对被执行人的执行。③

执行法院就执行变价所得的财产，在扣除执行费用及清偿优先受偿的债权后，对于普通债权，按照财产保全和执行中查封、扣押、冻结财产的先后顺序清偿。④

169.【重复移送的禁止】

受移送法院作出不予受理或驳回申请的裁定后，人民法院不

---

① 参照《全国法院破产审判工作会议纪要》（法〔2018〕53号）第42条。

② 《最高人民法院关于依法妥善审理涉新冠肺炎疫情民事案件若干问题的指导意见（二）》（法发〔2020〕17号）第19条第2款。

③ 《最高人民法院关于执行案件移送破产审查若干问题的指导意见》（法发〔2017〕2号）第18条。

④ 参照《最高人民法院关于适用〈中华人民共和国民事诉讼法〉的解释》（法释〔2015〕5号，2022年3月22日修正）第五百一十四条。

得重复启动执行案件移送破产审查程序。申请执行人或被执行人以有新证据足以证明被执行人已经具备了破产原因为由，再次要求将执行案件移送破产审查的，人民法院不予支持。但是，申请执行人或被执行人可以直接向具有管辖权的法院提出破产申请。①

170. 【破产与否的后续处理】

受移送法院裁定宣告被执行人破产或裁定终止和解程序、重整程序的，应当自裁定作出之日起五日内送交执行法院，执行法院应当裁定终结对被执行人的执行。②

人民法院受理破产申请后至破产宣告前裁定驳回破产申请，或者依据企业破产法第一百零八条③的规定裁定终结破产程序的，应当及时通知原已采取保全措施并已依法解除保全措施的单位按照原保全顺位恢复相关保全措施。在已依法解除保全的单位恢复保全措施或者表示不再恢复之前，受理破产申请的人民法院不得解除对债务人财产的保全措施。④ 执行法院决定恢复查控措施或表示不再恢复，应当及时通知受理破产法院。

171. 【执行案件移送破产审查的监督】

受移送法院拒绝接收移送的材料，或者收到移送的材料后不按规定的期限作出是否受理裁定的，执行法院可函请受移送法院的上一级法院进行监督。上一级法院收到函件后应当指令受移送法院在十日内接收材料或作出是否受理的裁定。受移送法院收到上级法院的通知后，十日内仍不接收材料或不作出是否受理裁定

---

① 《最高人民法院关于执行案件移送破产审查若干问题的指导意见》（法发〔2017〕2号）第19条。

② 《最高人民法院关于执行案件移送破产审查若干问题的指导意见》（法发〔2017〕2号）第20条。

③ 《中华人民共和国企业破产法》（2006年8月27日）第一百零八条规定："破产宣告前，有下列情形之一的，人民法院应当裁定终结破产程序，并予以公告：（一）第三人为债务人提供足额担保或者为债务人清偿全部到期债务的；（二）债务人已清偿全部到期债务的。"

④ 参照《最高人民法院关于适用〈中华人民共和国企业破产法〉若干问题的规定（二）》（法释〔2013〕22号，2020年12月23日修正）第八条。

的，上一级法院可以径行对移送破产审查案件行使管辖权。上一级法院裁定受理破产案件的，可以指令受移送法院审理。①

172. 【申请执行人申报债权】

因被执行人被受理破产而裁定中止执行的，申请执行人应当依法向管理人申报相关债权。②

担保人清偿债权人的全部债权后，可以代替债权人在破产程序中受偿；在债权人的债权未获全部清偿前，担保人不得代替债权人在破产程序中受偿，但是有权就债权人通过破产分配和实现担保债权等方式获得清偿总额中超出债权的部分，在其承担担保责任的范围内请求债权人返还。③

173. 【虚假破产的监督】

执行法院发现被执行人有虚假破产情形的，应当及时向受理破产案件的人民法院提出。申请执行人认为被执行人利用破产逃债的，可以向受理破产案件的人民法院或者其上级人民法院提出异议，受理异议的法院应当依法进行监督。④

---

① 《最高人民法院关于执行案件移送破产审查若干问题的指导意见》（法发〔2017〕2号）第21条。

② 参照《中华人民共和国企业破产法》（2006年8月27日）第四十四条，《最高人民法院关于适用〈中华人民共和国企业破产法〉若干问题的规定（二）》（法释〔2013〕22号，2020年12月23日修正）第二十二条。

③ 《最高人民法院关于适用〈中华人民共和国民法典〉有关担保制度的解释》（法释〔2020〕28号）第二十三条第二款。

④ 《最高人民法院关于依法制裁规避执行行为的若干意见》（法〔2011〕195号）第10条。

第十二章 迟延履行期间债务利息和迟延履行金

174. 【迟延履行期间债务利息和迟延履行金的一般规定】

被执行人未按判决、裁定和其他法律文书指定的期间履行给付金钱义务的，应当加倍支付迟延履行期间的债务利息。被执行人未按判决、裁定和其他法律文书指定的期间履行其他义务的，应当支付迟延履行金。①

175. 【2014 年 8 月 1 日前产生的迟延履行期间债务利息的计算方法】

《最高人民法院关于执行程序中计算迟延履行期间的债务利息适用法律若干问题的解释》施行时（2014 年 8 月 1 日）尚未执行完毕部分的金钱债务，解释施行前的迟延履行期间债务利息，按照之前的规定计算。②

176. 【2014 年 8 月 1 日前已清偿部分债务的本息的确定】

2014 年 8 月 1 日前已清偿部分债务的，应当根据并还原则按比例计算已清偿的法律文书确定的金钱债务金额与迟延履行期间的债务利息金额，但当事人在执行和解中对清偿顺序另有约定的除外。③

---

① 《中华人民共和国民事诉讼法》（2021 年 12 月 24 日修正）第二百六十条。

② 参照《最高人民法院关于执行程序中计算迟延履行期间的债务利息适用法律若干问题的解释》（法释〔2014〕8 号）第七条第一款。

③ 参照《最高人民法院关于在执行工作中如何计算迟延履行期间的债务利息等问题的批复》（法释〔2009〕6 号）第二条。

177.【2014年8月1日前应付执行款的计算】

2014年8月1日前的应付执行款，按照下列方法计算：

执行款=清偿的法律文书确定的金钱债务+清偿的迟延履行期间的债务利息。

清偿的迟延履行期间的债务利息=清偿的法律文书确定的金钱债务×同期贷款基准利率×2×迟延履行期间。①

178.【2014年8月1日前产生的迟延履行期间债务利息的计算基数】

2014年8月1日前迟延履行期间的债务利息计算基数包括执行依据确定的债务本金、利息、罚息、滞纳金、违约金、评估费、鉴定费、公告费等因诉讼或仲裁所支出的费用，不包括案件受理费、保全申请费、其他申请费。

179.【2014年8月1日前迟延履行期间债务利息起算日等问题的法律适用】

2014年8月1日前迟延履行期间债务利息的起算日、给付期间的扣除、外币给付的利息计算方法，参照本章关于加倍部分债务利息的相关规定。

180.【2014年8月1日后迟延履行期间债务利息的计算方法】

《最高人民法院关于执行程序中计算迟延履行期间的债务利息适用法律若干问题的解释》施行后（2014年8月1日后）产生的迟延履行期间债务利息，包括迟延履行期间的一般债务利息和加倍部分债务利息。

迟延履行期间的一般债务利息，根据生效法律文书确定的方法计算；生效法律文书未确定给付该利息的，不予计算。

加倍部分债务利息的计算方法为：加倍部分债务利息=债务人尚未清偿的生效法律文书确定的除一般债务利息之外的金钱债

① 参照《最高人民法院关于在执行工作中如何计算迟延履行期间的债务利息等问题的批复》（法释〔2009〕6号）所附具体计算方法。

务×日万分之一点七五×迟延履行期间。[①]

181.【加倍部分债务利息的起算日】

加倍部分债务利息自生效法律文书确定的履行期间届满之日起计算；生效法律文书确定分期履行的，自每次履行期间届满之日起计算；生效法律文书未确定履行期间的，自法律文书生效之日起计算。[②]

如果再审判决维持原生效判决的，原生效判决自生效后，效力一直延续到再审判决作出之后，迟延履行期间债务利息自原生效判决确定的履行期间届满之日起计算；如果再审判决撤销原生效判决的，原生效判决的效力自始消灭，原生效判决确定的给付义务的迟延履行期间债务利息不再计算；如果再审判决改变原生效判决，原生效判决内容被维持的金钱给付部分，其效力因被再审判决认可而延续到再审判决作出之后，在计算该部分内容的迟延履行期间债务利息时，自原生效判决确定的履行期间届满之日起计算；如果再审判决改变原生效判决，再审判决新增的金钱给付内容，其效力始于再审判决生效，在计算该部分内容的迟延履行期间债务利息时，自再审判决确定的履行期间届满之日起计算。[③]

182.【加倍部分债务利息的截止日】

加倍部分债务利息计算至被执行人履行完毕之日；被执行人分次履行的，相应部分的加倍部分债务利息计算至每次履行完毕之日。[④]

---

① 参照《最高人民法院关于执行程序中计算迟延履行期间的债务利息适用法律若干问题的解释》（法释〔2014〕8号）第一条，《最高人民法院关于执行程序中计算迟延履行期间的债务利息适用法律若干问题的解释》（法释〔2014〕8号）第七条第一款。

② 《最高人民法院关于执行程序中计算迟延履行期间的债务利息适用法律若干问题的解释》（法释〔2014〕8号）第二条。

③ 参照最高人民法院（2021）最高法执监11号执行裁定。

④ 《最高人民法院关于执行程序中计算迟延履行期间的债务利息适用法律若干问题的解释》（法释〔2014〕8号）第三条第一款。

人民法院划拨、提取被执行人的存款、收入、股息、红利等财产的，相应部分的加倍部分债务利息计算至划拨、提取之日；人民法院对被执行人财产拍卖、变卖或者以物抵债的，计算至成交裁定或者抵债裁定生效之日；人民法院对被执行人财产通过其他方式变价的，计算至财产变价完成之日。①

183.【加倍部分债务利息计付期间的扣除】

非因被执行人的申请，对生效法律文书审查而中止或者暂缓执行的期间及再审中止执行的期间，不计算加倍部分债务利息。②

184.【2014 年 8 月 1 日后本息清偿顺序】

被执行人的财产不足以清偿全部债务的，应当先清偿生效法律文书确定的金钱债务，再清偿加倍部分债务利息，但当事人对清偿顺序另有约定的除外。③

本金、一般债务利息和实现债权的费用，除当事人另有约定外，应当按照下列顺序履行：

（一）实现债权的有关费用；

（二）利息；

（三）主债务。④

185.【给付外币的加倍部分债务利息的计算方法】

生效法律文书确定给付外币的，执行时以该种外币按日万分之一点七五计算加倍部分债务利息，但申请执行人主张以人民币计算的，人民法院应予准许。

以人民币计算加倍部分债务利息的，应当先将生效法律文书确定的外币折算或者套算为人民币后再进行计算。

---

① 《最高人民法院关于执行程序中计算迟延履行期间的债务利息适用法律若干问题的解释》（法释〔2014〕8 号）第三条第二款。

② 《最高人民法院关于执行程序中计算迟延履行期间的债务利息适用法律若干问题的解释》（法释〔2014〕8 号）第三条第三款。

③ 《最高人民法院关于执行程序中计算迟延履行期间的债务利息适用法律若干问题的解释》（法释〔2014〕8 号）第四条。

④ 参照《中华人民共和国民法典》（2020 年 5 月 28 日）第五百六十一条。

外币折算或者套算为人民币的，按照加倍部分债务利息起算之日的中国外汇交易中心或者中国人民银行授权机构公布的人民币对该外币的中间价折合成人民币计算；中国外汇交易中心或者中国人民银行授权机构未公布汇率中间价的外币，按照该日境内银行人民币对该外币的中间价折算成人民币，或者该外币在境内银行、国际外汇市场对美元汇率，与人民币对美元汇率中间价进行套算。[①]

186.【同期贷款基准利率】

“同期贷款基准利率”[②] 的适用，具体把握如下：

（一）根据未履行期间的长短确定应当适用的中国人民银行公布的同档贷款基准利率：未履行期间不超过六个月的，适用中国人民银行公布的六个月以内（含六个月）档的贷款基准利率；未履行期间逾六个月、不超过一年的，适用中国人民银行公布的六个月至一年（含一年）档的贷款基准利率；未履行期间逾一年、不超过三年的，适用中国人民银行公布的一年至三年（含三年）档的贷款基准利率；未履行期间逾三年、不超过五年的，适用中国人民银行公布的三年至五年（含五年）档的贷款基准利率；未履行期间逾五年的，适用中国人民银行公布的五年以上档的贷款基准利率。[③]

（二）中国人民银行公布的同期贷款基准利率发生变化的，

---

① 《最高人民法院关于执行程序中计算迟延履行期间的债务利息适用法律若干问题的解释》（法释〔2014〕8 号）第五条。

② 对“同期贷款基准利率”的把握，适用于 2014 年 8 月 1 日前产生的迟延履行期间债务利息计算，也适用于一般债务利息的计算。2019 年 8 月 20 日起，中国人民银行已经授权全国银行间同业拆借中心于每月 20 日（遇节假日顺延）9 时 30 分公布贷款市场报价利率（LPR），中国人民银行贷款基准利率这一标准已经取消。自此之后，人民法院裁判贷款利息的基本标准改为全国银行间同业拆借中心公布的贷款市场报价利率；此前的裁判文书确定按“同期贷款基准利率”计算一般债务利息的，2019 年 8 月 20 日后的一般债务利息应参照贷款市场报价利率计算。

③ 自 2014 年 11 月 22 日起，金融机构人民币贷款基准利率期限档次简并为一年以内（含一年）、一年至五年（含五年）和五年以上三个档次。

根据该利率的变化分段计算。

（三）未履行期间逾一年的，每整年的利息按照同期贷款基准利率的年利率计算，剩余期间的利息按照同期贷款基准利率的日利率计算。日利率按照同期贷款基准利率的年利率除以三百六十五天计算。

187.【迟延履行金的计算方法】

被执行人未按判决、裁定和其他法律文书指定的期间履行非金钱给付义务的，无论是否已给申请执行人造成损失，都应当支付迟延履行金。已经造成损失的，双倍补偿申请执行人已经受到的损失；没有造成损失的，迟延履行金可以由人民法院根据具体案件情况决定。①

188.【未明示放弃迟延履行期间债务利息、迟延履行金的执行】

申请执行人在执行立案时或执行过程中未明确表示放弃迟延履行期间债务利息或迟延履行金的，执行标的额包括迟延履行期间债务利息或迟延履行金。

189.【迟延履行期间债务利息、迟延履行金的单独申请执行】

执行依据生效后申请执行前，债务人已自动履行完毕执行依据确定的其他债务，债权人以债务人未支付或未完全支付迟延履行期间债务利息或迟延履行金为由单独申请执行的，人民法院应予受理。但债权人已认可债务履行完毕的除外。

190.【调解书执行中迟延履行期间债务利息或迟延履行金的处理】

民事调解书确定了一方不履行调解协议应承担的民事责任，且不履行该协议的当事人已承担了该民事责任，对方当事人又要求其承担迟延履行责任的，人民法院不予支持。②

---

① 《最高人民法院关于适用〈中华人民共和国民事诉讼法〉的解释》（法释〔2015〕5号，2022年3月22日修正）第五百零五条。

② 参照《最高人民法院关于人民法院民事调解工作若干问题的规定》（法释〔2008〕18号，2020年12月23日修正）第八条、第十五条。

第十三章　强制措施和间接执行措施

第一节　拘传

191.【拘传的适用条件和程序】

对必须接受调查询问的被执行人、被执行人的法定代表人、负责人或者实际控制人，经依法传唤无正当理由拒不到场的，人民法院可以拘传其到场。①

拘传必须经院长批准。②

拘传必须用拘传票，并直接送达被拘传人；在拘传前，应当向被拘传人说明拒不到庭的后果，经批评教育仍拒不到庭的，可以拘传其到庭。③

192.【拘传的严格适用】

执行法院在采取拘传措施前应进行说服教育，经说服教育后仍拒不到场的，才能采取拘传措施。

对于已经控制被执行人的财产且财产权属清晰、没有必要调查询问的被执行人、被执行人的法定代表人、负责人或者实际控

① 《最高人民法院关于适用〈中华人民共和国民事诉讼法〉的解释》（法释〔2015〕5号，2022年3月22日修正）第四百八十二条第一款。

② 参照《中华人民共和国民事诉讼法》（2021年12月24日修正）第一百一十九条第一款。

③ 《最高人民法院关于适用〈中华人民共和国民事诉讼法〉的解释》（法释〔2015〕5号，2022年3月22日修正）第一百七十五条。

制人，不宜采取拘传措施。采取拘传措施必须严格遵守法定的时间期限，不能以连续拘传的形式变相羁押被拘传人。①

193.【拘传中的调查询问】

人民法院应当及时对被拘传人进行调查询问，调查询问的时间不得超过八小时；情况复杂，依法可能采取拘留措施的，调查询问的时间不得超过二十四小时。②

调查询问后不得限制被拘传人的人身自由。

194.【辖区外的拘传】

人民法院在本辖区以外采取拘传措施时，可以将被拘传人拘传到当地人民法院，当地人民法院应予协助。③

第二节　罚款、拘留

195.【违反法庭规则的罚款、拘留】

诉讼参与人和其他人应当遵守法庭规则。

人民法院对违反法庭规则的人，可以予以训诫，责令退出法庭或者予以罚款、拘留。

人民法院对哄闹、冲击法庭，侮辱、诽谤、威胁、殴打审判人员，严重扰乱法庭秩序的人，依法追究刑事责任；情节较轻的，予以罚款、拘留。④

诉讼参与人或者其他人有下列行为之一的，人民法院可以适用前三款相关规定处理：

（一）未经准许进行录音、录像、摄影的；

---

① 参照《最高人民法院关于认真贯彻实施民事诉讼法及相关司法解释有关规定的通知》（法〔2017〕369号）第三条。

② 《最高人民法院关于适用〈中华人民共和国民事诉讼法〉的解释》（法释〔2015〕5号，2022年3月22日修正）第四百八十二条第二款。

③ 《最高人民法院关于适用〈中华人民共和国民事诉讼法〉的解释》（法释〔2015〕5号，2022年3月22日修正）第四百八十二条第三款。

④ 《中华人民共和国民事诉讼法》（2021年12月24日修正）第一百一十三条。

（二）未经准许以移动通信等方式现场传播审判活动的；

（三）其他扰乱法庭秩序，妨害审判活动进行的。

有本条第4款规定情形的，人民法院可以暂扣诉讼参与人或者其他人进行录音、录像、摄影、传播审判活动的器材，并责令其删除有关内容；拒不删除的，人民法院可以采取必要手段强制删除。①

196.【对妨碍作证行为的罚款、拘留】

诉讼参与人或者其他人有下列行为之一的，人民法院可以根据情节轻重予以罚款、拘留；构成犯罪的，依法追究刑事责任：

（一）伪造、毁灭重要证据，妨碍人民法院审理案件的；②

（二）以暴力、威胁、贿买方法阻止证人作证或者指使、贿买、胁迫他人作伪证的；③

（三）证人签署保证书后作虚假证言，妨碍人民法院审理案件的。④

人民法院对有前款规定的行为之一的单位，可以对其主要负责人或者直接责任人员予以罚款、拘留；构成犯罪的，依法追究刑事责任。⑤

197.【对擅自处分行为的罚款、拘留】

诉讼参与人或者其他人有下列行为之一的，人民法院可以根据情节轻重予以罚款、拘留；构成犯罪的，依法追究刑事责任：

（一）隐藏、转移、变卖、毁损已被查封、扣押的财产，或

① 参照《最高人民法院关于适用〈中华人民共和国民事诉讼法〉的解释》（法释〔2015〕5号，2022年3月22日修正）第一百七十六条。

② 《中华人民共和国民事诉讼法》（2021年12月24日修正）第一百一十四条第一款第一项。

③ 《中华人民共和国民事诉讼法》（2021年12月24日修正）第一百一十四条第一款第二项。

④ 《最高人民法院关于适用〈中华人民共和国民事诉讼法〉的解释》（法释〔2015〕5号，2022年3月22日修正）第一百八十九条第二项。

⑤ 《中华人民共和国民事诉讼法》（2021年12月24日修正）第一百一十四条第二款。

者已被清点并责令其保管的财产，转移已被冻结的财产的；①

（二）擅自解冻已被人民法院冻结的财产的。②

人民法院对有前款规定的行为之一的单位，可以对其主要负责人或者直接责任人员予以罚款、拘留；构成犯罪的，依法追究刑事责任。③

198.【对妨碍公务行为的罚款、拘留】

诉讼参与人或者其他人有下列行为之一的，人民法院可以根据情节轻重予以罚款、拘留；构成犯罪的，依法追究刑事责任：

（一）对司法工作人员、诉讼参加人、证人、翻译人员、鉴定人、勘验人、协助执行的人，进行侮辱、诽谤、诬陷、围攻、威胁、殴打或者打击报复的；④

（二）在人民法院哄闹、滞留，不听从司法工作人员劝阻的；⑤

（三）故意毁损、抢夺人民法院法律文书、查封标志的；⑥

（四）哄闹、冲击执行公务现场，围困、扣押执行或者协助执行公务人员的；⑦

（五）毁损、抢夺、扣留案件材料、执行公务车辆、其他执

---

① 《中华人民共和国民事诉讼法》（2021 年 12 月 24 日修正）第一百一十四条第一款第三项。

② 《最高人民法院关于适用〈中华人民共和国民事诉讼法〉的解释》（法释〔2015〕5 号，2022 年 3 月 22 日修正）第一百八十九条第四项。

③ 《中华人民共和国民事诉讼法》（2021 年 12 月 24 日修正）第一百一十四条第二款。

④ 参照《中华人民共和国民事诉讼法》（2021 年 12 月 24 日修正）第一百一十四条第一款第四项，《最高人民法院关于人民法院执行工作若干问题的规定（试行）》（法释〔1998〕15 号，2020 年 12 月 23 日修正）第 57 条第 9 项。

⑤ 《最高人民法院关于适用〈中华人民共和国民事诉讼法〉的解释》（法释〔2015〕5 号，2022 年 3 月 22 日修正）第一百八十七条第一项。

⑥ 《最高人民法院关于适用〈中华人民共和国民事诉讼法〉的解释》（法释〔2015〕5 号，2022 年 3 月 22 日修正）第一百八十七条第二项。

⑦ 《最高人民法院关于适用〈中华人民共和国民事诉讼法〉的解释》（法释〔2015〕5 号，2022 年 3 月 22 日修正）第一百八十七条第三项。

行公务器械、执行公务人员服装和执行公务证件的；[①]

（六）以暴力、威胁或者其他方法阻碍司法工作人员查询、查封、扣押、冻结、划拨、拍卖、变卖财产的；[②]

（七）妨碍人民法院依法搜查的；[③]

（八）以暴力、威胁或者其他方法阻碍司法工作人员执行职务、妨碍或抗拒执行的其他行为。[④]

人民法院对有前款规定的行为之一的单位，可以对其主要负责人或者直接责任人员予以罚款、拘留；构成犯罪的，依法追究刑事责任。[⑤]

199.【对拒不履行判决、裁定行为的罚款、拘留】

诉讼参与人或者其他人有下列行为之一的，人民法院可以根据情节轻重予以罚款、拘留；构成犯罪的，依法追究刑事责任：

（一）被执行人与他人恶意串通，通过诉讼、仲裁、调解等方式逃避履行法律文书确定的义务的；[⑥]

（二）案外人与被执行人恶意串通转移被执行人财产的；[⑦]

（三）被执行人拒绝报告、虚假报告或者无正当理由逾期报

---

① 《最高人民法院关于适用〈中华人民共和国民事诉讼法〉的解释》（法释〔2015〕5号，2022年3月22日修正）第一百八十七条第四项。

② 《最高人民法院关于适用〈中华人民共和国民事诉讼法〉的解释》（法释〔2015〕5号，2022年3月22日修正）第一百八十七条第五项。

③ 《最高人民法院关于人民法院执行工作若干问题的规定（试行）》（法释〔1998〕15号，2020年12月23日修正）第57条第6项。

④ 参照《最高人民法院关于适用〈中华人民共和国民事诉讼法〉的解释》（法释〔2015〕5号，2022年3月22日修正）第一百八十七条第六项，《最高人民法院关于人民法院执行工作若干问题的规定（试行）》（法释〔1998〕15号，2020年12月23日修正）第57条第7项。

⑤ 《中华人民共和国民事诉讼法》（2021年12月24日修正）第一百一十四条第二款。

⑥ 参照《中华人民共和国民事诉讼法》（2021年12月24日修正）第一百一十六条，《最高人民法院关于适用〈中华人民共和国民事诉讼法〉的解释》（法释〔2015〕5号，2022年3月22日修正）第一百九十一条。

⑦ 《最高人民法院关于人民法院执行工作若干问题的规定（试行）》（法释〔1998〕15号，2020年12月23日修正）第57条第2项。

告财产情况的；[①]

（四）伪造、隐藏、毁灭或者拒绝交出有关被执行人履行能力的重要证据，妨碍人民法院查明被执行人财产状况的；[②]

（五）指使、贿买、胁迫他人对被执行人的财产状况和履行义务的能力问题作伪证的；[③]

（六）在法律文书发生法律效力后隐藏、转移、变卖、毁损财产或者无偿转让财产、以明显不合理的价格交易财产、放弃到期债权、无偿为他人提供担保等，致使人民法院无法执行的；[④]

（七）隐藏、转移、毁损或者未经人民法院允许处分已向人民法院提供担保的财产的；[⑤]

（八）违反人民法院限制消费令进行消费的；[⑥]

（九）有履行能力而拒不按照人民法院执行通知履行生效法律文书确定的义务的；[⑦]

（十）在执行终结六个月内，被执行人或者其他人对已执行

---

① 参照《中华人民共和国民事诉讼法》（2021 年 12 月 24 日修正）第二百四十八条，《最高人民法院关于民事执行中财产调查若干问题的规定》（法释〔2017〕8 号，2020 年 12 月 23 日修正）第九条。

② 《最高人民法院关于适用〈中华人民共和国民事诉讼法〉的解释》（法释〔2015〕5 号，2022 年 3 月 22 日修正）第一百八十九条第三项。

③ 《最高人民法院关于人民法院执行工作若干问题的规定（试行）》（法释〔1998〕15 号，2020 年 12 月 23 日修正）第 57 条第 5 项。

④ 《最高人民法院关于适用〈中华人民共和国民事诉讼法〉的解释》（法释〔2015〕5 号，2022 年 3 月 22 日修正）第一百八十八条第一项。

⑤ 《最高人民法院关于适用〈中华人民共和国民事诉讼法〉的解释》（法释〔2015〕5 号，2022 年 3 月 22 日修正）第一百八十八条第二项。

⑥ 参照《最高人民法院关于适用〈中华人民共和国民事诉讼法〉的解释》（法释〔2015〕5 号，2022 年 3 月 22 日修正）第一百八十八条第三项，《最高人民法院关于限制被执行人高消费及有关消费的若干规定》（法释〔2010〕8 号，2015 年 7 月 6 日修正）第十一条第一款。

⑦ 《最高人民法院关于适用〈中华人民共和国民事诉讼法〉的解释》（法释〔2015〕5 号，2022 年 3 月 22 日修正）第一百八十八条第四项。

的标的有妨害行为的；①

（十一）有义务协助执行的个人接到人民法院协助执行通知书后，拒不协助执行的；②

（十二）接到人民法院协助执行通知书后，给当事人通风报信，协助其转移、隐匿财产的；③

（十三）到期债权执行中的次债务人提出异议后又擅自向被执行人清偿，给申请执行人造成损失的；④

（十四）其他拒不履行人民法院已经发生法律效力的判决、裁定的。⑤

人民法院对有前款规定的行为之一的单位，可以对其主要负责人或者直接责任人员予以罚款、拘留；构成犯罪的，依法追究刑事责任。⑥

200.【对协助执行义务单位的罚款、拘留】

有义务协助调查、执行的单位有下列行为之一的，人民法院除责令其履行协助义务外，并可以予以罚款：

（一）有关单位拒绝或者妨碍人民法院调查取证的；⑦

（二）有关单位接到人民法院协助执行通知书后，拒不协助

① 参照《最高人民法院关于适用〈中华人民共和国民事诉讼法〉的解释》（法释〔2015〕5号，2022年3月22日修正）第五百一十九条。

② 《最高人民法院关于适用〈中华人民共和国民事诉讼法〉的解释》（法释〔2015〕5号，2022年3月22日修正）第一百八十八条第五项。

③ 《最高人民法院关于适用〈中华人民共和国民事诉讼法〉的解释》（法释〔2015〕5号，2022年3月22日修正）第一百八十九条第五项。

④ 参照《最高人民法院关于依法制裁规避执行行为的若干意见》（法〔2011〕195号）第15条。

⑤ 参照《中华人民共和国民事诉讼法》（2021年12月24日修正）第一百一十四条第一款第六项。

⑥ 《中华人民共和国民事诉讼法》（2021年12月24日修正）第一百一十四条第二款。

⑦ 《中华人民共和国民事诉讼法》（2021年12月24日修正）第一百一十七条第一款第一项。

查询、扣押、冻结、划拨、变价财产的；[①]

（三）有关单位接到人民法院协助执行通知书后，拒不协助扣留被执行人的收入、办理有关财产权证照转移手续、转交有关票证、证照或者其他财产的；[②]

（四）有关单位接到人民法院协助执行通知书后，允许被执行人高消费及非生活或者经营必需的有关消费的；[③]

（五）有关单位接到人民法院协助执行通知书后，允许被执行人出境的；[④]

（六）有关单位接到人民法院协助执行通知书后，拒不停止办理有关财产权证照转移手续、权属变更登记、规划审批等手续的；[⑤]

（七）有关单位接到人民法院协助执行通知书后，以需要内部请示、内部审批，有内部规定等为由拖延办理的；[⑥]

（八）有关单位持有法律文书指定交付的财物或者票证，人民法院发出协助执行通知后，拒不转交的；[⑦]

---

① 《中华人民共和国民事诉讼法》（2021 年 12 月 24 日修正）第一百一十七条第一款第二项。

② 《中华人民共和国民事诉讼法》（2021 年 12 月 24 日修正）第一百一十七条第一款第三项。

③ 参照《最高人民法院关于适用〈中华人民共和国民事诉讼法〉的解释》（法释〔2015〕5 号，2022 年 3 月 22 日修正）第一百九十二条第一项，《最高人民法院关于限制被执行人高消费及有关消费的若干规定》（法释〔2010〕8 号，2015 年 7 月 6 日修正）第十一条第二款。

④ 参照《最高人民法院关于适用〈中华人民共和国民事诉讼法〉的解释》（法释〔2015〕5 号，2022 年 3 月 22 日修正）第一百九十二条第二项。

⑤ 参照《最高人民法院关于适用〈中华人民共和国民事诉讼法〉的解释》（法释〔2015〕5 号，2022 年 3 月 22 日修正）第一百九十二条第三项。

⑥ 参照《最高人民法院关于适用〈中华人民共和国民事诉讼法〉的解释》（法释〔2015〕5 号，2022 年 3 月 22 日修正）第一百九十二条第四项。

⑦ 参照《最高人民法院关于适用〈中华人民共和国民事诉讼法〉的解释》（法释〔2015〕5 号，2022 年 3 月 22 日修正）第四百九十三条第一款。

（九）其他拒绝协助执行的。[①]

人民法院对有前款规定的行为之一的单位，可以对其主要负责人或者直接责任人员予以罚款；对仍不履行协助义务的，可以予以拘留；并可以向监察机关或者有关机关提出予以纪律处分的司法建议。[②]

201.【罚款的金额】

对个人的罚款金额，为人民币十万元以下。对单位的罚款金额，为人民币五万元以上一百万元以下。[③]

人民法院对个人或者单位采取罚款措施时，应当根据其实施妨害民事诉讼行为的性质、情节、后果，当地的经济发展水平，以及诉讼标的额等因素，在前款规定的限额内确定相应的罚款金额。[④]

202.【罚款的批准与文书】

采取罚款措施的，必须经院长批准，作出罚款决定书。[⑤]

人民法院作出罚款决定时，应当告知被罚款人申请复议的权利和期限。[⑥]

203.【拘留的期限】

拘留的期限，为十五日以下。[⑦]

---

① 《中华人民共和国民事诉讼法》（2021 年 12 月 24 日修正）第一百一十七条第一款第四项。

② 《中华人民共和国民事诉讼法》（2021 年 12 月 24 日修正）第一百一十七条第二款。

③ 《中华人民共和国民事诉讼法》（2021 年 12 月 24 日修正）第一百一十八条第一款。

④ 参照《最高人民法院关于适用〈中华人民共和国民事诉讼法〉的解释》（法释〔2015〕5 号，2022 年 3 月 22 日修正）第一百九十三条。

⑤ 参照《中华人民共和国民事诉讼法》（2021 年 12 月 24 日修正）第一百一十九条第一款、第三款。

⑥ 参照《最高人民法院关于人民法院办理执行异议和复议案件若干问题的规定》（法释〔2015〕10 号，2020 年 12 月 23 日修正）第十六条第三款。

⑦ 《中华人民共和国民事诉讼法》（2021 年 12 月 24 日修正）第一百一十八条第二款。

204.【拘留的批准与文书】

采取拘留措施的，必须经院长批准，作出拘留决定书。[①]

人民法院作出拘留决定时，应当告知被拘留人申请复议的权利和期限。[②]

因哄闹、冲击法庭，用暴力、威胁等方法抗拒执行公务等紧急情况，必须立即采取拘留措施的，可在拘留后，立即报告院长补办批准手续。院长认为拘留不当的，应当解除拘留。[③]

205.【被拘留人的移送及看管】[④]

人民法院采取拘留措施的，由司法警察将被拘留人送交当地公安机关看管。[⑤]

送交公安机关看管时，应向公安机关送达拘留决定书和执行拘留通知书。[⑥]

公安机关收拘被拘留人后，应当向人民法院出具回执。[⑦]

206.【辖区外的拘留】

被拘留人不在本辖区的，作出拘留决定的人民法院应当派员

---

① 参照《中华人民共和国民事诉讼法》（2021年12月24日修正）第一百一十九条第一款、第三款，《最高人民法院关于适用〈中华人民共和国民事诉讼法〉的解释》（法释〔2015〕5号，2022年3月22日修正）第一百七十八条。

② 参照《最高人民法院关于人民法院办理执行异议和复议案件若干问题的规定》（法释〔2015〕10号，2020年12月23日修正）第十六条第三款。

③ 《最高人民法院关于适用〈中华人民共和国民事诉讼法〉的解释》（法释〔2015〕5号，2022年3月22日修正）第一百八十一条。

④ 拘留时应注意，《拘留所条例实施办法》（2012年12月14日）第十八条规定："拘留人有下列情形之一的，拘留所不予收拘，并出具不予收拘通知书，通知拘留决定机关：（一）不满16周岁或者已满70周岁的；（二）已满16周岁不满18周岁，初次违反治安管理的；（三）怀孕或者哺乳自己不满一周岁婴儿的；（四）被拘留审查的人患有严重疾病的；（五）不宜适用拘留审查的其他情形。"

⑤ 参照《最高人民法院关于适用〈中华人民共和国民事诉讼法〉的解释》（法释〔2015〕5号，2022年3月22日修正）第一百七十八条。

⑥ 参照《民事诉讼文书样式》（法〔2016〕221号）执行拘留通知书（通知公安机关用）。

⑦ 参照《民事诉讼文书样式》（法〔2016〕221号）执行拘留通知书（回执），《拘留所条例实施办法》（2012年12月14日）第二十一条。

到被拘留人所在地的人民法院，请该院协助执行，受委托的人民法院应当及时派员协助执行。被拘留人申请复议或者在拘留期间承认并改正错误，需要提前解除拘留的，受委托人民法院应当向委托人民法院转达或者提出建议，由委托人民法院审查决定。①

207.【被拘留人家属的通知】

人民法院对被拘留人采取拘留措施后，应当在二十四小时内通知其家属；确实无法按时通知或者通知不到的，应当记录在案。②

208.【提前解除拘留】

被拘留人在拘留期间认错悔改的，可以责令其具结悔过，提前解除拘留。提前解除拘留，应报经院长批准，并作出提前解除拘留决定书，交负责看管的公安机关执行。③

209.【对人大代表的拘留】

对县级以上的各级人民代表大会代表，需要依法采取拘留措施的，应当先行报经该级人民代表大会主席团或者人民代表大会常务委员会许可。④

乡、民族乡、镇的人民代表大会代表被采取拘留措施的，执行法院应当立即报告乡、民族乡、镇的人民代表大会。⑤

210.【对政协委员的拘留】

对各级中国人民政治协商会议委员会委员，确需依法采取司

---

① 《最高人民法院关于适用〈中华人民共和国民事诉讼法〉的解释》（法释〔2015〕5号，2022年3月22日修正）第一百七十九条。

② 《最高人民法院关于适用〈中华人民共和国民事诉讼法〉的解释》（法释〔2015〕5号，2022年3月22日修正）第一百八十条。

③ 《最高人民法院关于适用〈中华人民共和国民事诉讼法〉的解释》（法释〔2015〕5号，2022年3月22日修正）第一百八十二条。

④ 参照《中华人民共和国全国人民代表大会和地方各级人民代表大会代表法》（2015年8月29日修正）第三十二条第二款。

⑤ 参照《中华人民共和国全国人民代表大会和地方各级人民代表大会代表法》（2015年8月29日修正）第三十二条第四款。

法拘留措施的，应向该级中国人民政治协商会议委员会通报。[①]

211.【对罚款、拘留的单用与并用】

本规范第 195 条至第 199 条规定的罚款、拘留可以单独适用，也可以合并适用。[②]

单位有本规范第 200 条规定的行为之一的，可以对其主要负责人或者直接责任人员予以罚款；对仍不履行协助义务的，可以予以拘留。[③]

212.【对连续罚款、拘留的禁止和再次罚款、拘留】

对同一妨害民事诉讼行为的罚款、拘留不得连续适用。发生新的妨害民事诉讼行为的，人民法院可以重新予以罚款、拘留。[④]

被执行人不履行法律文书指定的行为，且该项行为只能由被执行人完成的，人民法院进行罚款、拘留后，被执行人在人民法院确定的履行期间内仍不履行的，人民法院可以再次罚款、拘留。[⑤]

213.【对罚款、拘留的复议】

被罚款、拘留的人对罚款、拘留决定不服的，可以向上一级人民法院申请复议一次。复议应当自收到决定书之日起三日内提出。复议期间不停止执行。

上级人民法院应当在收到复议申请后五日内作出决定，并将复议结果通知下级人民法院和当事人。上级人民法院复议时认为强制措施不当的，应当制作决定书，撤销或者变更下级人民法院

---

① 参照《中共中央政法委员会关于对政协委员采取刑事拘留、逮捕强制措施应向所在政协党组通报情况的通知》（政法〔1996〕18 号）。

② 参照《最高人民法院关于适用〈中华人民共和国民事诉讼法〉的解释》（法释〔2015〕5 号，2022 年 3 月 22 日修正）第一百八十三条。

③ 参照《中华人民共和国民事诉讼法》（2021 年 12 月 24 日修正）第一百一十七条第二款。

④《最高人民法院关于适用〈中华人民共和国民事诉讼法〉的解释》（法释〔2015〕5 号，2022 年 3 月 22 日修正）第一百八十四条。

⑤ 参照《最高人民法院关于适用〈中华人民共和国民事诉讼法〉的解释》（法释〔2015〕5 号，2022 年 3 月 22 日修正）第五百零三条第二款。

作出的拘留、罚款决定。情况紧急的，可以在口头通知后三日内发出决定书。①

214.【对外国人的拘留】

执行过程中，对外国人依法作出拘留决定的，应当层报所属高级人民法院，由高级人民法院通知有关外国驻华使、领馆。

对外国人实行拘留措施的案件，执行法院应当将有关案情、处理情况于采取措施的四十八小时内层报所属高级人民法院，同时通报同级人民政府外事办公室。

高级人民法院接到报告后，应当将外国人的外文姓名、性别、入境时间、护照或证件号码、案件发生的时间、地点及有关情况，当事人违法的主要事实，已采取的法律措施及法律依据通知有关外国驻华使、领馆。②

第三节　限制出境

215.【限制出境的一般规定】

被执行人不履行法律文书确定的义务的，人民法院可以对其采取或者通知有关单位协助采取限制出境措施。③

被执行人为单位的，可以对其法定代表人、主要负责人或者

---

① 参照《中华人民共和国民事诉讼法》（2021年12月24日修正）第一百一十九条第三款，《最高人民法院关于适用〈中华人民共和国民事诉讼法〉的解释》（法释〔2015〕5号，2022年3月22日修正）第一百八十五条、第一百八十六条。

② 参照《外交部、最高人民法院、最高人民检察院、公安部、安全部、司法部关于处理涉外案件若干问题的规定》（外发〔1995〕17号）。根据该规定，"双边领事条约明确规定期限的（四天或七天），应当在条约规定的期限内通知；如无双边领事条约规定，也应当根据或者参照《维也纳领事关系公约》和国际惯例尽快通知，不应超过七天。""在外国驻华领事馆领区内发生的涉外案件，应通知有关外国驻该地区的领事馆；在外国领事馆领区外发生的涉外案件应通知有关外国驻华大使馆。与我国有外交关系，但未设使、领馆的国家，可通知其代管国家驻华使、领馆。无代管国家或代管国家不明的，可不通知。当事人本人要求不通知的，可不通知，但应当由其本人提出书面要求。"

③ 参照《中华人民共和国民事诉讼法》（2021年12月24日修正）第二百六十二条。

影响债务履行的直接责任人员限制出境。

被执行人为无民事行为能力人或者限制民事行为能力人的，可以对其法定代理人限制出境。[①]

216.【限制出境的办理程序】

依照本规范第 215 条规定对被执行人限制出境的，应当由申请执行人向执行法院提出书面申请；必要时，执行法院可以依职权决定。[②]

人民法院决定采取限制出境措施的，应当制作执行决定书。执行决定书应当送达当事人。[③]

人民法院作出限制出境决定时，应当告知被限制出境人申请复议的权利和期限。[④]

人民法院决定采取限制出境措施的，应当按照国家移民管理局《法定不准出境人员报备管理工作规范》，向报备单位所在地县级（含）以上公安机关出入境管理机构报备，每次报备的期限不得超过一年。公安机关出入境管理机构对报备对象在报备期内不予签发出入境证件，边检机关对其阻止出境。[⑤]

217.【限制出境措施的解除】

在限制出境期间，被执行人履行法律文书确定的全部债务的，执行法院应当及时解除限制出境措施；被执行人提供充分、

---

① 《最高人民法院关于适用〈中华人民共和国民事诉讼法〉执行程序若干问题的解释》（法释〔2008〕13 号，2020 年 12 月 23 日修正）第二十四条。

② 参照《最高人民法院关于适用〈中华人民共和国民事诉讼法〉执行程序若干问题的解释》（法释〔2008〕13 号，2020 年 12 月 23 日修正）第二十三条。

③ 参照《民事诉讼文书样式》（法〔2016〕221 号）执行决定书（限制被执行人出境用）。

④ 参照《最高人民法院关于人民法院办理执行异议和复议案件若干问题的规定》（法释〔2015〕10 号，2020 年 12 月 23 日修正）第十六条第三款。

⑤ 参照国家移民管理局《法定不准出境人员报备管理工作规范》（国移民公〔2021〕420 号）。

有效的担保或者申请执行人同意的，可以解除限制出境措施。[①]

解除限制出境措施的，应当制作执行决定书。[②]

218. 【限制出境的复议】

被限制出境的人认为对其限制出境错误的，可以自收到限制出境决定之日起十日内向上一级人民法院申请复议。上一级人民法院应当自收到复议申请之日起十五日内作出决定。复议期间，不停止原决定的执行。[③]

219. 【扣留护照】

执行法院因办理案件需要，可以依法扣押案件当事人的护照。

案件当事人拒不交出护照的，执行法院可以提请护照签发机关宣布案件当事人的护照作废。[④]

220. 【外国人的限制出境】

对外国人实行扣留护照、限期出境等措施的案件，应当将有关案情、处理情况于采取措施的四十八小时内报上一级主管机关，同时通报同级人民政府外事办公室。[⑤]

第四节　信用惩戒

221. 【信用惩戒的一般规定】

被执行人不履行法律文书确定的义务的，人民法院可以在征

---

① 《最高人民法院关于适用〈中华人民共和国民事诉讼法〉执行程序若干问题的解释》（法释〔2008〕13 号，2020 年 12 月 23 日修正）第二十五条。

② 参照《民事诉讼文书样式》（法〔2016〕221 号）执行决定书（解除限制出境用）。

③ 《最高人民法院关于人民法院办理执行异议和复议案件若干问题的规定》（法释〔2015〕10 号，2020 年 12 月 23 日修正）第九条。

④ 参见《中华人民共和国护照法》（2006 年 4 月 29 日）第十五条。

⑤ 参照《外交部、最高人民法院、最高人民检察院、公安部、安全部、司法部关于处理涉外案件若干问题的规定》（外发〔1995〕17 号）“二、关于涉外人案件的内部通报问题”。

信系统记录、通过媒体公布不履行义务信息以及法律规定的其他措施，还可以根据情节将其纳入失信被执行人名单，将被执行人不履行或者不完全履行义务的信息向其所在单位、征信机构以及其他相关机构通报。①

222. 【纳入失信名单的情形】

被执行人未履行生效法律文书确定的义务，并具有下列情形之一的，人民法院应当将其纳入失信被执行人名单，依法对其进行信用惩戒：

（一）有履行能力而拒不履行生效法律文书确定义务的；

（二）以伪造证据、暴力、威胁等方法妨碍、抗拒执行的；

（三）以虚假诉讼、虚假仲裁或者以隐匿、转移财产等方法规避执行的；

（四）违反财产报告制度的；

（五）违反限制消费令的；

（六）无正当理由拒不履行执行和解协议的。②

223. 【纳入失信名单的期限】

被执行人具有本规范第 222 条第 2 项至第 6 项规定情形的，纳入失信被执行人名单的期限为二年。被执行人以暴力、威胁方法妨碍、抗拒执行情节严重或具有多项失信行为的，可以延长一至三年。③

失信被执行人积极履行生效法律文书确定义务或主动纠正失信行为的，人民法院可以决定提前删除失信信息。④ 失信被执行

① 参照《中华人民共和国民事诉讼法》（2021 年 12 月 24 日修正）第二百六十二条，《最高人民法院关于适用〈中华人民共和国民事诉讼法〉的解释》（法释〔2015〕5 号，2022 年 3 月 22 日修正）第五百一十六条。

② 《最高人民法院关于公布失信被执行人名单信息的若干规定》（法释〔2013〕17 号，2017 年 1 月 16 日修正）第一条。

③ 参照《最高人民法院关于公布失信被执行人名单信息的若干规定》（法释〔2013〕17 号，2017 年 1 月 16 日修正）第二条第一款。

④ 参照《最高人民法院关于公布失信被执行人名单信息的若干规定》（法释〔2013〕17 号，2017 年 1 月 16 日修正）第二条第二款。

人履行完毕的，人民法院应当提前删除失信信息。①

224.【不得纳入失信名单的情形】

具有下列情形之一的，人民法院不得依据本规范第222条第1项规定的"有履行能力而拒不履行生效法律文书确定义务的"将被执行人纳入失信被执行人名单，已经纳入的，应当予以撤销；纳入后才具有下列第1项、第2项情形之一的，应当屏蔽：②

（一）提供了充分有效担保的；

（二）已被采取查封、扣押、冻结等措施的财产足以清偿生效法律文书确定债务的；

（三）被执行人履行顺序在后，对其依法不应强制执行的；

（四）其他不属于有履行能力而拒不履行生效法律文书确定义务的情形。③

被执行人虽然存在有履行能力而拒不履行生效法律文书确定义务、无正当理由拒不履行和解协议的情形，但人民法院已经控制其足以清偿债务的财产或者申请执行人申请暂不采取惩戒措施的，不得对被执行人采取纳入失信名单。

单位是失信被执行人的，人民法院不得将其法定代表人、主要负责人、影响债务履行的直接责任人员、实际控制人等纳入失信名单。

全日制在校生因"校园贷"纠纷成为被执行人的，一般不得对其采取纳入失信名单。④

---

① 参照《最高人民法院关于进一步规范近期执行工作相关问题的通知》（法〔2018〕141号）"一、关于失信被执行人名单相关问题（三）"。

② 参照《最高人民法院关于进一步规范近期执行工作相关问题的通知》（法〔2018〕141号）"一、关于失信被执行人名单相关问题（二）"。

③ 参照《最高人民法院关于公布失信被执行人名单信息的若干规定》（法释〔2013〕17号，2017年1月16日修正）第三条。

④ 参照《最高人民法院关于在执行工作中进一步强化善意文明执行理念的意见》（法发〔2019〕35号）第16条。

225.【未成年人纳入失信名单的禁止】

被执行人为未成年人的，人民法院不得将其纳入失信被执行人名单。[①]

226.【纳入失信名单的程序】

人民法院向被执行人发出的执行通知中，应当载明有关纳入失信被执行人名单的风险提示等内容。

申请执行人认为被执行人具有本规范第222条规定情形之一的，可以向人民法院申请将其纳入失信被执行人名单。人民法院应当自收到申请之日起十五日内审查并作出决定。人民法院认为被执行人具有本规范第222条规定情形之一的，也可以依职权决定将其纳入失信被执行人名单。

人民法院决定将被执行人纳入失信被执行人名单的，应当制作决定书，决定书应当写明纳入失信被执行人名单的理由，有纳入期限的，应当写明纳入期限。决定书由院长签发，自作出之日起生效。决定书应当按照民事诉讼法规定的法律文书送达方式送达当事人。[②]

227.【失信名单信息的内容】

记载和公布的失信被执行人名单信息应当包括：

（一）作为被执行人的法人或者其他组织的名称、统一社会信用代码（或组织机构代码）、法定代表人或者负责人姓名；

（二）作为被执行人的自然人的姓名、性别、年龄、身份证号码；

（三）生效法律文书确定的义务和被执行人的履行情况；

（四）被执行人失信行为的具体情形；

（五）执行依据的制作单位和文号、执行案号、立案时间、

---

① 《最高人民法院关于公布失信被执行人名单信息的若干规定》（法释〔2013〕17号，2017年1月16日修正）第四条。

② 参照《最高人民法院关于公布失信被执行人名单信息的若干规定》（法释〔2013〕17号，2017年1月16日修正）第五条。

执行法院；

（六）人民法院认为应当记载和公布的不涉及国家秘密、商业秘密、个人隐私的其他事项。[①]

228.【失信名单的公布】

各级人民法院应当将失信被执行人名单信息录入最高人民法院失信被执行人名单库，并通过该名单库统一向社会公布。

各级人民法院可以根据各地实际情况，将失信被执行人名单通过报纸、广播、电视、网络、法院公告栏等其他方式予以公布，并可以采取新闻发布会或者其他方式对本院及辖区法院实施失信被执行人名单制度的情况定期向社会公布。[②]

对于决定纳入失信名单的被执行人，可以给予其一至三个月的宽限期。在宽限期内，暂不发布其失信信息；期限届满，被执行人仍未履行生效法律文书确定义务的，再发布其信息并采取相应惩戒措施。[③]

229.【失信名单的通报】

人民法院应当将失信被执行人名单信息，向政府相关部门、金融监管机构、金融机构、承担行政职能的事业单位及行业协会等通报，供相关单位依照法律、法规和有关规定，在政府采购、招标投标、行政审批、政府扶持、融资信贷、市场准入、资质认定等方面，对失信被执行人予以信用惩戒。

人民法院应当将失信被执行人名单信息向征信机构通报，并由征信机构在其征信系统中记录。

国家工作人员、人大代表、政协委员等被纳入失信被执行人名单的，人民法院应当将失信情况通报其所在单位和相关部门。

---

① 《最高人民法院关于公布失信被执行人名单信息的若干规定》（法释〔2013〕17号，2017年1月16日修正）第六条。

② 《最高人民法院关于公布失信被执行人名单信息的若干规定》（法释〔2013〕17号，2017年1月16日修正）第七条。

③ 参照《最高人民法院关于在执行工作中进一步强化善意文明执行理念的意见》（法发〔2019〕35号）第15条。

国家机关、事业单位、国有企业等被纳入失信被执行人名单的，人民法院应当将失信情况通报其上级单位、主管部门或者履行出资人职责的机构。①

230.【失信信息的撤销和更正】

不应纳入失信被执行人名单的公民、法人或其他组织被纳入失信被执行人名单的，人民法院应当在三个工作日内撤销失信信息。

记载和公布的失信信息不准确的，人民法院应当在三个工作日内更正失信信息。②

人民法院发现纳入失信名单可能存在错误的，应当及时进行自查并作出相应处理；上级法院发现下级法院纳入失信名单存在错误的，应当责令其及时纠正，也可以依法直接纠正。③

231.【失信信息的删除】

具有下列情形之一的，人民法院应当在三个工作日内删除（屏蔽）失信信息，能够立即采取措施的应当立即删除（屏蔽）：

（一）被执行人已履行生效法律文书确定的义务或人民法院已执行完毕的；

（二）当事人达成执行和解协议且已履行完毕的；

（三）申请执行人书面申请删除失信信息，人民法院审查同意的；

（四）终结本次执行程序后，通过网络执行查控系统查询被执行人财产两次以上，未发现有可供执行财产，且申请执行人或者其他人未提供有效财产线索的；

（五）因审判监督或破产程序，人民法院依法裁定对失信被

---

① 《最高人民法院关于公布失信被执行人名单信息的若干规定》（法释〔2013〕17号，2017年1月16日修正）第八条。

② 《最高人民法院关于公布失信被执行人名单信息的若干规定》（法释〔2013〕17号，2017年1月16日修正）第九条。

③ 参照《最高人民法院关于在执行工作中进一步强化善意文明执行理念的意见》（法发〔2019〕35号）第18条。

执行人中止执行的；

（六）人民法院依法裁定不予执行的；

（七）人民法院依法裁定终结执行的。

有纳入期限的，不适用前款规定。纳入期限届满后三个工作日内，人民法院应当删除失信信息。

被执行人因存在多种失信情形，被同时纳入有固定期限的失信名单和无固定期限的失信名单的，其主动履行完毕生效法律文书确定义务后，一般应当将有固定期限的名单信息和无固定期限的名单信息同时删除（屏蔽）。

依照本条第1款规定删除（屏蔽）失信信息后，被执行人具有本规范第222条规定情形之一的，人民法院可以重新将其纳入失信被执行人名单。

依照本条第1款第3项规定删除（屏蔽）失信信息后六个月内，申请执行人申请将该被执行人纳入失信被执行人名单的，人民法院不予支持。①

失信信息被屏蔽后，被执行人因融资、招投标等需要请求提供信用修复证明的，人民法院可以出具相关证明材料。②

232.【失信信息的纠正申请】

被纳入失信被执行人名单的公民、法人或其他组织认为有下列情形之一的，可以向执行法院申请纠正：

（一）不应将其纳入失信被执行人名单的；

（二）记载和公布的失信信息不准确的；

（三）失信信息应予删除的。③

---

① 参照《最高人民法院关于公布失信被执行人名单信息的若干规定》（法释〔2013〕17号，2017年1月16日修正）第十条，《最高人民法院关于在执行工作中进一步强化善意文明执行理念的意见》（法发〔2019〕35号）第19条。

② 参照《最高人民法院关于充分发挥司法职能作用助力中小微企业发展的指导意见》（法发〔2022〕2号）第20条。

③《最高人民法院关于公布失信被执行人名单信息的若干规定》（法释〔2013〕17号，2017年1月16日修正）第十一条。

233.【失信信息纠正的审查和处理】

公民、法人或其他组织对被纳入失信被执行人名单申请纠正的，执行法院应当自收到书面纠正申请之日起十五日内审查，理由成立的，应当在三个工作日内纠正；理由不成立的，决定驳回。公民、法人或其他组织对驳回决定不服的，可以自决定书送达之日起十日内向上一级人民法院申请复议。上一级人民法院应当自收到复议申请之日起十五日内作出决定。

复议期间，不停止原决定的执行。①

对公民、法人或其他组织的纠正申请，人民法院认为理由不成立作出驳回决定时，应当告知其申请复议的权利和期限。②

234.【法律责任】

人民法院工作人员违反本节规定公布、撤销、更正、删除失信信息的，参照有关规定追究责任。③

第五节　限制消费

235.【限制消费的一般规定】

被执行人未按执行通知书指定的期间履行生效法律文书确定的给付义务的，人民法院可以采取限制消费措施，限制其高消费及非生活或者经营必需的有关消费。纳入失信被执行人名单的被执行人，人民法院应当对其采取限制消费措施。④

人民法院决定采取限制消费措施时，应当综合考量被执行人

① 《最高人民法院关于公布失信被执行人名单信息的若干规定》（法释〔2013〕17号，2017年1月16日修正）第十二条。

② 参照《最高人民法院关于人民法院办理执行异议和复议案件若干问题的规定》（法释〔2015〕10号，2020年12月23日修正）第十六条第三款。

③ 参照《最高人民法院关于公布失信被执行人名单信息的若干规定》（法释〔2013〕17号，2017年1月16日修正）第十三条。

④ 《最高人民法院关于限制被执行人高消费及有关消费的若干规定》（法释〔2010〕8号，2015年7月6日修正）第一条。

的年龄、履行能力以及被执行人是否有消极履行、规避执行或者抗拒执行的行为等因素。对于已经控制其足以清偿债务的财产的，不得采取限制消费措施。①

被执行人虽然存在有履行能力而拒不履行生效法律文书确定义务、无正当理由拒不履行和解协议的情形，但人民法院已经控制其足以清偿债务的财产或者申请执行人申请暂不采取惩戒措施的，不得对被执行人采取限制消费措施。

全日制在校生因“校园贷”纠纷成为被执行人的，一般不得对其采取限制消费措施。②

236.【受限制的消费行为】

被执行人为自然人的，被采取限制消费措施后，不得有以下高消费及非生活和工作必需的消费行为：

（一）乘坐交通工具时，选择飞机、列车软卧、轮船二等以上舱位；

（二）在星级以上宾馆、酒店、夜总会、高尔夫球场等场所进行高消费；

（三）购买不动产或者新建、扩建、高档装修房屋；

（四）租赁高档写字楼、宾馆、公寓等场所办公；

（五）购买非经营必需车辆；

（六）旅游、度假；

（七）子女就读高收费私立学校；

（八）支付高额保费购买保险理财产品；

（九）乘坐 G 字头动车组列车全部座位、其他动车组列车一等以上座位等其他非生活和工作必需的消费行为。

---

① 《最高人民法院关于限制被执行人高消费及有关消费的若干规定》（法释〔2010〕8 号，2015 年 7 月 6 日修正）第二条，参照《最高人民法院关于在执行工作中进一步贯彻和落实善意文明执行理念的通知》（法明传〔2020〕853 号）第二条。

② 参照《最高人民法院关于在执行工作中进一步强化善意文明执行理念的意见》（法发〔2019〕35 号）第 15 条。

被执行人为单位的，被采取限制消费措施后，被执行人及其法定代表人、主要负责人、影响债务履行的直接责任人员、实际控制人不得实施前款规定的行为。因私消费以个人财产实施前款规定行为的，可以向执行法院提出申请。执行法院审查属实的，应予准许。[①]

237.【限制被执行人子女就读高收费学校】

限制被执行人子女就读高收费学校，是指限制其子女就读超出正常收费标准的学校，虽然是私立学校，但如果其收费未超出正常标准，也不属于限制范围。人民法院在采取此项措施时，应当依法严格审查，不得影响被执行人子女正常接受教育的权利。人民法院经依法审查，决定限制被执行人子女就读高收费学校的，应当做好与被执行人子女、学校的沟通工作，尽量避免给被执行人子女带来不利影响。[②]

238.【限制消费的启动】

限制消费措施一般由申请执行人提出书面申请，经人民法院审查决定；必要时人民法院可以依职权决定。[③]

239.【限制消费令】

人民法院决定采取限制消费措施的，应当向被执行人发出限制消费令。限制消费令由人民法院院长签发。限制消费令应当载明限制消费的期间、项目、法律后果等内容。[④]

240.【限制消费的实施】

人民法院决定采取限制消费措施的，可以根据案件需要和被

---

① 《最高人民法院关于限制被执行人高消费及有关消费的若干规定》（法释〔2010〕8号，2015年7月6日修正）第三条。

② 参照《最高人民法院关于在执行工作中进一步强化善意文明执行理念的意见》（法发〔2019〕35号）第20条。

③ 《最高人民法院关于限制被执行人高消费及有关消费的若干规定》（法释〔2010〕8号，2015年7月6日修正）第四条。

④ 《最高人民法院关于限制被执行人高消费及有关消费的若干规定》（法释〔2010〕8号，2015年7月6日修正）第五条。

执行人的情况向有义务协助调查、执行的单位送达协助执行通知书，也可以在相关媒体上进行公告。[①]

限制消费令的公告费用由被执行人负担；申请执行人申请在媒体公告的，应当垫付公告费用。[②]

对于决定采取限制消费措施的被执行人，可以给予其一至三个月的宽限期。在宽限期内，暂不发布限制消费信息；期限届满，被执行人仍未履行生效法律文书确定义务的，再发布其信息并采取相应惩戒措施。[③]

241.【生活、经营必需消费的申请与批准】

被限制消费的被执行人因生活或者经营必需而进行本节规定禁止的消费活动的，应当向人民法院提出申请，获批准后方可进行。[④]

242.【限制消费令的解除】

人民法院在对被执行人采取限制消费措施后，被执行人及其有关人员申请解除或暂时解除的，按照下列情形分别处理：

（一）单位被执行人被限制消费后，其法定代表人、主要负责人、影响债务履行的直接责任人员、实际控制人以因私消费为由提出以个人财产从事消费行为，经审查属实的，应予准许。

（二）单位被执行人被限制消费后，其法定代表人、主要负责人确因经营管理需要发生变更，原法定代表人、主要负责人申请解除对其本人的限制消费措施的，应举证证明其并非单位的实际控制人、影响债务履行的直接责任人员。人民法院经审查属实

---

① 《最高人民法院关于限制被执行人高消费及有关消费的若干规定》（法释〔2010〕8号，2015年7月6日修正）第六条。

② 《最高人民法院关于限制被执行人高消费及有关消费的若干规定》（法释〔2010〕8号，2015年7月6日修正）第七条。

③ 参照《最高人民法院关于在执行工作中进一步强化善意文明执行理念的意见》（法发〔2019〕35号）第15条。

④ 参照《最高人民法院关于限制被执行人高消费及有关消费的若干规定》（法释〔2010〕8号，2015年7月6日修正）第八条。

的，应予准许，并对变更后的法定代表人、主要负责人依法采取限制消费措施。

（三）被限制消费的个人因本人或近亲属重大疾病就医，近亲属丧葬，以及本人执行或配合执行公务，参加外事活动或重要考试等紧急情况亟需赴外地，向人民法院申请暂时解除乘坐飞机、高铁限制措施，经严格审查并经本院院长批准，可以给予其最长不超过一个月的暂时解除期间。

上述人员在向人民法院提出申请时，应当提交充分有效的证据并按要求作出书面承诺；提供虚假证据或者违反承诺从事消费行为的，人民法院应当及时恢复对其采取的限制消费措施，同时依照民事诉讼法第一百一十四条从重处理，并对其再次申请不予批准。①

在限制消费期间，被执行人提供确实有效的担保或者经申请执行人同意的，人民法院可以解除限制消费令；被执行人履行完毕生效法律文书确定的义务的，人民法院应当在本规范第 240 条第 1 款通知或者公告的范围内及时以通知或者公告解除限制消费令。②

243.【限制消费措施的纠正】

公民、法人或其他组织对采取的限制消费措施申请纠正的，执行法院应当自收到书面纠正申请之日起十五日内审查，理由成立的，应当在三个工作日内纠正；理由不成立的，决定驳回。公民、法人或其他组织对驳回决定不服的，可以自决定书送达之日起十日内向上一级人民法院申请复议。上一级人民法院应当自收到复议申请之日起十五日内作出决定。

复议期间，不停止原决定的执行。

---

① 参照《最高人民法院关于在执行工作中进一步强化善意文明执行理念的意见》（法发〔2019〕35 号）第 17 条。

② 参照《最高人民法院关于限制被执行人高消费及有关消费的若干规定》（法释〔2010〕8 号，2015 年 7 月 6 日修正）第九条。

对公民、法人或其他组织的纠正申请，人民法院认为理由不成立作出驳回决定时，应当告知其申请复议的权利和期限。

执行法院发现采取限制消费措施可能存在错误的，应当及时进行自查并作出相应处理；上级法院发现下级法院采取限制消费措施存在错误的，应当责令其及时纠正，也可以依法直接纠正。①

244.【违反限制消费令的处理】

人民法院应当设置举报电话或者邮箱，接受申请执行人和社会公众对被限制消费的被执行人违反本规范第 236 条规定的举报，并进行审查认定。②

被执行人违反限制消费令进行消费的行为属于拒不履行人民法院已经发生法律效力的判决、裁定的行为，经查证属实的，参照本规范第 199 条、第 222 条的规定，予以拘留、罚款、纳入失信被执行人名单；情节严重，构成犯罪的，追究其刑事责任。

有关单位在收到人民法院协助执行通知书后，仍允许被执行人进行高消费及非生活或者经营必需的有关消费的，人民法院可以参照本规范第 200 条的规定，追究其法律责任。③

---

① 参照《最高人民法院关于在执行工作中进一步强化善意文明执行理念的意见》（法发〔2019〕35 号）第 18 条，《最高人民法院关于公布失信被执行人名单信息的若干规定》（法释〔2013〕17 号，2017 年 1 月 16 日修正）第十二条，《最高人民法院关于人民法院办理执行异议和复议案件若干问题的规定》（法释〔2015〕10 号，2020 年 12 月 23 日修正）第十六条第三款。

② 参照《最高人民法院关于限制被执行人高消费及有关消费的若干规定》（法释〔2010〕8 号，2015 年 7 月 6 日修正）第十条。

③ 参照《最高人民法院关于限制被执行人高消费及有关消费的若干规定》（法释〔2010〕8 号，2015 年 7 月 6 日修正）第十一条，《最高人民法院关于公布失信被执行人名单信息的若干规定》（法释〔2013〕17 号，2017 年 1 月 16 日修正）第一条。

第十四章 刑事处罚

245.【非法处置查封、扣押、冻结的财产罪】

隐藏、转移、变卖、故意毁损已被人民法院查封、扣押、冻结的财产，情节严重的，依照刑法第三百一十四条①的规定，以非法处置查封、扣押、冻结的财产罪追究刑事责任。

246.【妨害公务罪】

对下列暴力抗拒执行的行为，依照刑法第二百七十七条②的规定，以妨害公务罪论处：

（一）聚众哄闹、冲击执行现场，围困、扣押、殴打执行人员，致使执行工作无法进行的；

（二）毁损、抢夺执行案件材料、执行公务车辆和其他执行器械、执行人员服装以及执行公务证件，造成严重后果的；

（三）其他以暴力、威胁方法妨害或者抗拒执行，致使执行

---

① 《中华人民共和国刑法》（2020年12月26日修正）第三百一十四条规定：“隐藏、转移、变卖、故意毁损已被司法机关查封、扣押、冻结的财产，情节严重的，处三年以下有期徒刑、拘役或者罚金。”

② 《中华人民共和国刑法》（2020年12月26日修正）第二百七十七条第一款至第四款规定：“以暴力、威胁方法阻碍国家机关工作人员依法执行职务的，处三年以下有期徒刑、拘役、管制或者罚金。以暴力、威胁方法阻碍全国人民代表大会和地方各级人民代表大会代表依法执行代表职务的，依照前款的规定处罚。在自然灾害和突发事件中，以暴力、威胁方法阻碍红十字会工作人员依法履行职责的，依照第一款的规定处罚。故意阻碍国家安全机关、公安机关依法执行国家安全工作任务，未使用暴力、威胁方法，造成严重后果的，依照第一款的规定处罚。”

工作无法进行的。[①]

负有执行人民法院判决、裁定义务的单位直接负责的主管人员和其他直接责任人员，为了本单位的利益实施前款所列行为之一的，对该主管人员和其他直接责任人员，依照刑法第二百七十七条的规定，以妨害公务罪论处。[②]

247.【拒不执行判决、裁定罪】

被执行人、协助执行义务人、担保人等负有执行义务的人对人民法院的判决、裁定有能力执行而拒不执行，情节严重的，应当依照刑法第三百一十三条[③]的规定，以拒不执行判决、裁定罪处罚。[④]

248.【判决、裁定的范围】

刑法第三百一十三条规定的“人民法院的判决、裁定”，是指人民法院依法作出的具有执行内容并已发生法律效力的判决、裁定。人民法院为依法执行支付令、生效的调解书、仲裁裁决、公证债权文书等所作的裁定属于该条规定的裁定。[⑤]

249.【有能力执行而拒不执行、情节严重的情形】

下列情形属于刑法第三百一十三条规定的“有能力执行而拒不执行，情节严重”的情形：

（一）被执行人隐藏、转移、故意毁损财产或者无偿转让财

---

① 参照《最高人民法院、最高人民检察院、公安部关于依法严肃查处拒不执行判决、裁定和暴力抗拒法院执行犯罪行为的通知》（法发〔2007〕29号）第二条。

② 参照《最高人民法院、最高人民检察院、公安部关于依法严肃查处拒不执行判决、裁定和暴力抗拒法院执行犯罪行为的通知》（法发〔2007〕29号）第三条。

③ 《中华人民共和国刑法》（2020年12月26日修正）第三百一十三条规定：“对人民法院的判决、裁定有能力执行而拒不执行，情节严重的，处三年以下有期徒刑、拘役或者罚金；情节特别严重的，处三年以上七年以下有期徒刑，并处罚金。单位犯前款罪的，对单位判处罚金，并对其直接负责的主管人员和其他直接责任人员，依照前款的规定处罚。”

④ 《最高人民法院关于审理拒不执行判决、裁定刑事案件适用法律若干问题的解释》（法释〔2015〕16号，2020年12月23日修正）第一条。

⑤ 参照《全国人民代表大会常务委员会关于〈中华人民共和国刑法〉第三百一十三条的解释》。

产、以明显不合理的低价转让财产，致使判决、裁定无法执行的；

（二）担保人或者被执行人隐藏、转移、故意毁损或者转让已向人民法院提供担保的财产，致使判决、裁定无法执行的；

（三）协助执行义务人接到人民法院协助执行通知书后，拒不协助执行，致使判决、裁定无法执行的；

（四）被执行人、担保人、协助执行义务人与国家机关工作人员通谋，利用国家机关工作人员的职权妨害执行，致使判决、裁定无法执行的；

（五）其他有能力执行而拒不执行，情节严重的情形。

国家机关工作人员有上述第四项行为的，以拒不执行判决、裁定罪的共犯追究刑事责任。国家机关工作人员收受贿赂或者滥用职权，有上述第四项行为的，同时又构成刑法第三百八十五条①、第三百九十七条②规定之罪的，依照处罚较重的规定定罪处罚。③

250.【其他有能力执行而拒不执行、情节严重的情形】

负有执行义务的人有能力执行而实施下列行为之一的，应当认定为本规范第 249 条第 1 款第 5 项规定的“其他有能力执行而拒不执行，情节严重的情形”：

---

①《中华人民共和国刑法》（2020 年 12 月 26 日修正）第三百八十五条规定：“国家工作人员利用职务上的便利，索取他人财物的，或者非法收受他人财物，为他人谋取利益的，是受贿罪。国家工作人员在经济往来中，违反国家规定，收受各种名义的回扣、手续费，归个人所有的，以受贿论处。”

②《中华人民共和国刑法》（2020 年 12 月 26 日修正）第三百九十七条规定：“国家机关工作人员滥用职权或者玩忽职守，致使公共财产、国家和人民利益遭受重大损失的，处三年以下有期徒刑或者拘役；情节特别严重的，处三年以上七年以下有期徒刑。本法另有规定的，依照规定。国家机关工作人员徇私舞弊，犯前款罪的，处五年以下有期徒刑或者拘役；情节特别严重的，处五年以上十年以下有期徒刑。本法另有规定的，依照规定。”

③ 参照《全国人民代表大会常务委员会关于〈中华人民共和国刑法〉第三百一十三条的解释》。

（一）具有拒绝报告或者虚假报告财产情况、违反人民法院限制高消费及有关消费令等拒不执行行为，经采取罚款或者拘留等强制措施后仍拒不执行的；

（二）伪造、毁灭有关被执行人履行能力的重要证据，以暴力、威胁、贿买方法阻止他人作证或者指使、贿买、胁迫他人作伪证，妨碍人民法院查明被执行人财产情况，致使判决、裁定无法执行的；

（三）拒不交付法律文书指定交付的财物、票证或者拒不迁出房屋、退出土地，致使判决、裁定无法执行的；

（四）与他人串通，通过虚假诉讼、虚假仲裁、虚假和解等方式妨害执行，致使判决、裁定无法执行的；

（五）以暴力、威胁方法阻碍执行人员进入执行现场或者聚众哄闹、冲击执行现场，致使执行工作无法进行的；

（六）对执行人员进行侮辱、围攻、扣押、殴打，致使执行工作无法进行的；

（七）毁损、抢夺执行案件材料、执行公务车辆和其他执行器械、执行人员服装以及执行公务证件，致使执行工作无法进行的；

（八）拒不执行法院判决、裁定，致使债权人遭受重大损失的。①

251.【拒不执行判决、裁定的起算时间】

有能力执行而拒不执行判决、裁定的时间从判决、裁定发生法律效力时起算。

具有执行内容的判决、裁定发生法律效力后，负有执行义务的人有隐藏、转移、故意毁损财产等拒不执行行为，致使判决、裁定无法执行，情节严重的，应当以拒不执行判决、裁定罪定罪

① 参照《最高人民法院关于审理拒不执行判决、裁定刑事案件适用法律若干问题的解释》（法释〔2015〕16号，2020年12月23日修正）第二条。

处罚。①

252.【拒不执行判决、裁定罪的先行拘留和移送侦查】

人民法院在执行判决、裁定过程中，对拒不执行判决、裁定情节严重的人，可以先行司法拘留；拒不执行判决、裁定的行为人涉嫌犯罪的，应当将案件依法移送有管辖权的公安机关立案侦查。②

253.【拒不执行判决、裁定罪的自诉案件】

申请执行人有证据证明同时具有下列情形，人民法院认为符合刑事诉讼法第二百一十条③第三项规定的，以自诉案件立案审理：

（一）负有执行义务的人拒不执行判决、裁定，侵犯了申请执行人的人身、财产权利，应当依法追究刑事责任的；

（二）申请执行人曾经提出控告，而公安机关或者人民检察院对负有执行义务的人不予追究刑事责任的。④

前款规定的自诉案件，依照刑事诉讼法第二百一十二条⑤的

---

① 参照最高人民法院指导案例71号“毛建文拒不执行判决、裁定案”（最高人民法院2016年12月28日发布）。其裁判要点为：有能力执行而拒不执行判决、裁定的时间从判决、裁定发生法律效力时起算。具有执行内容的判决、裁定发生法律效力后，负有执行义务的人有隐藏、转移、故意毁损财产等拒不执行行为，致使判决、裁定无法执行，情节严重的，应当以拒不执行判决、裁定罪定罪处罚。

② 《最高人民法院、最高人民检察院、公安部关于依法严肃查处拒不执行判决、裁定和暴力抗拒法院执行犯罪行为的通知》（法发〔2007〕29号）第七条。

③ 《中华人民共和国刑事诉讼法》（2018年10月26日修正）第二百一十条规定：“自诉案件包括下列案件：（一）告诉才处理的案件；（二）被害人有证据证明的轻微刑事案件；（三）被害人有证据证明对被告人侵犯自己人身、财产权利的行为应当依法追究刑事责任，而公安机关或者人民检察院不予追究被告人刑事责任的案件。”

④ 《最高人民法院关于审理拒不执行判决、裁定刑事案件适用法律若干问题的解释》（法释〔2015〕16号，2020年12月23日修正）第三条。

⑤ 《中华人民共和国刑事诉讼法》（2018年10月26日修正）第二百一十二条规定：“人民法院对自诉案件，可以进行调解；自诉人在宣告判决前，可以同被告人自行和解或者撤回自诉。本法第二百一十条第三项规定的案件不适用调解。人民法院审理自诉案件的期限，被告人被羁押的，适用本法第二百零八条第一款、第二款的规定；未被羁押的，应当在受理后六个月以内宣判。”

规定，自诉人在宣告判决前，可以同被告人自行和解或者撤回自诉。①

254.【控告但不予追究情形下的自诉】

申请执行人向公安机关控告负有执行义务的人涉嫌拒不执行判决、裁定罪，公安机关不予接受控告材料或者在接受控告材料后六十日内不予书面答复，申请执行人有证据证明该拒不执行判决、裁定行为侵犯了其人身、财产权利，应当依法追究刑事责任的，人民法院可以以自诉案件立案审理。

人民法院向公安机关移送拒不执行判决、裁定罪线索，公安机关决定不予立案或者在接受案件线索后六十日内不予书面答复，或者人民检察院决定不起诉的，人民法院可以向申请执行人释明；申请执行人有证据证明负有执行义务的人拒不执行判决、裁定侵犯了其人身、财产权利，应当依法追究刑事责任的，人民法院可以以自诉案件立案审理。

公安机关接受申请执行人的控告材料或者人民法院移送的拒不执行判决、裁定罪线索，经过六十日之后又决定立案的，对于申请执行人的自诉，人民法院未受理的，裁定不予受理；已经受理的，可以向自诉人释明让其撤回起诉或者裁定终止审理。此后再出现公安机关或者人民检察院不予追究情形的，申请执行人可以依法重新提起自诉。②

255.【拒不执行判决、裁定刑事案件的管辖】

拒不执行判决、裁定刑事案件，一般由执行法院所在地人民法院管辖。③

---

① 参照《最高人民法院关于审理拒不执行判决、裁定刑事案件适用法律若干问题的解释》（法释〔2015〕16号，2020年12月23日修正）第四条。

② 参照《最高人民法院关于拒不执行判决、裁定罪自诉案件受理工作有关问题的通知》（法〔2018〕147号）。

③《最高人民法院关于审理拒不执行判决、裁定刑事案件适用法律若干问题的解释》（法释〔2015〕16号，2020年12月23日修正）第五条。

256.【酌情从宽情形】

拒不执行判决、裁定的被告人在一审宣告判决前，履行全部或部分执行义务的，可以酌情从宽处罚。[①]

257.【酌情从重情形】

拒不执行支付赡养费、扶养费、抚养费、抚恤金、医疗费用、劳动报酬等判决、裁定的，可以酌情从重处罚。[②]

258.【不立案侦查的检察监督】

人民法院认为公安机关应当立案侦查而不立案侦查的，可提请人民检察院予以监督。人民检察院认为需要立案侦查的，应当要求公安机关说明不立案的理由。人民检察院认为公安机关不立案理由不能成立的，应当通知公安机关立案，公安机关接到通知后应当立案。[③]

---

① 《最高人民法院关于审理拒不执行判决、裁定刑事案件适用法律若干问题的解释》（法释〔2015〕16号，2020年12月23日修正）第六条。

② 《最高人民法院关于审理拒不执行判决、裁定刑事案件适用法律若干问题的解释》（法释〔2015〕16号，2020年12月23日修正）第七条。

③ 《最高人民法院、最高人民检察院、公安部关于依法严肃查处拒不执行判决、裁定和暴力抗拒法院执行犯罪行为的通知》（法发〔2007〕29号）第九条。

第十五章　委托执行、协作执行、协同执行

第一节　案件委托①

259.【案件委托与异地执行】

执行法院经调查发现被执行人在本辖区内已无财产可供执行，且在其他省、自治区、直辖市内有可供执行财产的，可以将案件委托异地的同级人民法院执行。

执行法院确需赴异地执行案件的，应当经其所在辖区高级人民法院批准。②

本章所称的异地是指本省、自治区、直辖市以外的区域。各省、自治区、直辖市内的委托执行，由各高级人民法院结合实际情况，制定具体办法。③

260.【受托法院的确定】

委托执行应当以执行标的物所在地或者执行行为实施地的同

① 《最高人民法院关于进一步规范指定执行等执行案件立案、结案、统计和考核工作的通知》（法明传〔2018〕335号）第一条规定："需要委托异地法院执行的，原则上要通过事项委托方式办理，不提倡将全案委托执行，确需全案委托执行的，委托法院和受托法院要严格按照有关司法解释的规定层报各自所在的高级人民法院备案。各高级人民法院要加强对下辖法院全案委托执行和受托执行工作的管理。"

② 《最高人民法院关于委托执行若干问题的规定》（法释〔2011〕11号，2020年12月23日修正）第一条。

③ 参照《最高人民法院关于委托执行若干问题的规定》（法释〔2011〕11号，2020年12月23日修正）第十四条。

级人民法院为受托执行法院。有两处以上财产在异地的，可以委托主要财产所在地的人民法院执行。

被执行人是现役军人或者军事单位的，可以委托对其有管辖权的军事法院执行。

执行标的物是船舶的，可以委托有管辖权的海事法院执行。①

261.【委托执行的程序】

委托执行案件应当由委托法院直接向受托法院办理委托手续，并层报各自所在的高级人民法院备案。②

案件委托执行时，委托法院应当提供下列材料：

（一）委托执行函；

（二）申请执行书和委托执行案件审批表；

（三）据以执行的生效法律文书副本；

（四）有关案件情况的材料或者说明，包括本辖区无财产的调查材料、财产保全情况、被执行人财产状况、生效法律文书的履行情况等；

（五）申请执行人地址、联系电话；

（六）被执行人身份证件或者营业执照复印件、地址、联系电话；

（七）委托法院执行员和联系电话；

（八）其他必要的案件材料等。③

262.【委托案件的立案与销案】

受托法院收到委托执行函后，应当在七日内予以立案，并及时将立案通知书通过委托法院送达申请执行人，同时将指定的承办人、联系电话等书面告知委托法院。

---

① 《最高人民法院关于委托执行若干问题的规定》（法释〔2011〕11号，2020年12月23日修正）第三条。

② 《最高人民法院关于委托执行若干问题的规定》（法释〔2011〕11号，2020年12月23日修正）第四条第一款。

③ 《最高人民法院关于委托执行若干问题的规定》（法释〔2011〕11号，2020年12月23日修正）第五条。

委托法院应当在收到受托法院的立案通知书后作销案处理，并在七日内书面通知申请执行人案件已经委托执行，告知其可以直接与受托法院联系执行相关事宜。

受托法院如发现委托执行的手续、材料不全，可以要求委托法院补办。委托法院应当在三十日内完成补办事项，在上述期限内未完成的，应当作出书面说明。委托法院既不补办又不说明原因的，视为撤回委托，受托法院可以将委托材料退回委托法院。①

263.【查封财产的移交】

委托执行时，委托法院应当将已经查封、扣押、冻结的被执行人的异地财产，一并移交受托法院处理，并在委托执行函中说明。

委托执行后，委托法院对被执行人财产已经采取查封、扣押、冻结等措施的，视为受托法院的查封、扣押、冻结措施。受托法院需要继续查封、扣押、冻结，持委托执行函和立案通知书办理相关手续。续封续冻时，仍为原委托法院的查封冻结顺序。

查封、扣押、冻结等措施的有效期限在移交受托法院时不足一个月的，委托法院应当先行续封或者续冻，再移交受托法院。②

264.【委托案件的退回】

受托法院退回委托的，应当层报所在辖区高级人民法院审批。高级人民法院同意退回后，受托法院应当在十五日内将有关委托手续和案卷材料退回委托法院，并作出书面说明。

委托执行案件退回后，受托法院已立案的，应当作销案处理。委托法院在案件退回原因消除之后可以再行委托。确因委托不当被退回的，委托法院应当决定撤销委托并恢复案件执行，报

---

① 参照《最高人民法院关于委托执行若干问题的规定》（法释〔2011〕11号，2020年12月23日修正）第二条第一款、第七条、第八条。

② 参照《最高人民法院关于委托执行若干问题的规定》（法释〔2011〕11号，2020年12月23日修正）第六条。

所在的高级人民法院备案。①

265.【受托法院的异地执行】

委托法院在案件委托执行后又发现有可供执行财产的，应当及时告知受托法院。受托法院发现被执行人在受托法院辖区外另有可供执行财产的，可以直接异地执行，一般不再行委托执行。根据情况确需再行委托的，应当按照委托执行案件的程序办理，并通知案件当事人。②

266.【受托案件的督促执行】

受托法院未能在六个月内将受托案件执结的，申请执行人有权请求受托法院的上一级人民法院提级执行或者指定执行，上一级人民法院应当立案审查，发现受托法院无正当理由不予执行的，应当限期执行或者作出裁定提级执行或者指定执行。③

第二节　事项委托

267.【事项委托的范围】

人民法院在执行案件过程中遇有下列事项需赴异地办理的，可以委托相关异地法院代为办理：

（一）冻结、续冻、解冻、扣划银行存款、理财产品；

（二）公示冻结、续冻、解冻股权及其他投资权益；

（三）查封、续封、解封、过户不动产和需要登记的动产；

（四）调查被执行人财产情况；

---

① 参照《最高人民法院关于委托执行若干问题的规定》（法释〔2011〕11号，2020年12月23日修正）第九条。

② 《最高人民法院关于委托执行若干问题的规定》（法释〔2011〕11号，2020年12月23日修正）第十条。

③ 参照《最高人民法院关于委托执行若干问题的规定》（法释〔2011〕11号，2020年12月23日修正）第十一条。

（五）其他人民法院执行事项委托系统中列明的事项。①

268.【确定受托法院】

受托法院一般应当为委托事项办理地点的基层人民法院，受托同级人民法院更有利于事项委托办理的除外。②

269.【准备委托材料】

委托调查被执行人财产情况的，委托法院应当在委托函中明确具体调查内容、具体协助执行单位并附对应的协助执行通知书。调查内容应当为总对总查控系统尚不支持的财产类型及范围。③

相关法律文书应当包括执行裁定书、协助执行通知书、委托执行函、送达回证（或回执），并附执行公务证件扫描件，委托扣划已冻结款项的，应当提供执行依据扫描件并加盖委托法院电子签章。④

270.【线上办理原则】

事项委托应当通过人民法院执行指挥中心综合管理平台办理委托事项的相关手续。⑤

271.【系统录入、审批、推送】

委托法院发起事项委托应当由承办人在办案系统事项委托模块中录入委托法院名称、受托法院名称、案号、委托事项、办理期限、承办人姓名、联系方式，并附相关法律文书。经审批后，该事项委托将推送至人民法院执行事项委托系统，委托法院执行

---

① 《最高人民法院关于严格规范执行事项委托工作的管理办法（试行）》（法发〔2017〕27号）第一条。

② 《最高人民法院关于严格规范执行事项委托工作的管理办法（试行）》（法发〔2017〕27号）第五条。

③ 《最高人民法院关于严格规范执行事项委托工作的管理办法（试行）》（法发〔2017〕27号）第二条。

④ 《最高人民法院关于严格规范执行事项委托工作的管理办法（试行）》（法发〔2017〕27号）第七条。

⑤ 《最高人民法院关于委托执行若干问题的规定》（法释〔2011〕11号，2020年12月23日修正）第四条第二款。

指挥中心核查文书并加盖电子签章后推送给受托法院。①

272.【办理期限的确定】

办理期限应当根据具体事项进行合理估算，一般应不少于十天，不超过二十天，需要紧急办理的，推送事项委托后，通过执行指挥中心联系受托法院，受托法院应当于二十四小时内办理完毕。②

273.【受托法院核实、签收】

受托法院通过人民法院执行事项委托系统收到事项委托后，应当尽快核实材料并签收办理。③

274.【超出委托范围的处理】

委托办理的事项超出本规范第 267 条所列范围且受托法院无法办理的，受托法院与委托法院沟通后可予以退回。④

275.【文书补齐】

委托法院提供的法律文书不符合要求或缺少必要文书、收到法院无法办理的，应及时与委托法院沟通告知应当补充的材料。未经沟通，受托法院不得直接退回该委托。委托法院应予三日内通过系统补充材料，补充材料后仍无法办理的，受托法院可说明原因后退回。⑤

276.【受托事项办理】

受托法院应当及时签收并办理事项委托，完成后及时将办理情况及送达回证、回执或其他材料通过系统反馈委托法院，委托

---

① 《最高人民法院关于严格规范执行事项委托工作的管理办法（试行）》（法发〔2017〕27 号）第四条。

② 参照《最高人民法院关于严格规范执行事项委托工作的管理办法（试行）》（法发〔2017〕27 号）第六条。

③ 《最高人民法院关于严格规范执行事项委托工作的管理办法（试行）》（法发〔2017〕27 号）第八条。

④ 参照《最高人民法院关于严格规范执行事项委托工作的管理办法（试行）》（法发〔2017〕27 号）第九条。

⑤ 参照《最高人民法院关于严格规范执行事项委托工作的管理办法（试行）》（法发〔2017〕27 号）第十条。

法院应当及时确认办结。①

277.【事项委托的管理与考核】

委托异地法院协助查询、冻结、查封、调查或者送达法律文书等有关事项的，受托法院不作为委托执行案件立案办理，但应当积极予以协助。②

事项委托由受托法院根据本地的实际按一定比例折合为执行实施案件计入执行人员工作量并纳入考核范围。③

第三节 协作执行

278.【异地执行的协作】

异地执行时，可以根据案件具体情况，请求当地法院协助执行，当地法院应当积极配合，保证执行人员的人身安全和执行装备、执行标的物不受侵害。④

279.【异地突发事件的协作】

异地执行发生执行突发事件的，执行人员应当在第一时间将有关情况通报发生地法院，发生地法院应当积极协助组织开展应急处理工作。发生地法院必须立即派员赶赴现场，同时报告当地党委和政府，协调公安等有关部门出警控制现场，采取有效措施进行控制，防止事态恶化。⑤

---

① 《最高人民法院关于严格规范执行事项委托工作的管理办法（试行）》（法发〔2017〕27号）第十一条。

② 《最高人民法院关于委托执行若干问题的规定》（法释〔2011〕11号，2020年12月23日修正）第二条第二款。

③ 参照《最高人民法院关于严格规范执行事项委托工作的管理办法（试行）》（法发〔2017〕27号）第十二条。

④ 《最高人民法院关于委托执行若干问题的规定》（法释〔2011〕11号，2020年12月23日修正）第十二条。

⑤ 《最高人民法院关于人民法院预防和处理执行突发事件的若干规定（试行）》（法发〔2009〕50号）第十八条。

280.【涉军案件的协作执行】

以军队单位或军人、军属为被执行人的，可通过部队组织督促被执行人履行法定义务，必要时可以请部队所在地的军事法院协助执行。①

281.【委托执行、异地执行的管理与协调】

高级人民法院应当对辖区内委托执行和异地执行工作实行统一管理和协调，履行以下职责：

（一）统一管理跨省、自治区、直辖市辖区的委托和受托执行案件；

（二）指导、检查、监督本辖区内的受托案件的执行情况；

（三）协调本辖区内跨省、自治区、直辖市辖区的委托和受托执行争议案件；

（四）承办需异地执行的有关案件的审批事项；

（五）对下级法院报送的有关委托和受托执行案件中的相关问题提出指导性处理意见；

（六）办理其他涉及委托执行工作的事项。②

第四节　协同执行

282.【协同执行的一般规定】

中级人民法院要发挥协调和统筹优势，统一调度使用辖区法院执行力量，协同、帮助基层人民法院对重大、疑难、复杂或长期未结案件实施强制执行。③

---

① 参照《最高人民法院关于进一步加强人民法院涉军案件审判工作的通知》（法〔2010〕254 号）第 10 条。

② 《最高人民法院关于委托执行若干问题的规定》（法释〔2011〕11 号，2020 年 12 月 23 日修正）第十三条。

③ 《最高人民法院关于加强中级人民法院协同执行基层人民法院执行实施案件的通知》（法〔2017〕158 号）第一条。

283.【案件的适用范围】

基层人民法院难以执行的下列执行实施案件，可报请中级人民法院协同执行：

（一）长期未结案件；

（二）受到严重非法干预的案件；

（三）有重大影响，社会高度关注的案件；

（四）受暴力、威胁或其他方法妨碍、抗拒执行的案件；

（五）多个法院立案受理的系列、关联案件；

（六）被执行人主要财产在其他法院辖区的案件；

（七）其他重大、疑难、复杂案件。

上级人民法院在督办、信访、巡查等工作中发现下级法院立案执行的执行实施案件存在上述情形的，可以指定或决定实施协同执行。①

284.【协同决定】

实施协同执行的，中级人民法院应作出《协同执行决定书》，决定书同时送交执行法院和参与协同执行的相关法院。执行法院报请的案件不符合协同执行条件的，中级人民法院应告知其自行执行。②

285.【协同方式】

协同执行由执行指挥中心具体负责，中级人民法院执行指挥中心应指定专人负责协同执行，与执行法院共同商定执行实施方案，及时组织实施强制执行。

协同执行案件不移送、不提级，办案主体仍是执行法院，仍由执行法院以本院名义对外出具法律文书。参与协同执行的其他法院执行干警可以凭《协同执行决定书》和工作证件开展具体执

① 《最高人民法院关于加强中级人民法院协同执行基层人民法院执行实施案件的通知》（法〔2017〕158号）第二条。

② 《最高人民法院关于加强中级人民法院协同执行基层人民法院执行实施案件的通知》（法〔2017〕158号）第三条。

行工作。[①]

286.【明确职责】

协同执行工作方案中，应明确中级人民法院、执行法院和参与协同执行的相关法院具体职责。各法院应分工负责、密切配合，存在消极执行、乱执行等不规范执行的，追究相应责任。[②]

287.【高级人民法院协同】

高级人民法院可参照本节要求，就辖区中基层人民法院需要协同执行的执行实施案件开展协同执行。[③]

① 参照《最高人民法院关于加强中级人民法院协同执行基层人民法院执行实施案件的通知》（法〔2017〕158号）第四条。

② 《最高人民法院关于加强中级人民法院协同执行基层人民法院执行实施案件的通知》（法〔2017〕158号）第八条。

③ 参照《最高人民法院关于加强中级人民法院协同执行基层人民法院执行实施案件的通知》（法〔2017〕158号）第十条。

第十六章　执行回转

288.【执行回转的一般规定】

在执行中或执行完毕后，据以执行的法律文书被人民法院或其他有关机关撤销或变更的，原执行机构应当依照民事诉讼法第二百四十条①的规定，依当事人申请或依职权，按照新的生效法律文书，作出执行回转的裁定，责令原申请执行人②返还已取得

① 《中华人民共和国民事诉讼法》（2021 年 12 月 24 日修正）第二百四十条规定："执行完毕后，据以执行的判决、裁定和其他法律文书确有错误，被人民法院撤销的，对已被执行的财产，人民法院应当作出裁定，责令取得财产的人返还；拒不返还的，强制执行。"

② 参照《最高人民法院执行工作办公室关于原执行裁定被撤销后能否对第三人从债权人处买卖的财产进行回转的答复》（〔2007〕执他字第 2 号）。答复主要内容为："辽宁省高级人民法院：你院《关于申请执行人中国工商银行铁岭市清河支行西丰分理处与被执行人西丰县百货公司第三商店借款合同纠纷一案的请示报告》收悉。经研究，答复如下：依据我院《关于人民法院执行工作若干问题的规定（试行）》第一百零九条、第一百一十条（2020 年 12 月 23 日修正后为第六十五条、第六十六条，编者注）的规定，如果涉案执行财产已经被第三人合法取得，执行回转时应当由原申请执行人折价抵偿。至于涉案执行财产的原所有人是否申请国家赔偿，可告知其自行按照国家有关法律规定办理。"参照《最高人民法院关于对第三人通过法院变卖取得的财产能否执行回转及相关法律规定的复函》（〔2001〕执他字第 22 号）。复函主要内容为："湖南省高级人民法院：你院（2002）湘高法执函字第 16 号《关于石油工业出版社申请执行回转一案有关问题的请示报告》收悉。经研究，答复如下：同意你院对本案的第一种处理意见，即不应将深圳凯利集团公司（以下简称凯利公司）列为本执行回转案的被执行人。理由如下：一、按照《民事诉讼法》第 214 条（2021 年 12 月 24 日修正后为第 240 条，编者注）和《关于人民法院执行工作若干问题的规定（试行）》第 109 条（2020 年 12 月 23 日修正后为第 65 条，编者注）规定，'原申请执行人'，是指原执行案件中的申请执行人，才能作为执行回转案中的被执行人。在本案中，原申请执行人是湖南利达国际贸易长沙物资公司（以下简称利达公司），凯利公司并非该案的当事人，故将凯利公司列为执行回转案中的被执行人没有事实和法律依据……"

的财产及其孳息。拒不返还的，强制执行。

执行回转应重新立案，适用执行程序的有关规定。①

289.【执行回转与继续执行】

发生法律效力的执行裁定，并不因据以执行的法律文书被撤销而撤销。新的执行依据改变了原执行内容，需要执行回转的，人民法院应作出执行回转的裁定；已执行的内容没有超出新的执行依据所确定内容的，人民法院应继续执行。②

---

① 《最高人民法院关于人民法院执行工作若干问题的规定（试行）》（法释〔1998〕15号，2020年12月23日修正）第65条第2款。

② 参照《最高人民法院执行工作办公室关于再审判决作出后如何处理原执行裁定的答复函》(〔2005〕执他字第25号)。复函主要内容为："辽宁省高级人民法院：你院《关于本溪钢铁（集团）有限责任公司申请执行无锡梁溪冷轧薄板有限公司一案的疑难请示报告》收悉。经研究，答复如下：一、关于再审判决生效后，本溪市中级人民法院已给付裁定的抵债标的额在没有超出再审判决所确认标的额的情况下，是否需要依据再审判决重新进行评估的问题。本院认为，执行裁定发生法律效力后，并不因据以执行的法律文书的撤销而撤销。如果新的执行依据改变了原执行内容，需要执行回转的，则人民法院作出执行回转的裁定；如已执行的标的额没有超出新的执行依据所确定的标的额，则人民法院应继续执行。本案中，本溪市中级人民法院已给付裁定的抵债标的额没有超出再审判决所确认标的额，因此，是否需重新评估，关键看执行程序是否合法。如果执行程序合法，则维持原执行裁定的效力，继续执行，否则应予纠正，重新评估。二、关于被执行人无锡梁溪冷轧薄板有限公司（以下简称梁溪公司）的投资权益未经当事人同意直接抵债是否合法的问题。本院认为，本案不存在以物抵债的问题。韩国联合钢铁工业株式会社（以下简称韩方）只是作为合资他方，收购了被执行人梁溪公司的股权，其并不是债权人。本溪市中级人民法院处理梁溪公司在无锡长江薄板有限公司、无锡太平洋镀锌板有限公司各占有的25%股份时，考虑到韩方在两公司分别占有75%的股份，根据最高人民法院《关于人民法院执行工作若干问题的规定（试行）》第五十四条第二款（2020年12月23日修正后为第39条第2款，编者注）以及第五十五条第二款（2020年12月23日修正后将其删除，编者注）的规定，同意韩方以评估价格收购上述股权，由于当时的法律和司法解释，均未明确在拍卖过程中保护优先购买权，因此本溪市中级人民法院未经拍卖，在韩方同意收购梁溪公司股权的情况下，直接以评估价格将上述股权转给韩方并不违法。此外，请你院对中国航天科工集团公司，被执行人梁溪公司反映的评估报告中存在的问题，尤其是对评估程序、评估方法及评估价格过低的问题认真进行核查，如反映属实，可考虑重新评估拍卖，同时依据最高人民法院《关于人民法院民事执行中拍卖、变卖财产的规定》第十四条、第十六条（2020年12月23日修正后为第十二条、第十三条，编者注）的规定保护韩方作为合资他方的优先购买权。"

290.【特定物的执行回转】

执行回转时，已执行的标的物系特定物的，应当退还原物。不能退还原物的[①]，经双方当事人同意，可以折价赔偿。

双方当事人对折价赔偿不能协商一致的，人民法院应当终结执行回转程序。申请执行人可以另行起诉。[②]

291.【破产时的执行回转】

在执行回转案件被执行人破产的情况下，人民法院可以比照取回权制度，对执行回转案件申请执行人的权利予以优先保护，认定应当执行回转部分的财产数额，不属于破产财产。审理破产案件的法院应当将该部分财产交由执行法院继续执行。[③]

292.【执行回转中的迟延履行责任】

执行回转案件的被执行人迟延履行的，应当按照本规范第十二章的规定承担迟延履行期间的债务利息或迟延履行金。[④]

---

① 执行财产已经被第三人合法取得的，属于不能退还原物的情形。参照《最高人民法院执行工作办公室关于原执行裁定被撤销后能否对第三人从债权人处买卖的财产进行回转的请示的答复》（〔2007〕执他字第 2 号）。复函主要内容为："依据我院《关于人民法院执行工作若干问题的规定（试行）》第一百零九条、第一百一十条（2020 年 12 月 23 日修正后为第 65 条、第 66 条，编者注）的规定，如果涉案执行财产已经被第三人合法取得，执行回转时应当由原申请执行人折价抵偿。至于涉案执行财产的原所有人是否申请国家赔偿，可告知其自行按照国家有关法律规定办理。"

② 《最高人民法院关于人民法院执行工作若干问题的规定（试行）》（法释〔1998〕15 号，2020 年 12 月 23 日修正）第 66 条。

③ 参照《最高人民法院执行工作办公室关于执行回转案件的申请执行人在被执行人破产案件中能否得到优先受偿保护的请示的答复》（〔2005〕执他字第 27 号）。答复主要内容为："天津市高级人民法院：你院《关于执行回转案件的申请执行人在被执行人破产案件中能否得到优先受偿保护的请示》收悉。经研究，答复如下：人民法院因原错误判决被撤销而进行执行回转，申请执行人在被执行人破产案件中能否得到优先受偿保护的问题，目前我国法律尚无明确规定。我们认为，因原错误判决而被执行的财产，并非因当事人的自主交易而转移。为此，不应当将当事人请求执行回转的权利作为普通债权对待。在执行回转案件被执行人破产的情况下，可以比照取回权制度，对执行回转案件申请执行人的权利予以优先保护，认定应当执行回转部分的财产数额，不属于破产财产。因此，审理破产案件的法院应当将该部分财产交由执行法院继续执行。"

④ 参照《最高人民法院关于执行程序中计算迟延履行期间的债务利息适用法律若干问题的解释》（法释〔2014〕8 号）第六条。

第十七章 执行记录

293.【执行记录的一般规定】

执行记录是指对执行过程的文字记录和音视频记录。

文字记录包括询问笔录，调查笔录，查封、扣押笔录，勘验笔录，搜查笔录，听证笔录，电话记录，以及其他执行工作记录。

294.【笔录的内容】

执行工作笔录一般应当包含笔录类别、制作时间、制作地点、执行人员姓名、记录人姓名。

涉及当事人及其他相关人员的，应当记录其姓名、身份证件号码、联系方式及其他相关身份信息。

295.【笔录的要求】

制作询问笔录时应告知被询问人的权利义务。询问结束应将笔录交由被询问人核对，被询问人认为对自己的陈述记录有遗漏或者差错的，有权申请补正。如果不予补正，应当将申请记录在案。修改部分应由被询问人捺印。每页笔录下端应由被询问人签名、捺印，拒绝签名、捺印的，应当如实记入笔录。询问笔录应由询问人、记录人签字。

询问时确有必要的，可以同步进行音视频记录。

其他笔录的制作要求，参见本规范第 421 条、第 454 条、第 466 条、第 630 条、第 638 条、第 703 条、第 843 条、第 1242 条的规定。

296.【现场执行的录音录像】

人民法院开展现场执行活动原则上应全程录音录像。各级人民法院应为执行机构配备执法记录仪等符合工作要求的音视频摄录设备。

297.【执法记录仪的使用】

执行人员现场执行时应佩带执法记录仪，对现场执行活动进行完整真实记录。

执行人员在使用执法记录仪记录现场执行活动时，除紧急情况外，一般应对相关人员进行必要的告知。告知的规范用语是：“为维护您的合法权益，本次执行全程录音录像，请您配合。”①

---

① 参照《最高人民法院关于执行工作中规范使用执法记录仪的紧急通知》［法（办）明传〔2016〕52 号］。

第十八章 执行文书及其送达

第一节 执行文书

298. 【执行文书的种类】

执行文书包括裁定书、决定书、令、通知书、公告、委托书、函等法律文书。

299. 【裁定的适用范围】

裁定适用于下列范围：

（一）驳回执行申请及其复议审查；

（二）撤销案件；

（三）驳回管辖权异议；

（四）准许撤回执行异议或复议申请；

（五）采取、解除、撤销查封、扣押、冻结、划拨、拍卖、变卖、提取、扣留等强制执行措施；

（六）确认拍卖、变卖成交及权利转移；

（七）确认以物抵债；

（八）变更、追加执行当事人及其复议审查；

（九）执行被执行人债权程序中冻结债权、强制执行次债务人的财产；

（十）强制执行担保财产或执行保证人的财产；

（十一）协助执行人不履行协助执行义务、擅自解除执行措施导致被执行财产未能追回，追究协助执行人的赔偿责任；

（十二）中止或者终结执行；

（十三）终结本次执行程序；

（十四）不予执行仲裁裁决、不予执行公证债权文书；

（十五）审查处理执行行为异议、复议；

（十六）审查处理案外人异议；

（十七）提级执行或指定执行；

（十八）审查处理执行监督案件；

（十九）执行回转；

（二十）其他需要裁定解决的事项。[①]

300.【决定的适用范围】

决定适用于下列范围：

（一）回避的决定及其复议；

（二）罚款、拘留及其复议审查；

（三）本院决定暂缓执行；

（四）将被执行人纳入失信被执行人名单；

（五）驳回对纳入失信被执行人名单的纠正申请及其复议审查；

（六）驳回对限制消费的纠正申请及其复议审查；

（七）限制出境及其复议审查、解除限制出境；

（八）决定移送破产审查；

（九）因执行管辖争议指定执行管辖；

（十）其他需要用决定解决的事项。[②]

301.【令的适用范围】

令适用于下列范围：

（一）责令被执行人报告财产；

---

① 参照《中华人民共和国民事诉讼法》（2021年12月24日修正）第一百五十七条第一款，《民事诉讼文书样式》（法〔2016〕221号）。

② 参照《民事诉讼文书样式》（法〔2016〕221号）。

（二）限制被执行人消费；

（三）搜查；

（四）执行外国法院发生法律效力的判决、裁定的执行令；

（五）上级法院督促下级法院执行的督促执行令。[①]

302.【通知的适用范围】

通知适用于下列范围：

（一）通知当事人受理案件；

（二）通知被执行人履行生效法律文书所确定的义务；

（三）通知申请执行人提供被执行人财产状况；

（四）通知第三人履行到期债务；

（五）通知有关单位或个人协助执行；

（六）通知有关单位或个人追回被擅自转移、支付的财产；

（七）通知被执行人将有关产权证照交法院保管；

（八）通知当事人和已知的担保物权人、优先购买权人或其他优先权人拍卖事宜；

（九）责令被执行人或占有人交出财物、票证；

（十）责令有关单位或个人追回财物、票证；

（十一）通知下级法院暂缓执行、延长暂缓执行期限、恢复执行；

（十二）通知执行完毕结案；

（十三）其他需要用通知解决的事项。[②]

303.【公告的适用范围】

公告适用于下列范围：

（一）悬赏；

（二）查封；

（三）拍卖、变卖；

---

① 参照《民事诉讼文书样式》（法〔2016〕221号）。

② 参照《民事诉讼文书样式》（法〔2016〕221号）。

（四）强制迁出房屋或退出土地；

（五）其他需要用公告解决的事项。①

前款第 4 项公告，应当由院长签发。②

304.【委托书的适用范围】

委托书适用于下列范围：

（一）委托保管被查封、扣押的财产；

（二）委托审计；

（三）委托鉴定；

（四）委托评估；

（五）委托拍卖、变卖；

（六）委托有关单位或个人完成可替代履行行为或其他指定行为；

（七）其他需要用委托书解决的事项。③

305.【函的适用范围】

函适用于下列范围：

（一）委托执行、接受委托执行、退回委托执行；

（二）处置权争议的商请与移送；

（三）执行转破产的移送；

（四）报请上级法院执行；

（五）其他需要用函解决的事项。④

---

① 参照《民事诉讼文书样式》（法〔2016〕221 号）。

② 参照《中华人民共和国民事诉讼法》（2021 年 12 月 24 日修正）第二百五十七条。

③ 参照《民事诉讼文书样式》（法〔2016〕221 号）。

④ 参照《民事诉讼文书样式》（法〔2016〕221 号）。

第二节 送达

一、送达

306.【送达回证】

送达执行文书必须有送达回证，由受送达人在送达回证上记明收到日期，并签名或者盖章。

受送达人在送达回证上的签收日期为送达日期。①

307.【直接送达】

送达执行文书，应当直接送交受送达人。受送达人是公民的，本人不在交他的同住成年家属签收；受送达人是法人或者其他组织的，应当由法人的法定代表人、其他组织的主要负责人或者该法人、组织负责收件的人签收；受送达人有诉讼代理人的，可以送交其代理人签收；受送达人已向人民法院指定代收人的，送交代收人签收。

受送达人的同住成年家属，法人或者其他组织的负责收件的人，诉讼代理人或者代收人在送达回证上签收的日期为送达日期。②

308.【公民的留置送达】

受送达人或者他的同住成年家属拒绝接收执行文书的，送达人可以邀请有关基层组织或者所在单位的代表到场，说明情况，在送达回证上记明拒收事由和日期，由送达人、见证人签名或者盖章，把执行文书留在受送达人的住所；也可以把执行文书留在受送达人的住所，并采用拍照、录像等方式记录送达过程，即视为送达。③

---

① 参照《中华人民共和国民事诉讼法》（2021 年 12 月 24 日修正）第八十七条。

② 参照《中华人民共和国民事诉讼法》（2021 年 12 月 24 日修正）第八十八条。

③ 参照《中华人民共和国民事诉讼法》（2021 年 12 月 24 日修正）第八十九条。

前款规定的有关基层组织和所在单位的代表，可以是受送达人住所地的居民委员会、村民委员会的工作人员以及受送达人所在单位的工作人员。①

309.【法人或者其他组织的留置送达】

向法人或者其他组织送达执行文书，应当由法人的法定代表人、该组织的主要负责人或者办公室、收发室、值班室等负责收件的人签收或者盖章，拒绝签收或者盖章的，适用留置送达。②

310.【在法院送达】

人民法院直接送达执行文书的，可以通知当事人到人民法院领取。当事人到达人民法院，拒绝签署送达回证的，视为送达。执行人员、书记员应当在送达回证上注明送达情况并签名。③

311.【在住所地以外送达】

人民法院可以在当事人住所地以外向当事人直接送达执行文书。当事人拒绝签署送达回证的，采用拍照、录像等方式记录送达过程即视为送达。执行人员、书记员应当在送达回证上注明送达情况并签名。④

312.【诉讼代理人的送达】

受送达人有诉讼代理人的，人民法院既可以向受送达人送达，也可以向其诉讼代理人送达。受送达人指定诉讼代理人为代收人的，向诉讼代理人送达时，适用留置送达。⑤

---

① 参照《最高人民法院关于适用〈中华人民共和国民事诉讼法〉的解释》（法释〔2015〕5号，2022年3月22日修正）第一百三十条第二款。

② 参照《最高人民法院关于适用〈中华人民共和国民事诉讼法〉的解释》（法释〔2015〕5号，2022年3月22日修正）第一百三十条第一款。

③ 参照《最高人民法院关于适用〈中华人民共和国民事诉讼法〉的解释》（法释〔2015〕5号，2022年3月22日修正）第一百三十一条第一款。

④ 参照《最高人民法院关于适用〈中华人民共和国民事诉讼法〉的解释》（法释〔2015〕5号，2022年3月22日修正）第一百三十一条第二款。

⑤ 《最高人民法院关于适用〈中华人民共和国民事诉讼法〉的解释》（法释〔2015〕5号，2022年3月22日修正）第一百三十二条。

313.【电子送达】

经受送达人同意并在送达地址确认书中予以确认，人民法院可以采用电子送达等能够确认其收悉的方式送达执行文书。通过电子方式送达的裁定书，受送达人提出需要纸质文书的，人民法院应当提供。[①]

前款规定的电子送达可以采用传真、电子邮件、移动通信等即时收悉的特定系统作为送达媒介，以送达信息到达受送达人特定系统的日期为送达日期。到达受送达人特定系统的日期，为人民法院对应系统显示发送成功的日期，但受送达人证明到达其特定系统的日期与人民法院对应系统显示发送成功的日期不一致的，以受送达人证明到达其特定系统的日期为准。[②]

314.【电子送达的方式方法】

在严格遵守民事诉讼法和民事诉讼法司法解释关于电子送达适用条件的前提下，积极主动探索电子送达及送达凭证保全的有效方式、方法。有条件的法院可以建立专门的电子送达平台，或以诉讼服务平台为依托进行电子送达，或者采取与大型门户网站、通信运营商合作的方式，通过专门的电子邮箱、特定的通信号码、信息公众号等方式进行送达。[③]

采用传真、电子邮件方式送达的，送达人员应记录传真发送和接收号码、电子邮件发送和接收邮箱、发送时间、送达诉讼文书名称，并打印传真发送确认单、电子邮件发送成功网页，存卷

---

① 参照《中华人民共和国民事诉讼法》（2021年12月24日修正）第九十条第一款，《最高人民法院关于适用〈中华人民共和国民事诉讼法〉的解释》（法释〔2015〕5号，2022年3月22日修正）第一百三十六条。

② 参照《中华人民共和国民事诉讼法》（2021年12月24日修正）第九十条第二款，《最高人民法院关于适用〈中华人民共和国民事诉讼法〉的解释》（法释〔2015〕5号，2022年3月22日修正）第一百三十五条。

③ 《最高人民法院关于进一步加强民事送达工作的若干意见》（法发〔2017〕19号）第十条。

备查。[①]

采用短信、微信等方式送达的，送达人员应记录收发手机号码、发送时间、送达诉讼文书名称，并将短信、微信等送达内容拍摄照片，存卷备查。[②]

对于移动通信工具能够接通但无法直接送达、邮寄送达的，除判决书、裁定书、调解书外，可以采取电话送达的方式，由送达人员告知当事人诉讼文书内容，并记录拨打、接听电话号码、通话时间、送达诉讼文书内容，通话过程应当录音以存卷备查。[③]

315.【电子送达的情形】

经受送达人同意，人民法院可以通过送达平台，向受送达人的电子邮箱、即时通讯账号、诉讼平台专用账号等电子地址，按照法律和司法解释的相关规定送达诉讼文书和证据材料。

具备下列情形之一的，人民法院可以确定受送达人同意电子送达：

（一）受送达人明确表示同意的；

（二）受送达人在诉讼前对适用电子送达已作出约定或者承诺的；

（三）受送达人在提交的起诉状、上诉状、申请书、答辩状中主动提供用于接收送达的电子地址的；

（四）受送达人通过回复收悉、参加诉讼等方式接受已经完成的电子送达，并且未明确表示不同意电子送达的。[④]

316.【电子送达方式的确认】

人民法院可以通过电话确认、诉讼平台在线确认、线下发送

---

① 《最高人民法院关于进一步加强民事送达工作的若干意见》（法发〔2017〕19号）第十一条。

② 《最高人民法院关于进一步加强民事送达工作的若干意见》（法发〔2017〕19号）第十二条。

③ 《最高人民法院关于进一步加强民事送达工作的若干意见》（法发〔2017〕19号）第十四条。

④ 《人民法院在线诉讼规则》（法释〔2021〕12号）第二十九条。

电子送达确认书等方式，确认受送达人是否同意电子送达，以及受送达人接收电子送达的具体方式和地址，并告知电子送达的适用范围、效力、送达地址变更方式以及其他需告知的送达事项。[①]

317.【电子送达的生效】

人民法院向受送达人主动提供或者确认的电子地址送达的，送达信息到达电子地址所在系统时，即为送达。

受送达人未提供或者未确认有效电子送达地址，人民法院向能够确认为受送达人本人的电子地址送达的，根据下列情形确定送达是否生效：

（一）受送达人回复已收悉，或者根据送达内容已作出相应诉讼行为的，即为完成有效送达；

（二）受送达人的电子地址所在系统反馈受送达人已阅知，或者有其他证据可以证明受送达人已经收悉的，推定完成有效送达，但受送达人能够证明存在系统错误、送达地址非本人使用或者非本人阅知等未收悉送达内容的情形除外。

人民法院开展电子送达，应当在系统中全程留痕，并制作电子送达凭证。电子送达凭证具有送达回证效力。

对同一内容的送达材料采取多种电子方式发送受送达人的，以最先完成的有效送达时间作为送达生效时间。[②]

318.【电子送达同步提醒】

人民法院适用电子送达，可以同步通过短信、即时通讯工具、诉讼平台提示等方式，通知受送达人查阅、接收、下载相关送达材料。[③]

319.【委托送达】

直接送达执行文书有困难的，可以委托其他人民法院代为

---

① 《人民法院在线诉讼规则》（法释〔2021〕12 号）第三十条。

② 《人民法院在线诉讼规则》（法释〔2021〕12 号）第三十一条。

③ 《人民法院在线诉讼规则》（法释〔2021〕12 号）第三十二条。

送达。[①]

委托其他人民法院代为送达的，委托法院应当出具委托函，并附需要送达的执行文书和送达回证，以受送达人在送达回证上签收的日期为送达日期。

委托送达的，受委托人民法院应当自收到委托函及相关执行文书之日起十日内代为送达。[②]

320.【邮寄送达】

人民法院直接送达执行文书有困难的，可以交由国家邮政机构以法院专递方式邮寄送达，但有下列情形之一的除外：

（一）受送达人或者其诉讼代理人、受送达人指定的代收人同意在指定的期间内到人民法院接受送达的；

（二）受送达人下落不明的；

（三）法律规定或者我国缔结或者参加的国际条约中约定有特别送达方式的。[③]

以法院专递方式邮寄送达执行文书的，其送达与人民法院送达具有同等法律效力[④]，以回执上注明的收件日期为送达日期。[⑤]

321.【邮寄送达的签收】

邮寄送达中，有下列情形之一的，即为送达：

（一）受送达人签收；

（二）受送达人是无民事行为能力或者限制民事行为能力的自然人，其法定代理人签收的；

（三）受送达人是法人或者其他组织，其法人的法定代表人、

---

① 参照《中华人民共和国民事诉讼法》（2021 年 12 月 24 日修正）第九十一条。

② 参照《最高人民法院关于适用〈中华人民共和国民事诉讼法〉的解释》（法释〔2015〕5 号，2022 年 3 月 22 日修正）第一百三十四条。

③ 参照《最高人民法院关于以法院专递方式邮寄送达民事诉讼文书的若干规定》（法释〔2004〕13 号）第一条。

④ 参照《最高人民法院关于以法院专递方式邮寄送达民事诉讼文书的若干规定》（法释〔2004〕13 号）第二条。

⑤ 参照《中华人民共和国民事诉讼法》（2021 年 12 月 24 日修正）第九十一条。

该组织的主要负责人或者办公室、收发室、值班室的工作人员签收的；

（四）受送达人的诉讼代理人签收的；

（五）受送达人指定的代收人签收的；

（六）受送达人的同住成年家属签收的。[①]

前款的签收是指在邮件回执上签名、盖章或者捺印。

322.【邮寄送达的视为送达】

因受送达人自己提供或者确认的送达地址不准确、拒不提供送达地址、送达地址变更未及时告知人民法院、受送达人本人或者受送达人指定的代收人拒绝签收，导致执行文书未能被受送达人实际接收的，文书退回之日视为送达之日。

受送达人能够证明自己在执行文书送达的过程中没有过错的，不适用前款规定。[②]

323.【转交送达】

受送达人是军人的，通过其所在部队团以上单位的政治机关转交。[③]

受送达人被监禁的，通过其所在监所转交。

受送达人被采取强制性教育措施的，通过其所在强制性教育机构转交。[④]

代为转交的机关、单位收到执行文书后，必须立即交受送达人签收，以受送达人在送达回证上注明的签收日期为送达日期。[⑤]

324.【送达地址确认书】

执行中当事人应当向人民法院提供或者确认自己准确的送达

---

① 参照《最高人民法院关于以法院专递方式邮寄送达民事诉讼文书的若干规定》（法释〔2004〕13号）第九条。

② 参照《最高人民法院关于以法院专递方式邮寄送达民事诉讼文书的若干规定》（法释〔2004〕13号）第十一条。

③ 《中华人民共和国民事诉讼法》（2021年12月24日修正）第九十二条。

④ 《中华人民共和国民事诉讼法》（2021年12月24日修正）第九十三条。

⑤ 参照《中华人民共和国民事诉讼法》（2021年12月24日修正）第九十四条。

地址，并填写送达地址确认书。当事人拒绝提供的，人民法院应当告知其拒不提供送达地址的不利后果，并记入笔录。①

325.【送达地址确认书的内容】

送达地址确认书应当包括当事人提供的送达地址、人民法院告知事项、当事人对送达地址的确认、送达地址确认书的适用范围和变更方式等内容。②

当事人提供的送达地址应当包括邮政编码、详细地址以及受送达人的联系电话等。同意电子送达的，应当提供并确认接收民事诉讼文书的传真号、电子信箱、微信号等电子送达地址。当事人委托诉讼代理人的，诉讼代理人确认的送达地址视为当事人的送达地址。

当事人要求对送达地址确认书中的内容保密的，人民法院应当为其保密。③

326.【送达地址确认书填写】

为保障当事人的诉讼权利，人民法院应当告知送达地址确认书的填写要求和注意事项以及拒绝提供送达地址、提供虚假地址或者提供地址不准确的法律后果。④

人民法院应当要求当事人对其填写的送达地址及法律后果等事项进行确认。当事人确认的内容应当包括当事人已知晓人民法院告知的事项及送达地址确认书的法律后果，保证送达地址准确、有效，同意人民法院通过其确认的地址送达诉讼文书等，并

---

① 参照《最高人民法院关于以法院专递方式邮寄送达民事诉讼文书的若干规定》（法释〔2004〕13号）第三条。

② 《最高人民法院关于进一步加强民事送达工作的若干意见》（法发〔2017〕19号）第一条。

③ 参照《最高人民法院关于适用〈中华人民共和国民事诉讼法〉的解释》（法释〔2015〕5号，2022年3月22日修正）第一百三十六条，《最高人民法院关于以法院专递方式邮寄送达民事诉讼文书的若干规定》（法释〔2004〕13号）第四条，《最高人民法院关于进一步加强民事送达工作的若干意见》（法发〔2017〕19号）第二条。

④ 《最高人民法院关于进一步加强民事送达工作的若干意见》（法发〔2017〕19号）第三条。

由当事人或者诉讼代理人签名、盖章或者捺印。[①]

人民法院应当在登记立案时要求当事人确认送达地址。当事人拒绝确认送达地址的，依照《最高人民法院关于登记立案若干问题的规定》第七条[②]的规定处理。[③]

327.【送达地址确认书的适用范围】

当事人在送达地址确认书中确认的送达地址，适用于第一审程序、第二审程序和执行程序。当事人变更送达地址，应当以书面方式告知人民法院。当事人未书面变更的，以其确认的地址为送达地址。[④]

328.【拒绝提供送达地址的处理】

当事人拒绝确认送达地址或以拒绝应诉、拒接电话、避而不见送达人员、搬离原住所等躲避、规避送达，人民法院不能或无法要求其确认送达地址的，可以分别以下列情形处理：

（一）当事人在诉讼所涉及的合同、往来函件中对送达地址有明确约定的，以约定的地址为送达地址；

（二）没有约定的，以当事人在诉讼中提交的书面材料中载明的自己的地址为送达地址；

（三）没有约定、当事人也未提交书面材料或者书面材料中未载明地址的，以一年内进行其他诉讼、仲裁案件中提供的地址

---

① 《最高人民法院关于进一步加强民事送达工作的若干意见》（法发〔2017〕19号）第四条。

② 《最高人民法院关于人民法院登记立案若干问题的规定》第七条规定："当事人提交的诉状和材料不符合要求的，人民法院应当一次性书面告知在指定期限内补正。当事人在指定期限内补正的，人民法院决定是否立案的期间，自收到补正材料之日起计算。当事人在指定期限内没有补正的，退回诉状并记录在册；坚持起诉、自诉的，裁定或者决定不予受理、不予立案。经补正仍不符合要求的，裁定或者决定不予受理、不予立案。"

③ 《最高人民法院关于进一步加强民事送达工作的若干意见》（法发〔2017〕19号）第五条。

④ 《最高人民法院关于进一步加强民事送达工作的若干意见》（法发〔2017〕19号）第六条。

为送达地址；

（四）无以上情形的，以当事人一年内进行民事活动时经常使用的地址为送达地址。

人民法院按照上述地址进行送达的，可以同时以电话、微信等方式通知受送达人。①

依第 1 款规定仍不能确认送达地址的，自然人以其户籍登记的住所或者在经常居住地登记的住址为送达地址，法人或者其他组织以其工商登记或其他依法登记、备案的住所地为送达地址。②

329.【有送达地址的拟制送达】

因当事人提供的送达地址不准确、拒不提供送达地址、送达地址变更未书面告知人民法院，导致民事诉讼文书未能被受送达人实际接收的，直接送达的，民事诉讼文书留在该地址之日为送达之日；邮寄送达的，文书被退回或由他人签收之日为送达之日。③

330.【辅助送达】

在送达工作中，可以借助基层组织的力量和社会力量，加强与基层组织和有关部门的沟通、协调，为做好送达工作创造良好的外部环境。有条件的地方可以要求基层组织协助送达，并可适当支付费用。④

331.【公告送达】

受送达人下落不明，或者用其他方式无法送达的，公告送达。自发出公告之日起，经过三十日，即视为送达。

---

① 《最高人民法院关于进一步加强民事送达工作的若干意见》（法发〔2017〕19号）第八条。

② 参照《最高人民法院关于进一步加强民事送达工作的若干意见》（法发〔2017〕19号）第九条。

③ 《最高人民法院关于进一步加强民事送达工作的若干意见》（法发〔2017〕19号）第七条。

④ 《最高人民法院关于进一步加强民事送达工作的若干意见》（法发〔2017〕19号）第十六条。

公告送达可以在法院的公告栏和受送达人住所地张贴公告，也可以在报纸、信息网络等媒体上刊登公告，发出公告日期以最后张贴或者刊登的日期为准。对公告送达方式有特殊要求的，应当按要求的方式进行。公告期满，即视为送达。

人民法院在受送达人住所地张贴公告的，应当采取拍照、录像等方式记录张贴过程。

公告送达应当说明公告送达的原因。公告送达裁定书的，应说明裁判主要内容及救济途径。

公告送达，应当在案卷中记明原因和经过。①

二、涉外送达

332.【涉外送达的方式】

人民法院对在中华人民共和国领域内没有住所的当事人送达执行文书，可以采用下列方式：

（一）依照受送达人所在国与中华人民共和国缔结或者共同参加的国际条约中规定的方式送达；

（二）通过外交途径送达；

（三）对具有中华人民共和国国籍的受送达人，可以委托中华人民共和国驻受送达人所在国的使领馆代为送达；

（四）向受送达人委托的有权代其接受送达的诉讼代理人送达；

（五）向受送达人在中华人民共和国领域内设立的代表机构或者有权接受送达的分支机构、业务代办人送达；

（六）受送达人所在国的法律允许邮寄送达的，可以邮寄送达，自邮寄之日起满三个月，送达回证没有退回，但根据各种情况足以认定已经送达的，期间届满之日视为送达；

① 参照《中华人民共和国民事诉讼法》（2021年12月24日修正）第九十五条，《最高人民法院关于适用〈中华人民共和国民事诉讼法〉的解释》（法释〔2015〕5号，2022年3月22日修正）第一百三十八条、第一百三十九条。

（七）采用传真、电子邮件等能够确认受送达人收悉的方式送达；

（八）不能用上述方式送达的，公告送达，自公告之日起满三个月，即视为送达。①

333.【自然人或企业、组织的代表人、主要负责人的送达】

外国人或者外国企业、组织的代表人、主要负责人在中华人民共和国领域内的，人民法院可以向该自然人或者外国企业、组织的代表人、主要负责人送达。

外国企业、组织的主要负责人包括该企业、组织的董事、监事、高级管理人员等。②

334.【诉讼代理人的送达】

除受送达人在授权委托书中明确表明其诉讼代理人无权代为接收有关司法文书外，其委托的诉讼代理人为本规范第 332 条第 4 项规定的有权代其接受送达的诉讼代理人，人民法院可以向该诉讼代理人送达。③

335.【代表机构、分支机构或业务代办人的送达】

人民法院向受送达人送达司法文书，可以送达给其在中华人民共和国领域内设立的代表机构。

受送达人在中华人民共和国领域内有分支机构或者业务代办人的，经该受送达人授权，人民法院可以向其分支机构或者业务代办人送达。④

336.【留置送达】

人民法院向受送达人在中华人民共和国领域内的法定代表

① 参照《中华人民共和国民事诉讼法》（2021 年 12 月 24 日修正）第二百七十四条。

② 《最高人民法院关于适用〈中华人民共和国民事诉讼法〉的解释》（法释〔2015〕5 号，2022 年 3 月 22 日修正）第五百三十三条。

③ 参照《最高人民法院关于涉外民事或商事案件司法文书送达问题若干规定》（法释〔2006〕5 号，2020 年 12 月 23 日修正）第四条。

④ 《最高人民法院关于涉外民事或商事案件司法文书送达问题若干规定》（法释〔2006〕5 号，2020 年 12 月 23 日修正）第五条。

人、主要负责人、诉讼代理人、代表机构以及有权接受送达的分支机构、业务代办人送达司法文书，可以适用留置送达的方式。①

337.【邮寄送达】

受送达人所在国允许邮寄送达的，人民法院可以邮寄送达。

邮寄送达时应当附有送达回证。受送达人未在送达回证上签收但在邮件回执上签收的，视为送达，签收日期为送达日期。

自邮寄之日起满三个月，如果未收到送达的证明文件，且根据各种情况不足以认定已经送达的，视为不能用邮寄方式送达。②

338.【司法协助送达】

人民法院向在中华人民共和国领域内没有住所的受送达人送达司法文书时，若该受送达人所在国与中华人民共和国签订有司法协助协定，可以依照司法协助协定规定的方式送达；若该受送达人所在国是《关于向国外送达民事或商事司法文书和司法外文书公约》的成员国，可以依照该公约规定的方式送达。

依照受送达人所在国与中华人民共和国缔结或者共同参加的国际条约中规定的方式送达的，根据《最高人民法院关于依据国际公约和双边司法协助条约办理民商事案件司法文书送达和调查取证司法协助请求的规定》办理。③

339.【司法协助送达不能】

按照司法协助协定、《关于向国外送达民事或商事司法文书和司法外文书公约》或者外交途径送达司法文书，自我国有关机关将司法文书转递受送达人所在国有关机关之日起满六个月，如

---

① 《最高人民法院关于涉外民事或商事案件司法文书送达问题若干规定》（法释〔2006〕5号，2020年12月23日修正）第十二条。

② 《最高人民法院关于适用〈中华人民共和国民事诉讼法〉的解释》（法释〔2015〕5号，2022年3月22日修正）第五百三十四条，《最高人民法院关于涉外民事或商事案件司法文书送达问题若干规定》（法释〔2006〕5号，2020年12月23日修正）第八条。

③ 《最高人民法院关于涉外民事或商事案件司法文书送达问题若干规定》（法释〔2006〕5号，2020年12月23日修正）第六条。

果未能收到送达与否的证明文件，且根据各种情况不足以认定已经送达的，视为不能用该种方式送达。①

340.【公告送达】

人民法院依照本规范第 332 条第 8 项规定的公告方式送达时，公告内容应在国内外公开发行的报刊上刊登。②

341.【电子送达】

除司法协助、外交途径、邮寄送达、公告送达等送达方式外，人民法院可以通过传真、电子邮件等能够确认收悉的其他适当方式向受送达人送达。③

342.【多种方式送达及送达日期的确定】

除公告送达方式外，人民法院可以同时采取多种方式向受送达人进行送达，但应根据最先实现送达的方式确定送达日期。④

343.【视为送达】

受送达人未对人民法院送达的司法文书履行签收手续，但存在以下情形之一的，视为送达：

（一）受送达人书面向人民法院提及了所送达司法文书的内容；

（二）受送达人已经按照所送达司法文书的内容履行；

（三）其他可以视为已经送达的情形。⑤

344.【上级法院转递】

人民法院送达司法文书，根据有关规定需要通过上级人民法

---

① 《最高人民法院关于涉外民事或商事案件司法文书送达问题若干规定》（法释〔2006〕5 号，2020 年 12 月 23 日修正）第七条。

② 参照《最高人民法院关于涉外民事或商事案件司法文书送达问题若干规定》（法释〔2006〕5 号，2020 年 12 月 23 日修正）第九条。

③ 参照《最高人民法院关于涉外民事或商事案件司法文书送达问题若干规定》（法释〔2006〕5 号，2020 年 12 月 23 日修正）第十条。

④ 《最高人民法院关于涉外民事或商事案件司法文书送达问题若干规定》（法释〔2006〕5 号，2020 年 12 月 23 日修正）第十一条。

⑤ 《最高人民法院关于涉外民事或商事案件司法文书送达问题若干规定》（法释〔2006〕5 号，2020 年 12 月 23 日修正）第十三条。

院转递的，应附申请转递函。

上级人民法院收到下级人民法院申请转递的司法文书，应在七个工作日内予以转递。

上级人民法院认为下级人民法院申请转递的司法文书不符合有关规定需要补正的，应在七个工作日内退回申请转递的人民法院。①

345.【涉外司法文书的翻译】

人民法院送达司法文书，根据有关规定需要提供翻译件的，应由受理案件的人民法院委托中华人民共和国领域内的翻译机构进行翻译。

翻译件不加盖人民法院印章，但应由翻译机构或翻译人员签名或盖章证明译文与原文一致。②

三、涉港澳送达

346.【涉港澳送达的法律适用】

人民法院执行涉及香港特别行政区、澳门特别行政区的民商事案件时，向住所地在香港特别行政区、澳门特别行政区的受送达人送达司法文书，适用《最高人民法院关于涉港澳民商事案件司法文书送达问题若干规定》。③

347.【司法文书的范围】

本部分所称司法文书，是指起诉状副本、上诉状副本、反诉状副本、答辩状副本、传票、判决书、调解书、裁定书、支付

---

① 《最高人民法院关于涉外民事或商事案件司法文书送达问题若干规定》（法释〔2006〕5号，2020年12月23日修正）第十四条。

② 《最高人民法院关于涉外民事或商事案件司法文书送达问题若干规定》（法释〔2006〕5号，2020年12月23日修正）第十五条，参照《最高人民法院关于依据国际公约和双边司法协助条约办理民商事案件司法文书送达和调查取证司法协助请求的规定》（法释〔2013〕11号，2020年12月23日修正）第五条第二款。

③ 参照《最高人民法院关于涉港澳民商事案件司法文书送达问题若干规定》（法释〔2009〕2号）第一条。

令、决定书、通知书、证明书、送达回证等与诉讼相关的文书。[①]

348. 【直接送达】

作为受送达人的自然人或者企业、其他组织的法定代表人、主要负责人在内地的，人民法院可以直接向该自然人或者法定代表人、主要负责人送达。[②]

349. 【诉讼代理人的送达】

除受送达人在授权委托书中明确表明其诉讼代理人无权代为接收有关司法文书外，其委托的诉讼代理人为有权代其接受送达的诉讼代理人，人民法院可以向该诉讼代理人送达。[③]

350. 【代表机构、分支机构、业务代办人的送达】

受送达人在内地设立有代表机构的，人民法院可以直接向该代表机构送达。

受送达人在内地设立有分支机构或者业务代办人并授权其接受送达的，人民法院可以直接向该分支机构或者业务代办人送达。[④]

351. 【内地没有住所的受送达人的送达】

人民法院向在内地没有住所的受送达人送达司法文书，可以按照《最高人民法院关于内地与香港特别行政区法院相互委托送达民商事司法文书的安排》或者《最高人民法院关于内地与澳门特别行政区法院就民商事案件相互委托送达司法文书和调取证据的安排》送达。

按照前款规定方式送达的，自内地的高级人民法院或者最高

---

① 参照《最高人民法院关于涉港澳民商事案件司法文书送达问题若干规定》（法释〔2009〕2号）第二条。

② 《最高人民法院关于涉港澳民商事案件司法文书送达问题若干规定》（法释〔2009〕2号）第三条。

③ 《最高人民法院关于涉港澳民商事案件司法文书送达问题若干规定》（法释〔2009〕2号）第四条。

④ 《最高人民法院关于涉港澳民商事案件司法文书送达问题若干规定》（法释〔2009〕2号）第五条。

人民法院将有关司法文书递送香港特别行政区高等法院或者澳门特别行政区终审法院之日起满三个月，如果未能收到送达与否的证明文件且不存在本规范第357条规定情形的，视为不能适用上述安排中规定的方式送达。①

352.【邮寄送达】

人民法院向受送达人送达司法文书，可以邮寄送达。

邮寄送达时应附有送达回证。受送达人未在送达回证上签收但在邮件回执上签收的，视为送达，签收日期为送达日期。

自邮寄之日起满三个月，虽未收到送达与否的证明文件，但存在本规范第357条规定情形的，期间届满之日视为送达。

自邮寄之日起满三个月，如果未能收到送达与否的证明文件，且不存在本规范第357条规定情形的，视为未送达。②

353.【电子送达】

人民法院可以通过传真、电子邮件等能够确认收悉的其他适当方式向受送达人送达。③

354.【公告送达】

人民法院不能依照上述方式送达的，可以公告送达。公告内容应当在内地和受送达人住所地公开发行的报刊上刊登，自公告之日起满三个月即视为送达。④

355.【多种方式同时送达及送达日期的确定】

除公告送达方式外，人民法院可以同时采取多种法定方式向受送达人送达。

---

① 参照《最高人民法院关于涉港澳民商事案件司法文书送达问题若干规定》（法释〔2009〕2号）第六条。

② 参照《最高人民法院关于涉港澳民商事案件司法文书送达问题若干规定》（法释〔2009〕2号）第七条。

③《最高人民法院关于涉港澳民商事案件司法文书送达问题若干规定》（法释〔2009〕2号）第八条。

④《最高人民法院关于涉港澳民商事案件司法文书送达问题若干规定》（法释〔2009〕2号）第九条。

采取多种方式送达的，应当根据最先实现送达的方式确定送达日期。①

356. 【留置送达】

人民法院向在内地的受送达人或者受送达人的法定代表人、主要负责人、诉讼代理人、代表机构以及有权接受送达的分支机构、业务代办人送达司法文书，可以适用留置送达的方式。②

357. 【视为送达】

受送达人未对人民法院送达的司法文书履行签收手续，但存在以下情形之一的，视为送达：

（一）受送达人向人民法院提及了所送达司法文书的内容；

（二）受送达人已经按照所送达司法文书的内容履行；

（三）其他可以确认已经送达的情形。③

358. 【上级法院转递】

下级人民法院送达司法文书，根据有关规定需要通过上级人民法院转递的，应当附申请转递函。

上级人民法院收到下级人民法院申请转递的司法文书，应当在七个工作日内予以转递。

上级人民法院认为下级人民法院申请转递的司法文书不符合有关规定需要补正的，应当在七个工作日内退回申请转递的人民法院。④

---

① 《最高人民法院关于涉港澳民商事案件司法文书送达问题若干规定》（法释〔2009〕2号）第十条。

② 《最高人民法院关于涉港澳民商事案件司法文书送达问题若干规定》（法释〔2009〕2号）第十一条。

③ 《最高人民法院关于涉港澳民商事案件司法文书送达问题若干规定》（法释〔2009〕2号）第十二条。

④ 《最高人民法院关于涉港澳民商事案件司法文书送达问题若干规定》（法释〔2009〕2号）第十三条。

四、涉台送达

359.【涉台送达的法律适用】

人民法院办理海峡两岸执行案件中的向住所地在台湾地区的当事人送达执行文书，适用《最高人民法院关于涉台民事诉讼文书送达的若干规定》《最高人民法院关于人民法院办理海峡两岸送达文书和调查取证司法互助案件的规定》。①

360.【一个中国原则】

涉台执行文书送达事务的处理，应当遵守一个中国原则和法律的基本原则，不违反社会公共利益。②

361.【涉台送达的方式】

人民法院向住所地在台湾地区的当事人送达民事司法文书，可以采用下列方式：

（一）受送达人居住在大陆的，直接送达。受送达人是自然人，本人不在的，可以交其同住成年家属签收；受送达人是法人或者其他组织的，应当由法人的法定代表人、其他组织的主要负责人或者该法人、其他组织负责收件的人签收。受送达人不在大陆居住，但送达时在大陆的，可以直接送达。

（二）受送达人在大陆有诉讼代理人的，向诉讼代理人送达。但受送达人在授权委托书中明确表明其诉讼代理人无权代为接收的除外。

（三）受送达人有指定代收人的，向代收人送达。

（四）受送达人在大陆有代表机构、分支机构、业务代办人的，向其代表机构或者经受送达人明确授权接受送达的分支机

---

① 参照《最高人民法院关于涉台民事诉讼文书送达的若干规定》（法释〔2008〕4号）第一条第一款，《最高人民法院关于人民法院办理海峡两岸送达文书和调查取证司法互助案件的规定》（法释〔2011〕15号）第一条。

② 参照《最高人民法院关于涉台民事诉讼文书送达的若干规定》（法释〔2008〕4号）第一条第二款，《最高人民法院关于人民法院办理海峡两岸送达文书和调查取证司法互助案件的规定》（法释〔2011〕15号）第二条第二款。

构、业务代办人送达。

（五）受送达人在台湾地区的地址明确的，可以邮寄送达。

（六）有明确的传真号码、电子信箱地址的，可以通过传真、电子邮件方式向受送达人送达。

（七）通过协议确定的海峡两岸司法互助方式，请求台湾地区送达。

（八）按照两岸认可的其他途径送达。

采用上述方式均不能送达或者台湾地区当事人下落不明的，可以公告送达。①

362.【留置送达】

采用本规范第361条第1款第1项至第4项方式送达的，由受送达人、诉讼代理人或者有权接受送达的人在送达回证上签收或者盖章，即为送达；拒绝签收或者盖章的，可以依法留置送达。②

363.【邮寄送达】

采用本规范第361条第1款第5项方式送达的，应当附有送达回证。受送达人未在送达回证上签收但在邮件回执上签收的，视为送达，签收日期为送达日期。

自邮寄之日起满三个月，如果未能收到送达与否的证明文件，且根据各种情况不足以认定已经送达的，视为未送达。③

364.【电子送达】

采用本规范第361条第1款第6项方式送达的，应当注明人民法院的传真号码或者电子信箱地址，并要求受送达人在收到传

---

① 参照《最高人民法院关于人民法院办理海峡两岸送达文书和调查取证司法互助案件的规定》（法释〔2011〕15号）第七条第一款、第二款，《最高人民法院关于涉台民事诉讼文书送达的若干规定》（法释〔2008〕4号）第三条。

② 参照《最高人民法院关于涉台民事诉讼文书送达的若干规定》（法释〔2008〕4号）第四条。

③ 参照《最高人民法院关于涉台民事诉讼文书送达的若干规定》（法释〔2008〕4号）第五条。

真件或者电子邮件后及时予以回复。以能够确认受送达人收悉的日期为送达日期。[①]

365.【其他方式送达的手续】

采用本规范第361条第1款第8项方式送达的，应当由有关的高级人民法院出具盖有本院印章的委托函。委托函应当写明案件各方当事人的姓名或者名称、案由、案号；受送达人姓名或者名称、受送达人的详细地址以及需送达的文书种类。[②]

366.【公告送达】

采用公告方式送达的，公告内容应当在境内外公开发行的报刊或者权威网站上刊登。

公告送达的，自公告之日起满三个月，即视为送达。[③]

---

① 参照《最高人民法院关于涉台民事诉讼文书送达的若干规定》（法释〔2008〕4号）第六条。

② 参照《最高人民法院关于涉台民事诉讼文书送达的若干规定》（法释〔2008〕4号）第七条。

③《最高人民法院关于涉台民事诉讼文书送达的若干规定》（法释〔2008〕4号）第八条。

第十九章 执行费用

367.【执行申请费的标准】

执行人民法院发生法律效力的判决、裁定、调解书，仲裁机构依法作出的裁决和调解书，公证机关依法赋予强制执行效力的债权文书，申请承认和执行外国法院判决、裁定以及国外仲裁机构裁决的，应当按照下列标准收取执行申请费：

（一）没有执行金额或者价额的，每件交纳五十元至五百元。

（二）执行金额或者价额不超过一万元的，每件交纳五十元；超过一万元至五十万元的部分，按照百分之一点五交纳；超过五十万元至五百万元的部分，按照百分一交纳；超过五百万元至一千万元的部分，按照百分之零点五交纳；超过一千万元的部分，按照百分之零点一交纳。①

人民法院办理刑事裁判涉财产部分执行案件，不应收取执行申请费。②

---

① 参照《诉讼费用交纳办法》（2006 年 12 月 19 日）第十四条第一项。

执行申请费速算表		
标的额（元）	费率	速算增加额（元）
1 万以下	50（元）	
1 万至 50 万	0.015	-100
50 万至 500 万	0.01	2400
500 万至 1000 万	0.005	27400
1000 万以上	0.001	67400

② 《最高人民法院办公厅给国家发改委办公厅关于人民法院可否收取刑事案件涉财产执行诉讼费有关问题的复函》（法办函〔2017〕19 号）。复函主要内容为："我院认为，刑事裁判涉财产部分执行不同于民事执行，人民法院办理刑事裁判涉财产部分执行案件，不应收取诉讼费。"

368.【执行申请费的收取】

执行申请费由被执行人负担，不由申请执行人预交，人民法院在执行生效法律文书确定的内容之外直接向被执行人收取。①

369.【实现担保物权案件执行申请费的收取】

拍卖、变卖担保财产的裁定作出后，人民法院强制执行的，按照执行金额收取执行申请费。②

370.【执行和解中执行申请费的收取】

执行中当事人达成和解协议的，申请费的负担由双方当事人协商解决；协商不成的，由人民法院决定。③

371.【保管、仓储、运输等费用的预交与承担】

因强制执行而发生的保管、仓储、运输等费用，由申请执行人预交并直接支付，人民法院不得代收代付。案款执行到位后，该费用从案款中支付申请执行人。

372.【媒体曝光的费用承担】

将被执行人不履行法律文书确定义务的信息，通过报纸、广播、电视、互联网等媒体公布的，有关费用由被执行人负担。申请执行人申请在媒体公布的，应当垫付有关费用。④

373.【执行费用的计算单位】

执行费用以人民币为计算单位。以外币为计算单位的，依照人民法院决定受理案件之日国家公布的汇率换算成人民币计算。⑤

---

① 参照《最高人民法院关于适用〈诉讼费用交纳办法〉的通知》（法发〔2007〕16号）第四条，《诉讼费用交纳办法》（2006年12月19日）第三十八条。

② 《最高人民法院关于适用〈中华人民共和国民事诉讼法〉的解释》（法释〔2015〕5号，2022年3月22日修正）第二百零五条。

③ 《诉讼费用交纳办法》（2006年12月19日）第三十八条第二款。

④ 参照《最高人民法院关于适用〈中华人民共和国民事诉讼法〉执行程序若干问题的解释》（法释〔2008〕13号，2020年12月23日修正）第二十六条。

⑤ 参照《诉讼费用交纳办法》（2006年12月19日）第五十五条。

第二十章　涉执行司法赔偿

374.【涉执行司法赔偿的责任构成】

人民法院在执行判决、裁定及其他生效法律文书过程中，错误采取财产调查、控制、处置、交付、分配等执行措施或者罚款、拘留等强制措施，侵犯公民、法人和其他组织合法权益并造成损害，受害人依照国家赔偿法第三十八条①规定申请赔偿的，适用本章规定。②

375.【执行错误行为】

公民、法人和其他组织认为有下列错误执行行为造成损害申请赔偿的，人民法院应当依法受理：

（一）执行未生效法律文书，或者明显超出生效法律文书确定的数额和范围执行的；

（二）发现被执行人有可供执行的财产，但故意拖延执行、不执行，或者应当依法恢复执行而不恢复的；

（三）违法执行案外人财产，或者违法将案件执行款物交付给其他当事人、案外人的；

（四）对抵押、质押、留置、保留所有权等财产采取执行措

---

① 《中华人民共和国国家赔偿法》（2012年10月26日修正）第三十八条规定："人民法院在民事诉讼、行政诉讼过程中，违法采取对妨害诉讼的强制措施、保全措施或者对判决、裁定及其他生效法律文书执行错误，造成损害的，赔偿请求人要求赔偿的程序，适用本法刑事赔偿程序的规定。"

② 参照《最高人民法院关于审理涉执行司法赔偿案件适用法律若干问题的解释》（法释〔2022〕3号）第一条。

施，未依法保护上述权利人优先受偿权等合法权益的；

（五）对其他人民法院已经依法采取保全或者执行措施的财产违法执行的；

（六）对执行中查封、扣押、冻结的财产故意不履行或者怠于履行监管职责的；

（七）对不宜长期保存或者易贬值的财产采取执行措施，未及时处理或者违法处理的；

（八）违法拍卖、变卖、以物抵债，或者依法应当评估而未评估，依法应当拍卖而未拍卖的；

（九）违法撤销拍卖、变卖或者以物抵债的；

（十）违法采取纳入失信被执行人名单、限制消费、限制出境等措施的；

（十一）因违法或者过错采取执行措施或者强制措施的其他行为。①

376.【身体伤害或者死亡的赔偿】

人民法院工作人员在民事、行政诉讼过程中，有殴打、虐待或者唆使、放纵他人殴打、虐待等行为，以及违法使用武器、警械，造成公民身体伤害或者死亡的，适用国家赔偿法第十七条②

---

①《最高人民法院关于审理涉执行司法赔偿案件适用法律若干问题的解释》（法释〔2022〕3号）第二条。

②《中华人民共和国国家赔偿法》（2012年10月26日修正）第十七条规定："行使侦查、检察、审判职权的机关以及看守所、监狱管理机关及其工作人员在行使职权时有下列侵犯人身权情形之一的，受害人有取得赔偿的权利：（一）违反刑事诉讼法的规定对公民采取拘留措施的，或者依照刑事诉讼法规定的条件和程序对公民采取拘留措施，但是拘留时间超过刑事诉讼法规定的时限，其后决定撤销案件、不起诉或者判决宣告无罪终止追究刑事责任的；（二）对公民采取逮捕措施后，决定撤销案件、不起诉或者判决宣告无罪终止追究刑事责任的；（三）依照审判监督程序再审改判无罪，原判刑罚已经执行的；（四）刑讯逼供或者以殴打、虐待等行为或者唆使、放纵他人以殴打、虐待等行为造成公民身体伤害或者死亡的；（五）违法使用武器、警械造成公民身体伤害或者死亡的。"

第四项、第五项的规定予以赔偿。①

377.【合法占有使用财产的人申请赔偿】

用益物权人、担保物权人、承租人或者其他合法占有使用财产的人，依据国家赔偿法第三十八条②规定申请赔偿的，人民法院应当依照《最高人民法院关于国家赔偿案件立案工作的规定》予以审查立案。③

378.【上一级人民法院作为赔偿义务机关的情形】

人民法院在民事、行政诉讼过程中，违法采取对妨害诉讼的强制措施、保全措施、先予执行措施，或者对判决、裁定及其他生效法律文书执行错误，系因上一级人民法院复议改变原裁决所致的，由该上一级人民法院作为赔偿义务机关。④

379.【债权转让时的赔偿请求权】

原债权人转让债权的，其基于债权申请国家赔偿的权利随之转移，但根据债权性质、当事人约定或者法律规定不得转让的除外。⑤

380.【委托执行的赔偿义务机关】

人民法院将查封、扣押、冻结等事项委托其他人民法院执行的，公民、法人和其他组织认为错误执行行为造成损害申请赔偿

---

① 《最高人民法院关于审理民事、行政诉讼中司法赔偿案件适用法律若干问题的解释》（法释〔2016〕20号）第六条。

② 《中华人民共和国国家赔偿法》（2012年10月26日修正）第三十八条规定："人民法院在民事诉讼、行政诉讼过程中，违法采取对妨害诉讼的强制措施、保全措施或者对判决、裁定及其他生效法律文书执行错误，造成损害的，赔偿请求人要求赔偿的程序，适用本法刑事赔偿程序的规定。"

③ 《最高人民法院关于审理民事、行政诉讼中司法赔偿案件适用法律若干问题的解释》（法释〔2016〕20号）第十七条。

④ 《最高人民法院关于审理民事、行政诉讼中司法赔偿案件适用法律若干问题的解释》（法释〔2016〕20号）第十八条。

⑤ 《最高人民法院关于审理涉执行司法赔偿案件适用法律若干问题的解释》（法释〔2022〕3号）第三条。

的，委托法院为赔偿义务机关。[①]

381.【执行程序终结后提出的原则与例外】

公民、法人和其他组织申请错误执行赔偿，应当在执行程序终结后提出，终结前提出的不予受理。但有下列情形之一，且无法在相关诉讼或者执行程序中予以补救的除外：

（一）罚款、拘留等强制措施已被依法撤销，或者实施过程中造成人身损害的；

（二）被执行的财产经诉讼程序依法确认不属于被执行人，或者人民法院生效法律文书已确认执行行为违法的；

（三）自立案执行之日起超过五年，且已裁定终结本次执行程序，被执行人已无可供执行财产的；

（四）在执行程序终结前可以申请赔偿的其他情形。

赔偿请求人依据前款规定，在执行程序终结后申请赔偿的，该执行程序期间不计入赔偿请求时效。[②]

382.【执行救济与赔偿程序的衔接】

公民、法人和其他组织在执行异议、复议或者执行监督程序审查期间，就相关执行措施或者强制措施申请赔偿的，人民法院不予受理，已经受理的予以驳回，并告知其在上述程序终结后可以依照本规范第 381 条的规定依法提出赔偿申请。

公民、法人和其他组织在执行程序中未就相关执行措施、强制措施提出异议、申请复议或者申请执行监督，不影响其依法申请赔偿的权利。[③]

383.【执行行为合法性的审查】

经执行异议、复议或者执行监督程序作出的生效法律文书，

---

① 《最高人民法院关于审理涉执行司法赔偿案件适用法律若干问题的解释》（法释〔2022〕3 号）第四条。

② 《最高人民法院关于审理涉执行司法赔偿案件适用法律若干问题的解释》（法释〔2022〕3 号）第五条。

③ 参照《最高人民法院关于审理涉执行司法赔偿案件适用法律若干问题的解释》（法释〔2022〕3 号）第六条。

对执行行为是否合法已有认定的，该生效法律文书可以作为人民法院赔偿委员会认定执行行为合法性的根据。

赔偿请求人对执行行为的合法性提出相反主张，且提供相应证据予以证明的，人民法院赔偿委员会应当对执行行为进行合法性审查并作出认定。①

384.【不认为执行错误的情形】

根据当时有效的执行依据或者依法认定的基本事实作出的执行行为，不因下列情形而认定为错误执行：

（一）采取执行措施或者强制措施后，据以执行的判决、裁定及其他生效法律文书被撤销或者变更的；

（二）被执行人足以对抗执行的实体事由，系在执行措施完成后发生或者被依法确认的；

（三）案外人对执行标的享有足以排除执行的实体权利，系在执行措施完成后经法定程序确认的；

（四）人民法院作出准予执行行政行为的裁定并实施后，该行政行为被依法变更、撤销、确认违法或者确认无效的；

（五）根据财产登记采取执行措施后，该登记被依法确认错误的；

（六）执行依据或者基本事实嗣后改变的其他情形。②

385.【待证事实不明的举证和认定】

赔偿请求人应当对其主张的损害负举证责任。但因人民法院未列清单、列举不详等过错致使赔偿请求人无法就损害举证的，应当由人民法院对上述事实承担举证责任。

双方主张损害的价值无法认定的，应当由负有举证责任的一方申请鉴定。负有举证责任的一方拒绝申请鉴定的，由其承担不

---

① 《最高人民法院关于审理涉执行司法赔偿案件适用法律若干问题的解释》（法释〔2022〕3号）第七条。

② 《最高人民法院关于审理涉执行司法赔偿案件适用法律若干问题的解释》（法释〔2022〕3号）第八条。

利的法律后果；无法鉴定的，人民法院赔偿委员会应当结合双方的主张和在案证据，运用逻辑推理、日常生活经验等进行判断。①

386.【被执行人赔偿金优先偿债】

被执行人因财产权被侵犯依照本规范第381条第1款规定申请赔偿，其债务尚未清偿的，获得的赔偿金应当首先用于清偿其债务。②

387.【代位追偿】

因错误执行取得不当利益且无法返还的，人民法院承担赔偿责任后，可以依据赔偿决定向取得不当利益的人追偿。

因错误执行致使生效法律文书无法执行，申请执行人获得国家赔偿后申请继续执行的，不予支持。人民法院承担赔偿责任后，可以依据赔偿决定向被执行人追偿。③

388.【未尽监管职责的赔偿责任】

在执行过程中，因保管人或者第三人的行为侵犯公民、法人和其他组织合法权益并造成损害的，应当由保管人或者第三人承担责任。但人民法院未尽监管职责的，应当在其能够防止或者制止损害发生、扩大的范围内承担相应的赔偿责任，并可以依据赔偿决定向保管人或者第三人追偿。④

389.【不承担赔偿责任的情形】

属于下列情形之一的，人民法院不承担赔偿责任：

（一）申请执行人提供财产线索错误的；

（二）执行措施系根据依法提供的担保而采取或者解除的；

---

① 《最高人民法院关于审理涉执行司法赔偿案件适用法律若干问题的解释》（法释〔2022〕3号）第九条。

② 参照《最高人民法院关于审理涉执行司法赔偿案件适用法律若干问题的解释》（法释〔2022〕3号）第十条。

③ 《最高人民法院关于审理涉执行司法赔偿案件适用法律若干问题的解释》（法释〔2022〕3号）第十一条。

④ 《最高人民法院关于审理涉执行司法赔偿案件适用法律若干问题的解释》（法释〔2022〕3号）第十二条。

（三）人民法院工作人员实施与行使职权无关的个人行为的；

（四）评估或者拍卖机构实施违法行为造成损害的；

（五）因不可抗力、正当防卫或者紧急避险造成损害的；

（六）依法不应由人民法院承担赔偿责任的其他情形。

前款情形中，人民法院有错误执行行为的，应当根据其在损害发生过程和结果中所起的作用承担相应的赔偿责任。①

390.【多因一果的赔偿】

因多种原因造成公民、法人和其他组织合法权益损害的，应当根据人民法院及其工作人员行使职权的行为对损害结果的发生或者扩大所起的作用等因素，合理确定赔偿金额。②

391.【受害人过错的赔偿】

受害人对损害结果的发生或者扩大也有过错的，应当根据其过错对损害结果的发生或者扩大所起的作用等因素，依法减轻国家赔偿责任。③

392.【已获赔偿的扣减】

公民、法人和其他组织的损失，已经在民事、行政诉讼过程中获得赔偿、补偿的，对该部分损失，国家不承担赔偿责任。④

393.【可赔偿的损失】

错误执行造成公民、法人和其他组织利息、租金等实际损失

---

① 《最高人民法院关于审理涉执行司法赔偿案件适用法律若干问题的解释》（法释〔2022〕3号）第十三条。

② 《最高人民法院关于审理民事、行政诉讼中司法赔偿案件适用法律若干问题的解释》（法释〔2016〕20号）第八条。

③ 《最高人民法院关于审理民事、行政诉讼中司法赔偿案件适用法律若干问题的解释》（法释〔2016〕20号）第九条。

④ 《最高人民法院关于审理民事、行政诉讼中司法赔偿案件适用法律若干问题的解释》（法释〔2016〕20号）第十条。

的，适用国家赔偿法第三十六条第八项[①]的规定予以赔偿。[②]

394.【损失的计算】

侵犯公民、法人和其他组织的财产权，按照错误执行行为发生时的市场价格不足以弥补受害人损失或者该价格无法确定的，可以采用下列方式计算损失：

（一）按照错误执行行为发生时的市场价格计算财产损失并支付利息，利息计算期间从错误执行行为实施之日起至赔偿决定作出之日止；

（二）错误执行行为发生时的市场价格无法确定，或者因时间跨度长、市场价格波动大等因素按照错误执行行为发生时的市场价格计算显失公平的，可以参照赔偿决定作出时同类财产市场价格计算；

（三）其他合理方式。[③]

395.【停产停业损失赔偿】

错误执行造成受害人停产停业的，下列损失属于停产停业期间必要的经常性费用开支：

（一）必要留守职工工资；

（二）必须缴纳的税款、社会保险费；

（三）应当缴纳的水电费、保管费、仓储费、承包费；

（四）合理的房屋场地租金、设备租金、设备折旧费；

（五）维系停产停业期间运营所需的其他基本开支。

错误执行生产设备、用于营运的运输工具，致使受害人丧失

---

① 《中华人民共和国国家赔偿法》（2012年10月26日修正）第三十六条规定："侵犯公民、法人和其他组织的财产权造成损害的，按照下列规定处理：……（八）对财产权造成其他损害的，按照直接损失给予赔偿。"

② 《最高人民法院关于审理涉执行司法赔偿案件适用法律若干问题的解释》（法释〔2022〕3号）第十四条。

③ 《最高人民法院关于审理涉执行司法赔偿案件适用法律若干问题的解释》（法释〔2022〕3号）第十五条。

唯一生活来源的，按照其实际损失予以赔偿。①

396. 【债权损失赔偿】

错误执行侵犯债权的，赔偿范围一般应当以债权标的额为限。债权受让人申请赔偿的，赔偿范围以其受让债权时支付的对价为限。②

397. 【违法拍卖的损失赔偿】

人民法院及其工作人员对判决、裁定及其他生效法律文书执行错误，且对公民、法人或者其他组织的财产已经依照法定程序拍卖或者变卖的，应当给付拍卖或者变卖所得的价款。

人民法院违法拍卖，或者变卖价款明显低于财产价值的，应当依照本规范第 394 条的规定支付相应的赔偿金。③

398. 【人身损害的损失赔偿】

人民法院及其工作人员在民事、行政诉讼过程中，具有《最高人民法院关于审理民事、行政诉讼中司法赔偿案件适用法律若干问题的解释》第二条、第六条④规定情形，侵犯公民人身权的，

---

① 《最高人民法院关于审理涉执行司法赔偿案件适用法律若干问题的解释》（法释〔2022〕3 号）第十六条。

② 《最高人民法院关于审理涉执行司法赔偿案件适用法律若干问题的解释》（法释〔2022〕3 号）第十七条。

③ 《最高人民法院关于审理民事、行政诉讼中司法赔偿案件适用法律若干问题的解释》（法释〔2016〕20 号）第十三条。

④ 《最高人民法院关于审理民事、行政诉讼中司法赔偿案件适用法律若干问题的解释》（法释〔2016〕20 号）第二条规定："违法采取对妨害诉讼的强制措施，包括以下情形：（一）对没有实施妨害诉讼行为的人采取罚款或者拘留措施的；（二）超过法律规定金额采取罚款措施的；（三）超过法律规定期限采取拘留措施的；（四）对同一妨害诉讼的行为重复采取罚款、拘留措施的；（五）其他违法情形。"第六条规定："人民法院工作人员在民事、行政诉讼过程中，有殴打、虐待或者唆使、放纵他人殴打、虐待等行为，以及违法使用武器、警械，造成公民身体伤害或者死亡的，适用国家赔偿法第十七条第四项、第五项的规定予以赔偿。"

应当依照国家赔偿法第三十三条、第三十四条[①]的规定计算赔偿金。致人精神损害的，应当依照国家赔偿法第三十五条[②]的规定，在侵权行为影响的范围内，为受害人消除影响、恢复名誉、赔礼道歉；造成严重后果的，还应当支付相应的精神损害抚慰金。[③]

399.【违法保全进入执行程序的赔偿】

违法采取保全措施的案件进入执行程序后，公民、法人和其他组织申请赔偿的，应当作为错误执行案件予以立案审查。[④]

400.【违法采取强制措施、保全、先予执行的赔偿】

审理违法采取妨害诉讼的强制措施、保全、先予执行赔偿案件，可以参照适用本章规定。[⑤]

---

① 《中华人民共和国国家赔偿法》（2012 年 10 月 26 日修正）第三十三条规定："侵犯公民人身自由的，每日赔偿金按照国家上年度职工日平均工资计算。"第三十四条规定："侵犯公民生命健康权的，赔偿金按照下列规定计算：（一）造成身体伤害的，应当支付医疗费、护理费，以及赔偿因误工减少的收入。减少的收入每日的赔偿金按照国家上年度职工日平均工资计算，最高额为国家上年度职工年平均工资的五倍；（二）造成部分或者全部丧失劳动能力的，应当支付医疗费、护理费、残疾生活辅助具费、康复费等因残疾而增加的必要支出和继续治疗所必需的费用，以及残疾赔偿金。残疾赔偿金根据丧失劳动能力的程度，按照国家规定的伤残等级确定，最高不超过国家上年度职工年平均工资的二十倍。造成全部丧失劳动能力的，对其扶养的无劳动能力的人，还应当支付生活费；（三）造成死亡的，应当支付死亡赔偿金、丧葬费，总额为国家上年度职工年平均工资的二十倍。对死者生前扶养的无劳动能力的人，还应当支付生活费。前款第二项、第三项规定的生活费的发放标准，参照当地最低生活保障标准执行。被扶养的人是未成年人的，生活费给付至十八周岁止；其他无劳动能力的人，生活费给付至死亡时止。"

② 《中华人民共和国国家赔偿法》（2012 年 10 月 26 日修正）第三十五条规定："有本法第三条或者第十七条规定情形之一，致人精神损害的，应当在侵权行为影响的范围内，为受害人消除影响，恢复名誉，赔礼道歉；造成严重后果的，应当支付相应的精神损害抚慰金。"

③ 《最高人民法院关于审理民事、行政诉讼中司法赔偿案件适用法律若干问题的解释》（法释〔2016〕20 号）第十一条。

④ 《最高人民法院关于审理涉执行司法赔偿案件适用法律若干问题的解释》（法释〔2022〕3 号）第十八条。

⑤ 参照《最高人民法院关于审理涉执行司法赔偿案件适用法律若干问题的解释》（法释〔2022〕3 号）第十九条。

第二编　执行实施案件办理规范

第二十一章　基本流程规范

第一节　执行准备与启动

401.【确定承办人】

人民法院应当在立案后七日内确定承办人。[①]

402.【执行前的审查】

执行实施案件立案后，执行机构发现不符合申请执行的受理条件，裁定驳回执行申请。[②] 申请执行人对驳回执行申请裁定不服的，可以自裁定送达之日起十日内向上一级人民法院申请复议。[③]

人民法院作出裁定时，应当告知申请执行人申请复议的权利和期限。

403.【执行内容不明确的处理】

执行机构发现本院作出的生效法律文书执行内容不明确的[④]，应书面征询审判部门的意见。审判部门应在十五日内作出书面答

---

① 参照《最高人民法院关于人民法院办理执行案件若干期限的规定》（法发〔2006〕35 号）第二条。

② 参照《最高人民法院关于执行案件立案、结案若干问题的意见》（法发〔2014〕26 号）第二十条。

③ 参见最高人民法院执行局编：《执行工作指导》（总第 76 辑），人民法院出版社 2021 年版，第 197 页。

④ 具体参照本规范第 33 条、第 39 条、第 40 条、第 41 条。

复或者裁定予以补正。审判部门未及时答复或者不予答复的，执行机构可层报院长督促审判部门答复。

执行内容不明确的生效法律文书是上级法院作出的，执行法院的执行机构应当层报上级法院执行机构，由上级法院执行机构向审判部门征询意见。审判部门应在十五日内作出书面答复或者裁定予以补正。上级法院的审判部门未及时答复或者不予答复的，上级法院执行机构层报院长督促审判部门答复。

执行内容不明确的生效法律文书是其他法院作出的，执行法院的执行机构可以向作出生效法律文书的法院执行机构发函，由该法院执行机构向审判部门征询意见。审判部门应在十五日内作出书面答复或者裁定予以补正。审判部门未及时答复或者不予答复的，作出生效法律文书的法院执行机构层报院长督促审判部门答复。[①]

404.【执行通知】

执行人员接到申请执行书或者移交执行书后，应当向被执行人发出执行通知，并可以立即采取强制执行措施。[②] 执行通知应当在十日内发出。[③] 执行通知中除应责令被执行人履行法律文书确定的义务外，还应通知其承担民事诉讼法第二百六十条[④]规定的迟延履行利息或者迟延履行金，[⑤] 并应当载明有关纳入失信被

---

① 参照《最高人民法院关于人民法院立案、审判与执行工作协调运行的意见》（法发〔2018〕9号）第15条。

② 参照《中华人民共和国民事诉讼法》（2021年12月24日修正）第二百四十七条。

③ 参照《最高人民法院关于适用〈中华人民共和国民事诉讼法〉的解释》（法释〔2015〕5号，2022年3月22日修正）第四百八十条第一款。

④ 《中华人民共和国民事诉讼法》（2021年12月24日修正）第二百六十条规定："被执行人未按判决、裁定和其他法律文书指定的期间履行给付金钱义务的，应当加倍支付迟延履行期间的债务利息。被执行人未按判决、裁定和其他法律文书指定的期间履行其他义务的，应当支付迟延履行金。"

⑤ 参照《最高人民法院关于适用〈中华人民共和国民事诉讼法〉的解释》（法释〔2015〕5号，2022年3月22日修正）第四百八十条第二款。

执行人名单的风险提示内容,[①] 以及其他逾期不履行义务的法律后果。

执行人员应当在执行通知或有关法律文书中告知人民法院执行款专户或案款专户的开户银行名称、账号、户名，以及交款时应当注明执行案件案号、被执行人姓名或名称、交款人姓名或名称、交款用途等信息。[②]

第二节　财产调查

405.【财产查明的途径】

执行过程中，申请执行人应当提供被执行人的财产线索；被执行人应当如实报告财产；人民法院应当通过网络执行查控系统进行调查，根据案件需要应当通过其他方式进行调查的，同时采取其他调查方式。[③]

406.【申请执行人提供财产线索】

申请执行人提供被执行人财产线索，应当填写财产调查表。财产线索明确、具体的，人民法院应当在七日内调查核实；情况紧急的，应当在三日内调查核实。财产线索确实的，人民法院应当及时采取相应的执行措施。

申请执行人确因客观原因无法自行查明财产的，可以申请人民法院调查。[④]

---

① 《最高人民法院关于公布失信被执行人名单信息的若干规定》（法释〔2013〕17号，2017年1月16日修正）第五条第一款。

② 参照《最高人民法院关于执行款物管理工作的规定》（法发〔2017〕6号）第五条。

③ 《最高人民法院关于民事执行中财产调查若干问题的规定》（法释〔2017〕8号，2020年12月23日修正）第一条。

④ 《最高人民法院关于民事执行中财产调查若干问题的规定》（法释〔2017〕8号，2020年12月23日修正）第二条。

407. 【财产报告程序的启动】

人民法院依申请执行人的申请或依职权责令被执行人报告财产情况的，应当向其发出报告财产令。金钱债权执行中，报告财产令应当与执行通知同时发出。

人民法院根据案件需要再次责令被执行人报告财产情况的，应当重新向其发出报告财产令。①

408. 【报告财产令的内容】

报告财产令应当载明下列事项：

（一）提交财产报告的期限；

（二）报告财产的范围、期间；

（三）补充报告财产的条件及期间；

（四）违反财产报告义务应承担的法律责任；

（五）人民法院认为有必要载明的其他事项。

报告财产令应附财产调查表，被执行人必须按照要求逐项填写。②

409. 【报告财产的范围】

被执行人应当在报告财产令载明的期限内向人民法院书面报告下列财产情况：

（一）收入、银行存款、现金、理财产品、有价证券；

（二）土地使用权、房屋等不动产；

（三）交通运输工具、机器设备、产品、原材料等动产；

（四）债权、股权、投资权益、基金份额、信托受益权、知识产权等财产性权利；

（五）其他应当报告的财产。

被执行人的财产已出租、已设立担保物权等权利负担，或者

---

① 《最高人民法院关于民事执行中财产调查若干问题的规定》（法释〔2017〕8号，2020年12月23日修正）第三条。

② 《最高人民法院关于民事执行中财产调查若干问题的规定》（法释〔2017〕8号，2020年12月23日修正）第四条。

存在共有、权属争议等情形的，应当一并报告；被执行人的动产由第三人占有，被执行人的不动产、特定动产、其他财产权等登记在第三人名下的，也应当一并报告。

被执行人在报告财产令载明的期限内提交书面报告确有困难的，可以向人民法院书面申请延长期限；申请有正当理由的，人民法院可以适当延长。①

410.【财产变动的报告】

被执行人自收到执行通知之日前一年至提交书面财产报告之日，其财产情况发生下列变动的，应当将变动情况一并报告：

（一）转让、出租财产的；

（二）在财产上设立担保物权等权利负担的；

（三）放弃债权或延长债权清偿期的；

（四）支出大额资金的；

（五）其他影响生效法律文书确定债权实现的财产变动。②

411.【补充报告财产】

被执行人报告财产后，其财产情况发生变动，影响申请执行人债权实现的，应当自财产变动之日起十日内向人民法院补充报告。③

412.【财产报告的核实程序】

对被执行人报告的财产情况，人民法院应当及时调查核实，必要时可以组织当事人进行听证。

申请执行人申请查询被执行人报告的财产情况的，人民法院应当准许。申请执行人及其代理人对查询过程中知悉的信息应当

① 《最高人民法院关于民事执行中财产调查若干问题的规定》（法释〔2017〕8号，2020年12月23日修正）第五条。

② 《最高人民法院关于民事执行中财产调查若干问题的规定》（法释〔2017〕8号，2020年12月23日修正）第六条。

③ 《最高人民法院关于民事执行中财产调查若干问题的规定》（法释〔2017〕8号，2020年12月23日修正）第七条。

保密。[①]

413.【不履行报告义务的法律责任】

被执行人拒绝报告、虚假报告或者无正当理由逾期报告财产情况的，人民法院可以根据情节轻重对被执行人或者其法定代理人予以罚款、拘留；构成犯罪的，依法追究刑事责任。

人民法院对有前款规定行为之一的单位，可以对其主要负责人或者直接责任人员予以罚款、拘留；构成犯罪的，依法追究刑事责任。[②]

人民法院应当将财产报告、核实及处罚的情况记录入卷。[③]

414.【不履行财产报告义务的信用惩戒】

被执行人拒绝报告、虚假报告或者无正当理由逾期报告财产情况的，人民法院应当依照相关规定将其纳入失信被执行人名单[④]。[⑤]

415.【报告程序终结】

有下列情形之一的，财产报告程序终结：

（一）被执行人履行完毕法律文书确定义务的；

（二）人民法院裁定终结执行的；

（三）人民法院裁定不予执行的；

（四）人民法院认为财产报告程序应当终结的其他情形。

发出报告财产令后，人民法院裁定终结本次执行程序的，被

---

① 《最高人民法院关于民事执行中财产调查若干问题的规定》（法释〔2017〕8号，2020年12月23日修正）第八条。

② 《最高人民法院关于民事执行中财产调查若干问题的规定》（法释〔2017〕8号，2020年12月23日修正）第九条。

③ 《最高人民法院关于严格规范终结本次执行程序的规定（试行）》（法〔2016〕373号）第二条第二款。

④ 此种情况下，纳入失信被执行人名单的期限应当适用本规范第223条规定。

⑤ 《最高人民法院关于民事执行中财产调查若干问题的规定》（法释〔2017〕8号，2020年12月23日修正）第十条。

执行人仍应依照本规范第411条的规定履行补充报告义务。①

416.【人民法院调查的一般规定】

被执行人未按执行通知履行生效法律文书确定的义务，人民法院有权通过网络执行查控系统、现场调查等方式向被执行人、有关单位或个人调查被执行人的身份信息和财产信息，有关单位和个人应当依法协助办理。

人民法院对调查所需资料可以复制、打印、抄录、拍照或以其他方式进行提取、留存。

申请执行人申请查询人民法院调查的财产信息的，人民法院可以根据案件需要决定是否准许。申请执行人及其代理人对查询过程中知悉的信息应当保密。②

417.【电子化查询】

人民法院通过网络执行查控系统进行调查，与现场调查具有同等法律效力。

人民法院调查过程中作出的电子法律文书与纸质法律文书具有同等法律效力；协助执行单位反馈的电子查询结果与纸质反馈结果具有同等法律效力。③

418.【搜查的情形】

被执行人隐匿财产、会计账簿等资料拒不交出的，人民法院可以依法采取搜查措施。

人民法院依法搜查时，对被执行人可能隐匿财产或者资料的处所、箱柜等，经责令被执行人开启而拒不配合的，可以强制

---

① 参照《最高人民法院关于民事执行中财产调查若干问题的规定》（法释〔2017〕8号，2020年12月23日修正）第十一条。

② 《最高人民法院关于民事执行中财产调查若干问题的规定》（法释〔2017〕8号，2020年12月23日修正）第十二条。

③ 《最高人民法院关于民事执行中财产调查若干问题的规定》（法释〔2017〕8号，2020年12月23日修正）第十三条。

开启。[①]

419.【搜查的程序】

采取搜查措施，由院长签发搜查令。[②]

搜查时，搜查人员应当按规定着装并出示搜查令和工作证件。[③]

人民法院搜查时禁止无关人员进入搜查现场；搜查对象是公民的，应当通知被执行人或者他的成年家属以及基层组织派员到场；搜查对象是法人或者其他组织的，应当通知法定代表人或者主要负责人到场。拒不到场的，不影响搜查。

搜查妇女身体，应当由女执行人员进行。[④]

420.【搜查发现财产的处理】

搜查中发现应当依法采取查封、扣押措施的财产，依照民事诉讼法第二百五十二条第二款[⑤]和第二百五十四条[⑥]规定办理。[⑦]

421.【搜查笔录、记录】

搜查应当制作搜查笔录，由搜查人员、被搜查人及其他在场人签名、捺印或者盖章。拒绝签名、捺印或者盖章的，应当记入

---

① 《最高人民法院关于民事执行中财产调查若干问题的规定》（法释〔2017〕8号，2020年12月23日修正）第十四条。

② 参照《中华人民共和国民事诉讼法》（2021年12月24日修正）第二百五十五条。

③ 参照《最高人民法院关于适用〈中华人民共和国民事诉讼法〉的解释》（法释〔2015〕5号，2022年3月22日修正）第四百九十五条。

④ 《最高人民法院关于适用〈中华人民共和国民事诉讼法〉的解释》（法释〔2015〕5号，2022年3月22日修正）第四百九十六条。

⑤ 《中华人民共和国民事诉讼法》（2021年12月24日修正）第二百五十二条第二款规定："对被查封、扣押的财产，执行员必须造具清单，由在场人签名或者盖章后，交被执行人一份。被执行人是公民的，也可以交他的成年家属一份。"

⑥ 《中华人民共和国民事诉讼法》（2021年12月24日修正）第二百五十四条规定："财产被查封、扣押后，执行员应当责令被执行人在指定期间履行法律文书确定的义务。被执行人逾期不履行的，人民法院应当拍卖被查封、扣押的财产；不适于拍卖或者当事人双方同意不进行拍卖的，人民法院可以委托有关单位变卖或者自行变卖。国家禁止自由买卖的物品，交有关单位按照国家规定的价格收购。"

⑦ 《最高人民法院关于适用〈中华人民共和国民事诉讼法〉的解释》（法释〔2015〕5号，2022年3月22日修正）第四百九十七条。

搜查笔录。[①]

对搜查过程，应当依照本规范第 296 条规定全程录音录像。

422.【传唤及协助查找特定人员】

为查明被执行人的财产情况和履行义务的能力，可以传唤被执行人或被执行人的法定代表人、负责人、实际控制人[②]、直接责任人员到人民法院接受调查询问。

对必须接受调查询问的被执行人、被执行人的法定代表人、负责人或者实际控制人，经依法传唤无正当理由拒不到场的，人民法院可以拘传[③]其到场；上述人员下落不明的，人民法院可以依照相关规定通知有关单位协助查找。[④]

423.【协助扣押特定财产】

人民法院对已经办理查封登记手续的被执行人机动车、船舶、航空器等特定动产未能实际扣押的，可以依照相关规定通知有关单位协助查找。[⑤]

424.【审计调查的启动】

作为被执行人的法人或非法人组织不履行生效法律文书确定的义务，申请执行人认为其有拒绝报告、虚假报告财产情况，隐匿、转移财产等逃避债务情形或者其股东、出资人有出资不实、抽逃出资等情形的，可以书面申请人民法院委托审计机构对该被执行人进行审计。人民法院应当自收到书面申请之日起十日内决

---

① 《最高人民法院关于适用〈中华人民共和国民事诉讼法〉的解释》（法释〔2015〕5 号，2022 年 3 月 22 日修正）第四百九十八条。

② 实践中，对公司法人中的“实际控制人”，可以根据《中华人民共和国公司法》（2018 年 10 月 26 日修正）第二百一十六条第三项的规定，即“实际控制人，是指虽不是公司的股东，但通过投资关系、协议或者其他安排，能够实际支配公司行为的人”予以判断。

③ 采取拘传措施时，适用本规范第 191 条至第 194 条的规定。

④ 《最高人民法院关于民事执行中财产调查若干问题的规定》（法释〔2017〕8 号，2020 年 12 月 23 日修正）第十五条。

⑤ 《最高人民法院关于民事执行中财产调查若干问题的规定》（法释〔2017〕8 号，2020 年 12 月 23 日修正）第十六条。

定是否准许。[①]

425.【审计资料的提交及强制提取】

人民法院决定审计的，应当随机确定具备资格的审计机构，并责令被执行人提交会计凭证、会计账簿、财务会计报告等与审计事项有关的资料。

被执行人隐匿审计资料的，人民法院可以依法采取搜查措施。[②]

426.【不提交审计资料或其他不协助行为的法律责任】

被执行人拒不提供、转移、隐匿、伪造、篡改、毁弃审计资料，阻挠审计人员查看业务现场或者有其他妨碍审计调查行为的，人民法院可以根据情节轻重对被执行人或其主要负责人、直接责任人员予以罚款、拘留；构成犯罪的，依法追究刑事责任。[③]

427.【审计费用的承担】

审计费用由提出审计申请的申请执行人预交。被执行人存在拒绝报告或虚假报告财产情况，隐匿、转移财产或者其他逃避债务情形的，审计费用由被执行人承担；未发现被执行人存在上述情形的，审计费用由申请执行人承担。[④]

428.【公告悬赏制度】

被执行人不履行生效法律文书确定的义务，申请执行人可以向人民法院书面申请发布悬赏公告查找可供执行的财产。申请书应当载明下列事项：

（一）悬赏金的数额或计算方法；

---

① 《最高人民法院关于民事执行中财产调查若干问题的规定》（法释〔2017〕8号，2020年12月23日修正）第十七条。

② 《最高人民法院关于民事执行中财产调查若干问题的规定》（法释〔2017〕8号，2020年12月23日修正）第十八条。

③ 《最高人民法院关于民事执行中财产调查若干问题的规定》（法释〔2017〕8号，2020年12月23日修正）第十九条。

④ 《最高人民法院关于民事执行中财产调查若干问题的规定》（法释〔2017〕8号，2020年12月23日修正）第二十条。

（二）有关人员提供人民法院尚未掌握的财产线索，使该申请执行人的债权得以全部或部分实现时，自愿支付悬赏金的承诺；

（三）悬赏公告的发布方式；

（四）其他需要载明的事项。

人民法院应当自收到书面申请之日起十日内决定是否准许。①

429.【悬赏公告内容及发布费用】

人民法院决定悬赏查找财产的，应当制作悬赏公告。悬赏公告应当载明悬赏金的数额或计算方法、领取条件等内容。

悬赏公告应当在全国法院执行悬赏公告平台、法院微博或微信等媒体平台发布，也可以在执行法院公告栏或被执行人住所地、经常居住地等处张贴。申请执行人申请在其他媒体平台发布，并自愿承担发布费用的，人民法院应当准许。②

430.【提供财产线索的登记与保密】

悬赏公告发布后，有关人员向人民法院提供财产线索的，人民法院应当对有关人员的身份信息和财产线索进行登记；两人以上提供相同财产线索的，应当按照提供线索的先后顺序登记。

人民法院对有关人员的身份信息和财产线索应当保密，但为发放悬赏金需要告知申请执行人的除外。③

431.【悬赏金的发放】

有关人员提供人民法院尚未掌握的财产线索，使申请发布悬赏公告的申请执行人的债权得以全部或部分实现的，人民法院应当按照悬赏公告发放悬赏金。

悬赏金从前款规定的申请执行人应得的执行款中予以扣减。

---

① 《最高人民法院关于民事执行中财产调查若干问题的规定》（法释〔2017〕8号，2020年12月23日修正）第二十一条。

② 《最高人民法院关于民事执行中财产调查若干问题的规定》（法释〔2017〕8号，2020年12月23日修正）第二十二条。

③ 《最高人民法院关于民事执行中财产调查若干问题的规定》（法释〔2017〕8号，2020年12月23日修正）第二十三条。

特定物交付执行或者存在其他无法扣减情形的，悬赏金由该申请执行人另行支付。

有关人员为申请执行人的代理人、有义务向人民法院提供财产线索的人员或者存在其他不应发放悬赏金情形的，不予发放。①

432.【执行人员保密义务】

执行人员不得调查与执行案件无关的信息，对调查中知悉的国家秘密、商业秘密和个人隐私应当保密。②

433.【代位权的行使】

被执行人怠于行使其债权或者与该债权有关的从权利，影响申请执行人的到期债权实现的，执行法院可以告知申请执行人依照民法典第五百三十五条③的规定，向有管辖权的人民法院提起代位权诉讼。④

434.【撤销权的行使】

被执行人放弃其债权、放弃债权担保、无偿转让财产等方式无偿处分财产权益，或者恶意延长其到期债权的履行期限，影响申请执行人的债权实现的，执行法院可以告知申请执行人依照民法典第五百三十八条⑤的规定向有管辖权的人民法院提起撤销权

---

① 《最高人民法院关于民事执行中财产调查若干问题的规定》（法释〔2017〕8号，2020年12月23日修正）第二十四条。

② 《最高人民法院关于民事执行中财产调查若干问题的规定》（法释〔2017〕8号，2020年12月23日修正）第二十五条。

③ 《中华人民共和国民法典》（2020年5月28日）第五百三十五条规定："因债务人怠于行使其债权或者与该债权有关的从权利，影响债权人的到期债权实现的，债权人可以向人民法院请求以自己的名义代位行使债务人对相对人的权利，但是该权利专属于债务人自身的除外。代位权的行使范围以债权人的到期债权为限。债权人行使代位权的必要费用，由债务人负担。相对人对债务人的抗辩，可以向债权人主张。"

④ 参照《最高人民法院关于依法制裁规避执行行为的若干意见》（法〔2011〕195号）第14条第1款。

⑤ 《中华人民共和国民法典》（2020年5月28日）第五百三十八条规定："债务人以放弃其债权、放弃债权担保、无偿转让财产等方式无偿处分财产权益，或者恶意延长其到期债权的履行期限，影响债权人的债权实现的，债权人可以请求人民法院撤销债务人的行为。"

诉讼。

被执行人以明显不合理的低价转让财产、以明显不合理的高价受让他人财产或者为他人的债务提供担保，影响申请执行人的债权实现，被执行人的相对人知道或者应当知道该情形时，执行法院可以告知申请执行人依照民法典第五百三十九条①的规定向管辖权的人民法院提起撤销权诉讼。②

435.【撤销权成立后的执行】

债权人撤销权诉讼的生效判决撤销了债务人与受让人的财产转让合同，并判令受让人向债务人返还财产，受让人未履行返还义务的，债权人可以债务人、受让人为被执行人申请强制执行。

受让人未通知债权人，自行向债务人返还财产，债务人将返还的财产立即转移，致使债权人丧失申请法院采取查封、冻结等措施的机会，撤销权诉讼目的无法实现的，不能认定生效判决已经得到有效履行。债权人申请对受让人执行生效判决确定的财产返还义务的，人民法院应予支持。③

---

① 《中华人民共和国民法典》（2020年5月28日）第五百三十九条规定："债务人以明显不合理的低价转让财产、以明显不合理的高价受让他人财产或者为他人的债务提供担保，影响债权人的债权实现，债务人的相对人知道或者应当知道该情形的，债权人可以请求人民法院撤销债务人的行为。"

② 参照《最高人民法院关于依法制裁规避执行行为的若干意见》（法〔2011〕195号）第14条第2款。

③ 参照最高人民法院指导案例118号"东北电气发展股份有限公司与国家开发银行股份有限公司、沈阳高压开关有限责任公司等执行复议案"（最高人民法院2019年12月24日发布）。其裁判要点为：1. 债权人撤销权诉讼的生效判决撤销了债务人与受让人的财产转让合同，并判令受让人向债务人返还财产，受让人未履行返还义务的，债权人可以债务人、受让人为被执行人申请强制执行。2. 受让人未通知债权人，自行向债务人返还财产，债务人将返还的财产立即转移，致使债权人丧失申请法院采取查封、冻结等措施的机会，撤销权诉讼目的无法实现的，不能认定生效判决已经得到有效履行。债权人申请对受让人执行生效判决确定的财产返还义务的，人民法院应予支持。

第三节　财产控制

436.【财产控制的一般规定】

执行程序中，人民法院有权查封、扣押、冻结被执行人应当履行义务部分的财产，但应当保留被执行人及其所扶养家属的生活必需品。①

437.【查封的程序】

人民法院查封、扣押、冻结被执行人的动产、不动产及其他财产权，应当作出裁定，并送达被执行人和申请执行人。

采取查封、扣押、冻结措施需要有关单位或者个人协助的，②人民法院应当制作协助执行通知书，连同裁定书副本一并送达协

---

① 参照《中华人民共和国民事诉讼法》（2021 年 12 月 24 日修正）第二百五十一条第一款。

② 涉及协助单位未履行协助义务承担责任的规定主要有：1.《中华人民共和国民事诉讼法》（2021 年 12 月 24 日修正）第一百一十七条规定："有义务协助调查、执行的单位有下列行为之一的，人民法院除责令其履行协助义务外，并可以予以罚款：（一）有关单位拒绝或者妨碍人民法院调查取证的；（二）有关单位接到人民法院协助执行通知书后，拒不协助查询、扣押、冻结、划拨、变价财产的；（三）有关单位接到人民法院协助执行通知书后，拒不协助扣留被执行人的收入、办理有关财产权证照转移手续、转交有关票证、证照或者其他财产的；（四）其他拒绝协助执行的。人民法院对有前款规定的行为之一的单位，可以对其主要负责人或者直接责任人员予以罚款；对仍不履行协助义务的，可以予以拘留；并可以向监察机关或者有关机关提出予以纪律处分的司法建议。" 2.《最高人民法院关于人民法院执行工作若干问题的规定（试行）》（法释〔1998〕15 号，2020 年 12 月 23 日修正）第 26 条规定："金融机构擅自解冻被人民法院冻结的款项，致冻结款项被转移的，人民法院有权责令其限期追回已转移的款项。在限期内未能追回的，应当裁定该金融机构在转移的款项范围内以自己的财产向申请执行人承担责任。" 第 30 条规定："有关单位收到人民法院协助执行被执行人收入的通知后，擅自向被执行人或其他人支付的，人民法院有权责令其限期追回；逾期未追回的，应当裁定其在支付的数额内向申请执行人承担责任。" 第 32 条规定："被执行人或其他人擅自处分已被查封、扣押、冻结财产的，人民法院有权责令责任人限期追回财产或承担相应的赔偿责任。" 第 40 条规定："有关企业收到人民法院发出的协助冻结通知后，擅自向被执行人支付股息或红利，或擅自为被执行人办理已冻结股权的转移手续，造成已转移的财产无法追回的，应当在所支付的股息或红利或转移的股权价值范围内向申请执行人承担责任"。

助执行人。查封、扣押、冻结裁定书和协助执行通知书送达时发生法律效力。[①]

438.【财产权属的判断】[②]

人民法院可以查封、扣押、冻结被执行人占有的动产、登记在被执行人名下的不动产、特定动产及其他财产权。

未登记的建筑物和土地使用权，依据土地使用权的审批文件和其他相关证据确定权属。

对于第三人占有的动产或者登记在第三人名下的不动产、特定动产及其他财产权，第三人书面确认该财产属于被执行人的，人民法院可以查封、扣押、冻结。[③]

根据民法典第二百二十九条[④]、第二百三十条[⑤]规定判断属于被执行人的财产，人民法院可以查封、扣押、冻结。

439.【他人享有担保物权财产的查封】

人民法院对被执行人所有的其他人享有抵押权、质押权或留置权的财产，可以采取查封、扣押措施。[⑥]

---

① 《最高人民法院关于人民法院民事执行中查封、扣押、冻结财产的规定》（法释〔2004〕15号，2020年12月23日修正）第一条。

② 实践中拟对相关财产采取查封、扣押、冻结措施时，可以结合本规范第1275条的标准判断财产权属。

③ 《最高人民法院关于人民法院民事执行中查封、扣押、冻结财产的规定》（法释〔2004〕15号，2020年12月23日修正）第二条。

④ 《中华人民共和国民法典》（2020年5月28日）第二百二十九条规定："因人民法院、仲裁机构的法律文书或者人民政府的征收决定等，导致物权设立、变更、转让或者消灭的，自法律文书或者征收决定等生效时发生效力。"另根据《最高人民法院关于适用〈中华人民共和国民法典〉物权编的解释（一）》（法释〔2020〕24号）第七条规定："人民法院、仲裁机构在分割共有不动产或者动产等案件中作出并依法生效的改变原有物权关系的判决书、裁决书、调解书，以及人民法院在执行程序中作出的拍卖成交裁定书、变卖成交裁定书、以物抵债裁定书，应当认定为民法典第二百二十九条所称导致物权设立、变更、转让或者消灭的人民法院、仲裁机构的法律文书。"

⑤ 《中华人民共和国民法典》（2020年5月28日）第二百三十条规定："因继承取得物权的，自继承开始时发生效力。"

⑥ 参照《最高人民法院关于人民法院执行工作若干问题的规定（试行）》（法释〔1998〕15号，2020年12月23日修正）第31条。

440. 【不得查封的财产】[①]

① 其他涉及不得查封、扣押、冻结财产的规定主要有：1.《最高人民法院关于强制执行中不应将企业党组织的党费作为企业财产予以冻结或划拨的通知》（法〔2005〕209号）规定："企业党组织的党费是企业每个党员按月工资比例向党组织交纳的用于党组织活动的经费。党费由党委组织部门代党委统一管理，单立账户，专款专用，不属于企业的责任财产。因此，在企业作为被执行人时，人民法院不得冻结或划拨该企业党组织的党费，不得用党费偿还该企业的债务。执行中，如果申请执行人提供证据证明企业的资金存入党费账户，并申请人民法院对该项资金予以执行的，人民法院可以对该项资金先行冻结；被执行人提供充分证据证明该项资金属于党费的，人民法院应当解除冻结。"2.《最高人民法院关于产业工会、基层工会是否具备社会团体法人资格和工会经费集中户可否冻结划拨问题的批复》（法复〔1997〕6号，2020年12月23日修正）第三条规定："根据工会法的规定，工会经费包括工会会员缴纳的会费，建立工会组织的企业事业单位、机关按每月全部职工工资总额的百分之二的比例向工会拨交的经费，以及工会所属的企业、事业单位上缴的收入和人民政府的补助等。工会经费要按比例逐月向地方各级总工会和全国总工会拨交。工会的经费一经拨交，所有权随之转移。在银行独立开列的'工会经费集中户'，与企业经营资金无关，专门用于工会经费的集中与分配，不能在此账户开支费用或挪用、转移资金。因此，人民法院在审理案件中，不应将工会经费视为所在企业的财产，在企业欠债的情况下，不应冻结、划拨工会经费及'工会经费集中户'的款项。"3.《最高人民法院关于严禁冻结或划拨国有企业下岗职工基本生活保障资金的通知》（法〔1999〕228号）规定："国有企业下岗职工基本生活保障资金是采取企业、社会、财政各承担三分之一的办法筹集的，由企业再就业服务中心设立专户管理，专项用于保障下岗职工基本生活，具有专项资金的性质，不得挪作他用，不能与企业的其他财产等同对待。各地人民法院在审理和执行经济纠纷案件时，不得将该项存于企业再就业服务中心的专项资金作为企业财产处置，不得冻结或划拨该项资金用以抵偿企业债务。"4.《最高人民法院关于在审理和执行民事、经济纠纷案件时不得查封、冻结和扣划社会保险基金的通知》（法〔2000〕19号）规定："……各地人民法院在审理和执行民事、经济纠纷案件时，不得查封、冻结或扣划社会保险基金；不得用社会保险基金偿还社会保险机构及其原下属企业的债务。"5.《最高人民法院关于对粮棉油政策性收购资金形成的粮棉油不宜采取财产保全措施和执行措施的通知》（法〔2000〕164号）规定："……对中国农业发展银行提供的粮棉油收购资金及由该项资金形成的库存的粮棉油不宜采取财产保全措施和执行措施。"6.《最高人民法院关于审理军队、武警部队、政法机关移交、撤销企业和与党政机关脱钩企业相关纠纷案件若干问题的规定》（法释〔2001〕8号，2020年12月23日修正）第十条规定："人民法院在审理有关移交、撤销、脱钩的企业的案件时，认定开办单位应当承担民事责任的，不得对开办单位的国库款、军费、财政经费账户、办公用房、车辆等其他办公必需品采取查封、扣押、冻结、拍卖等保全和执行措施。"7.《最高人民法院关于不得对中国人民银行及其分支机构的办公楼、运钞车、营业场所等进行查封的通知》（法〔1999〕28号）规定："……对确应由中国人民银行及其分支机构承担民事责任的案件，人民法院亦不宜采取查封其办公楼、运钞车、营业场所的措施。"8.《最高人民法院关于人民法院执

（接上页注）
行工作若干问题的规定（试行）》（法释〔1998〕15 号，2020 年 12 月 23 日修正）第 27 条规定："被执行人为金融机构的，对其交存在人民银行的存款准备金和备付金不得冻结和扣划，但对其在本机构、其他金融机构的存款，及其在人民银行的其他存款可以冻结、划拨，并可对被执行人的其他财产采取执行措施，但不得查封其营业场所。" 9.《中华人民共和国信托法》（2001 年 4 月 28 日）第十七条第一款规定："除因下列情形之一外，对信托财产不得强制执行：（一）设立信托前债权人已对该信托财产享有优先受偿的权利，并依法行使该权利的；（二）受托人处理信托事务所产生债务，债权人要求清偿该债务的；（三）信托财产本身应担负的税款；（四）法律规定的其他情形。"《最高人民法院关于在执行工作中进一步强化善意文明执行理念的意见》（法发〔2019〕35 号）第 3 条规定："……信托财产在信托存续期间独立于委托人、受托人各自的固有财产，并且受益人对信托财产享有的权利表现为信托受益权，信托财产并非受益人的责任财产。因此，当事人因其与委托人、受托人或者受益人之间的纠纷申请对存管银行或信托公司专门账户中的信托资金采取保全或执行措施的，除符合《中华人民共和国信托法》第十七条规定的情形外，人民法院不应准许。" 10.《最高人民法院关于执行旅行社质量保证金问题的通知》（法〔2001〕1 号）规定："人民法院在执行涉及旅行社的案件时，遇有下列情形而旅行社不承担或无力承担赔偿责任的，可以执行旅行社质量保证金：（1）旅行社因自身过错未达到合同约定的服务质量标准而造成旅游者的经济权益损失；（2）旅行社的服务未达到国家或行业规定的标准而造成旅游者的经济权益损失；（3）旅行社破产后造成旅游者预交旅行费损失；（4）人民法院判决、裁定及其他生效法律文书认定的旅行社损害旅游者合法权益的情形。除上述情形之外，不得执行旅行社质量保证金。同时，执行涉及旅行社的经济赔偿案件时，不得从旅游行政管理部门行政经费账户上划转行政经费资金。" 11.《最高人民法院、最高人民检察院、公安部、中国证券监督管理委员会关于查询、冻结、扣划证券和证券交易结算资金有关问题的通知》（法发〔2008〕4 号）第五条、第六条规定的证券登记结算机构依法按照业务规则收取并存放于专门清算交收账户内的证券、资金（条文略），以及第七条规定的"证券登记结算机构依法按照业务规则要求证券公司等结算参与人、投资者或者发行人提供的回购质押券、价差担保物、行权担保物、履约担保物等担保物，在交收完成之前，不得冻结、扣划。" 12.《中华人民共和国证券投资基金法》（2015 年 4 月 24 日修正）第一百条第一款规定："基金销售结算资金、基金份额独立于基金销售机构、基金销售支付机构或者基金份额登记机构的自有财产。基金销售机构、基金销售支付机构或者基金份额登记机构破产或者清算时，基金销售结算资金、基金份额不属于其破产财产或者清算财产。非因投资人本身的债务或者法律规定的其他情形，不得查封、冻结、扣划或者强制执行基金销售结算资金、基金份额。" 13.《期货交易所管理办法》（2021 年 1 月 15 日）第六十八条第一款规定："期货交易所向会员收取的保证金，只能用于担保期货合约的履行，不得查封、冻结、扣划或者强制执行……" 14.《最高人民法院关于审理期货纠纷案件若干问题的规定》（法释〔2003〕10 号，2020 年 12 月 23 日修正）第五十九条、第六十条（条文略）及《最高人民法院关于审理期货纠纷案件若干问题的规定（二）》

（接上页注）
（法释〔2011〕1号，2020年12月23日修正）第四条、第五条规定的人民法院不得冻结、划拨的资金或有价证券（条文略）。15.《最高人民法院关于人民法院在执行中能否查封药品批准文号的答复》（〔2010〕执他字第2号）规定："药品批准文号系国家药品监督管理部门准许企业生产的合法标志，该批准文号受行政许可法的调整，本身不具有财产价值。因此，人民法院在执行中对药品批准文号不应进行查封。"16.《最高人民法院关于空难死亡赔偿金能否作为遗产处理的复函》（〔2004〕民一他字第26号）规定："空难死亡赔偿金是基于死者死亡对死者近亲属所支付的赔偿。获得空难死亡赔偿金的权利人是死者近亲属，而非死者。故空难死亡赔偿金不宜认定为遗产。"17.《最高人民法院〈关于银行贷款账户能否冻结的请示报告〉的批复》（〔2014〕执他字第8号）规定："在银行作为协助执行人时，现行法律和司法解释只规定了可以对被执行人的银行存款账户进行冻结，冻结银行贷款账户缺乏依据。强制执行应当通过控制和处分被执行人财产的措施来实现。银行开立的以被执行人为户名的贷款账户，是银行记载其向被执行人发放贷款及收回贷款情况的账户、其中所记载的账户余额为银行对被执行人享有的债权，属于贷款银行的资产，并非被执行人的资产，而只是被执行人对银行的负债。因此，通过'冻结'银行贷款账户不能实现控制被执行人财产的目的。只要人民法院冻结到了被执行人的银行存款账户或控制其他可供执行的财产，即足以实现执行的目的，同时也足以防止被执行人以冻结或查封的资产向银行清偿债务。而所谓'冻结'被执行人银行贷款账户，实质是禁止银行自主地从法院查封、扣押、冻结的被执行人财产以外的财产中实现收回贷款的行为。这种禁止，超出执行的目的。将侵害银行的合法权益，如果确实存在银行在法律冻结被执行人存款账户之后，擅自扣收贷款的情况，则可以依法强制追回。因此，在执行以银行为协助执行人的案件时，不能冻结户名为被执行人的银行贷款账户。"18.《最高人民法院关于对工业企业结构调整专项奖补资金不宜采取财产保全措施和执行措施的通知》（法〔2017〕220号）要求："根据《国务院关于钢铁行业化解过剩产能实现脱困发展的意见》（国发〔2016〕6号）、《国务院关于煤炭行业化解过剩产能实现脱困发展的意见》（国发〔2016〕7号）、《财政部工业企业结构调整专项奖补资金管理办法》（财建〔2016〕253号）的规定，工业企业结构调整专项奖补资金系中央财政为支持地方政府和中央企业推动钢铁、煤炭等行业化解过剩产能工作而设立的专项资金。该资金专项用于相关国有企业职工以及符合条件的非国有企业职工的分流安置工作，目的在于去除钢铁、煤炭等行业的过剩产能，推进供给侧结构性改革。因此，除为实现企业职工权利，审理、执行因企业职工分流安置工作形成的纠纷外，人民法院在审理、执行涉及有关国有和非国有钢铁、煤炭企业的其他纠纷时，不宜对工业企业结构调整专项奖补资金采取保全和执行措施。"19.《保障农民工工资支付条例》（2019年12月30日）第三十三条规定："除法律另有规定外，农民工工资专用账户资金和工资保证金不得因支付为本项目提供劳动的农民工工资之外的原因被查封、冻结或者划拨。"《最高人民法院、人力资源社会保障部、中国银保监会关于做好防止农民工工资专用账户资金和工资保证金被查封、冻结或者划拨有关工作的通知》（人社部发〔2020〕93号）第二条规定："人民法院在查封、冻结或者划拨相关单位银行账户资金时，应当严格审查账户类型，除法律另有专门规定外，不得因支付为本项目人民法院对被执行人下列的财产不得查封、扣押、冻结：

（一）被执行人及其所扶养家属生活所必需的衣服、家具、炊具、餐具及其他家庭生活必需的物品；

（二）被执行人及其所扶养家属所必需的生活费用。当地有最低生活保障标准的，必需的生活费用依照该标准确定；

（三）被执行人及其所扶养家属完成义务教育所必需的物品；

（四）未公开的发明或者未发表的著作；

（五）被执行人及其所扶养家属用于身体缺陷所必需的辅助工具、医疗物品；

（接上页注）

提供劳动的农民工工资之外的原因查封、冻结或者划拨两类账户资金。”第三条规定：“对农民工工资专用账户中明显超出工程施工合同约定并且明显超出足额支付该项目农民工工资所需全部人工费的资金，对工资保证金账户中超出工资保证金主管部门公布的资金存储规定部分的资金，人民法院经认定可依法采取冻结或者划拨措施。当事人及有关单位、个人利用两类账户规避、逃避执行的，应当依法承担责任。”第四条规定：“人民法院可以依法对两类账户采取预冻结措施，在工程完工且未拖欠农民工工资，监管部门按规定解除对两类账户监管后，预冻结措施自动转为冻结措施，并可依法划拨剩余资金。”第五条规定：“当事人、利害关系人（包含两类账户监管部门）认为人民法院查封、冻结或者划拨行为违法的，银行业金融机构认为人民法院要求其协助执行行为违法的，均可依法向人民法院提出异议，人民法院应当依法处理。两类账户监管部门提出异议的，异议审查期间不得查封、冻结或者划拨两类账户资金。”《最高人民法院关于进一步做好涉农民工工资案件执行工作的通知》（法明传〔2021〕87号）第四条要求“各级法院要严格落实《保障农民工工资支付条例》及《最高人民法院、人力资源社会保障部、中国银保监会关于做好防止农民工工资专用账户资金和工资保证金被查封、冻结或者划拨有关工作的通知》要求，除法律另有专门规定外，不得因支付为本项目提供劳动的农民工工资之外的原因查封、冻结或者划拨农民工工资专用账户资金和工资保证金。”《最高人民法院关于充分发挥司法职能作用助力中小微企业发展的指导意见》（法发〔2022〕2号）第14条要求：“对商品房预售资金监管账户、农民工工资专用账户和工资保证金账户内资金依法审慎采取保全、执行措施，支持保障相关部门防范应对房地产项目逾期交付风险，维护购房者合法权益，确保农民工工资支付到位。冻结商品房预售资金监管账户的，应当及时通知当地住房和城乡建设主管部门；除当事人申请执行因建设该商品房项目而产生的工程建设进度款、材料款、设备款等债权案件外，在商品房项目完成房屋所有权首次登记前，对于监管账户中监管额度内的款项，不得采取扣划措施，不得影响账户内资金依法依规使用。除法律另有专门规定外，不得以支付为本项目提供劳动的农民工工资之外的原因冻结或者划拨农民工工资专用账户和工资保证金账户资金；为办理案件需要，人民法院可以对前述两类账户采取预冻结措施。”

（六）被执行人所得的勋章及其他荣誉表彰的物品；

（七）根据缔结条约程序法，以中华人民共和国、中华人民共和国政府或者中华人民共和国政府部门名义同外国、国际组织缔结的条约、协定和其他具有条约、协定性质的文件中规定免于查封、扣押、冻结的财产；

（八）法律及司法解释规定的其他不得查封、扣押、冻结的财产。①

441.【最低生活标准的保障】

对于超过被执行人及其所扶养家属生活所必需的房屋和生活用品，人民法院根据申请执行人的申请，在保障被执行人及其所扶养家属最低生活标准所必需的居住房屋②和普通生活必需品后，可予以执行。③

442.【合理选择执行财产】

被执行人有多项财产可供执行的，人民法院应选择对被执行人生产生活影响较小且方便执行的财产执行。在不影响执行效率和效果的前提下，被执行人请求人民法院先执行某项财产的，应当准许；未准许的，应当有合理正当理由。④

443.【动产的查封】

查封、扣押动产的，人民法院可以直接控制该项财产。人民法院将查封、扣押的动产交付其他人控制的，应当在该动产上加贴封条或者采取其他足以公示查封、扣押的适当方式。⑤

---

① 《最高人民法院关于人民法院民事执行中查封、扣押、冻结财产的规定》（法释〔2004〕15号，2020年12月23日修正）第三条。

② 可参照本规范第744条规定确定所必需的居住房屋标准。

③ 《最高人民法院关于人民法院民事执行中查封、扣押、冻结财产的规定》（法释〔2004〕15号，2020年12月23日修正）第五条。

④ 参照《最高人民法院关于在执行工作中进一步强化善意文明执行理念的意见》（法发〔2019〕35号）第3条。

⑤ 《最高人民法院关于人民法院民事执行中查封、扣押、冻结财产的规定》（法释〔2004〕15号，2020年12月23日修正）第六条。

444. 【登记财产的查封】

查封不动产的，人民法院应当张贴封条或者公告，并可以提取保存有关财产权证照。

查封、扣押、冻结已登记的不动产、特定动产或其他财产权，应当通知有关登记机关办理登记手续。未办理登记手续的，不得对抗其他已经办理了登记手续的查封、扣押、冻结行为。①

445. 【查封财产的保管和使用】

查封、扣押的财产不宜由人民法院保管的，人民法院可以指定被执行人负责保管；不宜由被执行人保管的，可以委托第三人或者申请执行人保管。

由人民法院指定被执行人保管的财产，如果继续使用对该财产的价值无重大影响，可以允许被执行人继续使用；② 由人民法院保管或者委托第三人、申请执行人保管的，保管人不得使用。③

查封、扣押、冻结担保物权人占有的担保财产，一般应当指定该担保物权人作为保管人；该财产由人民法院或指定第三人保管的，质权、留置权不因转移占有而消灭。④

446. 【查封财产融资功能保障】

充分发挥查封财产融资功能。人民法院查封财产后，被保全人或被执行人申请用查封财产融资的，按照下列情形分别处理：

（一）保全查封财产后，被保全人申请用查封财产融资替换查封财产的，在确保能够控制相应融资款的前提下，可以监督被

---

① 《最高人民法院关于人民法院民事执行中查封、扣押、冻结财产的规定》（法释〔2004〕15号，2020年12月23日修正）第七条。

② 《最高人民法院关于在执行工作中进一步强化善意文明执行理念的意见》（法发〔2019〕35号）第5条规定："……对能'活封'的财产，尽量不进行'死封'，使查封财产能够物尽其用，避免社会资源浪费。查封被执行企业厂房、机器设备等生产资料的，被执行人继续使用对该财产价值无重大影响的，可以允许其使用……"

③ 《最高人民法院关于人民法院民事执行中查封、扣押、冻结财产的规定》（法释〔2004〕15号，2020年12月23日修正）第十条。

④ 《最高人民法院关于人民法院民事执行中查封、扣押、冻结财产的规定》（法释〔2004〕15号，2020年12月23日修正）第十一条。

保全人按照合理价格进行融资。

（二）执行过程中，被执行人申请用查封财产融资清偿债务，经执行债权人同意或者融资款足以清偿所有执行债务的，可以准许。

被保全人或被执行人利用查封财产融资，出借人要求先办理财产抵押或质押登记再放款的，人民法院应积极协调有关部门做好财产解封、抵押或质押登记等事宜，并严格控制融资款。①

447.【共有财产的查封】

对被执行人与其他人共有的财产，人民法院可以查封、扣押、冻结，并及时通知共有人。

共有人协议分割共有财产，并经债权人认可的，人民法院可以认定有效。查封、扣押、冻结的效力及于协议分割后被执行人享有份额内的财产；对其他共有人享有份额内的财产的查封、扣押、冻结，人民法院应当裁定予以解除。

共有人提起析产诉讼或者申请执行人代位提起析产诉讼的，人民法院应当准许。诉讼期间中止对该财产的执行。②

448.【第三人占有的被执行人财产的查封】

对第三人为被执行人的利益占有的被执行人的财产，人民法院可以查封、扣押、冻结；该财产被指定给第三人继续保管的，第三人不得将其交付给被执行人。

对第三人为自己的利益依法占有的被执行人的财产，人民法院可以查封、扣押、冻结，第三人可以继续占有和使用该财产，但不得将其交付给被执行人。

第三人无偿借用被执行人的财产的，不受前款规定的限制。③

---

① 参照《最高人民法院关于在执行工作中进一步强化善意文明执行理念的意见》（法发〔2019〕35号）第6条。

② 《最高人民法院关于人民法院民事执行中查封、扣押、冻结财产的规定》（法释〔2004〕15号，2020年12月23日修正）第十二条。

③ 《最高人民法院关于人民法院民事执行中查封、扣押、冻结财产的规定》（法释〔2004〕15号，2020年12月23日修正）第十三条。

449.【被执行人出卖但保留所有权的财产的查封】

被执行人将其财产出卖给第三人，第三人已经支付部分价款并实际占有该财产，但根据合同约定被执行人保留所有权①的，人民法院可以查封、扣押、冻结；第三人要求继续履行合同的，向人民法院交付全部余款后，裁定解除查封、扣押、冻结。②

450.【被执行人出卖需办理过户登记的财产的查封】

被执行人将其所有的需要办理过户登记的财产出卖给第三人，第三人已经支付部分或者全部价款并实际占有该财产，但尚未办理产权过户登记手续的，人民法院可以查封、扣押、冻结；第三人已经支付全部价款并实际占有，但未办理过户登记手续

---

① 关于保留所有权的规定，可以参照《中华人民共和国民法典》（2020年5月28日）第六百四十一条规定："当事人可以在买卖合同中约定买受人未履行支付价款或者其他义务的，标的物的所有权属于出卖人。出卖人对标的物保留的所有权，未经登记，不得对抗善意第三人。"第六百四十二条规定："当事人约定出卖人保留合同标的物的所有权，在标的物所有权转移前，买受人有下列情形之一，造成出卖人损害的，除当事人另有约定外，出卖人有权取回标的物：（一）未按照约定支付价款，经催告后在合理期限内仍未支付；（二）未按照约定完成特定条件；（三）将标的物出卖、出质或者作出其他不当处分。出卖人可以与买受人协商取回标的物；协商不成的，可以参照适用担保物权的实现程序。"第六百四十三条规定："出卖人依据前条第一款的规定取回标的物后，买受人在双方约定或者出卖人指定的合理回赎期限内，消除出卖人取回标的物的事由的，可以请求回赎标的物。买受人在回赎期限内没有回赎标的物，出卖人可以以合理价格将标的物出卖给第三人，出卖所得价款扣除买受人未支付的价款以及必要费用后仍有剩余的，应当返还买受人；不足部分由买受人清偿。"第七百四十五条规定："出租人对租赁物享有的所有权，未经登记，不得对抗善意第三人。"《最高人民法院关于审理买卖合同纠纷案件适用法律问题的解释》（法释〔2012〕8号，2020年12月23日修正）第二十五条规定："买卖合同当事人主张民法典第六百四十一条关于标的物所有权保留的规定适用于不动产的，人民法院不予支持。"第二十六条规定："买受人已经支付标的物总价款的百分之七十五以上，出卖人主张取回标的物的，人民法院不予支持。在民法典第六百四十二条第一款第三项情形下，第三人依据民法典第三百一十一条的规定已经善意取得标的物所有权或者其他物权，出卖人主张取回标的物的，人民法院不予支持。"

② 《最高人民法院关于人民法院民事执行中查封、扣押、冻结财产的规定》（法释〔2004〕15号，2020年12月23日修正）第十四条。

的，如果第三人对此没有过错，人民法院不得查封、扣押、冻结。①

451.【被执行人购买的第三人保留所有权的财产的查封】

被执行人购买第三人的财产，已经支付部分价款并实际占有该财产，第三人依合同约定保留所有权的，人民法院可以查封、扣押、冻结。保留所有权已办理登记的，第三人的剩余价款从该财产变价款中优先支付；第三人主张取回该财产的，可以依据民事诉讼法第二百三十四条规定提出异议。②

452.【被执行人购买需办理过户登记财产的查封】

被执行人购买需要办理过户登记的第三人的财产，已经支付部分或者全部价款并实际占有该财产，虽未办理产权过户登记手续，但申请执行人已向第三人支付剩余价款或者第三人同意剩余价款从该财产变价款中优先支付的，人民法院可以查封、扣押、冻结。③

453.【现场查封】

人民法院查封、扣押财产时，被执行人是公民的，应当通知被执行人或者他的成年家属到场；被执行人是法人或者其他组织的，应当通知其法定代表人或者主要负责人到场。拒不到场的，不影响执行。被执行人是公民的，其工作单位或者财产所在地的基层组织应当派人参加。

对被查封、扣押的财产，执行人员必须造具清单，由在场人签名或者盖章后，交被执行人一份。被执行人是公民的，也可以交他的成年家属一份。④ 在场人拒绝签名或盖章的，记明情况。

---

① 《最高人民法院关于人民法院民事执行中查封、扣押、冻结财产的规定》（法释〔2004〕15号，2020年12月23日修正）第十五条。

② 参照《最高人民法院关于人民法院民事执行中查封、扣押、冻结财产的规定》（法释〔2004〕15号，2020年12月23日修正）第十六条。

③ 《最高人民法院关于人民法院民事执行中查封、扣押、冻结财产的规定》（法释〔2004〕15号，2020年12月23日修正）第十七条。

④ 参照《中华人民共和国民事诉讼法》（2021年12月24日修正）第二百五十二条。

454.【查封笔录】

查封、扣押、冻结被执行人的财产时，执行人员应当制作笔录，载明下列内容：

（一）执行措施开始及完成的时间；

（二）财产的所在地、种类、数量；

（三）财产的保管人；

（四）其他应当记明的事项。

执行人员及保管人应当在笔录上签名，有民事诉讼法第二百五十二条①规定的人员到场的，到场人员也应当在笔录上签名。②

455.【明显超标的查封的禁止】③

查封、扣押、冻结被执行人的财产，以其价额足以清偿法律

---

① 《中华人民共和国民事诉讼法》（2021 年 12 月 24 日修正）第二百五十二条规定："人民法院查封、扣押财产时，被执行人是公民的，应当通知被执行人或者他的成年家属到场；被执行人是法人或者其他组织的，应当通知其法定代表人或者主要负责人到场。拒不到场的，不影响执行。被执行人是公民的，其工作单位或者财产所在地的基层组织应当派人参加。对被查封、扣押的财产，执行员必须造具清单，由在场人签名或者盖章后，交被执行人一份。被执行人是公民的，也可以交他的成年家属一份。"

② 参照《最高人民法院关于人民法院民事执行中查封、扣押、冻结财产的规定》（法释〔2004〕15 号，2020 年 12 月 23 日修正）第十八条。

③ 保全时，对保全标的价额予以估算即可；查封时未能准确判断标的价额的，不影响查封行为的合法性。经人民法院依法委托形成的评估报告，通常可以作为认定查封财产价值的参考；但单方委托形成的评估报告对方不认可的、评估报告超出有效期的、评估报告所基于的事实发生变化的、已有其他证据证明评估报告不可靠的，该评估报告不足以单独作为确定查封财产价额的依据。对已经取得商品房预售许可证，可以对外出售的在建工程，可以根据市场销售价格而非建安成本确定价值。估算查封财产价额时，可以考虑执行变价的难度及降价幅度。对于有抵押的财产应当在扣减抵押贷款金额后，查明查封财产可供执行的剩余价额。轮候查封财产估算价额时，应当扣除在先查封债权的数额。对于未经评估的非上市公司股权，不能直接按照认缴出资额计算，根据《最高人民法院关于人民法院强制执行股权若干问题的规定》（法释〔2021〕20 号）第五条规定，股权价额无法确定的，可以根据申请执行人申请冻结的比例或者数量进行冻结，被执行人认为冻结明显超标的额的，可以依照《中华人民共和国民事诉讼法》（2021 年 12 月 24 日修正）第二百三十二条的规定提出书面异议，并附证明股权等查封、扣押、冻结财产价额的证据材料，异议成立的应当自裁定生效之日起七日内解除对明显超标的额部分的冻结。对于限售流通股，在没有进入市场且未经评估的情况下，不宜按照市值计算。债务人只有一项责任财产且不可分时，即便该财产的价值明显超出其应清偿的债务金额，查封该财产也不构成明显超标的查封。

文书确定的债权额及执行费用为限，不得明显超标的额查封、扣押、冻结。[①] 冻结被执行人银行账户内存款的，应当明确具体冻结数额，不得影响冻结之外资金的流转和账户的使用。需要查封的不动产整体价值明显超出债权额的，应当对该不动产相应价值部分采取查封措施；相关部门以不动产登记在同一权利证书下为由提出不能办理分割查封的，人民法院在对不动产进行整体查封后，经被执行人申请，应当及时协调相关部门办理分割登记并解除对超标的部分的查封。相关部门无正当理由拒不协助办理分割登记和查封的，依照民事诉讼法第一百一十七条采取相应的处罚措施。[②]

发现超标的额查封、扣押、冻结的，人民法院应当根据被执行人的申请或者依职权，及时解除对超标的额部分财产的查封、扣押、冻结，但该财产为不可分物且被执行人无其他可供执行的财产或者其他财产不足以清偿债务的除外。[③]

456.【查封对从物和孳息的效力】

查封、扣押的效力及于查封、扣押物的从物和天然孳息。[④]

查封财产法定孳息的，人民法院应当在执行文书中予以载明，但法律、司法解释规定查封效力及于法定孳息的除外。

457.【查封财产灭失后的效力及于替代物、赔偿款】

查封、扣押、冻结的财产灭失或者毁损的，查封、扣押、冻结的效力及于该财产的替代物、赔偿款。人民法院应当及时作出

---

① 《最高人民法院关于人民法院民事执行中查封、扣押、冻结财产的规定》（法释〔2004〕15号，2020年12月23日修正）第十九条第一款。

② 参照《最高人民法院关于在执行工作中进一步强化善意文明执行理念的意见》（法发〔2019〕35号）第4条。

③ 《最高人民法院关于人民法院民事执行中查封、扣押、冻结财产的规定》（法释〔2004〕15号，2020年12月23日修正）第十九条第二款。

④ 《最高人民法院关于人民法院民事执行中查封、扣押、冻结财产的规定》（法释〔2004〕15号，2020年12月23日修正）第二十条。

查封、扣押、冻结该替代物、赔偿款的裁定。[①]

458.【查封与过户登记冲突的处理】

查封、扣押、冻结协助执行通知书在送达登记机关时，登记机关已经受理被执行人转让不动产、特定动产及其他财产的过户登记申请，尚未完成登记的，应当协助人民法院执行。人民法院不得对登记机关已经完成登记的被执行人已转让的财产实施查封、扣押、冻结措施。

查封、扣押、冻结协助执行通知书在送达登记机关时，其他人民法院已向该登记机关送达了过户登记协助执行通知书的，应当优先办理过户登记。[②]

459.【查封的效力】

被执行人就已经查封、扣押、冻结的财产所作的移转、设定权利负担或者其他有碍执行的行为，不得对抗申请执行人。

第三人未经人民法院准许占有查封、扣押、冻结的财产或者实施其他有碍执行的行为的，人民法院可以依据申请执行人的申请或者依职权解除其占有或者排除其妨害。

人民法院的查封、扣押、冻结没有公示的，其效力不得对抗善意第三人。[③]

460.【擅自处分财产的处理】

被执行人或其他人擅自处分已被查封、扣押、冻结财产的，人民法院有权责令责任人限期追回财产或承担相应的赔偿责任。[④]被执行人擅自处分查封物，与第三人签订的租赁合同，并不当然

---

① 《最高人民法院关于人民法院民事执行中查封、扣押、冻结财产的规定》（法释〔2004〕15号，2020年12月23日修正）第二十二条。

② 《最高人民法院关于人民法院民事执行中查封、扣押、冻结财产的规定》（法释〔2004〕15号，2020年12月23日修正）第二十三条。

③ 《最高人民法院关于人民法院民事执行中查封、扣押、冻结财产的规定》（法释〔2004〕15号，2020年12月23日修正）第二十四条。

④ 《最高人民法院关于人民法院执行工作若干问题的规定（试行）》（法释〔1998〕15号，2020年12月23日修正）第32条。

无效，只是不得对抗申请执行人。第三人依据租赁合同占有查封物的，人民法院可以解除其占有，但不应当在裁定中直接宣布租赁合同无效或解除租赁合同，而仅应指出租赁合同不能对抗申请执行人。①

461.【查封财产不得另案确权】

审判部门在审理确权诉讼时，应当查询所要确权的财产权属状况。需要确权的财产已经被人民法院查封、扣押、冻结的，应当裁定驳回起诉，并告知当事人可以依照民事诉讼法第二百三十四条的规定主张权利。②

462.【查封后不得抵押及其例外】

依法被查封、扣押的财产不得抵押。③

当事人以依法被查封或者扣押的财产抵押，抵押权人请求行使抵押权，经审查查封或者扣押措施已经解除的，人民法院应予支持。抵押人以抵押权设立时财产被查封或者扣押为由主张抵押合同无效的，人民法院不予支持。④

463.【他人享有担保物权财产的查封】

人民法院对被执行人所有的其他人享有抵押权、质押权或留

---

① 参照《最高人民法院执行局关于人民法院能否在执行程序中以被执行人擅自出租查封房产为由认定该租赁合同无效或解除该租赁合同的答复》（〔2009〕执他字第7号）。答复内容为："在执行程序中被执行人擅自处分法院的查封物，包括本案中以出租的形式妨害查封效果的行为，执行法院有权以裁定形式执结予以处理。根据《最高人民法院关于人民法院执行中查封、扣押、冻结财产的规定》第26条（2020年12月23日修正后为第二十四条，编者注），被执行人擅自处分查封物，与第三人签订的租赁合同，并不当然无效，只是不得对抗申请执行人。第三人依据租赁合同占有查封物的，人民法院可以解除其占有，但不应当在裁定中直接宣布租赁合同无效或解除租赁合同，而仅应指出租赁合同不能对抗申请执行人。"

② 《最高人民法院关于人民法院立案、审判与执行工作协调运行的意见》（法发〔2018〕9号）第8条。

③ 参照《中华人民共和国民法典》（2020年5月28日）第三百九十九条第五项。

④ 《最高人民法院关于适用〈中华人民共和国民法典〉有关担保制度的解释》（法释〔2020〕28号）第三十七条第二款。

置权的财产，可以采取查封、扣押措施。①

人民法院查封、扣押被执行人设定最高额抵押权的抵押财产的，应当通知抵押权人。抵押权人受抵押担保的债权数额自收到人民法院通知时起不再增加。

人民法院虽然没有通知抵押权人，但有证据证明抵押权人知道或者应当知道查封、扣押事实的，受抵押担保的债权数额从其知道或者应当知道该事实时起不再增加。②

464.【查封期限】

人民法院冻结被执行人的银行存款的期限不得超过一年，查封、扣押动产的期限不得超过两年，查封不动产、冻结其他财产权的期限不得超过三年。

申请执行人申请延长期限的，人民法院应当在查封、扣押、冻结期限届满前办理续行查封、扣押、冻结手续，续行期限不得超过前款规定的期限。

人民法院也可以依职权办理续行查封、扣押、冻结手续。③

续行查封、扣押、冻结无需上级人民法院批准。④

465.【续行查封的提起】

申请执行人申请续行查封、扣押、冻结财产的，应当在查封、扣押、冻结期限届满七日前向人民法院提出；逾期申请或者不申请的，自行承担不能续行查封、扣押、冻结的法律后果。

---

① 参照《最高人民法院关于人民法院执行工作若干问题的规定（试行）》（法释〔1998〕15号，2020年12月23日修正）第31条。

② 《最高人民法院关于人民法院民事执行中查封、扣押、冻结财产的规定》（法释〔2004〕15号，2020年12月23日修正）第二十五条。

③ 《最高人民法院关于适用〈中华人民共和国民事诉讼法〉的解释》（法释〔2015〕5号，2022年3月22日修正）第四百八十五条。

④ 因《最高人民法院关于适用〈中华人民共和国民事诉讼法〉的解释》（法释〔2015〕5号，2022年3月22日修正）对查封、续封期限有了新的规定，《最高人民法院、国土资源部、建设部关于依法规范人民法院执行和国土资源房地产管理部门协助执行若干问题的通知》（法发〔2004〕5号）第十一条关于再续封的审批规定不再适用，再续封可以不再经由其所属高级人民法院批准。

人民法院查封、扣押、冻结财产后，应当书面告知申请执行人明确的期限届满日以及前款有关申请续行查封、扣押、冻结的事项。①

466.【轮候查封】

对已被人民法院查封、扣押、冻结的财产，其他人民法院可以进行轮候查封、扣押、冻结。查封、扣押、冻结解除的，登记在先的轮候查封、扣押、冻结即自动生效。人民法院对已查封、扣押、冻结的全部财产进行处分后，该财产上的轮候查封自始未产生查封、扣押、冻结的效力。

其他人民法院对已登记的财产进行轮候查封、扣押、冻结的，应当通知有关登记机关协助进行轮候登记，实施查封、扣押、冻结的人民法院应当允许其他人民法院查阅有关文书和记录。

其他人民法院对没有登记的财产进行轮候查封、扣押、冻结的，应当制作笔录，并经实施查封、扣押、冻结的人民法院执行人员及被执行人签名，或者书面通知实施查封、扣押、冻结的人民法院。被执行人拒绝签名的，记入笔录。②

同一法院在不同案件中可以对同一财产采取轮候查封、扣

① 参照《最高人民法院关于人民法院办理财产保全案件若干问题的规定》（法释〔2016〕22号，2020年12月23日修正）第十八条。

② 参照《最高人民法院关于人民法院民事执行中查封、扣押、冻结财产的规定》（法释〔2004〕15号，2020年12月23日修正）第二十六条，《最高人民法院关于查封法院全部处分标的物后轮候查封的效力问题的批复》（法函〔2007〕100号）。批复主要内容为："根据《最高人民法院关于人民法院民事执行中查封、扣押、冻结财产的规定》（法释〔2004〕15号）第二十八条第一款（2020年12月23日修正后为第二十六条第一款，编者注）的规定，轮候查封、扣押、冻结自在先的查封、扣押、冻结解除时自动生效，故人民法院对已查封、扣押、冻结的全部财产进行处分后，该财产上的轮候查封自始未产生查封、扣押、冻结的效力。同时，根据上述司法解释第三十条（2020年12月23日修正后为第二十七条，编者注）的规定，人民法院对已查封、扣押、冻结的财产进行拍卖、变卖或抵债的，原查封、扣押、冻结的效力消灭，人民法院无需先行解除该财产上的查封、扣押、冻结，可直接进行处分，有关单位应当协助办理有关财产权证照转移手续。"

押、冻结措施。[①]

467.【轮候查封的期限起算】

轮候查封、扣押、冻结不产生正式查封、扣押、冻结的效力，裁定书及其协助执行通知书无须记载期限，不需要续行轮候查封、扣押、冻结。

裁定书及其协助执行通知书记载期限的，可以明确轮候查封、扣押、冻结自转为正式查封、扣押、冻结之日起开始计算查封、扣押、冻结期限；未予明确的，自送达之日起开始计算期限。

人民法院在办理轮候查封、扣押、冻结措施时，可以在协助执行通知书中载明轮候查封、扣押、冻结转为正式查封、扣押、冻结后的查封、扣押、冻结期限。

468.【轮候查封对变价款剩余部分的效力】

首封法院对查封物处置变现后，首封债权人受偿后变价款有剩余的，该剩余价款属于轮候查封物的替代物，轮候查封的效力应当及于该替代物，即对于查封物变价款中多于首封债权人应得数额部分有正式查封的效力。轮候查封债权人对该剩余价款有权主张相应权利。

首封法院在所处置的查封物有轮候查封的情况下，对于查封物变价款清偿首封债权人后的剩余部分，不能径行返还被执行人，首封债权人和被执行人也无权自行或协商处理。首封法院有

---

① 参照《最高人民法院关于同一法院在不同案件中是否可以对同一财产采取轮候查封、扣押、冻结保全措施问题的答复》（〔2005〕执他字第24号）。答复主要内容为："江苏省高级人民法院：你院关于同一法院在不同案件中是否可以对同一财产采取轮候查封、扣押、冻结保全措施的请示收悉。经研究，答复如下：设立轮候查封、扣押、冻结制度，目的是为了解决多个债权对同一执行标的物受偿的先后顺序问题。因此，根据最高人民法院《关于人民法院民事执行中查封、扣押、冻结财产的规定》第二十六条（2020年12月23日修正后为第二十四条，编者注）规定的精神，只要不是同一债权，不论是不是同一个债权人，受理案件的法院是不是同一个法院，都应当允许对已被查封、扣押、冻结的财产进行轮候查封、扣押、冻结；同一法院在不同案件中也可以对同一财产采取轮候查封、扣押、冻结保全措施。"

义务将相关处置情况告知变价款处置前已知的轮候查封法院，并将剩余变价款移交给轮候查封法院，由轮候查封法院依法处理；轮候查封法院案件尚在诉讼程序中的，应由首封处置法院予以留存，待审判确定后依法处理。

首封处置法院在明知拍卖标的物有轮候查封的情况下，违反上述义务，径行将剩余变价款退还被执行人的，构成执行错误。[①]

469. 【查封效力的消灭】

查封、扣押、冻结期限届满，人民法院未办理延期手续的，查封、扣押、冻结的效力消灭。

查封、扣押、冻结的财产已经被执行拍卖、变卖或者抵债的，查封、扣押、冻结的效力消灭。[②]

470. 【查封的解除】

有下列情形之一的，人民法院应当作出解除查封、扣押、冻结裁定，并送达申请执行人、被执行人或者案外人：

（一）查封、扣押、冻结案外人财产的；

（二）申请执行人撤回执行申请或者放弃债权的；

（三）查封、扣押、冻结的财产流拍或者变卖不成，申请执行人和其他执行债权人又不同意接受抵债，且对该财产又无法采取其他执行措施的；[③]

（四）债务已经清偿的；

（五）被执行人提供担保且申请执行人同意解除查封、扣押、冻结的；

（六）人民法院认为应当解除查封、扣押、冻结的其他情形。

解除以登记方式实施的查封、扣押、冻结的，应当向登记机

① 参照《最高人民法院关于正确处理轮候查封效力相关问题的通知》(法〔2022〕107 号)。

② 《最高人民法院关于人民法院民事执行中查封、扣押、冻结财产的规定》（法释〔2004〕15 号，2020 年 12 月 23 日修正）第二十七条。

③ 依据本规范第 551 条规定可采取其他措施的除外。

关发出协助执行通知书。①

471.【解封物品的发还】

人民法院解除对物品的查封、扣押措施的，除指定由被执行人保管的外，应当自解除查封、扣押措施之日起十日内将物品发还给所有人或交付人。

物品在人民法院查封、扣押期间，因自然损耗、折旧所造成的损失，由物品所有人或交付人自行负担，但法律另有规定的除外。②

472.【仲裁程序确权或分割查封财产不影响执行】

在执行中，被执行人通过仲裁程序将人民法院查封、扣押、冻结的财产确权或者分割给案外人的，不影响人民法院执行程序的进行。

案外人不服的，可以根据民事诉讼法第二百三十四条规定提出异议。③

第四节　财产处置

473.【财产变价的一般规定】

在执行程序中，被执行人的财产被查封、扣押、冻结后，人民法院应当及时进行拍卖、变卖或者采取其他执行措施。④

国家禁止自由买卖的物品，交有关单位按照国家规定的价格收购。⑤

---

① 《最高人民法院关于人民法院民事执行中查封、扣押、冻结财产的规定》（法释〔2004〕15号，2020年12月23日修正）第二十八条。

② 《最高人民法院关于执行款物管理工作的规定》（法发〔2017〕6号）第二十三条。

③ 《最高人民法院关于适用〈中华人民共和国民事诉讼法〉的解释》（法释〔2015〕5号，2022年3月22日修正）第四百七十七条。

④ 《最高人民法院关于人民法院民事执行中拍卖、变卖财产的规定》（法释〔2004〕16号，2020年12月23日修正）第一条。

⑤ 参照《中华人民共和国民事诉讼法》（2021年12月24日修正）第二百五十四条。

一、处置权

474.【处置权的原则规定】

对被执行的财产，人民法院非经查封、扣押、冻结不得处分。①

执行过程中，原则上应当由首先查封、扣押、冻结（以下简称查封）法院负责处分查封财产。②

475.【优先债权执行法院处置权的取得条件】

已进入其他法院执行程序的债权对查封财产有顺位在先的担保物权、优先权（该债权以下简称优先债权），自首先查封之日起已超过六十日，且首先查封法院就该查封财产尚未发布拍卖公告或者进入变卖程序的，优先债权执行法院可以要求将该查封财产移送执行。③

首先查封包括了诉讼保全过程中的查封。④

---

① 参照《最高人民法院关于适用〈中华人民共和国民事诉讼法〉的解释》（法释〔2015〕5号，2022年3月22日修正）第四百八十四条。

② 参照《最高人民法院关于首先查封法院与优先债权执行法院处分查封财产有关问题的批复》（法释〔2016〕6号）第一条。

③ 参照《最高人民法院关于首先查封法院与优先债权执行法院处分查封财产有关问题的批复》（法释〔2016〕6号）第一条。

④ 参照最高人民法院（2016）最高法执协5号执行协调决定书。其裁判摘要为：《最高人民法院关于首先查封法院与优先债权执行法院处分查封财产有关问题的批复》第一条规定："……已进入其他法院执行程序的债权对查封财产有顺位在先的担保物权、优先权（该债权以下简称优先债权），自首先查封之日起已超过60日，且首先查封法院就该查封财产尚未发布拍卖公告或者进入变卖程序的，优先债权执行法院可以要求将该查封财产移送执行。"其中，首先查封包括了诉讼保全过程中的查封。本案中，根据执行法院查明的事实和《最高人民法院关于首先查封法院与优先债权执行法院处分查封财产有关问题的批复》的规定，工行海口新华支行对"儋州领时国际"项目土地使用权及所附建筑物的优先债权为生效法律文书所确认且已进入执行程序。首先查封法院办理案件的债权人华夏银行青岛分行，在生效法律文书作出后，始终未申请强制执行，已经超过一年时间。海南省高级人民法院办理案件已经进入执行程序，申请执行人工行海口新华支行系争议不动产的抵押权人，对"儋州领时国际"项目土地使用权及所附建筑物的变价款享有优先受偿的权利，而且，查封财产位于海南省内，因此，由海南省高级人民法院负责对两地法院争议不动产的执行，更为妥当。

476.【商请与移送程序】

优先债权执行法院要求查封法院将查封财产移送执行的，应当出具商请移送执行函，并附确认优先债权的生效法律文书及案件情况说明。

首先查封法院应当在收到优先债权执行法院商请移送执行函之日起十五日内出具移送执行函，将查封财产移送优先债权执行法院执行，并告知当事人。移送执行函应当载明将查封财产移送执行及首先查封债权的相关情况[①]等内容。[②]

商请移送执行函及移送执行函参照《最高人民法院关于首先查封法院与优先债权执行法院处分查封财产有关问题的批复》所附样式制作。[③]

477.【处置权转移后的续封和处分】

查封财产移送执行后，继续查封由受移送法院负责。但距查封期限届满不足一个月的，首先查封法院应先行办理继续查封手续后再予移送。

优先债权执行法院在处分或继续查封[④]该财产时，可以持首先查封法院移送执行函办理相关手续，相关协助单位应当予以配合。[⑤]

478.【处置权转移后的变价款分配】

优先债权执行法院对移送的财产变价后，应当按照法律规定

---

① “相关情况”一般应当包括查封有效的起止日期，且移送时一般应附最后一次查封或续封手续的复印件。

② 参照《最高人民法院关于首先查封法院与优先债权执行法院处分查封财产有关问题的批复》（法释〔2016〕6号）第二条。

③ 参照《最高人民法院关于首先查封法院与优先债权执行法院处分查封财产有关问题的批复》（法释〔2016〕6号）附件1、附件2。

④ 执行法院在办理续行查封或者处分查封财产时，一般应在裁定或协助执行通知中载明首先查封和移送执行的事实，并注明有关法律文书的文号。

⑤ 参照《最高人民法院关于首先查封法院与优先债权执行法院处分查封财产有关问题的批复》（法释〔2016〕6号）第三条第一款。

的清偿顺序分配，并将相关情况告知首先查封法院。[①]

在分配程序中，首先查封债权受偿顺位不因财产移送执行而改变。首先查封债权尚未经生效法律文书确认的，应当按照首先查封债权的清偿顺位，预留相应份额。[②]

479.【处置权争议的协调】

首先查封法院与优先债权执行法院就移送查封财产发生争议的，可以逐级报请双方共同的上级法院指定该财产的执行法院。

共同的上级法院根据首先查封债权所处的诉讼阶段、查封财产的种类及所在地、各债权数额与查封财产价值之间的关系等案件具体情况，认为由首先查封法院执行更为妥当的，也可以决定由首先查封法院继续执行，但应当督促其在指定期限内处分查封财产。[③]

480.【保全法院与在先轮候查封法院处置权的协调】

保全法院在首先采取查封、扣押、冻结措施后超过一年未对被保全财产进行处分的，除被保全财产系争议标的外，在先轮候查封、扣押、冻结的执行法院可以商请保全法院将被保全财产移送执行。但司法解释另有特别规定的，适用其规定。

保全法院与在先轮候查封、扣押、冻结的执行法院就移送被保全财产发生争议的，可以逐级报请共同的上级法院指定该财产的执行法院。

共同的上级法院应当根据被保全财产的种类及所在地、各债权数额与被保全财产价值之间的关系等案件具体情况指定执行法

---

① 《最高人民法院关于首先查封法院与优先债权执行法院处分查封财产有关问题的批复》（法释〔2016〕6号）第三条第二款。

② 参照《最高人民法院关于首先查封法院与优先债权执行法院处分查封财产有关问题的批复》（法释〔2016〕6号）第三条第三款。

③ 《最高人民法院关于首先查封法院与优先债权执行法院处分查封财产有关问题的批复》（法释〔2016〕6号）第四条。

院，并督促其在指定期限内处分被保全财产。①

二、确定财产处置参考价

481.【启动确定处置参考价程序的期限】

人民法院查封、扣押、冻结财产后，对需要拍卖、变卖的财产，应当在三十日内启动确定财产处置参考价程序。②

482.【确定处置参考价的方式】

人民法院确定财产处置参考价，可以采取当事人议价、定向询价、网络询价、委托评估等方式。③

在确定财产处置参考价过程中，人民法院应当依法履行监督职责，发现当事人、竞拍人与相关机构、人员恶意串通压低参考价的，应当及时查处和纠正。④

对于财产价值较低或者价格依照通常方法容易确定的，可以不通过议价、询价、评估的方式确定处置参考价。⑤

483.【确定参考价前的准备】

人民法院确定参考价前，应当查明财产的权属、权利负担、占有使用、欠缴税费、质量瑕疵等事项。

人民法院查明前款规定事项需要当事人、有关单位或者个人提供相关资料的，可以通知其提交；拒不提交的，可以强制提取；对妨碍强制提取的，参照民事诉讼法第一百一十四条、第一百一十七条的规定处理。

---

① 《最高人民法院关于人民法院办理财产保全案件若干问题的规定》（法释〔2016〕22号，2020年12月23日修正）第二十一条。

② 《最高人民法院关于人民法院确定财产处置参考价若干问题的规定》（法释〔2018〕15号）第一条。

③ 《最高人民法院关于人民法院确定财产处置参考价若干问题的规定》（法释〔2018〕15号）第二条。

④ 参照《最高人民法院关于在执行工作中进一步强化善意文明执行理念的意见》（法发〔2019〕35号）第8条。

⑤ 参照《最高人民法院关于人民法院民事执行中拍卖、变卖财产的规定》（法释〔2004〕16号，2020年12月23日修正）第四条第一款。

查明本条第1款规定事项需要审计、鉴定的，人民法院可以先行审计、鉴定。[①]

484.【当事人议价】

采取当事人议价方式确定参考价的，除一方当事人拒绝议价或者下落不明外，人民法院应当以适当的方式通知或者组织当事人进行协商，当事人应当在指定期限内提交议价结果。

双方当事人提交的议价结果一致，且不损害他人合法权益的，议价结果为参考价。[②]

485.【定向询价条件】

当事人议价不能或者不成，且财产有计税基准价、政府定价或者政府指导价的，人民法院应当向确定参考价时财产所在地的有关机构进行定向询价。

双方当事人一致要求直接进行定向询价，且财产有计税基准价、政府定价或者政府指导价的，人民法院应当准许。[③]

486.【定向询价程序】

采取定向询价方式确定参考价的，人民法院应当向有关机构出具询价函，询价函应当载明询价要求、完成期限等内容。

接受定向询价的机构在指定期限内出具的询价结果为参考价。[④]

487.【网络询价条件】

定向询价不能或者不成，财产无需由专业人员现场勘验或者鉴定，且具备网络询价条件的，人民法院应当通过司法网络询价

① 《最高人民法院关于人民法院确定财产处置参考价若干问题的规定》（法释〔2018〕15号）第三条。

② 《最高人民法院关于人民法院确定财产处置参考价若干问题的规定》（法释〔2018〕15号）第四条。

③ 《最高人民法院关于人民法院确定财产处置参考价若干问题的规定》（法释〔2018〕15号）第五条。

④ 《最高人民法院关于人民法院确定财产处置参考价若干问题的规定》（法释〔2018〕15号）第六条。

平台进行网络询价。

双方当事人一致要求或者同意直接进行网络询价，财产无需由专业人员现场勘验或者鉴定，且具备网络询价条件的，人民法院应当准许。①

488.【网络询价平台】

最高人民法院建立全国性司法网络询价平台名单库。

司法网络询价平台应当同时符合下列条件：

（一）具备能够依法开展互联网信息服务工作的资质；

（二）能够合法获取并整合全国各地区同种类财产一定时期的既往成交价、政府定价、政府指导价或者市场公开交易价等不少于三类价格数据，并保证数据真实、准确；

（三）能够根据数据化财产特征，运用一定的运算规则对市场既往交易价格、交易趋势予以分析；

（四）程序运行规范、系统安全高效、服务质优价廉；

（五）能够全程记载数据的分析过程，将形成的电子数据完整保存不少于十年，但法律、行政法规、司法解释另有规定的除外。②

489.【网络询价平台的选定、评审和除名】

最高人民法院组成专门的评审委员会，负责司法网络询价平台的选定、评审和除名。每年引入权威第三方对已纳入和新申请纳入名单库的司法网络询价平台予以评审并公布结果。

司法网络询价平台具有下列情形之一的，应当将其从名单库中除名：

（一）无正当理由拒绝进行网络询价；

（二）无正当理由一年内累计五次未按期完成网络询价；

---

① 《最高人民法院关于人民法院确定财产处置参考价若干问题的规定》（法释〔2018〕15号）第七条。

② 《最高人民法院关于人民法院确定财产处置参考价若干问题的规定》（法释〔2018〕15号）第八条。

（三）存在恶意串通、弄虚作假、泄露保密信息等行为；

（四）经权威第三方评审认定不符合提供网络询价服务条件；

（五）存在其他违反询价规则以及法律、行政法规、司法解释规定的情形。

司法网络询价平台被除名后，五年内不得被纳入名单库。①

490.【网络询价程序】

采取网络询价方式确定参考价的，人民法院应当同时向名单库中的全部司法网络询价平台发出网络询价委托书。网络询价委托书应当载明财产名称、物理特征、规格数量、目的要求、完成期限以及其他需要明确的内容等。②

491.【网络询价报告】

司法网络询价平台应当在收到人民法院网络询价委托书之日起三日内出具网络询价报告。网络询价报告应当载明财产的基本情况、参照样本、计算方法、询价结果及有效期等内容。

司法网络询价平台不能在期限内完成询价的，应当在期限届满前申请延长期限。全部司法网络询价平台均未能在期限内出具询价结果的，人民法院应当根据各司法网络询价平台的延期申请延期三日；部分司法网络询价平台在期限内出具网络询价结果的，人民法院对其他司法网络询价平台的延期申请不予准许。

全部司法网络询价平台均未在期限内出具或者补正网络询价报告，且未按照规定申请延长期限的，人民法院应当委托评估机构进行评估。

人民法院未在网络询价结果有效期内发布一拍拍卖公告或者直接进入变卖程序的，应当通知司法网络询价平台在三日内重新

① 《最高人民法院关于人民法院确定财产处置参考价若干问题的规定》（法释〔2018〕15号）第九条。

② 《最高人民法院关于人民法院确定财产处置参考价若干问题的规定》（法释〔2018〕15号）第十条。

出具网络询价报告。[①]

492.【网络询价报告补正】

人民法院应当对网络询价报告进行审查。网络询价报告均存在财产基本信息错误、超出财产范围或者遗漏财产等情形的，应当通知司法网络询价平台在三日内予以补正；部分网络询价报告不存在上述情形的，无需通知其他司法网络询价平台补正。[②]

定向询价结果严重偏离市场价格的，可以进行适当修正。[③]

493.【网络询价报告使用】

全部司法网络询价平台均在期限内出具询价结果或者补正结果的，人民法院应当以全部司法网络询价平台出具结果的平均值为参考价；部分司法网络询价平台在期限内出具询价结果或者补正结果的，人民法院应当以该部分司法网络询价平台出具结果的平均值为参考价。

当事人、利害关系人依据本规范第 511 条的规定对全部网络询价报告均提出异议，且所提异议被驳回或者司法网络询价平台已作出补正的，人民法院应当以异议被驳回或者已作出补正的各司法网络询价平台出具结果的平均值为参考价；对部分网络询价报告提出异议的，人民法院应当以网络询价报告未被提出异议的各司法网络询价平台出具结果的平均值为参考价。[④]

494.【委托评估情形】

法律、行政法规规定必须委托评估、双方当事人要求委托评估或者网络询价不能或不成的，人民法院应当委托评估机构进行

---

① 《最高人民法院关于人民法院确定财产处置参考价若干问题的规定》（法释〔2018〕15 号）第十一条。

② 《最高人民法院关于人民法院确定财产处置参考价若干问题的规定》（法释〔2018〕15 号）第十二条。

③ 参照《最高人民法院关于在执行工作中进一步强化善意文明执行理念的意见》（法发〔2019〕35 号）第 8 条。

④ 参照《最高人民法院关于人民法院确定财产处置参考价若干问题的规定》（法释〔2018〕15 号）第十三条。

评估。[①]

具有下列情形之一，人民法院应当委托评估机构进行评估：

（一）涉及国有资产或者公共利益等事项的；

（二）企业国有资产法、公司法、合伙企业法、证券法、拍卖法、公路法等法律、行政法规规定必须委托评估的；

（三）双方当事人要求委托评估的；

（四）司法网络询价平台不能或者在期限内均未出具网络询价结果的；

（五）法律、法规有明确规定的。[②]

495.【评估机构名单库】

最高人民法院根据全国性评估行业协会推荐的评估机构名单建立人民法院司法评估机构名单库。按评估专业领域和评估机构的执业范围建立名单分库，在分库下根据行政区划设省、市两级名单子库。

评估机构无正当理由拒绝进行司法评估或者存在弄虚作假等情形的，最高人民法院可以商全国性评估行业协会将其从名单库中除名；除名后五年内不得被纳入名单库。[③]

496.【选定评估机构】

委托评估的，人民法院应当通知双方当事人在指定期间内从人民法院指定的名单分库中协商确定三家评估机构及顺序。

---

① 《最高人民法院关于人民法院确定财产处置参考价若干问题的规定》（法释〔2018〕15号）第十四条。

② 《人民法院委托评估工作规范》（法办〔2018〕273号）第九条第五项。

③ 《最高人民法院关于人民法院确定财产处置参考价若干问题的规定》（法释〔2018〕15号）第十五条。《人民法院委托评估工作规范》（法办〔2018〕273号）第八条规定："最高人民法院建设全国法院询价评估系统（以下简称询价评估系统），各全国性评估行业协会建设本协会全国司法评估管理系统/平台（以下简称评估管理系统/平台），询价评估系统与评估管理系统/平台，通过最高人民法院与各全国性评估行业协会之间专线进行对接，实现对推荐入选名单库的评估机构及其评估专业人员和收费标准的信息共享，以及最高人民法院与各全国性评估行业协会、人民法院与评估机构之间委托评估数据和相关材料的传输。"

双方当事人未在人民法院指定的期间内，在名单分库中一致确定三家评估机构及顺序，或者因一方当事人下落不明无法进行协商的，人民法院应当及时在询价评估系统中采取摇号方式随机确定三家评估机构及顺序。财产所在地设有市级名单子库的，应当在市级名单子库中随机确定；财产所在地未设市级名单子库，但设有省级名单子库的，应当在省级名单子库中随机确定；财产所在地未设名单子库的，应当根据财产类型，在名单分库中随机确定。①

双方当事人一致要求在同一名单子库中随机确定的，人民法院应当准许。②

最高人民法院应当将当事人协商或者通过摇号方式确定的评估机构名称在中国执行信息公开网上进行公示。③

497.【发送评估委托书】

评估机构确定后，人民法院应当及时通过询价评估系统向顺序在先的评估机构发送评估委托书，评估委托书应当附财产清单。

人民法院应当按照《人民法院委托评估工作规范》附件中列明的各项评估需要提供的材料清单，将查明的材料扫描上传至询价评估系统。该规范附件评估材料清单中列明的委托评估必须提供的材料，人民法院未能调取到或实际不存在的，应当在评估委托书中注明。图纸、账册等无法扫描的，人民法院应当在评估委托书中注明。④

评估委托书应当载明财产名称、物理特征、规格数量、目的

---

① 《人民法院委托评估工作规范》（法办〔2018〕273 号）第十条。

② 参照《最高人民法院关于人民法院确定财产处置参考价若干问题的规定》（法释〔2018〕15 号）第十六条。

③ 《人民法院委托评估工作规范》（法办〔2018〕273 号）第十一条。

④ 参照《人民法院委托评估工作规范》（法办〔2018〕273 号）第十二条。

要求、完成期限以及其他需要明确的内容等。①

498.【评估机构接收委托】

评估机构应当及时通过系统接收人民法院的评估委托书。

人民法院通过询价评估系统向评估机构成功发出评估委托书后，评估机构三个工作日内未接收的，人民法院应当通知评估机构接收，全国性评估行业协会应当督促评估机构接收。评估机构接到通知后三个工作日内仍未接收的，人民法院应当撤回对该评估机构的委托，并另行委托下一顺序的评估机构重新进行评估。②

499.【评估机构不承接委托的情形及处理】

评估机构接收人民法院评估委托书后，认为有下列情形之一的，应当在三个工作日内向人民法院说明情况，提出不承接委托评估申请：

（一）其与当事人或者评估财产有利害关系；

（二）已办理注销登记或者被市场监管部门吊销营业执照；

（三）依法不能进行评估的其他情形。

人民法院经审查，认为评估机构申请不承接委托评估的理由成立的，应当在三日内撤回对该评估机构的委托，并另行委托下一顺序的评估机构重新进行评估；认为评估机构申请不承接委托评估的理由不成立的，应当在三日内通知评估机构。

评估机构未在规定期限内向人民法院提出不承接委托评估申请的，视为接受委托。③

500.【均不承接委托评估的处理】

最高人民法院应当将评估机构不承接委托评估的理由进行公开。

当事人协商或者通过摇号方式确定的三家评估机构不承接委

① 参照《最高人民法院关于人民法院确定财产处置参考价若干问题的规定》（法释〔2018〕15号）第十七条第一款。

② 《人民法院委托评估工作规范》（法办〔2018〕273号）第十三条。

③ 《人民法院委托评估工作规范》（法办〔2018〕273号）第十四条。

托评估的理由均成立的，人民法院应当通过原方式重新确定评估机构；当事人不能协商确定三家评估机构的，人民法院应当通过摇号方式确定。①

501.【交付评估材料】

评估机构接受委托或者其不承接委托评估的理由不成立的，人民法院应当将扫描上传至询价评估系统的材料发送给评估机构；图纸、账册等材料无法扫描的，应当及时邮寄或者直接交付给评估机构。②

502.【确定评估人员】

评估机构收到评估委托书和相关材料后，应当及时确定评估专业人员，并通过系统将评估专业人员的信息发送给人民法院。

因违反资产评估法或者评估行业监督管理办法被有关部门处罚不满一年，以及与当事人或者评估财产有利害关系的评估专业人员，不得参与司法委托评估工作。③

503.【现场勘验】

评估机构确定评估专业人员后，应当及时开展评估工作。

需要现场勘验的，评估机构应当及时通知人民法院组织进行。④

评估需要进行现场勘验的，人民法院应当通知当事人到场；当事人不到场的，不影响勘验的进行，但应当有见证人见证。现场勘验需要当事人、协助义务人配合的，人民法院依法责令其配合；不予配合的，可以依法强制进行。⑤

504.【补充评估材料】

人民法院未按《人民法院委托评估工作规范》附件中列明的

---

① 《人民法院委托评估工作规范》（法办〔2018〕273号）第十五条。

② 《人民法院委托评估工作规范》（法办〔2018〕273号）第十六条。

③ 《人民法院委托评估工作规范》（法办〔2018〕273号）第十七条。

④ 《人民法院委托评估工作规范》（法办〔2018〕273号）第十八条。

⑤ 《最高人民法院关于人民法院确定财产处置参考价若干问题的规定》（法释〔2018〕15号）第十八条。

委托评估需要提供的材料清单提供全部材料，评估机构认为无法进行评估或者影响评估结果的，应当及时告知人民法院。人民法院应当告知当事人，并要求当事人提供材料或材料线索。

当事人不提供或未能提供，以及根据当事人提供的材料线索无法提取到相关材料的，人民法院应当通知评估机构根据现有材料进行评估，并告知当事人因缺乏材料可能影响评估结果的风险。①

505.【评估报告内容和期限】

评估机构应在收到评估委托书和相关材料后三十日内出具评估报告，评估报告应当载明评估财产的基本情况、评估方法、评估标准、评估结果及有效期等内容。人民法院决定暂缓或者裁定中止执行的期间，应当从前述期限中扣除。

评估报告通过系统发送给人民法院。人民法院通过询价评估系统发送委托评估材料的，询价评估系统提示成功发送的时间为评估机构收到的时间；人民法院邮寄或者直接交付委托评估材料的，以评估机构签收的时间为收到时间。②

506.【评估延期处理】

评估机构认为不能在期限内出具评估报告的，应当在期限届满五日前通过系统向人民法院发送书面的延期申请。申请书中应当说明不能按期完成评估的原因，以及申请延长的期限，但期限不得超过十五日。

人民法院收到评估机构的延期申请后，应当在三日内决定是否延期，并通过系统通知评估机构。决定延期的，应当确定延长的期限；决定不延期的，应当说明理由。

评估机构在人民法院确定的延长期限内，仍不能出具评估报

---

① 参照《人民法院委托评估工作规范》（法办〔2018〕273 号）第十九条。

② 参照《最高人民法院关于人民法院确定财产处置参考价若干问题的规定》（法释〔2018〕15 号）第十七条第二款、第十九条第一款，以及《人民法院委托评估工作规范》（法办〔2018〕273 号）第二十条。

告的，应当按照本条第1款的要求向人民法院再次提出一次延期申请。对于评估机构的延期申请，人民法院应当按照本条第2款的要求办理。①

507.【评估逾期处理】

评估机构未在收到评估委托书和相关材料后三十日内或者未在人民法院确定的第一次延长期限内出具评估报告，亦不向人民法院申请延期的，人民法院应当撤回对该评估机构的委托，告知其在三日内退回委托评估的材料，并另行委托下一顺序的评估机构重新进行评估。②

508.【审查评估报告】

人民法院应当对评估报告进行审查。具有下列情形之一的，应当责令评估机构在三日内予以书面说明或者补正：

（一）财产基本信息错误；

（二）超出财产范围或者遗漏财产；

（三）选定的评估机构与评估报告上签章的评估机构不符；

（四）评估人员执业资格证明与评估报告上署名的人员不符；

（五）具有其他应当书面说明或者补正的情形。③

509.【通知说明或补正】

人民法院认为评估报告具有本规范第508条规定的情形之一的，应当通过系统向评估机构发出通知书，要求评估机构在三日内予以说明或者补正。通知书应当载明评估报告存在的问题，需要说明或者补正的事项。

---

① 《人民法院委托评估工作规范》（法办〔2018〕273号）第二十一条，参照《最高人民法院关于人民法院确定财产处置参考价若干问题的规定》（法释〔2018〕15号）第十九条第二款。

② 《人民法院委托评估工作规范》（法办〔2018〕273号）第二十二条，参照《最高人民法院关于人民法院确定财产处置参考价若干问题的规定》（法释〔2018〕15号）第十九条第三款。

③ 《最高人民法院关于人民法院确定财产处置参考价若干问题的规定》（法释〔2018〕15号）第二十条。

评估机构未在期限内按照人民法院的要求进行说明或者补正的，人民法院应当通知该评估机构在三日内退回委托评估的材料，并另行委托下一顺序的评估机构重新进行评估。①

510.【发送报告】

人民法院收到定向询价、网络询价、委托评估、说明补正等报告后，应当在三日内发送给当事人及利害关系人。

当事人、利害关系人已提供有效送达地址的，人民法院应当将报告以直接送达、留置送达、委托送达、邮寄送达或者电子送达的方式送达；当事人、利害关系人下落不明或者无法获取其有效送达地址，人民法院无法按照前述规定送达的，应当在中国执行信息公开网上予以公示，公示满十五日即视为收到。②

511.【异议处理方法一】

当事人、利害关系人认为网络询价报告或者评估报告具有下列情形之一的，可以在收到报告后五日内提出书面异议：

（一）财产基本信息错误；

（二）超出财产范围或者遗漏财产；

（三）评估机构或者评估人员不具备相应评估资质；

（四）评估程序严重违法。

对当事人、利害关系人依据前款规定提出的书面异议，人民法院应当参照民事诉讼法第二百三十二条的规定处理。③

512.【异议处理方法二】

当事人、利害关系人认为评估报告存在本规范第 511 条第 1 款第 1 项、第 2 项情形，在收到评估报告后五日内提出书面异议，人民法院经审查，裁定异议成立的，人民法院应当在三日内

① 参照《人民法院委托评估工作规范》（法办〔2018〕273 号）第二十三条。

② 《最高人民法院关于人民法院确定财产处置参考价若干问题的规定》（法释〔2018〕15 号）第二十一条。

③ 参照《最高人民法院关于人民法院确定财产处置参考价若干问题的规定》（法释〔2018〕15 号）第二十二条。

交评估机构予以书面说明或者补正。评估机构在五日内未作说明或者补正的，人民法院应当撤回对该评估机构的委托，告知其在三日内退回委托评估的材料，并另行委托下一顺序的评估机构重新进行评估。①

当事人、利害关系人认为评估报告存在本规范第 511 条第 1 款第 3 项、第 4 项情形，在收到评估报告后五日内提出书面异议，人民法院经审查，裁定异议成立的，人民法院应当通知该评估机构在三日内退回委托评估的材料，并另行委托下一顺序的评估机构进行评估。②

513.【异议处理方法三】

当事人、利害关系人收到评估报告后五日内对评估报告的参照标准、计算方法或者评估结果等提出书面异议的，人民法院应当在三日内交评估机构予以书面说明。评估机构在五日内未作说明或者当事人、利害关系人对作出的说明仍有异议的，人民法院应当交该评估机构所属全国性评估行业协会组织进行专业技术评审。全国性评估行业协会可以根据实际情况，指定省级评估行业协会进行专业技术评审。

省级评估行业协会或者全国性行业协会应当在人民法院指定的期限内出具评审意见。

人民法院根据专业技术评审出具的结论认定评估结果或者责令原评估机构予以补正。③

514.【异议处理方法四】

当事人、利害关系人提出本规范第 513 条规定的异议，同时涉及本规范第 511 条第 1 款第 1 项、第 2 项情形的，按照本规范

---

① 参照《人民法院委托评估工作规范》（法办〔2018〕273 号）第二十五条。

② 参照《人民法院委托评估工作规范》（法办〔2018〕273 号）第二十六条。

③ 参照《最高人民法院关于人民法院确定财产处置参考价若干问题的规定》（法释〔2018〕15 号）第二十三条第一款，《人民法院委托评估工作规范》（法办〔2018〕273 号）第二十七条。

第 513 条规定处理；同时涉及本规范第 511 条第 1 款第 3 项、第 4 项情形的，按照本规范第 511 条第 2 款先对第 3 项、第 4 项情形审查，异议成立的，应当通知评估机构三日内将人民法院委托评估时移交的材料退回，另行委托下一顺序的评估机构重新进行评估；异议不成立的，按照前条规定处理。①

515. 【异议处理方法五】

被执行人认为网络询价或评估价过低，申请以不低于网络询价或评估价自行变卖查封财产清偿债务的，人民法院经审查认为不存在被执行人与他人恶意串通低价处置财产情形的，可以监督其在一定期限内进行变卖。

被执行人依照前款规定申请自行变卖，经人民法院准许后，又依照本规范第 511 条、第 512 条、第 513 条、第 514 条规定向人民法院提起异议的，不予受理；被执行人就网络询价或评估价提起异议后，又依照前款规定申请自行变卖的，不应准许。②

516. 【逾期异议处理】

当事人、利害关系人未在本规范第 511 条、第 513 条规定的期限内提出异议或者对网络询价平台、评估机构、行业协会按照本规范第 511 条、第 512 条、第 513 条、第 514 条所作的补正说明、专业技术评审结论提出异议的，人民法院不予受理。

当事人、利害关系人对议价或者定向询价提出异议的，人民法院不予受理。③

517. 【异议的执行监督】

当事人、利害关系人有证据证明具有下列情形之一，且在发布一拍拍卖公告或者直接进入变卖程序之前提出异议的，人民法

---

① 参照《最高人民法院关于人民法院确定财产处置参考价若干问题的规定》（法释〔2018〕15 号）第二十三条第二款。

② 参照《最高人民法院关于在执行工作中进一步强化善意文明执行理念的意见》（法发〔2019〕35 号）第 9 条第 1 款第 3 项、第 2 款。

③ 参照《最高人民法院关于人民法院确定财产处置参考价若干问题的规定》（法释〔2018〕15 号）第二十四条。

院应当按照执行监督程序进行审查处理：

（一）议价中存在欺诈、胁迫情形；

（二）恶意串通损害第三人利益；

（三）有关机构出具虚假定向询价结果；

（四）依照本规范第511条、第512条、第513条、第514条作出的处理结果确有错误。[①]

518.【确定处置参考价】

当事人、利害关系人对评估报告未提出异议、所提异议被驳回或者评估机构已作出补正的，人民法院应当以评估结果或者补正结果为参考价；当事人、利害关系人对评估报告提出的异议成立的，人民法院应当以评估机构作出的补正结果或者重新作出的评估结果为参考价。专业技术评审对评估报告未作出否定结论的，人民法院应当以该评估结果为参考价。[②]

519.【参考依据的有效期】

司法网络询价平台、评估机构应当确定网络询价或者委托评估结果的有效期，有效期最长不得超过一年。

当事人议价的，可以自行协商确定议价结果的有效期，但不得超过前款规定的期限；定向询价结果的有效期，参照前款规定确定。

人民法院在议价、询价、评估结果有效期内发布一拍拍卖公告或者直接进入变卖程序，拍卖、变卖时未超过有效期六个月的，无需重新确定参考价，但法律、行政法规、司法解释另有规定的除外。[③]

---

① 参照《最高人民法院关于人民法院确定财产处置参考价若干问题的规定》（法释〔2018〕15号）第二十五条。

② 《最高人民法院关于人民法院确定财产处置参考价若干问题的规定》（法释〔2018〕15号）第二十六条。

③ 《最高人民法院关于人民法院确定财产处置参考价若干问题的规定》（法释〔2018〕15号）第二十七条。

520.【评估报告过期处理】

人民法院未在评估结果有效期内发布一拍拍卖公告或者直接进入变卖程序的，应当通知原评估机构在十五日内重新出具评估报告。①

521.【暂缓询价或评估】

具有下列情形之一的，人民法院应当决定暂缓网络询价或者委托评估：

（一）案件暂缓执行或者中止执行；

（二）评估材料与事实严重不符，可能影响评估结果，需要重新调查核实；

（三）人民法院认为应当暂缓的其他情形。②

人民法院依据前款决定暂缓委托评估的，应当通过系统向评估机构发送暂缓委托评估通知书。暂缓情形消失后，人民法院应当及时通过系统向评估机构发送恢复委托评估通知书。③

522.【撤回询价或评估】

具有下列情形之一的，人民法院应当撤回网络询价或者委托评估：

（一）申请执行人撤回执行申请；

（二）生效法律文书确定的义务已全部执行完毕；

（三）据以执行的生效法律文书被撤销或者被裁定不予执行；

（四）人民法院认为应当撤回的其他情形。

人民法院决定网络询价或者委托评估后，双方当事人议价确定参考价或者协商不再对财产进行变价处理的，人民法院可以撤

---

① 《最高人民法院关于人民法院确定财产处置参考价若干问题的规定》（法释〔2018〕15号）第十九条第四款。

② 《最高人民法院关于人民法院确定财产处置参考价若干问题的规定》（法释〔2018〕15号）第二十八条。

③ 参照《人民法院委托评估工作规范》（法办〔2018〕273号）第二十八条。

回网络询价或者委托评估。[①]

人民法院撤回委托评估的，应当通过系统及时向评估机构发送撤回委托评估通知书。通知书应当载明撤回委托评估的原因，以及指定期限要求评估机构出具因评估已实际支出费用的说明，并附相关凭证。[②]

523.【网络询价费用】

人民法院委托司法网络询价平台进行网络询价的，网络询价费用应当按次计付给出具网络询价结果与财产处置成交价最接近的司法网络询价平台；多家司法网络询价平台出具的网络询价结果相同或者与财产处置成交价差距相同的，网络询价费用平均分配。

人民法院依照本规范第491条第3款规定委托评估机构进行评估或者依照本规范第522条规定撤回网络询价的，对司法网络询价平台不计付费用。[③]

524.【委托评估费用】

人民法院委托评估机构进行评估，财产处置未成交的，按照评估机构合理的实际支出计付费用；财产处置成交价高于评估价的，以评估价为基准计付费用[④]；财产处置成交价低于评估价的，以财产处置成交价为基准计付费用。

人民法院依照本规范第522条规定撤回委托评估的，按照评估机构合理的实际支出计付费用；人民法院通知原评估机构重新出具评估报告的，按照前款规定的百分之三十计付费用。

---

① 《最高人民法院关于人民法院确定财产处置参考价若干问题的规定》（法释〔2018〕15号）第二十九条。

② 参照《人民法院委托评估工作规范》（法办〔2018〕273号）第二十九条。

③ 参照《最高人民法院关于人民法院确定财产处置参考价若干问题的规定》（法释〔2018〕15号）第三十一条。

④ 根据《人民法院委托评估工作规范》（法办〔2018〕273号）第三十条规定："评估机构应当按照其在所属全国性评估行业协会报备的收费标准，并依据参考价规定第三十二条的规定收取委托评估费用。"

人民法院另行委托评估机构重新进行评估的，对原评估机构不计付费用。①

525.【询价、评估费用支付及负担】

网络询价费及委托评估费由申请执行人先行垫付，由被执行人负担。②

评估机构应当根据评估报告中的评估价和在所属全国性评估行业协会报备的收费标准计算预估评估费，并出具预估评估费交纳通知书与评估报告一并提交给人民法院。人民法院应当按照预估评估费用的百分之五十通知申请执行人垫付。

人民法院应当将申请执行人交纳的评估费支付给评估机构，并注明实际评估费用按照本规范第 524 条的规定计算，多退少补。③

申请执行人通过签订保险合同的方式垫付网络询价费或者委托评估费的，保险人应当向人民法院出具担保书。担保书应当载明因申请执行人未垫付网络询价费或者委托评估费由保险人支付等内容，并附相关证据材料。④

申请执行人以签订保险合同的方式垫付评估费的，人民法院应当告知评估机构。⑤

526.【终止委托评估】

人民法院通过系统向评估机构成功发送退回委托评估材料的通知，即视为终止委托评估。

---

① 参照《最高人民法院关于人民法院确定财产处置参考价若干问题的规定》（法释〔2018〕15 号）第三十二条。

② 《最高人民法院关于人民法院确定财产处置参考价若干问题的规定》（法释〔2018〕15 号）第三十三条第一款。

③ 《人民法院委托评估工作规范》（法办〔2018〕273 号）第三十一条第一款、第二款规定。

④ 《最高人民法院关于人民法院确定财产处置参考价若干问题的规定》（法释〔2018〕15 号）第三十三条第二款。

⑤ 参照《人民法院委托评估工作规范》（法办〔2018〕273 号）第三十一条第二款。

评估机构是否接收前款规定的通知，以及是否退回委托评估的材料，不影响人民法院另行委托评估机构重新进行评估。

人民法院通过线下发送给评估机构的评估材料，评估机构未在期限内退回的，人民法院可以强制提取。对妨碍强制提取的，人民法院可以参照民事诉讼法第一百一十四条、第一百一十七条的规定处理。①

三、拍卖及流拍后的处理

527.【启动变价程序】

人民法院应当在参考价确定后十日内启动财产变价程序。拍卖的，参照参考价确定起拍价；直接变卖的，参照参考价确定变卖价。②

528.【拍卖优先原则】

人民法院对查封、扣押、冻结的财产进行变价处理时，应当首先采取拍卖的方式，但法律、司法解释另有规定③的除外。④

529.【网络拍卖优先原则】

人民法院以拍卖方式处置财产的，应当采取网络司法拍卖方式，但法律、行政法规和司法解释规定必须通过其他途径处置，或者不宜采用网络拍卖方式处置的除外。⑤

采用委托拍卖或其他方式对涉案财产进行变价的，应报经执行法院院领导审批。⑥

---

① 参照《人民法院委托评估工作规范》（法办〔2018〕273号）第三十二条。

② 《最高人民法院关于人民法院确定财产处置参考价若干问题的规定》（法释〔2018〕15号）第三十条。

③ 例如本规范第606条、第613条规定的情形。

④ 《最高人民法院关于人民法院民事执行中拍卖、变卖财产的规定》（法释〔2004〕16号，2020年12月23日修正）第二条。

⑤ 《最高人民法院关于人民法院网络司法拍卖若干问题的规定》（法释〔2016〕18号）第二条。

⑥ 参照《最高人民法院关于认真学习贯彻适用〈最高人民法院关于人民法院网络司法拍卖若干问题的规定〉的通知》（法〔2016〕431号）第二条第二项。

（一）拍卖的一般规则

530. 【拍卖机构选定】

人民法院拍卖被执行人财产，应当委托具有相应资质的拍卖机构进行，并对拍卖机构的拍卖进行监督，但法律、司法解释另有规定的除外。①

人民法院采用随机方式确定拍卖机构。②

人民法院选择拍卖机构，应当通知执行人员到场，视情况可邀请社会有关人员到场监督。③

人民法院选择拍卖机构，应当提前通知各方当事人到场；当事人不到场的，人民法院可将选择机构的情况，以书面形式送达当事人。④

531. 【拍卖活动监督】

人民法院对其委托的拍卖活动实行监督。出现下列情形之一，影响拍卖结果，侵害当事人合法利益的，人民法院将不再委托其从事委托拍卖工作。涉及违反法律法规的，依据有关规定处理：

（一）拍卖过程中弄虚作假、存在瑕疵；

（二）随机选定后无正当理由不能按时完成拍卖工作；

（三）其他有关情形。⑤

---

① 《最高人民法院关于人民法院民事执行中拍卖、变卖财产的规定》（法释〔2004〕16号，2020年12月23日修正）第三条。

② 参照《最高人民法院关于人民法院委托评估、拍卖工作的若干规定》（法释〔2011〕21号）第三条。

③ 参照《最高人民法院关于人民法院委托评估、拍卖和变卖工作的若干规定》（法释〔2009〕16号）第八条。

④ 参照《最高人民法院关于人民法院委托评估、拍卖和变卖工作的若干规定》（法释〔2009〕16号）第九条。

⑤ 参照《最高人民法院关于人民法院委托评估、拍卖工作的若干规定》（法释〔2011〕21号）第八条。

532. 【拍卖保留价的确定】

拍卖应当确定保留价。

拍卖财产经过评估的，评估价即为第一次拍卖的保留价；未作评估的，保留价由人民法院参照市价确定，并应当征询有关当事人的意见。

如果出现流拍，再行拍卖时，可以酌情降低保留价，但每次降低的数额不得超过前次保留价的百分之二十。①

533. 【无益拍卖】

保留价确定后，依据本次拍卖保留价计算，拍卖所得价款在清偿优先债权和强制执行费用后无剩余可能的，应当在实施拍卖前将有关情况通知申请执行人。申请执行人于收到通知后五日内申请继续拍卖的，人民法院应当准许，但应当重新确定保留价；重新确定的保留价应当大于该优先债权及强制执行费用的总额。

依照前款规定流拍的，拍卖费用由申请执行人负担。②

534. 【拍卖公告】

拍卖应当先期公告。③ 拍卖公告应当包括执行法院的名称和联系方式，拍卖财产的名称、种类、数量、已知瑕疵及其他情况，拍卖会的时间及场所，展示拍卖物的时间、地点，拍卖财产的评估价，竞买人资格和条件，保证金金额及缴纳方式，拍卖价款的交付期限，相关权利义务、法律责任，拍卖公司的名称和联系方式等需要公告的内容。

拍卖公告发布前，应当经执行法院审查核准。

535. 【拍卖财产信息的披露】

人民法院应当全面真实披露拍卖财产的现状、占有使用情

---

① 《最高人民法院关于人民法院民事执行中拍卖、变卖财产的规定》（法释〔2004〕16号，2020年12月23日修正）第五条。

② 《最高人民法院关于人民法院民事执行中拍卖、变卖财产的规定》（法释〔2004〕16号，2020年12月23日修正）第六条。

③ 《最高人民法院关于人民法院民事执行中拍卖、变卖财产的规定》（法释〔2004〕16号，2020年12月23日修正）第八条第一款。

况、附随义务、已知瑕疵和权利负担、竞买资格等事项，严禁故意隐瞒拍品瑕疵诱导竞买人竞拍，严禁故意夸大拍品瑕疵误导竞买人竞拍。拍卖财产为不动产且被执行人或他人无权占用的，人民法院应当依法负责腾退，不得在公示信息中载明“不负责腾退交付”等信息。①

536.【拍卖公告的发布】

拍卖动产的，应当在拍卖七日前公告；拍卖不动产或者其他财产权的，应当在拍卖十五日前公告。②

拍卖公告的范围及媒体由当事人双方协商确定；协商不成的，由人民法院确定。拍卖财产具有专业属性的，应当同时在专业性报纸上进行公告。当事人申请在其他新闻媒体上公告或者要求扩大公告范围的，应当准许，但该部分的公告费用由其自行承担。③

拍卖公告等相关拍卖信息应同步在“人民法院诉讼资产网”上发布。④

537.【保证金交纳】

拍卖不动产、其他财产权或者价值较高的动产的，竞买人应当于拍卖前向人民法院预交保证金。申请执行人参加竞买的，可以不预交保证金。保证金的数额由人民法院确定，但不得低于评估价或者市价的百分之五。

---

① 参照《最高人民法院关于在执行工作中进一步强化善意文明执行理念的意见》（法发〔2019〕35号）第10条。

② 《最高人民法院关于人民法院民事执行中拍卖、变卖财产的规定》（法释〔2004〕16号，2020年12月23日修正）第八条第二款。

③ 《最高人民法院关于人民法院民事执行中拍卖、变卖财产的规定》（法释〔2004〕16号，2020年12月23日修正）第九条。

④ 参照《最高人民法院关于人民法院委托评估、拍卖工作的若干规定》（法释〔2011〕21号）第五条，《最高人民法院办公厅〈关于做好“人民法院诉讼资产网”信息发布工作的通知〉》（法办〔2012〕19号）第二条。

应当预交保证金而未交纳的，不得参加竞买[①]。拍卖成交后，买受人预交的保证金充抵价款，其他竞买人预交的保证金应当在三日内退还；拍卖未成交的，保证金应当于三日内退还竞买人。[②]

538.【权利人通知】

人民法院应当在拍卖五日前[③]以书面或者其他能够确认收悉的适当方式，通知当事人和已知的担保物权人、优先购买权人[④]

---

① 执行程序中竞买人迟延交付部分保证金的，并不能当然否定竞拍资格及拍卖效力。参照《最高人民法院关于竞买人迟延交付部分保证金是否影响拍卖效力的答复》（〔2019〕最高法执他5号）。答复主要内容为："湖北省高级人民法院：你院（2017）鄂执复112号《关于胡某某申请执行复议一案的请示报告》收悉。经研究，提出以下意见：关于竞买人迟延交付部分保证金后又悔拍的，拍卖的效力如何确定的问题。执行程序中竞买人迟延交付部分保证金的，并不能当然否定竞拍资格及拍卖效力。你院应当围绕竞买人迟延缴纳部分竞买保证金是否损害当事人、其他竞买人合法权益，是否明显影响公平竞价及充分竞价等因素综合判断本案第一次拍卖效力。"

② 《最高人民法院关于人民法院民事执行中拍卖、变卖财产的规定》（法释〔2004〕16号，2020年12月23日修正）第十条。

③ 根据《中华人民共和国公司法》（2018年10月26日修正）第七十二条规定，人民法院对有优先购买权的其他股东应当至少提前二十天通知。

④ 涉及优先购买权的主要规定有：1.《中华人民共和国公司法》（2018年10月26日修正）第七十二条规定："人民法院依照法律规定的强制执行程序转让股东的股权时，应当通知公司及全体股东，其他股东在同等条件下有优先购买权。其他股东自人民法院通知之日起满二十日不行使优先购买权的，视为放弃优先购买权。"2.《中华人民共和国合伙企业法》（2006年8月27日修订）第二十三条规定："合伙人向合伙人以外的人转让其在合伙企业中的财产份额的，在同等条件下，其他合伙人有优先购买权。3.《中华人民共和国民法典》（2020年5月28日）第三百零五条规定："按份共有人可以转让其享有的共有的不动产或者动产份额。其他共有人在同等条件下享有优先购买的权利。"4.《中华人民共和国民法典》（2020年5月28日）第七百二十六条第一款规定："出租人出卖租赁房屋的，应当在出卖之前的合理期限内通知承租人，承租人享有以同等条件优先购买的权利；但是，房屋按份共有人行使优先购买权或者出租人将房屋出卖给近亲属的除外。"5.《中华人民共和国民法典》（2020年5月28日）第八百四十七条第一款规定："职务技术成果的使用权、转让权属于法人或者非法人组织的，法人或者非法人组织可以就该项职务技术成果订立技术合同。法人或者非法人组织订立技术合同转让职务技术成果时，职务技术成果的完成人享有以同等条件优先受让的权利。"6.《中华人民共和国民法典》（2020年5月28日）第八百五十九条第二款规定："研究开发人转让专利申请权的，委托人享有以同等条件优先受让的权利。"7.《中华人民共和国民法典》（2020年5月28日）第八百六十条第一款规定："合作开发完成的发明创造，申请专利的权利属于合作开发的当事人共有；当事人一方转让其共有的专利申请权的，其他各方享有以同等条件优先受让的权利。但是，当事人另有约定的除外。"8.《中华人民共和国城镇国有土地使用权出让和转让暂行条例》（2020年11月29日修订）第二十六条第一款规定："土地使用权转让价格明显低于市场价格的，市、县人民政府有优先购买权。"9.《国务院关于加强和改善文物工作的通知》（国发〔1997〕13号）第四条规定："国家对公民出售个人所有的传世珍贵文物有优先购买权。"

或者其他优先权人于拍卖日到场。

优先购买权人经通知未到场的，视为放弃优先购买权。[①]

539.【一般竞买人资格确定】

法律、行政法规对买受人的资格或者条件有特殊规定的，竞买人应当具备规定的资格或者条件。

申请执行人、被执行人可以参加竞买。[②]

540.【优先购买权人竞价规则】

拍卖过程中，有最高应价时，优先购买权人可以表示以该最高价买受，如无更高应价，则拍归优先购买权人；如有更高应价，而优先购买权人不作表示的，则拍归该应价最高的竞买人。

顺序相同的多个优先购买权人同时表示买受的，以抽签方式决定买受人。[③]

541.【变价款足够时剩余财产的拍卖】

拍卖多项财产时，其中部分财产卖得的价款足以清偿债务和支付被执行人应当负担的费用的，对剩余的财产应当停止拍卖，但被执行人同意继续拍卖的除外。[④]

542.【合并拍卖与分批次拍卖】

拍卖的多项财产在使用上不可分，或者分别拍卖可能严重减损其价值的，应当合并拍卖。[⑤]

同一类型的执行财产数量较多，被执行人认为分批次变价或者整体变价能够最大限度实现其价值的，人民法院可以准许。多

---

① 《最高人民法院关于人民法院民事执行中拍卖、变卖财产的规定》（法释〔2004〕16号，2020年12月23日修正）第十一条。

② 《最高人民法院关于人民法院民事执行中拍卖、变卖财产的规定》（法释〔2004〕16号，2020年12月23日修正）第十二条。

③ 《最高人民法院关于人民法院民事执行中拍卖、变卖财产的规定》（法释〔2004〕16号，2020年12月23日修正）第十三条。

④ 《最高人民法院关于人民法院民事执行中拍卖、变卖财产的规定》（法释〔2004〕16号，2020年12月23日修正）第十四条。

⑤ 《最高人民法院关于人民法院民事执行中拍卖、变卖财产的规定》（法释〔2004〕16号，2020年12月23日修正）第十五条。

项财产分别变价时，其中部分财产变价款足以清偿债务的，应当停止变价剩余财产，但被执行人同意全部变价的除外。①

543.【流拍后的抵债】

拍卖时无人竞买或者竞买人的最高应价低于保留价，到场的申请执行人或者其他执行债权人申请或者同意以该次拍卖所定的保留价接受拍卖财产的，应当将该财产交其抵债。

有两个以上执行债权人申请以拍卖财产抵债的，由法定受偿顺位在先的债权人优先承受；受偿顺位相同的，以抽签方式决定承受人。承受人应受清偿的债权额低于抵债财产的价额的，人民法院应当责令其在指定的期间内补交差额。②

544.【拍卖撤回】

在拍卖开始前，有下列情形之一的，人民法院应当撤回拍卖委托：

（一）据以执行的生效法律文书被撤销的；

（二）申请执行人及其他执行债权人撤回执行申请的；

（三）被执行人全部履行了法律文书确定的金钱债务；

（四）当事人达成了执行和解协议，不需要拍卖财产的；

（五）案外人对拍卖财产提出确有理由的异议；

（六）拍卖机构与竞买人恶意串通的；

（七）其他应当撤回拍卖的情形。③

545.【拍卖暂缓、中止】

人民法院委托拍卖后，遇有依法应当暂缓执行或者中止执行的情形的，应当决定暂缓执行或者裁定中止执行，并及时通知拍卖机构和当事人。拍卖机构收到通知后，应当立即停止拍卖，并

---

① 参照《最高人民法院关于在执行工作中进一步强化善意文明执行理念的意见》（法发〔2019〕35号）第11条。

② 《最高人民法院关于人民法院民事执行中拍卖、变卖财产的规定》（法释〔2004〕16号，2020年12月23日修正）第十六条。

③ 《最高人民法院关于人民法院民事执行中拍卖、变卖财产的规定》（法释〔2004〕16号，2020年12月23日修正）第十七条。

通知竞买人。

暂缓执行期限届满或者中止执行的事由消失后，需要继续拍卖的，人民法院应当在十五日内通知拍卖机构恢复拍卖。[①]

546. 【足额清偿后的拍卖停止】

被执行人在拍卖日之前向人民法院提交足额金钱清偿债务，要求停止拍卖，人民法院应当准许，但被执行人应当负担因拍卖支出的必要费用。[②]

547. 【余款支付】

拍卖成交后，买受人应当在拍卖公告确定的期限或者人民法院指定的期限内将价款交付到人民法院或者汇入人民法院指定的账户。[③]

548. 【重新拍卖及悔拍保证金处理】

拍卖成交或者以流拍的财产抵债后，买受人逾期未支付价款或者承受人逾期未补交差价而使拍卖、抵债的目的难以实现的，人民法院可以裁定重新拍卖，原买受人不得参加竞买。重新拍卖的，仍按原拍次进行。

重新拍卖的价款低于原拍卖价款造成的差价、费用损失及原拍卖中的佣金，由原买受人承担。人民法院可以直接从其预交的保证金中扣除。扣除后保证金有剩余的，应当退还原买受人；保

---

① 《最高人民法院关于人民法院民事执行中拍卖、变卖财产的规定》（法释〔2004〕16号，2020年12月23日修正）第十八条。

② 《最高人民法院关于人民法院民事执行中拍卖、变卖财产的规定》（法释〔2004〕16号，2020年12月23日修正）第十九条。

③ 《最高人民法院关于人民法院民事执行中拍卖、变卖财产的规定》（法释〔2004〕16号，2020年12月23日修正）第二十一条。

证金数额不足的，可以责令原买受人补交；拒不补交的，强制执行。[①]

549. 【再行拍卖】

拍卖时无人竞买或者竞买人的最高应价低于保留价，到场的申请执行人或者其他执行债权人不申请以该次拍卖所定的保留价抵债的，应当在六十日内再行拍卖。[②]

550. 【动产流拍的处理】

对于第二次拍卖仍流拍的动产，人民法院可以依照本规范第543条的规定将其作价交申请执行人或其他执行债权人抵债。申请执行人或者其他执行债权人拒绝接受抵债或者依法不能交付抵债的[③]，人民法院应当解除查封、扣押，并将该动产退还被执行人。[④]

551. 【不动产或其他财产权流拍的处理】

对于第二次拍卖仍流拍的不动产或者其他财产权，人民法院可以依照本规范第543条的规定将其作价交申请执行人或者其他执行债权人抵债。申请执行人或者其他执行债权人拒绝接受或者依法不能交付其抵债的，应当在六十日内进行第三次拍卖。

第三次拍卖流拍且申请执行人或者其他执行债权人拒绝接受

---

① 参照《最高人民法院关于人民法院民事执行中拍卖、变卖财产的规定》（法释〔2004〕16号，2020年12月23日修正）第二十二条。根据《最高人民法院关于竞买人逾期支付价款是否应重新拍卖的复函》（〔2006〕执监字第94-1号）的精神，本条的规定是为了促使买受人尽快支付价款、确保债权尽快实现。买受人虽然逾期支付拍卖价款，但已全部付清的，不应仅因其迟延付款而认定拍卖目的难以实现，拍卖效力应予维持。但买受人未按照约定支付价款，根据《中华人民共和国拍卖法》（2015年4月24日修正）第三十九条规定，应当承担相应的违约责任。

② 《最高人民法院关于人民法院民事执行中拍卖、变卖财产的规定》（法释〔2004〕16号，2020年12月23日修正）第二十三条。

③ 根据《最高人民法院关于适用〈中华人民共和国民事诉讼法〉的解释》（法释〔2015〕5号，2022年3月22日修正）第四百九十条规定，拍卖财产适宜管理的，可以交付给申请执行人管理。

④ 参照《最高人民法院关于人民法院民事执行中拍卖、变卖财产的规定》（法释〔2004〕16号，2020年12月23日修正）第二十四条。

或者依法不能接受该不动产或者其他财产权抵债的，人民法院应当于第三次拍卖终结之日起七日内发出变卖公告[①]。自公告之日起六十日内没有买受人愿意以第三次拍卖的保留价买受该财产，且申请执行人、其他执行债权人仍不表示接受该财产抵债的，应当解除查封、冻结，将该财产退还被执行人，但对该财产可以采取其他执行措施的除外。[②]

前款中所指的“其他执行措施”，可以包括强制管理，以及执行法院根据市场价格变化，重新启动（议价、询价、评估）拍卖程序，[③] 以及准许第三人以流拍价购买[④]等。[⑤]

552.【变价财产上权利负担的处理】

拍卖财产上原有的担保物权及其他优先受偿权，因拍卖而消灭，拍卖所得价款应当优先清偿担保物权人及其他优先受偿权人的债权，但当事人另有约定的除外。

拍卖财产上原有的租赁权及其他用益物权，不因拍卖而消灭，但该权利继续存在于拍卖财产上，对在先的担保物权或者其他优先受偿权的实现有影响的，人民法院应当依法将其除去后进行拍卖。[⑥]

---

① 关于变卖，本部分没有规定的，适用本节变卖部分规定。

② 参照《最高人民法院关于人民法院民事执行中拍卖、变卖财产的规定》（法释〔2004〕16号，2020年12月23日修正）第二十五条。

③ 参照《最高人民法院执行局关于“转变执行作风、规范执行行为”专项活动中若干问题的解答》［法（执）明传〔2014〕169号］第7问：“不动产经三次流拍，不能依法变卖或以物抵债的，执行法院可以根据市场价格变化，重新启动（评估）拍卖程序。”

④ 参照《最高人民法院关于在执行工作中进一步强化善意文明执行理念的意见》（法发〔2019〕35号）第9条第1款第4项规定：“财产经拍卖后流拍且执行债权人不接受抵债，第三人申请以流拍价购买的，可以准许。”

⑤ 参照最高人民法院执行局《关于“转变执行作风、规范执行行为”专项活动中若干问题的解答》［法（执）明传〔2014〕169号］第7问规定：“不动产经三次流拍，不能依法变卖或以物抵债的，执行法院可以根据市场价格变化，重新启动（评估）拍卖程序。”

⑥ 《最高人民法院关于人民法院民事执行中拍卖、变卖财产的规定》（法释〔2004〕16号，2020年12月23日修正）第二十八条。

553.【租赁的处理之一】

执行程序中，被执行人擅自出租查封财产的，不得对抗申请执行人。人民法院可以裁定解除承租人对该财产的占有，但不应当在裁定中直接宣布租赁合同无效或解除租赁合同。[①]

554.【租赁的处理之二】

租赁物在承租人按照租赁合同占有期限内发生所有权变动的，不影响租赁合同的效力。[②] 抵押权设立前，抵押财产已经出租并转移占有的，原租赁关系不受该抵押权的影响。[③]

承租人请求在租赁期内阻止向受让人移交占有被执行的不动产，在人民法院查封之前已签订合法有效的书面租赁合同并占有使用该不动产的，人民法院应予支持。

承租人与被执行人恶意串通，以明显不合理的低价承租被执行的不动产或者伪造交付租金证据的，对其提出的阻止移交占有

---

① 参照《最高人民法院关于人民法院能否在执行程序中以被执行人擅自出租查封房产为由认定该租赁合同无效或解除该租赁合同的答复》（〔2009〕执他字第7号）。答复主要内容为："山东省高级人民法院：你院《关于被执行人擅自出租已查封的财产执行程序中人民法院排除执行妨害能否认定该合同无效或解除租赁合同的请示》收悉。经研究，答复如下：在执行程序中被执行人擅自处分法院的查封物，包括本案中以出租的形式妨害查封效果的行为，执行法院有权以裁定形式执结予以处理。根据《最高人民法院关于人民法院执行中查封、扣押、冻结财产的规定》第26条（2020年12月23日修正后为第二十四条，编者注），被执行人擅自处分查封物，与第三人签订的租赁合同，并不当然无效，只是不得对抗申请执行人。第三人依据租赁合同占有查封物的，人民法院可以解除其占有，但不应当在裁定中直接宣布租赁合同无效或解除租赁合同，而仅应指出租赁合同不能对抗申请执行人。"

② 《中华人民共和国民法典》（2020年5月28日）第七百二十五条。

③ 《中华人民共和国民法典》（2020年5月28日）第四百零五条。

的请求，人民法院不予支持。[1]

555.【拍卖佣金和费用】

拍卖成交的，拍卖机构可以按照下列比例向买受人收取佣金：

拍卖成交价二百万元以下的，收取佣金的比例不得超过百分之五；超过二百万元至一千万元的部分，不得超过百分之三；超过一千万元至五千万元的部分，不得超过百分之二；超过五千万元至一亿元的部分，不得超过百分之一；超过一亿元的部分，不得超过百分之零点五。

拍卖未成交或者非因拍卖机构的原因撤回拍卖委托的，拍卖机构为本次拍卖已经支出的合理费用，应当由被执行人负担。[2]

556.【拍卖撤销】

当事人、利害关系人提出异议请求撤销拍卖，符合下列情形

---

① 《最高人民法院关于人民法院办理执行异议和复议案件若干问题的规定》（法释〔2015〕10号，2020年12月23日修正）第三十一条。在实践中，执行机构审查租赁合同是否签订于案涉房屋抵押、查封前，可结合下述情形予以审查判断：如果在抵押、查封前，租赁合同的当事人已经根据《中华人民共和国城市房地产管理法》（2019年8月26日修正）第五十四条、住房和城乡建设部制定的《商品房屋租赁管理办法》（2010年12月1日）第十四条、第十九条的规定办理了租赁登记备案手续的，执行机构应当认定租赁合同签订于抵押、查封前。经审查发现有下列情形之一的，一般也可认定租赁合同签订于抵押、查封前：1. 租赁合同的当事人在抵押、查封前已就相应租赁关系提起诉讼或仲裁的；2. 租赁合同的当事人在抵押、查封前已办理租赁合同公证的；3. 有其他确切证据证明租赁合同签订于抵押、查封前的，如租赁合同当事人已在抵押、查封前缴纳相应租金税、在案涉房屋所在物业公司办理租赁登记、向抵押权人声明过租赁情况等。执行机构审查案外人是否在抵押、查封前已经占有且至今占有案涉房屋，可结合下列情形审查认定案外人在抵押、查封前已经占有且至今占有的案涉房屋：1. 案外人在抵押、查封前已经在且至今仍在案涉房屋内生产经营的；2. 案外人在抵押、查封前已经领取以案涉房屋作为住所地的营业执照且至今未变更住所地的；3. 案外人在抵押、查封前已经由其且至今仍由其支付案涉房屋水电、物业管理等费用的；4. 案外人在抵押、查封前已经对案涉房屋根据租赁用途进行装修的；5. 案外人提供其他确切证据证明其已在抵押、查封前直接占有案涉房屋的。

② 参照《最高人民法院关于人民法院民事执行中拍卖、变卖财产的规定》（法释〔2004〕16号，2020年12月23日修正）第二十九条第一款、第二款、第四款。

之一的，人民法院应予支持①：

（一）竞买人之间、竞买人与拍卖机构之间恶意串通，损害当事人或者其他竞买人利益的；

（二）买受人不具备法律规定的竞买资格的；

（三）违法限制竞买人参加竞买或者对不同的竞买人规定不同竞买条件的；

（四）未按照法律、司法解释的规定对拍卖标的物进行公告的；

（五）其他严重违反拍卖程序且损害当事人或者竞买人利益的情形。②

557.【他人享有担保物权财产的拍卖】

人民法院对被执行人所有的其他人享有抵押权、质押权或留置权的财产，可以进行拍卖、变卖。拍卖、变卖后所得价款，应当在抵押权人、质押权人或留置权人优先受偿后，其余额部分用于清偿申请执行人的债权。③

558.【涉国有资产的拍卖】

涉国有资产的司法委托拍卖由省级以上国有产权交易机构实施，拍卖机构负责拍卖环节相关工作，并依照相关监管部门制定的实施细则进行。④

559.【特定证券资产的拍卖】

证券法规定应当在证券交易所上市交易或转让的证券资产的司法委托拍卖，通过证券交易所实施，拍卖机构负责拍卖环节相

---

① 司法拍卖被人民法院撤销的，当事人、利害关系人、案外人可以参照本规范第593条规定救济。

② 《最高人民法院关于人民法院办理执行异议和复议案件若干问题的规定》（法释〔2015〕10号，2020年12月23日修正）第二十一条第一款。

③ 参照《最高人民法院关于人民法院执行工作若干问题的规定（试行）》（法释〔1998〕15号，2020年12月23日修正）第31条。

④ 《最高人民法院关于人民法院委托评估、拍卖工作的若干规定》（法释〔2011〕21号）第六条。

关工作；其他证券类资产的司法委托拍卖由拍卖机构实施，并依照相关监管部门制定的实施细则进行。[①]

（二）网络司法拍卖的特殊规则

560.【网络司法拍卖定义及公开原则】

本规范所指的网络司法拍卖，是指人民法院依法通过互联网拍卖平台，以网络电子竞价方式公开处置财产的行为。[②]

网络司法拍卖应当在互联网拍卖平台上向社会全程公开，接受社会监督。[③]

561.【拍卖平台条件及确定】

最高人民法院建立全国性网络服务提供者名单库。网络服务提供者申请纳入名单库的，其提供的网络司法拍卖平台应当符合下列条件：

（一）具备全面展示司法拍卖信息的界面；

（二）具备《最高人民法院关于人民法院网络司法拍卖若干问题的规定》要求的信息公示、网上报名、竞价、结算等功能；

（三）具有信息共享、功能齐全、技术拓展等功能的独立系统；

（四）程序运作规范、系统安全高效、服务优质价廉；

（五）在全国具有较高的知名度和广泛的社会参与度。

最高人民法院组成专门的评审委员会，负责网络服务提供者的选定、评审和除名。最高人民法院每年引入第三方评估机构对

---

① 参照《最高人民法院关于人民法院委托评估、拍卖工作的若干规定》（法释〔2011〕21号）第七条。

② 参照《最高人民法院关于人民法院网络司法拍卖若干问题的规定》（法释〔2016〕18号）第一条。

③《最高人民法院关于人民法院网络司法拍卖若干问题的规定》（法释〔2016〕18号）第三条。

已纳入和新申请纳入名单库的网络服务提供者予以评审并公布结果。①

562.【网络服务提供者的确定】

网络服务提供者由申请执行人从司法拍卖网络服务提供者名单库中选择；未选择或者多个申请执行人的选择不一致的，由人民法院指定。②

563.【网拍中人民法院的职责】

实施网络司法拍卖的，人民法院应当履行下列职责：

（一）制作、发布拍卖公告；

（二）查明拍卖财产现状、权利负担等内容，并予以说明；

（三）确定拍卖保留价、保证金的数额、税费负担等；

（四）确定保证金、拍卖款项等支付方式；

（五）通知当事人和优先购买权人；

（六）制作拍卖成交裁定；

（七）办理财产交付和出具财产权证照转移协助执行通知书；

（八）开设网络司法拍卖专用账户；

（九）其他依法由人民法院履行的职责。③

564.【网拍中人民法院内部分工】

网络司法拍卖工作由执行局负责实施，辅助工作的组织管理既可由执行局负责，也可由司法技术辅助工作部门负责。④

565.【网拍拍卖辅助工作承担】

实施网络司法拍卖的，人民法院可以将下列拍卖辅助工作委

---

① 参照《最高人民法院关于人民法院网络司法拍卖若干问题的规定》（法释〔2016〕18号）第四条。

② 《最高人民法院关于人民法院网络司法拍卖若干问题的规定》（法释〔2016〕18号）第五条。

③ 《最高人民法院关于人民法院网络司法拍卖若干问题的规定》（法释〔2016〕18号）第六条。

④ 参照《最高人民法院关于认真学习贯彻适用〈最高人民法院关于人民法院网络司法拍卖若干问题的规定〉的通知》（法〔2016〕431号）第二条第五项。

托社会机构或者组织承担：

（一）制作拍卖财产的文字说明及视频或者照片等资料；

（二）展示拍卖财产，接受咨询，引领查看，封存样品等；

（三）拍卖财产的鉴定、检验、评估、审计、仓储、保管、运输等；

（四）其他可以委托的拍卖辅助工作。

社会机构或者组织承担网络司法拍卖辅助工作所支出的必要费用由被执行人承担。①

566.【网络服务提供者工作承担及禁止】

实施网络司法拍卖的，下列事项应当由网络服务提供者承担：

（一）提供符合法律、行政法规和司法解释规定的网络司法拍卖平台，并保障安全正常运行；

（二）提供安全便捷配套的电子支付对接系统；

（三）全面、及时展示人民法院及其委托的社会机构或者组织提供的拍卖信息；

（四）保证拍卖全程的信息数据真实、准确、完整和安全；

（五）其他应当由网络服务提供者承担的工作。

网络服务提供者不得在拍卖程序中设置阻碍适格竞买人报名、参拍、竞价以及监视竞买人信息等后台操控功能。

网络服务提供者提供的服务无正当理由不得中断。②

567.【网络服务提供者监督】

网络司法拍卖服务提供者从事与网络司法拍卖相关的行为，应当接受人民法院的管理、监督和指导。③

---

① 《最高人民法院关于人民法院网络司法拍卖若干问题的规定》（法释〔2016〕18号）第七条。

② 《最高人民法院关于人民法院网络司法拍卖若干问题的规定》（法释〔2016〕18号）第八条。

③ 《最高人民法院关于人民法院网络司法拍卖若干问题的规定》（法释〔2016〕18号）第九条。

568.【网拍保留价的确定】

网络司法拍卖应当确定保留价，拍卖保留价即为起拍价。起拍价由人民法院参照处置参考价确定；未作议价、询价或者评估的，参照市价确定，并征询当事人意见。起拍价不得低于处置参考价或者市价的百分之七十。[①]

569.【网拍增价幅度的确定】

加价幅度可参考以下原则确定：起拍价为十万元以下（含十万元）的标的物，加价幅度不宜超过起拍价的百分之二；起拍价为十万元至一百万元（含一百万元）的标的物，加价幅度不宜超过起拍价的百分之一；起拍价为一百万元的标的物，加价幅度不宜超过起拍价的百分之零点五。[②]

570.【网拍中的一人竞拍】

网络司法拍卖不限制竞买人数量。一人参与竞拍，出价不低于起拍价的，拍卖成交。[③]

571.【网拍的拍卖公告】

网络司法拍卖应当先期公告，拍卖公告除通过法定途径[④]发布外，还应同时在网络司法拍卖平台发布。

---

① 参照《最高人民法院关于人民法院网络司法拍卖若干问题的规定》（法释〔2016〕18号）第十条，《最高人民法院关于人民法院确定财产处置参考价若干问题的规定》（法释〔2018〕15号）第三十条。

② 参照《最高人民法院关于进一步规范人民法院网络司法拍卖工作的通知》（法明传〔2017〕253号）第三条。

③《最高人民法院关于人民法院网络司法拍卖若干问题的规定》（法释〔2016〕18号）第十一条。

④ 此处规定“法定途径”发布，主要考虑股权等特殊财产的拍卖。拍卖标的为土地使用权和房产的，其并非特殊财产，且目前技术上已实现人民法院通过某一入库司法拍卖平台发布拍卖公告的同时，人民法院诉讼资产网等其他入库司法拍卖平台及中国执行信息公开网亦会同时发布拍卖公告，由此能够实现使更多人知悉拍卖信息，尽可能吸引更多潜在竞买人参与竞买的目的。因此，如拍卖标的并非股权等特殊财产，则人民法院除通过网络司法拍卖平台发布拍卖公告外，无须同时另行通过报纸等“法定途径”发布。参见最高人民法院执行局编：《执行工作指导》（总第75辑），人民法院出版社2020年版，第28~34页。

拍卖动产的，应当在拍卖十五日前公告；拍卖不动产或者其他财产权的，应当在拍卖三十日前公告。

拍卖公告应当包括拍卖财产、价格、保证金、竞买人条件、拍卖财产已知瑕疵、相关权利义务、法律责任、拍卖时间、网络平台和拍卖法院等信息。①

572.【网拍的信息公示】

实施网络司法拍卖的，人民法院应当在拍卖公告发布当日通过网络司法拍卖平台公示下列信息：

（一）拍卖公告；

（二）执行所依据的法律文书，但法律规定不得公开的除外；

（三）评估报告副本，或者未经评估的定价依据；

（四）拍卖时间、起拍价以及竞价规则；

（五）拍卖财产权属、占有使用、附随义务等现状的文字说明、视频或者照片等；

（六）优先购买权主体以及权利性质；

（七）通知或者无法通知当事人、已知优先购买权人的情况；

（八）拍卖保证金、拍卖款项支付方式和账户；

（九）拍卖财产产权转移可能产生的税费及承担方式；

（十）执行法院名称，联系、监督方式等；

（十一）其他应当公示的信息。②

573.【网拍的特别提示】

实施网络司法拍卖的，人民法院应当在拍卖公告发布当日通过网络司法拍卖平台对下列事项予以特别提示：

（一）竞买人应当具备完全民事行为能力，法律、行政法规和司法解释对买受人资格或者条件有特殊规定的，竞买人应当具

① 《最高人民法院关于人民法院网络司法拍卖若干问题的规定》（法释〔2016〕18号）第十二条。

② 《最高人民法院关于人民法院网络司法拍卖若干问题的规定》（法释〔2016〕18号）第十三条。

备规定的资格或者条件；

（二）委托他人代为竞买的，应当在竞价程序开始前经人民法院确认，并通知网络服务提供者；

（三）拍卖财产已知瑕疵和权利负担；

（四）拍卖财产以实物现状为准，竞买人可以申请实地看样；

（五）竞买人决定参与竞买的，视为对拍卖财产完全了解，并接受拍卖财产一切已知和未知瑕疵；

（六）载明买受人真实身份的拍卖成交确认书在网络司法拍卖平台上公示；

（七）买受人悔拍后保证金不予退还。①

574.【网拍中瑕疵担保责任的免除】

被执行人应当提供拍卖财产品质的有关资料和说明。

人民法院按本规范第572条和第573条的要求予以公示和特别提示，且在拍卖公告中声明不能保证拍卖财产真伪或者品质的，不承担瑕疵担保责任。②

575.【网拍中权利人的通知】

网络司法拍卖的事项应当在拍卖公告发布三日前以书面或者其他能够确认收悉的合理方式，通知当事人、已知优先购买权人③。权利人书面明确放弃权利的，可以不通知。无法通知的，应当在网络司法拍卖平台公示并说明无法通知的理由，公示满五日视为已经通知。

优先购买权人经通知未参与竞买的，视为放弃优先购买权。④

---

①《最高人民法院关于人民法院网络司法拍卖若干问题的规定》（法释〔2016〕18号）第十四条。

② 参照《最高人民法院关于人民法院网络司法拍卖若干问题的规定》（法释〔2016〕18号）第十五条。

③ 涉及优先购买权人的主要规定可以参见本规范第538条脚注内容。

④《最高人民法院关于人民法院网络司法拍卖若干问题的规定》（法释〔2016〕18号）第十六条。

576. 【网拍中保证金的交纳】

保证金数额在起拍价的百分之五至百分之二十范围内确定。

竞买人应当在参加拍卖前以实名交纳保证金，未交纳的，不得参加竞买。申请执行人参加竞买的，可以不交保证金；但债权数额小于保证金数额的按差额部分交纳。

交纳保证金，竞买人可以向人民法院指定的账户交纳，也可以由网络服务提供者在其提供的支付系统中对竞买人的相应款项予以冻结。①

577. 【网拍中一般竞买人的资格确定】

竞买人在拍卖竞价程序结束前交纳保证金经人民法院或者网络服务提供者确认后，取得竞买资格。网络服务提供者应当向取得资格的竞买人赋予竞买代码、参拍密码；竞买人以该代码参与竞买。

网络司法拍卖竞价程序结束前，人民法院及网络服务提供者对竞买人以及其他能够确认竞买人真实身份的信息、密码等，应当予以保密。②

578. 【网拍中优先购买权人的资格确定】

优先购买权人经人民法院确认后，取得优先竞买资格以及优先竞买代码、参拍密码，并以优先竞买代码参与竞买；未经确认的，不得以优先购买权人身份参与竞买。

顺序不同的优先购买权人申请参与竞买的，人民法院应当确认其顺序，赋予不同顺序的优先竞买代码。③

579. 【网拍竞价规则】

网络司法拍卖从起拍价开始以递增出价方式竞价，增价幅度

① 《最高人民法院关于人民法院网络司法拍卖若干问题的规定》（法释〔2016〕18号）第十七条。

② 《最高人民法院关于人民法院网络司法拍卖若干问题的规定》（法释〔2016〕18号）第十八条。

③ 《最高人民法院关于人民法院网络司法拍卖若干问题的规定》（法释〔2016〕18号）第十九条。

由人民法院确定。竞买人以低于起拍价出价的无效。网络司法拍卖的竞价时间应当不少于二十四小时。竞价程序结束前五分钟内无人出价的，最后出价即为成交价；有出价的，竞价时间自该出价时点顺延五分钟。竞买人的出价时间以进入网络司法拍卖平台服务系统的时间为准。

竞买代码及其出价信息应当在网络竞买页面实时显示，并储存、显示竞价全程。①

580.【网拍中优先购买权的竞价规则】

优先购买权人参与竞买的，可以与其他竞买人以相同的价格出价，没有更高出价的，拍卖财产由优先购买权人竞得。

顺序不同的优先购买权人以相同价格出价的，拍卖财产由顺序在先的优先购买权人竞得。

顺序相同的优先购买权人以相同价格出价的，拍卖财产由出价在先的优先购买权人竞得。②

581.【网拍中的买受人身份公示】

网络司法拍卖成交的，由网络司法拍卖平台以买受人的真实身份自动生成确认书并公示。③

582.【网拍拍卖保证金的处理】

拍卖成交后，买受人交纳的保证金可以充抵价款；其他竞买人交纳的保证金应当在竞价程序结束后二十四小时内退还或者解冻。拍卖未成交的，竞买人交纳的保证金应当在竞价程序结束后二十四小时内退还或者解冻。④

---

① 《最高人民法院关于人民法院网络司法拍卖若干问题的规定》（法释〔2016〕18号）第二十条。

② 《最高人民法院关于人民法院网络司法拍卖若干问题的规定》（法释〔2016〕18号）第二十一条。

③ 《最高人民法院关于人民法院网络司法拍卖若干问题的规定》（法释〔2016〕18号）第二十二条第一款。

④ 《最高人民法院关于人民法院网络司法拍卖若干问题的规定》（法释〔2016〕18号）第二十三条。

583.【网拍悔拍保证金的处理】

拍卖成交后买受人悔拍的，交纳的保证金不予退还，依次用于支付拍卖产生的费用损失、弥补重新拍卖价款低于原拍卖价款的差价、冲抵本案被执行人的债务以及与拍卖财产相关的被执行人的债务。

悔拍后重新拍卖的，原买受人不得参加竞买。①

584.【网拍中的余款支付】

拍卖成交后，买受人应当在拍卖公告确定的期限内将剩余价款交付人民法院指定账户。拍卖成交后二十四小时内，网络服务提供者应当将冻结的买受人交纳的保证金划入人民法院指定账户。②

585.【网拍流拍处理】

网络司法拍卖竞价期间无人出价的，本次拍卖流拍。③

拍卖财产流拍后，有申请执行人或者其他执行债权人申请或者同意以该次拍卖保留价抵债的，可以适用本规范第 543 条的规定处理。

财产经拍卖后流拍且执行债权人不接受抵债，第三人申请以流拍价购买的，可以准许。④

586.【网拍中的再次拍卖】

拍卖财产流拍后应当在三十日内在同一网络司法拍卖平台再次拍卖，拍卖动产的应当在拍卖七日前公告；拍卖不动产或者其他财产权的应当在拍卖十五日前公告。再次拍卖的起拍价降价幅

---

① 《最高人民法院关于人民法院网络司法拍卖若干问题的规定》（法释〔2016〕18 号）第二十四条。

② 《最高人民法院关于人民法院网络司法拍卖若干问题的规定》（法释〔2016〕18 号）第二十五条。

③ 参照《最高人民法院关于人民法院网络司法拍卖若干问题的规定》（法释〔2016〕18 号）第二十六条第一款。

④ 参照《最高人民法院关于在执行工作中进一步强化善意文明执行理念的意见》（法发〔2019〕35 号）第 9 条第 1 款第 4 项。

度不得超过前次起拍价的百分之二十。[①]

587.【网拍二拍流拍的处理】

网拍二拍流拍后，人民法院应当于十日内询问申请执行人或其他执行债权人是否接受以物抵债。执行债权人不接受抵债，第三人申请以流拍价购买的，可以准许。[②]

网络司法拍卖第二次流拍后，被执行人提出以流拍价融资的，人民法院应结合拍卖财产基本情况、流拍价与市场价差异程度以及融资期限等因素，酌情予以考虑。准许融资的，暂不启动以物抵债或强制变卖程序。[③]

588.【网拍中的合议事项】

起拍价及其降价幅度、竞价增价幅度、保证金数额和优先购买权人竞买资格及其顺序等事项，人民法院应当依法组成合议庭评议确定。[④]

589.【网拍的的暂缓、中止】

网络司法拍卖竞价程序中，有依法应当暂缓、中止执行等情形的，人民法院应当决定暂缓或者裁定中止拍卖；人民法院可以自行或者通知网络服务提供者停止拍卖。

网络服务提供者发现系统故障、安全隐患等紧急情况的，可以先行暂缓拍卖，并立即报告人民法院。

暂缓或者中止拍卖的，应当及时在网络司法拍卖平台公告原因或者理由。

---

① 参照《最高人民法院关于人民法院网络司法拍卖若干问题的规定》（法释〔2016〕18号）第二十六条第一款。

② 参照《最高人民法院关于认真做好网络司法拍卖与网络司法变卖衔接工作的通知》（法明传〔2017〕455号）第二条，《最高人民法院关于在执行工作中进一步强化善意文明执行理念的意见》（法发〔2019〕35号）第9条第1款第4项。

③ 参照《最高人民法院关于在执行工作中进一步强化善意文明执行理念的意见》（法发〔2019〕35号）第9条第1款第5项。

④《最高人民法院关于人民法院网络司法拍卖若干问题的规定》（法释〔2016〕18号）第二十七条。

暂缓拍卖期限届满或者中止拍卖的事由消失后，需要继续拍卖的，应当在五日内恢复拍卖。①

590. 【网拍拍卖记录保存】

网络服务提供者对拍卖形成的电子数据，应当完整保存不少于十年，但法律、行政法规另有规定的除外。②

591. 【网拍交付、过户费用承担】③

因网络司法拍卖本身形成的税费，应当依照相关法律、行政法规的规定，由相应主体承担；没有规定或者规定不明的，人民法院可以根据法律原则和案件实际情况确定税费承担的相关主体、数额。④

592. 【网拍的撤销】

当事人、利害关系人提出异议请求撤销网络司法拍卖，符合下列情形之一的，人民法院应当支持：

（一）由于拍卖财产的文字说明、视频或者照片展示以及瑕疵说明严重失实，致使买受人产生重大误解，购买目的无法实现的，但拍卖时的技术水平不能发现或者已经就相关瑕疵以及责任承担予以公示说明的除外；

（二）由于系统故障、病毒入侵、黑客攻击、数据错误等原因致使拍卖结果错误，严重损害当事人或者其他竞买人利益的；

（三）竞买人之间，竞买人与网络司法拍卖服务提供者之间恶意串通，损害当事人或者其他竞买人利益的；

（四）买受人不具备法律、行政法规和司法解释规定的竞买

---

① 《最高人民法院关于人民法院网络司法拍卖若干问题的规定》（法释〔2016〕18号）第二十八条。

② 《最高人民法院关于人民法院网络司法拍卖若干问题的规定》（法释〔2016〕18号）第二十九条。

③ 拍卖公告或拍卖平台中已载明或公示了税费承担方式的，按照载明、公示的方式处理。

④ 《最高人民法院关于人民法院网络司法拍卖若干问题的规定》（法释〔2016〕18号）第三十条。

资格的；

（五）违法限制竞买人参加竞买或者对享有同等权利的竞买人规定不同竞买条件的；

（六）其他严重违反网络司法拍卖程序且损害当事人或者竞买人利益的情形。[①]

593.【网拍撤销后的权利救济】

网络司法拍卖被人民法院撤销，当事人、利害关系人、案外人认为人民法院的拍卖行为违法致使其合法权益遭受损害的，可以依法申请国家赔偿；认为其他主体的行为违法致使其合法权益遭受损害的，可以另行提起诉讼。[②]

594.【网拍服务提供者责任】

当事人、利害关系人、案外人认为网络司法拍卖服务提供者的行为违法致使其合法权益遭受损害的，可以另行提起诉讼；理由成立的，人民法院应当支持，但具有法定免责事由的除外。[③]

595.【网拍中特定人员行为的禁止】

实施网络司法拍卖的，下列机构和人员不得竞买并不得委托他人代为竞买与其行为相关的拍卖财产：

（一）负责执行的人民法院；

（二）网络服务提供者；

（三）承担拍卖辅助工作的社会机构或者组织；

（四）第1项至第3项规定主体的工作人员及其近亲属。[④]

596.【网络服务提供者处罚】

网络服务提供者有下列情形之一的，应当将其从名单库中

---

① 《最高人民法院关于人民法院网络司法拍卖若干问题的规定》（法释〔2016〕18号）第三十一条。

② 《最高人民法院关于人民法院网络司法拍卖若干问题的规定》（法释〔2016〕18号）第三十二条。

③ 《最高人民法院关于人民法院网络司法拍卖若干问题的规定》（法释〔2016〕18号）第三十三条。

④ 《最高人民法院关于人民法院网络司法拍卖若干问题的规定》（法释〔2016〕18号）第三十四条。

除名：

（一）存在违反本规范第 566 条第 2 款规定操控拍卖程序、修改拍卖信息等行为的；

（二）存在恶意串通、弄虚作假、泄漏保密信息等行为的；

（三）因违反法律、行政法规和司法解释等规定受到处罚，不适于继续从事网络司法拍卖的；

（四）存在违反本规范第 595 条规定行为的；

（五）其他应当除名的情形。

网络服务提供者有前款规定情形之一，人民法院可以依照民事诉讼法的相关规定予以处理。①

597. 【网拍异议、复议的处理】

当事人、利害关系人认为网络司法拍卖行为违法侵害其合法权益的，可以提出执行异议。异议、复议期间，人民法院可以决定暂缓或者裁定中止拍卖。

案外人对网络司法拍卖的标的提出异议的，人民法院应当依据民事诉讼法第二百三十四条及相关司法解释的规定处理，并决定暂缓或者裁定中止拍卖。②

598. 【网拍规则的适用情形】

执行程序中委托拍卖机构通过互联网平台实施网络拍卖的，参照《最高人民法院关于人民法院网络司法拍卖若干问题的规定》执行。

《最高人民法院关于人民法院网络司法拍卖若干问题的规定》对网络司法拍卖行为没有规定的，适用其他有关司法拍卖的规定。③

---

① 参照《最高人民法院关于人民法院网络司法拍卖若干问题的规定》（法释〔2016〕18 号）第三十五条。

② 参照《最高人民法院关于人民法院网络司法拍卖若干问题的规定》（法释〔2016〕18 号）第三十六条。

③ 参照《最高人民法院关于人民法院网络司法拍卖若干问题的规定》（法释〔2016〕18 号）第三十七条第二款、第三款。

（三）网拍流拍后的网络司法变卖

599.【启动网络司法变卖】

执行债权人不接受抵债又无第三人申请以流拍价购买的，人民法院应当于网拍二拍流拍之日起十五日内发布网络司法变卖公告。[①]

600.【选择网络司法变卖平台】

人民法院采取网络司法变卖方式处置财产的，应当在最高人民法院确定的网络服务提供者名单库中的平台上实施。原则上沿用网拍程序适用的平台，但申请执行人在网拍二拍流拍后十日内书面要求更换到名单库中的其他平台上实施的，执行法院应当准许。[②]

601.【发布变卖公告】

网络司法变卖期为六十天，人民法院应当在公告中确定变卖期的开始时间。

变卖动产的，应当在变卖期开始七日前公告；变卖不动产或者其他财产权的，应当在变卖期开始十五日前公告。变卖公告应当包括但不限于变卖财产、变卖价、变卖期、变卖期开始时间、变卖流程、保证金数额、加价幅度等内容，应当特别提示变卖成交后不交纳尾款的，保证金不予退还。[③]

网络司法变卖的变卖价为网络司法拍卖二拍流拍价。[④]

602.【竞买资格取得】

竞买人交齐变卖价全款后，取得竞买资格。竞买人可以向法院指定的账户交纳，也可以在变卖平台上在线报名并交纳。竞买

---

① 参照《最高人民法院关于认真做好网络司法拍卖与网络司法变卖衔接工作的通知》（法明传〔2017〕455号）第二条。

② 参照《最高人民法院关于认真做好网络司法拍卖与网络司法变卖衔接工作的通知》（法明传〔2017〕455号）第一条。

③ 参照《最高人民法院关于认真做好网络司法拍卖与网络司法变卖衔接工作的通知》（法明传〔2017〕455号）第三条。

④ 参照《最高人民法院关于认真做好网络司法拍卖与网络司法变卖衔接工作的通知》（法明传〔2017〕455号）第四条。

人向法院指定账户交纳的，人民法院应当及时通过操作系统录入并推送给确定的变卖平台。①

603.【竞价程序】

变卖期开始后，取得竞买资格的竞买人即可以出价。自第一次出价开始进入二十四小时竞价程序，其他取得竞买资格的竞买人可在竞价程序内以递增出价方式参与竞买。

竞价程序参照本规范第 579 条规定进行。竞价程序内无其他人出价的，变卖财产由第一次出价的竞买人竞得；竞价程序内有其他人出价的，变卖财产由竞价程序结束时最高出价者竞得。变卖成交的，竞价程序结束时变卖期结束。②

变卖成交的，由平台以买受人的真实身份自动生成确认书并公示。③

604.【变卖悔拍的处理】

经过竞价变卖成交后，买受人反悔不交纳尾款的，从所交纳变卖价款中扣留变卖公告中所确定的保证金不予退还，扣留的保证金参照本规范第 583 条处理，买受人反悔不交纳尾款导致人民法院重新变卖的，原买受人不得再次参与竞买。④

605.【变卖不成的处理】

变卖期内无人出价的，变卖期结束时变卖程序结束，相关财产可依据本规范第 550 条、第 551 条作出处理。⑤

---

① 参照《最高人民法院关于认真做好网络司法拍卖与网络司法变卖衔接工作的通知》（法明传〔2017〕455 号）第五条。

② 参照《最高人民法院关于认真做好网络司法拍卖与网络司法变卖衔接工作的通知》（法明传〔2017〕455 号）第六条。

③ 参照《最高人民法院关于认真做好网络司法拍卖与网络司法变卖衔接工作的通知》（法明传〔2017〕455 号）第七条。

④ 参照《最高人民法院关于认真做好网络司法拍卖与网络司法变卖衔接工作的通知》（法明传〔2017〕455 号）第八条。

⑤ 参照《最高人民法院关于认真做好网络司法拍卖与网络司法变卖衔接工作的通知》（法明传〔2017〕455 号）第七条。

四、直接变卖

606.【不经拍卖直接变卖的情形】

对查封、扣押、冻结的财产，当事人双方及有关权利人同意变卖的，可以变卖。①

被执行人申请对查封财产不经拍卖直接变卖的，变卖款足以清偿所有执行债务的，人民法院可以不经拍卖直接变卖。②

金银及其制品、当地市场有公开交易价格的动产、易腐烂变质的物品、季节性商品、保管困难或者保管费用过高的物品，人民法院可以决定变卖。③

607.【变卖价格确定】

当事人双方及有关权利人对变卖财产的价格有约定的，按照其约定价格变卖；无约定价格但有市价的，变卖价格不得低于市价；无市价但价值较大、价格不易确定的，应当委托评估机构进行评估，并按照评估价格进行变卖。

按照评估价格变卖不成的，可以降低价格变卖，但最低的变卖价不得低于评估价的二分之一。④

608.【变卖主体及特定人员行为禁止】

人民法院在执行中需要变卖被执行人财产的，可以交有关单位变卖，也可以由人民法院直接变卖。

对变卖的财产，人民法院或者其工作人员不得买受。⑤

---

① 《最高人民法院关于人民法院民事执行中拍卖、变卖财产的规定》（法释〔2004〕16号，2020年12月23日修正）第三十一条第一款。

② 参照《最高人民法院关于在执行工作中进一步强化善意文明执行理念的意见》（法发〔2019〕35号）第9条第1款第2项。

③ 《最高人民法院关于人民法院民事执行中拍卖、变卖财产的规定》（法释〔2004〕16号，2020年12月23日修正）第三十一条第二款。

④ 《最高人民法院关于人民法院民事执行中拍卖、变卖财产的规定》（法释〔2004〕16号，2020年12月23日修正）第三十二条第一款、第二款。

⑤ 《最高人民法院关于适用〈中华人民共和国民事诉讼法〉的解释》（法释〔2015〕5号，2022年3月22日修正）第四百八十八条。

609.【变卖财产无人应买的处理】

变卖的财产无人应买的，适用本规范第 543 条将该财产交申请执行人或者其他执行债权人抵债；申请执行人或者其他执行债权人拒绝接受或者依法不能交付其抵债的，人民法院应当解除查封、扣押，并将该财产退还被执行人。①

610.【被执行人自行变卖】

被执行人申请自行变卖查封财产清偿债务的，在确保能够控制相应价款的前提下，可以监督其在一定期限内按照合理价格变卖。变卖期限由人民法院根据财产实际情况、市场行情等因素确定，但最长不得超过六十日。②

611.【撤销变卖】

当事人、利害关系人请求撤销变卖的，参照本规范第 556 条规定处理。③

612.【变卖规则的参照适用】

人民法院通过互联网平台未经拍卖直接以变卖方式处置财产的，参照《最高人民法院关于人民法院网络司法拍卖若干问题的规定》执行。④

五、抵债

613.【合意抵债】

经申请执行人和被执行人同意，且不损害其他债权人合法权益和社会公共利益的，人民法院可以不经拍卖、变卖，直接将被

---

① 参照《最高人民法院关于人民法院民事执行中拍卖、变卖财产的规定》（法释〔2004〕16 号，2020 年 12 月 23 日修正）第三十二条第三款。

② 参照《最高人民法院关于人民法院执行工作若干问题的规定（试行）》（法释〔1998〕15 号，2020 年 12 月 23 日修正）第 33 条，《最高人民法院关于在执行工作中进一步强化善意文明执行理念的意见》（法发〔2019〕35 号）第 9 条第 1 款第 1 项。

③ 参照《最高人民法院关于人民法院办理执行异议和复议案件若干问题的规定》（法释〔2015〕10 号，2020 年 12 月 23 日修正）第二十一条第二款。

④ 参照《最高人民法院关于人民法院网络司法拍卖若干问题的规定》（法释〔2016〕18 号）第三十七条第一款。

执行人的财产作价交申请执行人抵偿债务。对剩余债务，被执行人应当继续清偿。①

当事人达成以物抵债执行和解协议的，人民法院不得依据该协议作出以物抵债裁定。②

614.【无法拍卖、变卖财产的抵债】

被执行人的财产无法拍卖或者变卖的，经申请执行人同意，且不损害其他债权人合法权益和社会公共利益的，人民法院可以将该项财产作价后交付申请执行人抵偿债务，或者交付申请执行人管理；申请执行人拒绝接收或者管理的，退回被执行人。③

六、所有权转移与款物的处理

615.【成交和抵债裁定】

拍卖、变卖成交或者以流拍的财产抵债④的，人民法院应当

---

① 《最高人民法院关于适用〈中华人民共和国民事诉讼法〉的解释》（法释〔2015〕5号，2022年3月22日修正）第四百八十九条。

② 《最高人民法院关于执行和解若干问题的规定》（法释〔2018〕3号，2020年12月23日修正）第六条。

③ 《最高人民法院关于适用〈中华人民共和国民事诉讼法〉的解释》（法释〔2015〕5号，2022年3月22日修正）第四百九十条。

④ 关于房产拍卖流拍后，申请执行人接受以物抵债，如果存在其他参与分配的债权人，应当如何处理？《最高人民法院关于人民法院民事执行中拍卖、变卖财产的规定》第十六条第二款规定："有两个以上执行债权人申请以拍卖财产抵债的，由法定受偿顺位在先的债权人优先承受；受偿顺位相同的，以抽签方式决定承受人。承受人应受清偿的债权额低于抵债财产的价额的，人民法院应当责令其在指定的期限内补交差额。"据此，在有其他债权人申请参与分配的情况下，应当区分房产承受主体和价款受偿金额两个问题，分别讨论。就前者，根据司法解释规定，应当根据法定受偿顺位确定承受人。如果受偿顺位在先执行债权人有多个的，且均申请以物抵债的，则应抽签确定承受人。就后者，无论由谁承受房产，其都只能就自己"应受清偿的债权额"受偿，如果抵债财产价额高于其"应受清偿的债权额"的，就应当补交差价。质言之，申请执行人接受抵债，并不意味着其获得了优先于其他债权人就抵债财产受偿的地位。以物抵债，应理解为以流拍的保留价购买执行标的。故接受抵债的债权人应当向执行法院支付相当于保留价金额的价款。但是，由于其作为申请执行人，有权从该价款中就应受分配的金额受偿，所以在受偿金额范围内，其执行债权可以与被执行人对其享有的价款债权相抵销，从而部分消灭其支付价款的义务。参见最高人民法院执行局编：《执行工作指导》（总第76辑），人民法院出版社2021年版，第197～198页。

作出裁定，并于价款或者需要补交的差价全额交付后十日内，送达买受人或者承受人。①

616. 【所有权转移】

拍卖、变卖成交或者依法定程序裁定以物抵债的，标的物所有权自拍卖、变卖成交裁定或者抵债裁定送达买受人或者接受抵债物的债权人时转移。②

需要办理有关财产权证照转移手续的，人民法院可以向有关单位发出协助执行通知书，有关单位必须办理。③

617. 【变价后款物的处理】

拍卖、变卖被执行人的财产成交后，必须即时钱物两清。

拍卖、变卖被执行人财产所发生的实际费用，从所得价款中优先扣除。所得价款超出执行标的数额和执行费用的部分，应当退还被执行人。④

618. 【执行标的物的交付】

人民法院裁定拍卖、变卖成交或者以流拍的财产抵债后，除有依法不能移交的情形外，应当于裁定送达后十五日内，将拍卖的财产移交买受人或者承受人。被执行人或者第三人占有拍卖财产应当移交而拒不移交的，强制执行。⑤

强制执行的，可参照本规范第二编第二十二章第一节的相关规定办理。

---

① 参照《最高人民法院关于人民法院民事执行中拍卖、变卖财产的规定》（法释〔2004〕16号，2020年12月23日修正）第二十条。

② 参照《最高人民法院关于适用〈中华人民共和国民事诉讼法〉的解释》（法释〔2015〕5号，2022年3月22日修正）第四百九十一条。

③ 《中华人民共和国民事诉讼法》（2021年12月24日修正）第二百五十八条。

④ 参照《最高人民法院关于人民法院执行工作若干问题的规定（试行）》（法释〔1998〕15号，2020年12月23日修正）第34条。

⑤ 参照《最高人民法院关于人民法院民事执行中拍卖、变卖财产的规定》（法释〔2004〕16号，2020年12月23日修正）第二十七条。

七、强制管理

619.【强制管理】

具有下列情形之一的，经申请执行人申请或者同意，且不损害其他债权人合法权益和社会公共利益，人民法院可以将适宜管理的被执行人财产交付申请执行人管理①，以所得收益清偿债务：

（一）被执行人的财产不能或者不宜拍卖、变卖的；②

（二）被执行人的财产经法定程序拍卖、变卖未成交，申请执行人不接受抵债或者依法不能交付其抵债的；③

（三）人民法院认为可以交付申请执行人管理的其他情形。

第五节　财产分配

620.【多个债权人的清偿顺序】

多份生效法律文书确定金钱给付内容的多个债权人分别对同一被执行人申请执行，各债权人对执行标的物均无担保物权的，按照执行法院采取执行措施的先后顺序受偿。

多个债权人的债权种类不同的，基于所有权和担保物权而享有的债权，优先于金钱债权受偿。有多个担保物权的，按照各担保物权成立的先后顺序清偿。

一份生效法律文书确定金钱给付内容的多个债权人对同一被执行人申请执行，执行的财产不足清偿全部债务的，各债权人对

---

① 《最高人民法院关于适用〈中华人民共和国民事诉讼法〉的解释》（法释〔2015〕5号，2022年3月22日修正）第四百九十条只规定了交申请执行人管理，但并未排除将财产交付给第三人管理。

② 参照《最高人民法院关于适用〈中华人民共和国民事诉讼法〉的解释》（法释〔2015〕5号，2022年3月22日修正）第四百九十条。

③ 参照《最高人民法院关于严格规范终结本次执行程序的规定（试行）》（法〔2016〕373号）第四条第一项。

执行标的物均无担保物权的，按照各债权比例受偿。[①]

执行法院将同一被执行人的几个案件合并执行的，应当按照申请执行人的各个债权的受偿顺序进行清偿，避免侵害顺位在先的其他债权人的利益。[②]

621.【参与分配的一般规定】

被执行人为公民或者其他组织，在执行程序开始后，被执行人的其他已经取得执行依据的债权人发现被执行人的财产不能清偿所有债权的，可以向人民法院申请参与分配。

对人民法院查封、扣押、冻结的财产有优先权、担保物权的债权人，可以直接申请参与分配，主张优先受偿权。[③]

622.【参与分配的期间与形式】

申请参与分配，申请人应当提交申请书。申请书应当写明参与分配和被执行人不能清偿所有债权的事实、理由，并附有执行依据。

参与分配申请应当在执行程序开始后，被执行人的财产执行终结前[④]提出。[⑤]

623.【优先权人、担保物权人申请参与分配的条件】

未取得执行依据的优先权人、担保物权人直接向执行法院申请参与分配的，应提交参与分配申请书，除写明被执行人未清偿所有债权的事实、理由外，还应写明优先受偿的金额、事实和理

① 《最高人民法院关于人民法院执行工作若干问题的规定（试行）》（法释〔1998〕15号，2020年12月23日修正）第55条。

② 参照最高人民法院指导案例122号"河南神泉之源实业发展有限公司与赵五军、汝州博易观光医疗主题园区开发有限公司等执行监督案"（最高人民法院2019年12月24日发布）。其裁判要点为：执行法院将同一被执行人的几个案件合并执行的，应当按照申请执行人的各个债权的受偿顺序进行清偿，避免侵害顺位在先的其他债权人的利益。

③ 《最高人民法院关于适用〈中华人民共和国民事诉讼法〉的解释》（法释〔2015〕5号，2022年3月22日修正）第五百零六条。

④ 如果被执行财产的最终形态价款尚未分配，执行程序未终结，债权人可以申请参与分配。参见最高人民法院执行局编：《执行工作指导》（总第77辑），人民法院出版社2021年版，第3页。

⑤ 《最高人民法院关于适用〈中华人民共和国民事诉讼法〉的解释》（法释〔2015〕5号，2022年3月22日修正）第五百零七条。

由，并提交相关的权利证明文件。

624.【主持分配的法院】

对参与被执行人财产的具体分配，应当由首先查封、扣押或冻结的法院主持进行。首先查封、扣押、冻结的法院所采取的执行措施如系为执行财产保全裁定，具体分配应当在该院案件审理终结后进行。[①] 首先查封法院依据本规范第476条将财产移送优先债权执行法院执行后，由优先债权执行法院主持分配。[②]

被执行人的多项财产分别被不同法院查封，符合参与分配条件的，由各项财产的在先查封法院分别进行分配。

相关执行法院协商一致并经申请执行人同意，也可以将各自查封的财产交其中一家法院进行处置和分配。共同上级法院也可以通过提级执行或指定执行将所有案件管辖权集中至一家法院，由该法院处置财产并主持分配。或者由共同的上级法院作出决定，确定其中一家法院对被执行人所有可供执行的财产或者价款统一处置，统一分配。

625.【清偿顺序】

参与分配执行中，执行所得价款扣除执行费用[③]，并清偿应

① 《最高人民法院关于人民法院执行工作若干问题的规定（试行）》（法释〔1998〕15号，2020年12月23日修正）第56条。

② 参照《最高人民法院关于首先查封法院与优先债权执行法院处分查封财产有关问题的批复》（法释〔2016〕6号）第三条第二款。

③ 执行费用一般指因强制执行而支出的费用及其他为债权人共同利益而支出的费用，如保全费用、评估费用、拍卖费用、执行费用等。

当优先受偿的债权①后，对于普通债权，原则上按照其占全部申

① 涉及优先受偿的债权的规定主要有：1.《中华人民共和国民办教育促进法》（2018 年 12 月 29 日修正）第五十九条规定："对民办学校的财产按照下列顺序清偿：（一）应退受教育者学费、杂费和其他费用；（二）应发教职工的工资及应缴纳的社会保险费用；（三）偿还其他债务。非营利性民办学校清偿上述债务后的剩余财产继续用于其他非营利性学校办学；营利性民办学校清偿上述债务后的剩余财产，依照公司法的有关规定处理。"2.《中华人民共和国海商法》（1992 年 11 月 7 日）第二十一条至第二十九条关于船舶优先权的规定（条文略）。3.《中华人民共和国民用航空法》（2021 年 4 月 29 日修正）第十九条、第二十一条、第二十二条关于民用航空器优先权的规定（条文略）。4.《中华人民共和国房地产管理法》（2019 年 8 月 26 日修正）第五十一条规定："设定房地产抵押权的土地使用权是以划拨方式取得的，依法拍卖该房地产后，应当从拍卖所得的价款中缴纳相当于应缴纳的土地使用权出让金的款额后，抵押权人方可优先受偿。"《最高人民法院关于适用〈中华人民共和国民法典〉有关担保制度的解释》（法释〔2020〕28 号）第五十条规定："抵押人以划拨建设用地上的建筑物抵押，当事人以该建设用地使用权不能抵押或者未办理批准手续为由主张抵押合同无效或者不生效的，人民法院不予支持。抵押权依法实现时，拍卖、变卖建筑物所得的价款，应当优先用于补缴建设用地使用权出让金。当事人以划拨方式取得的建设用地使用权抵押，抵押人以未办理批准手续为由主张抵押合同无效或者不生效的，人民法院不予支持。已经依法办理抵押登记，抵押权人主张行使抵押权的，人民法院应予支持。抵押权依法实现时所得的价款，参照前款有关规定处理。"5.《中华人民共和国民法典》（2020 年 5 月 28 日）第八百零七条规定："……建设工程的价款就该工程折价或者拍卖的价款优先受偿。"《最高人民法院关于审理建设工程施工合同纠纷案件适用法律问题的解释（一）》（法释〔2020〕25 号）第三十六条规定："承包人根据民法典第八百零七条规定享有的建设工程价款优先受偿权优于抵押权和其他债权。"第三十七条规定："装饰装修工程具备折价或者拍卖条件，装饰装修工程的承包人请求工程价款就该装饰装修工程折价或者拍卖的价款优先受偿的，人民法院应予支持。"第三十八条规定："建设工程质量合格，承包人请求其承建工程的价款就工程折价或者拍卖的价款优先受偿的，人民法院应予支持。"第三十九条规定："未竣工的建设工程质量合格，承包人请求其承建工程的价款就其承建工程部分折价或者拍卖的价款优先受偿的，人民法院应予支持。"6.《最高人民法院执行工作办公室关于执行回转案件的申请执行人在被执行人破产案件中能否得到优先受偿保护的请示的答复》（〔2005〕执他字第 27 号）规定："天津市高级人民法院：你院《关于执行回转案件的申请执行人在被执行人破产案件中能否得到优先受偿保护的请示》收悉。经研究，答复如下：人民法院因原错误判决被撤销而进行执行回转，申请执行人在被执行人破产案件中能否得到优先受偿保护的问题，目前我国法律尚无明确规定。我们认为，因原错误判决而被执行的财产，并非因当事人的自主交易而转移。为此，不应当将当事人请求执行回转的权利作为普通债权对待。在执行回转案件被执行人破产的情况下，可以比照取回权制度，对执行回转案件申请执行人的权利予以优先保护，认定应当执行回转部分的财产数额，不属于破产财产。因此，审理破产案件的法院应当将该部分财产交由执行法院继续执行。"7.《最高人民法院关于适用〈中华人民共和国民法典〉有关担保制度的解释》（法释〔2020〕28 号）第十八条规定："承担了担保责任或者赔偿责任的担保人，在其承担责任的范围内向债务人追偿的，人民法院应予支持。同一债权既有债务人自己提供的物的担保，又有第三人提供的担保，承担了担保责任或者赔偿责任的第三人，主张行使债权人对债务人享有的担保物权的，人民法院应予支持。"8.《中华人民共和国民法典》（2020 年 5 月 28 日）第二编物权第四分编担保物权部分规定的抵押权、质权、留置权、建设工程价款优先受偿权等（条文略）。上述条文未囊括全部优先清偿的债权情形，列举次序也不代表清偿顺位。

请参与分配债权数额的比例受偿。[①]

626.【分配方案的制作】

多个债权人对同一被执行人申请执行[②]或者对执行财产申请参与分配的，执行法院应当制作财产分配方案，并送达各债权人和被执行人。[③] 执行法院在制作分配方案时，可以先由所有的债权人和债务人进行协商，意见一致的，按照一致意见制作分配方案；意见不一致的，由执行法院依职权按照清偿顺序制作分配方案。分配方案一般应当记载下列事项：

---

① 参照《最高人民法院关于适用〈中华人民共和国民事诉讼法〉的解释》（法释〔2015〕5号，2022年3月22日修正）第五百零八条。

② 主要包括以下两种情形：其一，多个债权人对同一被执行人申请执行，其中包括有优先权、担保物权的债权人。参照《最高人民法院关于如何确定生效法律文书确定的抵押权优先受偿范围的请示答复》（〔2013〕执他字第26号），主要内容为："如果其他债权人、被执行人对于抵押权及其担保债权的范围存在异议，可以根据《最高人民法院关于适用〈中华人民共和国民事诉讼法〉执行程序若干问题的解释》第二十五条、第二十六条（2020年12月23日修正后为第十七条、第十八条，编者注）的规定，通过分配方案异议、分配方案异议之诉程序予以救济。"其二，被执行人是企业法人，多个债权人对其申请执行且需对财产进行分配。参照最高人民法院（2019）最高法执复14号执行裁定，裁判摘要为：参与分配有广义和狭义两种概念，广义的参与分配，是指不管被执行人是否为企业法人，只要涉及多个债权人对其财产申请分配的，执行法院均应按《最高人民法院关于适用〈中华人民共和国民事诉讼法〉执行程序若干问题的解释》第二十五条（2020年12月23日修正后为第十七条，下同，编者注）的规定启动分配程序；而狭义的参与分配，则特指被执行人为公民或者其他组织时，在其财产不能清偿所有债权的情况下，按债权比例公平清偿的分配方式。《最高人民法院关于适用〈中华人民共和国民事诉讼法〉的解释》第五百零八条（2022年3月22日修正后为第五百零六条，编者注）的规定针对的正是狭义参与分配，但不能据此否定《最高人民法院关于适用〈中华人民共和国民事诉讼法〉执行程序若干问题的解释》第二十五条规定的广义参与分配程序之适用，只是根据《最高人民法院关于适用〈中华人民共和国民事诉讼法〉的解释》的相关规定，被执行人为企业法人的，不得对其采取按债权比例清偿的狭义参与分配程序。"参照最高人民法院（2019）最高法民再146号民事裁定，裁判摘要：《最高人民法院关于适用〈中华人民共和国民事诉讼法〉的解释》第五百一十三条（2022年3月22日修正后为第五百一十一条，编者注）并未限制被执行人为企业法人时申请执行人提起执行分配方案异议之诉的诉权，对于执行法院作出的执行分配方案，债权人有异议时应当赋予其提起异议之诉的权利，以维护其合法权益。

③ 参照《最高人民法院关于适用〈中华人民共和国民事诉讼法〉执行程序若干问题的解释》（法释〔2008〕13号，2020年12月23日修正）第十七条。

（一）当事人姓名或者名称、地址；

（二）可供分配款项总额；

（三）债权总额、各债权人的债权额及各债权的性质、参与分配的依据；

（四）分配顺序及各债权受分配的比例和数额；

（五）分配方案制作及实施分配的日期；

（六）不服分配方案的救济途径。

627.【分配方案的异议和异议之诉】

债权人或者被执行人对分配方案有异议的，应当自收到分配方案之日起十五日内向执行法院提出书面异议。①

债权人或者被执行人对分配方案提出书面异议的，执行法院应当通知未提出异议的债权人、被执行人。

未提出异议的债权人、被执行人自收到通知之日起十五日内未提出反对意见的，执行法院依异议人的意见对分配方案审查修正后进行分配；提出反对意见的，应当通知异议人。异议人可以自收到通知之日起十五日内，以提出反对意见的债权人、被执行人为被告，向执行法院提起诉讼；异议人逾期未提起诉讼的，执行法院按照原分配方案进行分配。

诉讼期间进行分配的，执行法院应当提存与争议债权数额相应的款项。②

628.【剩余债务清偿】

清偿后的剩余债务，被执行人应当继续清偿。债权人发现被执行人有其他财产的，可以随时请求人民法院执行。③

---

① 参照《最高人民法院关于适用〈中华人民共和国民事诉讼法〉的解释》（法释〔2015〕5号，2022年3月22日修正）第五百零九条。

② 《最高人民法院关于适用〈中华人民共和国民事诉讼法〉的解释》（法释〔2015〕5号，2022年3月22日修正）第五百一十条。

③ 参照《最高人民法院关于适用〈中华人民共和国民事诉讼法〉的解释》（法释〔2015〕5号，2022年3月22日修正）第五百零八条。

第六节 款物的发放与保管

629.【执行款的扣划方式】

被执行人可以将执行款直接支付给申请执行人；人民法院也可以将执行款从被执行人账户直接划至申请执行人账户。但有争议或需再分配的执行款，以及人民法院认为确有必要的，应当将执行款划至执行款专户或案款专户。

人民法院通过网络执行查控系统扣划的执行款，应当划至执行款专户或案款专户。[①]

630.【不直接收取现金和票据原则】

执行人员原则上不直接收取现金和票据；确有必要直接收取的，应当不少于两名执行人员在场，即时向交款人出具收取凭证，同时制作收款笔录，由交款人和在场人员签名。

执行人员直接收取现金或者票据的，应当在回院后当日将现金或票据移交财务部门；当日移交确有困难的，应当在回院后一日内移交并说明原因。[②]

631.【发放期限】

执行人员应当在收到财务部门执行款到账通知之日起三十日内，完成执行款的核算、执行费用的结算、通知申请执行人领取和执行款发放等工作。

有下列情形之一的，报经执行局局长或主管院领导批准后，可以延缓发放：

（一）需要进行案款分配的；

（二）申请执行人因另案诉讼、执行或涉嫌犯罪等原因导致执行款被保全或冻结的；

---

① 《最高人民法院关于执行款物管理工作的规定》（法发〔2017〕6号）第六条。

② 参照《最高人民法院关于执行款物管理工作的规定》（法发〔2017〕6号）第九条第一款、第二款。

（三）申请执行人经通知未领取的；

（四）案件被依法中止或者暂缓执行的；

（五）有其他正当理由需要延缓发放执行款的。

上述情形消失后，执行人员应当在十日内完成执行款的发放。[①]

632.【执行款发放方式】

人民法院发放执行款，一般应当采取转账方式。

执行款应当发放给申请执行人，确需发放给申请执行人以外的单位或个人的，应当组成合议庭进行审查，但依法应当退还给交款人的除外。[②]

633.【执行款发放审批】

发放执行款时，执行人员应当填写执行款发放审批表。执行款发放审批表中应当注明执行案件案号、当事人姓名或名称、交款人姓名或名称、交款金额、交款时间、交款方式、收款人姓名或名称、收款人账号、发款金额和方式等情况。报经执行局局长或主管院领导批准后，交由财务部门办理支付手续。

委托他人代为办理领取执行款手续的，应当附特别授权委托书、委托代理人的身份证复印件。委托代理人是律师的，应当附所在律师事务所出具的公函及律师执照复印件。[③]

634.【办理支付手续】

申请执行人要求或同意人民法院采取转账方式发放执行款的，执行人员应当持执行款发放审批表及申请执行人出具的本人或本单位接收执行款的账户信息的书面证明，交财务部门办理转账手续。

申请执行人或委托代理人直接到人民法院办理领取执行款手续的，执行人员应当在查验领款人身份证件、授权委托手续后，

① 《最高人民法院关于执行款物管理工作的规定》（法发〔2017〕6号）第十条。

② 《最高人民法院关于执行款物管理工作的规定》（法发〔2017〕6号）第十一条。

③ 《最高人民法院关于执行款物管理工作的规定》（法发〔2017〕6号）第十二条。

持执行款发放审批表，会同领款人到财务部门办理支付手续。①

635.【符合财务管理规定】

财务部门在办理执行款支付手续时，除应当查验执行款发放审批表，还应当按照有关财务管理规定进行审核。②

发放执行款时，收款人应当出具合法有效的收款凭证。财务部门另有规定的，依照其规定。③

636.【执行款的提存】

有下列情形之一，不能在规定期限内发放执行款的，人民法院可以将执行款提存：

（一）申请执行人无正当理由拒绝领取的；

（二）申请执行人下落不明的；

（三）申请执行人死亡未确定继承人或者丧失民事行为能力未确定监护人的；

（四）按照申请执行人提供的联系方式无法通知其领取的；

（五）其他不能发放的情形。④

637.【提存的审批】

需要提存执行款的，执行人员应当填写执行款提存审批表并附具有提存情形的证明材料。执行款提存审批表中应注明执行案件案号、当事人姓名或名称、交款人姓名或名称、交款金额、交款时间、交款方式、收款人姓名或名称、提存金额、提存原因等情况。报经执行局局长或主管院领导批准后，办理提存手续。

提存费用应当由申请执行人负担，可以从执行款中扣除。⑤

638.【物品的交付】

被执行人将执行依据确定交付、返还的物品（包括票据、证

---

① 《最高人民法院关于执行款物管理工作的规定》（法发〔2017〕6号）第十三条。
② 《最高人民法院关于执行款物管理工作的规定》（法发〔2017〕6号）第十四条。
③ 《最高人民法院关于执行款物管理工作的规定》（法发〔2017〕6号）第十五条。
④ 《最高人民法院关于执行款物管理工作的规定》（法发〔2017〕6号）第十六条。
⑤ 《最高人民法院关于执行款物管理工作的规定》（法发〔2017〕6号）第十七条。

照等）直接交付给申请执行人的，被执行人应当向人民法院出具物品接收证明；没有物品接收证明的，执行人员应当将履行情况记入笔录，经双方当事人签字后附卷。

被执行人将物品交由人民法院转交给申请执行人或由人民法院主持双方当事人进行交接的，执行人员应当将交付情况记入笔录，经双方当事人签字后附卷。①

639.【物品的交接】

查封、扣押至人民法院或被执行人、担保人等直接向人民法院交付的物品，执行人员应当立即通知保管部门对物品进行清点、登记，有价证券、金银珠宝、古董等贵重物品应当封存，并办理交接。保管部门接收物品后，应当出具收取凭证。

对于在异地查封、扣押，且不便运输或容易毁损的物品，人民法院可以委托物品所在地人民法院代为保管，代为保管的人民法院应当按照前款规定办理。②

640.【物品保管场所】

人民法院应当确定专门场所存放本规范第639条规定的物。③

641.【特殊物品的处理】

对季节性商品、鲜活、易腐烂变质以及其他不宜长期保存的物品，人民法院可以责令当事人及时处理，将价款交付人民法院；必要时，执行人员可予以变卖，并将价款依照《最高人民法院关于执行款物管理工作的规定》的要求交财务部门。④

642.【物品发放期限】

人民法院查封、扣押或被执行人交付，且属于执行依据确定交付、返还的物品，执行人员应当自查封、扣押或被执行人交付

---

① 《最高人民法院关于执行款物管理工作的规定》（法发〔2017〕6号）第十八条。

② 《最高人民法院关于执行款物管理工作的规定》（法发〔2017〕6号）第十九条。

③ 参照《最高人民法院关于执行款物管理工作的规定》（法发〔2017〕6号）第二十条。

④ 参照《最高人民法院关于执行款物管理工作的规定》（法发〔2017〕6号）第二十一条。

之日起三十日内，完成执行费用的结算、通知申请执行人领取和发放物品等工作。不属于执行依据确定交付、返还的物品，符合处置条件的，执行人员应当依法启动财产处置程序。①

643.【物品的提存】

符合本规范第636条规定情形之一的，人民法院可以对物品进行提存。

物品不适于提存或者提存费用过高的，人民法院可以提存拍卖或者变卖该物品所得价款。②

第七节　执行实施案件结案

644.【结案方式】

除执行财产保全裁定、恢复执行的案件外，其他执行实施类案件的结案方式包括：

（一）执行完毕；

（二）终结本次执行程序；

（三）终结执行；

（四）销案；

（五）不予执行；

（六）驳回申请。③

645.【执行完毕】

执行实施案件有下列情形之一的，可以以“执行完毕”结案：

---

① 《最高人民法院关于执行款物管理工作的规定》（法发〔2017〕6号）第二十二条。

② 参照《最高人民法院关于执行款物管理工作的规定》（法发〔2017〕6号）第二十四条。

③ 参照《最高人民法院关于人民法院执行工作若干问题的规定（试行）》（法释〔1998〕15号，2020年12月23日修正）第64条，《最高人民法院关于执行案件立案、结案若干问题的意见》（法发〔2014〕26号）第十四条。

（一）被执行人自动履行完毕；

（二）人民法院强制执行，已全部执行完毕；

（三）当事人达成执行和解协议，且执行和解协议履行完毕。

执行完毕应当制作结案通知书并发送当事人。双方当事人书面认可执行完毕或口头认可执行完毕并记入笔录的，无需制作结案通知书。①

646.【终结本次执行程序】

执行实施案件具备本规范第128条规定条件的，可以以“终结本次执行程序”方式结案。②

647.【终结执行】

执行实施案件有本规范第149条情形之一的，可以以“终结执行”方式结案。③

648.【销案】

执行实施案件立案后，有下列情形之一的，可以以“销案”方式结案：

（一）被执行人提出管辖异议，经审查异议成立，将案件移送有管辖权的法院或申请执行人撤回申请的；

（二）发现其他有管辖权的人民法院已经立案在先的；

（三）受托法院报经高级人民法院同意退回委托的；④

（四）首次执行案件因指定执行、提级执行、委托执行（全

---

① 参照《最高人民法院关于执行案件立案、结案若干问题的意见》（法发〔2014〕26号）第十五条第一款、第二款。

② 参照《最高人民法院关于严格规范终结本次执行程序的规定（试行）》（法〔2016〕373号）第一条，《最高人民法院关于执行案件立案、结案若干问题的意见》（法发〔2014〕26号）第十六条。

③ 参照《最高人民法院关于执行案件立案、结案若干问题的意见》（法发〔2014〕26号）第十七条。

④《最高人民法院关于执行案件立案、结案若干问题的意见》（法发〔2014〕26号）第十八条。

案）结案的。①

649.【不予执行】

执行实施案件立案后，被执行人对仲裁裁决或公证债权文书提出不予执行申请，经人民法院审查，裁定不予执行的，以“不予执行”方式结案。②

650.【驳回申请】

执行实施案件立案后，经审查发现不符合法律、司法解释规定的受理条件，裁定驳回申请的，以“驳回申请”方式结案。③

651.【不得结案处理的情形】

下列案件不得作结案处理：

（一）人民法院裁定中止执行的；

（二）人民法院决定暂缓执行的；

（三）执行和解协议未全部履行完毕，且不符合终结本次执行程序、终结执行条件的。④

---

① 参照《最高人民法院关于进一步规范指定执行等执行案件立案、结案、统计和考核工作的通知》（法明传〔2018〕335号）第三条。

② 《最高人民法院关于执行案件立案、结案若干问题的意见》（法发〔2014〕26号）第十九条。

③ 参照《最高人民法院关于执行案件立案、结案若干问题的意见》（法发〔2014〕26号）第二十条。

④ 参照《最高人民法院关于执行案件立案、结案若干问题的意见》（法发〔2014〕26号）第二十三条。

第二十二章　金钱给付请求权的执行

第一节　对银行存款等金融资产的执行

一、一般规定

652.【查询】

人民法院查询被执行人在金融机构的存款时，执行人员应当出示本人工作证件，并出具法院协助查询存款通知书。①

对人民法院依法向金融机构查询或查阅的有关资料，包括被执行人开户、存款情况以及会计凭证、账簿、有关对账单等资料（含电脑储存资料），金融机构应当及时如实提供并加盖印章；人民法院根据需要可抄录、复制、照相②，但应当依法保守秘密。③

653.【冻结】

人民法院冻结被执行人在金融机构的存款时，执行人员应当

① 参照《最高人民法院关于人民法院执行工作若干问题的规定（试行）》（法释〔1998〕15号，2020年12月23日修正）第7条、《最高人民法院、中国人民银行关于依法规范人民法院执行和金融机构协助执行的通知》（法发〔2000〕21号）第一条第一款。

② 依据本规范第416条规定，对本条调查所需资料的提取留存，不限于上述三种方式。

③ 《最高人民法院、中国人民银行关于依法规范人民法院执行和金融机构协助执行的通知》（法发〔2000〕21号）第五条。

出示本人工作证件，并出具法院冻结裁定书和协助冻结存款通知书。[①]

裁定书和协助冻结存款通知书送达时发生法律效力。[②]

654.【冻结的范围】

冻结被执行人银行账户内存款的，应当明确具体冻结数额，不得影响冻结之外资金的流转和账户的使用。[③]

655.【冻结期限】

人民法院冻结被执行人的银行存款的期限不得超过一年。

申请执行人申请延长期限的，人民法院应当在冻结期限届满前办理续行冻结手续，续行期限不得超过前款规定的期限。

人民法院也可以依职权办理续行冻结手续。[④]

656.【户名与账号不符的处理】

人民法院在完成冻结手续后，金融机构发现被冻结的户名与账号不符时，可以向法院提出存在的问题，但不得自行解冻。[⑤]

657.【扣划裁定的效力】

对未冻结的银行存款，人民法院的扣划裁定同时具有冻结的

---

① 参照《最高人民法院关于人民法院执行工作若干问题的规定（试行）》（法释〔1998〕15号，2020年12月23日修正）第7条，《最高人民法院、中国人民银行关于依法规范人民法院执行和金融机构协助执行的通知》（法发〔2000〕21号）第一条第二款。

② 参照《最高人民法院关于人民法院民事执行中查封、扣押、冻结财产的规定》（法释〔2004〕15号，2020年12月23日修正）第一条第二款。

③ 参照《最高人民法院关于在执行工作中进一步强化善意文明执行理念的意见》（法发〔2019〕35号）第4条。

④ 参照《最高人民法院关于适用〈中华人民共和国民事诉讼法〉的解释》（法释〔2015〕5号，2022年3月22日修正）第四百八十五条。

⑤ 参照《最高人民法院关于法院冻结财产的户名与账号不符银行能否自行解冻的请示的答复》（法经〔1997〕32号，2020年12月23日修正）。主要内容："江西省高级人民法院：你院赣高法研［1996］6号请示收悉，经研究，答复如下：人民法院根据当事人申请，对财产采取冻结措施，是我国民事诉讼法赋予人民法院的职权，任何组织或者个人不得加以妨碍。人民法院在完成对财产冻结手续后，银行如发现被冻结的户名与账号不符时，应主动向法院提出存在的问题，由法院更正，而不能自行解冻；如因自行解冻不当造成损失，应视其过错程度承担相应的法律责任。"

法律效力。[①]

对已冻结的银行存款，人民法院可以直接裁定扣划，无需出具解除冻结的手续，但应当在裁定中载明先前冻结的事实。[②]

658.【实施扣划的手续】

人民法院扣划被执行人在金融机构存款的，应当提供相关《执行裁定书》《协助执行通知书》、执行人员工作证件及联系方式。[③]

659.【金融机构留置送达的允许】

人民法院要求金融机构协助冻结、扣划被执行人的存款时，冻结、扣划裁定和协助执行通知书适用留置送达的规定。[④]

660.【金融机构的协助义务】

人民法院查询被执行人在金融机构的存款时，金融机构应当立即协助办理查询事宜，不需办理签字手续，对于查询的情况，由经办人签字确认。[⑤]

人民法院冻结、扣划被执行人在金融机构存款的，金融机构应当立即协助执行。

对协助执行手续完备拒不协助执行的，按照民事诉讼法第一

---

① 参照《最高人民法院关于适用〈中华人民共和国民事诉讼法〉的解释》（法释〔2015〕5号，2022年3月22日修正）第四百八十四条。

② 参照《人民法院、银行业金融机构网络执行查控工作规范》（法〔2015〕321号）第14条第2款。

③ 参照《最高人民法院、中国银行业监督管理委员会关于进一步推进网络执行查控工作的通知》（法〔2018〕64号）第六条。

④ 《最高人民法院、中国人民银行关于依法规范人民法院执行和金融机构协助执行的通知》（法发〔2000〕21号）第二条。

⑤ 参照《最高人民法院、中国人民银行关于依法规范人民法院执行和金融机构协助执行的通知》（法发〔2000〕21号）第一条，《中华人民共和国民事诉讼法》（2021年12月24日修正）第一百一十七条。

百一十七条[①]规定处理。[②]

661.【擅自解冻的责任】

金融机构擅自解冻被人民法院冻结的款项，致冻结款项被转移的，人民法院有权责令其限期追回。在限期内未能追回的，应当裁定该金融机构在转移的款项范围内以自己的财产向申请执行人承担责任。[③]

二、金融资产的网络查控

662.【网络查控的一般规定】

人民法院对被执行人的银行账户、银行卡、存款及其他金融资产采取查询、冻结、扣划等执行措施（以下简称查控措施），可以通过专线或金融网络等方式与金融机构进行网络连接，向金融机构发送采取查控措施的数据和电子法律文书，接收金融机构查询、冻结、扣划、处置等的结果数据和电子回执。

前款所述金融资产，指可以进行变价交易，并且交易价款及孳息可以存款的方式转入金融机构特定关联资金账户的各类财产。[④]

---

① 《中华人民共和国民事诉讼法》（2021 年 12 月 24 日修正）第一百一十七条规定："有义务协助调查、执行的单位有下列行为之一的，人民法院除责令其履行协助义务外，并可以予以罚款：（一）有关单位拒绝或者妨碍人民法院调查取证的；（二）有关单位接到人民法院协助执行通知书后，拒不协助查询、扣押、冻结、划拨、变价财产的；（三）有关单位接到人民法院协助执行通知书后，拒不协助扣留被执行人的收入、办理有关财产权证照转移手续、转交有关票证、证照或者其他财产的；（四）其他拒绝协助执行的。人民法院对有前款规定的行为之一的单位，可以对其主要负责人或者直接责任人员予以罚款；对仍不履行协助义务的，可以予以拘留；并可以向监察机关或者有关机关提出予以纪律处分的司法建议。"

② 参照《最高人民法院、中国人民银行关于依法规范人民法院执行和金融机构协助执行的通知》（法发〔2000〕21 号）第一条。

③ 《最高人民法院关于人民法院执行工作若干问题的规定（试行）》（法释〔1998〕15 号，2020 年 12 月 23 日修正）第 26 条。

④ 《人民法院、银行业金融机构网络执行查控工作规范》（法〔2015〕321 号）第 1 条。

网络冻结、扣划等执行措施的电子法律文书等数据发送至网络查控系统的时间视为送达时间。①

663.【基本信息核对】

执行人员对被执行人采取网络执行查控措施前，应当对案件当事人姓名或名称、身份证件号码、统一社会信用代码或组织机构代码等基本信息进行核对，确保信息全面、准确。

执行人员发现案件当事人基本信息数据存在错误、遗漏的，应当将修改项目、内容、原因等情况按规定审批后，在案件管理系统中进行修改。

财产已被采取查控措施的被执行人，除被执行人发生合并、分立、变更姓名或名称以外，执行人员不得修改或删除其基本信息，但可以增加其他基本信息。

人民法院应当在案件管理系统中实现本条第 2 款、第 3 款信息修改流程，并保留修改的记录。②

664.【网络查询】

执行法院通过网络执行查控系统查询被执行人银行账户、银行卡、存款及其他金融资产信息的，应当向金融机构发送被执行人的基本信息数据（包括被执行人姓名或名称、证件类型、证件号码或统一社会信用代码、组织机构代码）。与金融机构联网的人民法院应当制作电子协助执行通知书，并附电子查询清单（包括案号、执行法院名称、被执行人基本信息），实时向金融机构发送。

执行法院要求金融机构协助查询被执行人账户交易流水明细、交易对手姓名或名称、账号、开户银行等账户交易信息的，

---

① 《人民法院、银行业金融机构网络执行查控工作规范》（法〔2015〕321 号）第 16 条。

② 《人民法院、银行业金融机构网络执行查控工作规范》（法〔2015〕321 号）第 5 条。

应当列明具体查询时间、区间等信息。①

665.【金融机构的协助查询】

金融机构协助人民法院采取网络查询措施的，应当根据所提供的被执行人基本信息数据，在本单位生产数据库或实时备份库中查询，并通过网络执行查控系统实时反馈查询结果。

被执行人有开立账户记录的，金融机构应反馈开户时间、开户行名称、户名、账号、账户性质、账户状态（含已注销的账户）、余额、联系电话、被有权机关冻结的情况等信息；被执行人有存款以外的其他金融资产的，金融机构应反馈关联资金账户、资产管理人等信息。

被执行人未开立账户，金融机构应反馈查无开户信息。②

666.【反馈信息的效力】

金融机构协助人民法院查询的被执行人银行账户、银行卡、存款及其他金融资产信息，可以作为执行线索、拒不履行生效法律文书的证据或者结案依据使用。

金融机构应在收到查控措施数据及电子法律文书后，根据办理结果数据生成加盖电子印章（可以是单位公章或网络查控专用章）的协助执行结果回执，通过网络执行查控系统向执行法院反馈。

金融机构反馈信息，仅以当时协助办理查控事项的金融机构本行系统的数据为限。③

667.【网络冻结、扣划的材料】

执行法院通过网络执行查控系统对被执行人采取冻结、续行

---

① 《人民法院、银行业金融机构网络执行查控工作规范》（法〔2015〕321号）第6条。

② 《人民法院、银行业金融机构网络执行查控工作规范》（法〔2015〕321号）第7条。

③ 《人民法院、银行业金融机构网络执行查控工作规范》（法〔2015〕321号）第8条。

冻结、解除冻结、扣划等执行措施的，应当向金融机构发送加盖电子印章的执行裁定书、协助执行通知书和执行人员的公务证件电子扫描件。

执行法院通过网络执行查控系统对被执行人采取冻结、续行冻结、解除冻结、扣划等执行措施的，应当有明确的银行账户及金额。①

668.【金融机构的协助冻结】

金融机构协助冻结被执行人存款的，应当根据人民法院要求冻结的金额冻结指定账户，并向人民法院反馈冻结账户对应的应冻结金额（要求冻结的金额）、实际冻结金额、冻结起止时间等信息。

当被执行人账户中的可用余额（本次冻结前尚未被冻结的金额）小于应冻结金额时，金融机构应对指定账户按照人民法院要求冻结的金额进行限额冻结。

有权机关要求金融机构对指定账户进行轮候冻结的，金融机构应按有权机关要求的金额对指定账户冻结的限制额度叠加，进行限额冻结，并反馈冻结账户对应的应冻结金额（要求冻结的金额）、实际冻结金额、冻结起止时间以及先前顺序冻结记录等信息。

有权机关要求金融机构对指定账户进行继续冻结（即续冻）的，金融机构应按有权机关的要求延长原冻结事项的截止时间，并反馈冻结账户对应的应冻结金额（要求冻结的金额）、实际冻结金额、冻结起止时间以及前后顺序冻结记录等信息。②

669.【其他金融资产的冻结】

有权机关要求冻结被执行人存款以外的其他金融资产的，应

---

① 《人民法院、银行业金融机构网络执行查控工作规范》（法〔2015〕321 号）第 9 条。

② 《人民法院、银行业金融机构网络执行查控工作规范》（法〔2015〕321 号）第 10 条。

当在协助执行通知书中载明具体数额。金融机构应按要求冻结金融资产所对应的被执行人的银行账户，一律通过限额冻结完成该协助冻结事项。①

670.【优先受偿权处理】

有权机关、金融机构或第三人对被执行人银行账户中的存款及其他金融资产享有质押权、保证金等优先受偿权的，金融机构应当将所登记的优先受偿权信息在查询结果中载明。执行法院可以采取冻结措施，金融机构反馈查询结果中载明优先受偿权人的，人民法院应在办理后五个工作日内，将采取冻结措施的情况通知优先受偿权人。优先受偿权人可向执行法院主张权利，执行法院应当依法审查处理。审查处理期间，执行法院不得强制扣划。

存款或金融资产的优先受偿权消灭前，其价值不计算在实际冻结总金额内；优先受偿权消灭后，执行法院可以依法采取扣划、强制变价等执行措施。

被执行人与案外人开设联名账户等共有账户，案外人对账户中的存款及其他金融资产享有共有权的，参照前两款规定处理。②

671.【网络扣划之一】

银行业金融机构应当支持银行存款在网络冻结状态下的全额扣划和部分扣划。网络扣划功能上线后，网络冻结的款项，原则上应进行网络扣划。③

执行法院通过网络执行查控系统对被执行人的存款采取扣划措施的，应先采取网络冻结措施。④ 执行法院扣划被执行人已经

① 《人民法院、银行业金融机构网络执行查控工作规范》（法〔2015〕321号）第11条。

② 《人民法院、银行业金融机构网络执行查控工作规范》（法〔2015〕321号）第12条。

③ 《最高人民法院、中国银行业监督管理委员会关于进一步推进网络执行查控工作的通知》（法〔2018〕64号）第五条。

④ 参照《最高人民法院、中国银行业监督管理委员会关于进一步推进网络执行查控工作的通知》（法〔2018〕64号）第七条。

被冻结的存款，无需先行解除原冻结措施。[①]

网络扣划款项应当划至人民法院执行款专户或案款专户；被执行人的存款为外币的，应当将款项扣划至本院外币执行款专户。人民法院在网络冻结被执行人款项后，应当及时通知被执行人。[②]

672.【网络扣划之二】

执行法院通过网络执行查控系统对被执行人采取扣划措施的，应当向金融机构发送加盖电子印章的执行裁定书、协助执行通知书和执行人员工作证件电子扫描件及联系方式。[③]

执行法院通过网络执行查控系统对被执行人的存款采取扣划措施的，应当在协助执行通知书中载明扣划的账号、扣划金额、执行款专户信息（包括开户行名称、账号、户名）。金融机构应当按照协助执行通知书的要求，将被执行人的存款扣划至执行法院的执行款专户。

673.【金融机构协助扣划】

金融机构协助扣划被执行人存款的，反馈的回执中应当载明实际扣划金额、未扣划金额（执行法院对已冻结的存款部分扣划的，原冻结金额与本次实际扣划金额的差额）等内容。[④]

674.【网络扣划失败的处理】

因人民法院网络扣划失败、资金滞留在银行内部账户的，由银行联系执行法院执行人员携带《执行裁定书》《协助执行通知书》、工作证件到现场办理扣划。

---

① 《人民法院、银行业金融机构网络执行查控工作规范》（法〔2015〕321号）第14条。

② 参照《人民法院、银行业金融机构网络执行查控工作规范》（法〔2015〕321号）第13条，《最高人民法院、中国银行业监督管理委员会关于进一步推进网络执行查控工作的通知》（法〔2018〕64号）第七条。

③ 参照《人民法院、银行业金融机构网络执行查控工作规范》（法〔2015〕321号）第9条第1款，《最高人民法院、中国银行业监督管理委员会关于进一步推进网络执行查控工作的通知》（法〔2018〕64号）第六条。

④ 《人民法院、银行业金融机构网络执行查控工作规范》（法〔2015〕321号）第15条。

异地执行法院委托当地法院代为办理的，委托法院应当提供:《执行裁定书》《协助执行通知书》《委托执行函》《送达回证》（或《回执》）及执行人员工作证件扫描件，以上法律文书应加盖委托法院电子签章，或是将盖章后的法律文书转换成彩色扫描件；受托法院应当携带以上材料的彩色打印件和受托法院执行人员工作证；银行应当协助办理。

异地执行法院通过司法专邮邮寄《执行裁定书》《协助执行通知书》原件及执行人员工作证件复印件的，银行应当协助办理。①

三、常见特殊账户或特殊资金

675.【工会经费、党费】

对企业的工会经费及“工会经费集中户”的款项、党组织的党费，人民法院不得作为所在企业的财产予以执行。②

---

① 《最高人民法院、中国银行业监督管理委员会关于进一步推进网络执行查控工作的通知》（法〔2018〕64号）第八条。

② 参照《最高人民法院关于产业工会、基层工会是否具备社会团体法人资格和工会经费集中户可否冻结划拨问题的批复》（法复〔1997〕6号，2020年12月23日修正）第三条。批复主要内容:“根据工会法的规定，工会经费包括工会会员缴纳的会费，建立工会组织的企业事业单位、机关按每月全部职工工资总额的百分之二的比例向工会拨交的经费，以及工会所属的企业、事业单位上缴的收入和人民政府的补助等。工会经费要按比例逐月向地方各级总工会和全国总工会拨交。工会的经费一经拨交，所有权随之转移。在银行独立开列的‘工会经费集中户’，与企业经营资金无关，专门用于工会经费的集中与分配，不能在此账户开支费用或挪用、转移资金。因此，人民法院在审理案件中，不应将工会经费视为所在企业的财产，在企业欠债的情况下，不应冻结、划拨工会经费及‘工会经费集中户’的款项。”参照《最高人民法院关于强制执行中不应将企业党组织的党费作为企业财产予以冻结或划拨的通知》（法〔2005〕209号）。通知主要内容:“企业党组织的党费是企业每个党员按月工资比例向党组织交纳的用于党组织活动的经费。党费由党委组织部门代党委统一管理，单立账户，专款专用，不属于企业的责任财产。因此，在企业作为被执行人时，人民法院不得冻结或划拨该企业党组织的党费，不得用党费偿还该企业的债务。执行中，如果申请执行人提供证据证明企业的资金存入党费账户，并申请人民法院对该项资金予以执行的，人民法院可以对该项资金先行冻结；被执行人提供充分证据证明该项资金属于党费的，人民法院应当解除冻结。”

676.【军队、武警部队的存款】

军队、武警部队一类保密单位开设的“特种预算存款”“特种其他存款”和连队账户的存款，人民法院原则上不采取冻结或扣划等措施，但该账户存入其他款项的除外；军队、武警部队的其余存款可以冻结和扣划。①

677.【封闭贷款结算专户资金】

人民法院不得执行被执行人的封闭贷款结算专户中的款项。

如果有证据证明债务人为逃避债务将其他款项打入封闭贷款结算专户的，人民法院可以仅就所打入的款项采取执行措施。②

678.【国有企业下岗职工基本生活保障资金】

对国有企业下岗职工基本生活保障资金，人民法院不得作为所在企业的财产予以执行。③

679.【社会保险基金】

对社会保险基金，人民法院不得作为社会保险机构及其原下

---

① 参照《中国人民银行、最高人民法院、最高人民检察院、公安部关于查询、冻结、扣划企业事业单位、机关、团体银行存款的通知》（银发〔1993〕356号）第五条。

② 参照《最高人民法院关于执行〈封闭贷款管理暂行办法〉和〈外经贸企业封闭贷款管理暂行办法〉中应注意的几个问题的通知》（法发〔2000〕4号）第二条、第三条。

③ 参照《最高人民法院关于严禁冻结或划拨国有企业下岗职工基本生活保障资金的通知》（法〔1999〕228号）。通知主要内容：“国有企业下岗职工基本生活保障资金是采取企业、社会、财政各承担三分之一的办法筹集的，由企业再就业服务中心设立专户管理，专项用于保障下岗职工基本生活，具有专项资金的性质，不得挪作他用，不能与企业的其他财产等同对待。各地人民法院在审理和执行经济纠纷案件时，不得将该项存于企业再就业服务中心的专项资金作为企业财产处置，不得冻结或划拨该项资金用以抵偿企业债务。”

属企业的财产予以执行。[1]

680.【存款准备金、备付金】

被执行人为金融机构的，对其交存在人民银行的存款准备金和备付金不得冻结和扣划，但对其在本机构、其他金融机构的存款，及其在人民银行的其他存款可以冻结、划拨，并可对被执行人的其他财产采取执行措施，但不得查封其营业场所。[2]

681.【期货保证金】[3]

期货交易所为被执行人，申请执行人请求冻结、划拨期货交易所会员在期货交易所保证金账户中的资金的，人民法院不予支持。[4]

期货公司为被执行人，申请执行人请求冻结、划拨客户在期货公司保证金账户中的资金的，人民法院不予支持。[5]

---

① 参照《最高人民法院关于在审理和执行民事、经济纠纷案件时不得查封、冻结和扣划社会保险基金的通知》（法〔2000〕19号）。通知主要内容："各省、自治区、直辖市高级人民法院，新疆维吾尔自治区高级人民法院生产建设兵团分院：近一个时期，少数法院在审理和执行社会保险机构原下属企业（现已全部脱勾）与其它企业、单位的经济纠纷案件时，查封社会保险机构开设的社会保险基金账户，影响了社会保险基金的正常发放，不利于社会的稳定。为杜绝此类情况发生，特通知如下：社会保险基金是由社会保险机构代参保人员管理，并最终由参保人员享用的公共基金，不属于社会保险机构所有。社会保险机构对该项基金设立专户管理，专款专用，专项用于保障企业退休职工、失业人员的基本生活需要，属专项资金，不得挪作他用。因此，各地人民法院在审理和执行民事、经济纠纷案件时，不得查封、冻结或扣划社会保险基金；不得用社会保险基金偿还社会保险机构及其原下属企业的债务。各地人民法院如发现有违反上述规定的，应当及时依法予以纠正。"

② 《最高人民法院关于人民法院执行工作若干问题的规定（试行）》（法释〔1998〕15号，2020年12月23日修正）第27条。

③ 人民法院在办理案件过程中，依法需要通过期货交易所、期货公司查询、冻结、划拨资金的，期货交易所、期货公司应当予以协助。应当协助而拒不协助的，按照民事诉讼法第一百一十七条规定办理。参见《最高人民法院关于审理期货纠纷案件若干问题的规定（二）》（法释〔2011〕1号，2020年12月23日修正）第八条。

④ 参照《最高人民法院关于审理期货纠纷案件若干问题的规定（二）》（法释〔2011〕1号，2020年12月23日修正）第三条第一项。

⑤ 参照《最高人民法院关于审理期货纠纷案件若干问题的规定（二）》（法释〔2011〕1号，2020年12月23日修正）第四条第一项。

实行会员分级结算制度的期货交易所的结算会员为被执行人，申请执行人请求冻结、划拨非结算会员在该被执行人结算会员保证金账户中的资金的，人民法院不予支持。①

有证据证明保证金账户中有超过前三款规定的资金，期货交易所、期货公司或者期货交易所结算会员在人民法院指定的合理期限内不能提出相反证据的，人民法院可以依法冻结、划拨超出部分的资金。

有证据证明期货交易所、期货公司、期货交易所结算会员自有资金与保证金发生混同，期货交易所、期货公司或者期货交易所结算会员在人民法院指定的合理期限内不能提出相反证据的，人民法院可以依法冻结、划拨相关账户内的资金。②

682.【结算担保金】

实行会员分级结算制度的期货交易所或者其结算会员为被执行人，申请执行人请求冻结、划拨期货交易所向其结算会员依法收取的结算担保金的，人民法院不予支持。

有证据证明结算会员在结算担保金专用账户中有超过交易所要求的结算担保金数额部分的，结算会员在人民法院指定的合理期限内不能提出相反证据的，人民法院可以依法冻结、划拨超出部分的资金。③

683.【旅行服务质量保证金】

人民法院在执行涉及旅行社的案件时，遇有下列情形而旅行社不承担或无力承担赔偿责任的，可以执行旅行服务质量保证金：

（一）旅行社因自身过错未达到合同约定的服务质量标准而

---

① 参照《最高人民法院关于审理期货纠纷案件若干问题的规定（二）》（法释〔2011〕1号，2020年12月23日修正）第五条第一项。

② 《最高人民法院关于审理期货纠纷案件若干问题的规定（二）》（法释〔2011〕1号，2020年12月23日修正）第六条。

③ 参照《最高人民法院关于审理期货纠纷案件若干问题的规定（二）》（法释〔2011〕1号，2020年12月23日修正）第七条。

造成旅游者的经济权益损失；

（二）旅行社的服务未达到国家或行业规定的标准而造成旅游者的经济权益损失；

（三）旅行社破产后造成旅游者预交旅行费损失；

（四）人民法院判决、裁定及其他生效法律文书认定的旅行社损害旅游者合法权益的情形。

除上述情形之外，不得执行旅行服务质量保证金。同时，执行涉及旅行社的经济赔偿案件时，不得从旅游行政部门行政经费账户上划转行政经费资金。①

684.【承兑汇票保证金】

人民法院依法可以对银行承兑汇票保证金采取冻结措施，但不得扣划。如果金融机构已对汇票承兑或者已对外付款，根据金融机构的申请，人民法院应当解除对银行承兑汇票保证金相应部分的冻结措施。银行承兑汇票保证金已丧失保证金功能时，人民法院可以依法采取扣划措施。②

685.【信用证开证保证金】

人民法院审理和执行案件时，依法可以对信用证开证保证金采取冻结措施，但不得扣划。

如果当事人、开证银行认为人民法院冻结和扣划的某项资金属于信用证开证保证金的，应当依法提出异议并提供有关证据予以证明。人民法院审查后，可按以下原则处理：对于确系信用证开证保证金的，不得采取扣划措施；如果开证银行履行了对外支付义务，根据该银行的申请，人民法院应当立即解除对信用证开证保证金相应部分的冻结措施；如果申请开证人提供的开证保证

---

① 参照《最高人民法院关于执行旅行社质量保证金问题的通知》（法〔2001〕1号），《国家旅游局办公室旅游服务质量保证金存取管理办法》（旅办发〔2013〕170号）第二条。

② 《最高人民法院、中国人民银行关于依法规范人民法院执行和金融机构协助执行的通知》（法发〔2000〕21号）第九条。

金是外汇，当事人又举证证明信用证的受益人提供的单据与信用证条款相符时，人民法院应当立即解除冻结措施。

如果银行因信用证无效、过期，或者因单证不符而拒付信用证款项并且免除了对外支付义务，以及在正常付出了信用证款项并从信用证开证保证金中扣除相应款额后尚有剩余，即在信用证开证保证金账户存款已丧失保证金功能的情况下，人民法院可以依法采取扣划措施。

人民法院对于为逃避债务而提供虚假证据证明属信用证开证保证金的单位和个人，应当依照民事诉讼法的有关规定严肃处理。①

686.【住房公积金】

被执行人符合国务院《住房公积金管理条例》第二十四条②规定的提取职工住房公积金账户内的存储余额的条件的，在保障被执行人依法享有的基本生活及居住条件的情况下，人民法院可以对被执行人住房公积金账户内的存储余额强制执行。③

① 《最高人民法院关于人民法院能否对信用证开证保证金采取冻结和扣划措施问题的规定》（法释〔1997〕4号，2020年12月23日修正）。

② 《住房公积金管理条例》（2019年3月24日修订）第二十四条规定："职工有下列情形之一的，可以提取职工住房公积金账户内的存储余额：（一）购买、建造、翻建、大修自住住房的；（二）离休、退休的；（三）完全丧失劳动能力，并与单位终止劳动关系的；（四）出境定居的；（五）偿还购房贷款本息的；（六）房租超出家庭工资收入的规定比例的。依照前款第（二）、（三）、（四）项规定，提取职工住房公积金的，应当同时注销职工住房公积金账户。职工死亡或者被宣告死亡的，职工的继承人、受遗赠人可以提取职工住房公积金账户内的存储余额；无继承人也无受遗赠人的，职工住房公积金账户内的存储余额纳入住房公积金的增值收益。"

③ 参照《最高人民法院关于强制扣划被执行人住房公积金问题的复函》（〔2013〕执他字第14号函）。复函主要内容："安徽省高级人民法院：你院（2012）皖执他字第00050号《关于强制划拨被执行人住房公积金问题的请示报告》收悉。经研究，答复如下：根据你院报告中所述事实情况，被执行人吴某某已经符合国务院《住房公积金管理条例》第二十四条规定的提取职工住房公积金账户内的存储余额的条件，在保障被执行人依法享有的基本生活及居住条件的情况下，执行法院可以对被执行人住房公积金账户内的存储余额强制执行。"

687.【职工建房集资款、自列住房基金】

对于企业职工建房集资款，人民法院不得作为所在企业的财产予以执行。①

对于企业自列职工住房基金用途的资金，人民法院可以作为该企业的财产予以执行。②

688.【粮棉油政策性收购资金】

对各级财政开支的直接用于粮棉油收购环节的价格补贴款、银行粮棉油政策性收购货款和粮棉油政策性收购企业的粮棉油调销回笼款，只能用于粮棉油收购及相关费用支出。人民法院在审理和执行涉及到政策性粮棉油收购业务之外的经济纠纷案件中，不宜对粮棉油政策性收购企业在中国农业发展银行及其代理行或经人民银行当地分行批准的其他金融机构开立账上的这类资金采

---

① 参照《最高人民法院执行工作办公室关于企业职工建房集资款不属企业所得问题的函》(法经〔1997〕12号)。函主要内容："湖北省高级人民法院：陕西建光机器厂给我院来函反映：你省荆沙市沙市区人民法院在执行荆沙市中级人民法院〔1996〕荆经字第175号生效判决时，将所有权不属于该厂的职工建房集资款60万元人民币予以冻结。为此，该厂向沙市区人民法院提出异议，沙市区人民法院则以此款是职工预购房款，属该厂所有为由，驳回其异议。经审查，陕西建光机器厂为解决本厂职工住房困难，于1995年12月15日以集资修建职工住房方案为题下发了〔1995〕180号文件，该文件明确了集资对象、条件及方式。经上报市房改办公室获批后，该厂按市房改办批复的要求，将上述职工个人集资款存入指定银行的专项账户。上列事实清楚，证据充分。国务院住房制度改革领导小组办公室还专就此事致函我办，明确指出：'此款其性质属于职工个人的，不应视为企业的其他资金。'请你院接到此函后，通知并监督荆沙市沙市区人民法院立即将此款解冻。"

② 需要注意的是，此类款项直接涉及企业职工的切身利益，执行时应当慎重。确无其他可供执行财产的，应在切实做好有关方面工作的基础上予以执行。参照《最高人民法院关于对企业住房基金执行问题的复函》(经他〔1996〕17号)。复函主要内容："浙江省高级人民法院：你院〔1996〕浙高法执字第9号请示报告收悉。经研究，现答复如下：《中华人民共和国民法通则》第四十八条规定：'全民所有制企业法人以国家授予它经营管理的财产承担民事责任，……。'临海市化肥厂将属其经管的房产出售给本厂职工，所得28万元款项仍属国营企业经营管理的财产。至于作为'住房基金'，仅仅是临海市化肥厂对这笔财产的一种用途，并不能改变这笔财产是国家授予其经营管理的性质。因此，可以用于承担民事责任。鉴于临海市化肥厂已将售房款用作'住房基金'，直接涉及企业职工的切身利益，因此，执行此案时一定要慎重。在确无其他可供执行财产的情况下，应在切实做好有关方面工作的基础上予以执行。"

取财产保全措施和执行措施。① 对中国农业发展银行提供的粮棉油收购资金及由该项资金形成的库存的粮棉油，人民法院不宜采取财产保全措施和执行措施。②

689.【银行贷款账户】

银行开立的以被执行人为户名的，用于记载银行向被执行人发放贷款及收回贷款情况的账户，人民法院不得冻结。③

---

① 参照《最高人民法院关于对粮棉油政策性收购资金是否可以采取财产保全措施问题的复函》（法函〔1997〕97号）。复函主要内容："山东省高级人民法院：你院鲁法经（1997）33号《关于对粮棉油政策性收购资金专户是否可以采取财产保全措施问题的请示》收悉。经研究，答复如下：同意你院请示的倾向性意见。粮棉油政策性收购资金是用于国家和地方专项储备的粮食、棉花、油料的收购、储备、调销资金和国家定购粮食、棉花收购资金。包括各级财政开支的直接用于粮棉油收购环节的价格补贴款、银行粮棉油政策性收购贷款和粮棉油政策性收购企业的粮棉油调销回笼款。该资金只能用于粮棉油收购及相关费用支出。人民法院在审理涉及到政策性粮棉油收购业务之外的经济纠纷案件中，不宜对粮棉油政策性收购企业在中国农业发展银行及其代理行或经人民银行当地分行批准的其他金融机构开立账上的这类资金采取财产保全措施，以保证这类资金专款专用，促进农业的发展。"

② 参照《最高人民法院关于对粮棉油政策性收购资金形成的粮棉油不宜采取保全措施和执行措施的通知》（法〔2000〕164号）。通知主要内容："各省、自治区、直辖市高级人民法院，解放军军事法院，新疆维吾尔自治区高级人民法院生产建设兵团分院：根据国务院国发〔1998〕15号《关于进一步深化粮食流通体制改革的决定》和国发〔1998〕42号《关于深化棉花流通体制改革的决定》以及《粮食收购条例》等有关法规和规范性文件的规定，人民法院在保全和执行国有粮棉油购销企业从事粮棉油政策性收购以外业务所形成的案件时，除继续执行我院法函〔1997〕97号《关于对粮棉油政策性收购资金是否可以采取财产保全措施问题的复函》外，对中国农业发展银行提供的粮棉油收购资金及由该项资金形成的库存的粮棉油不宜采取财产保全措施和执行措施。"

③ 参照《最高人民法院〈关于银行贷款账户能否冻结的请示报告〉的批复》（〔2014〕执他字第8号）。主要内容为："在银行作为协助执行人时，现行法律和司法解释只规定了可以对被执行人的银行存款账户进行冻结，冻结银行贷款账户缺乏依据。强制执行应当通过控制和处分被执行人财产的措施来实现。银行开立的以被执行人为户名的贷款账户，是银行记载其向被执行人发放贷款及收回贷款情况的账户、其中所记载的账户余额为银行对被执行人享有的债权，属于贷款银行的资产，并非被执行人的资产，而只是被执行人对银行的负债。因此，通过'冻结'银行贷款账户不能实现控制被执行人财产的目的。只要人民法院冻结到了被执行人的银行存款账户或控制其他可供执行的财产，即足以实现执行的目的，同时也足以防止被执行人以冻结或查封的资产向银行清偿债务。而所谓'冻结'被执行人银行贷款账户，实质是禁止银行自主地从法院查封、扣押、冻结的被执行人财产以外的财产中实现收回贷款的行为。这种禁止，超出执行的目的。将侵害银行的合法权益，如果确实存在银行在法律冻结被执行人存款账户之后，擅自扣收贷款的情况，则可以依法强制追回。因此，在执行以银行为协助执行人的案件时，不能冻结户名为被执行人的银行贷款账户。"

690.【收益权收费账户内资金】

生效法律文书确定申请执行人对被执行人的公路、桥梁、隧道等不动产收益权享有质权，申请执行人自行扣划收益权收费账户内资金实现其质押债权，其他债权人以申请执行人仅对收费权享有质权而对收费账户内资金不享有质权为由，向人民法院提起异议的，不予支持。在执行过程中，人民法院可以扣划收益权收费账户内资金实现申请执行人质押债权，收费账户内资金足以清偿债务的，不应对被执行人的收益权进行强制变价。[①]

691.【工业企业结构调整专项奖补资金】

除为实现企业职工权利外，不宜对工业企业结构调整专项奖补资金采取保全和执行措施。[②]

692.【农民工工资专用账户资金和工资保证金】

农民工工资专用账户资金和工资保证金，是指有关单位在银行业金融机构开设的农民工工资专用账户和工资保证金账户（以下简称两类账户）中存储的专项用于支付为本项目提供劳动的农民工工资的资金。[③]

人民法院在查封、冻结或者划拨相关单位银行账户资金时，应当严格审查账户类型，除法律另有专门规定外，不得因支付为本项目提供劳动的农民工工资之外的原因查封、冻结或者划拨两类账户资金。[④] 对农民工工资专用账户中明显超出工程施工合同约定并且明显超出足额支付该项目农民工工资所需全部人工费的

---

① 参照《最高人民法院关于在执行工作中进一步强化善意文明执行理念的意见》（法发〔2019〕35号）第12条。

② 参照《最高人民法院关于对工业企业结构调整专项奖补资金不宜采取财产保全措施和执行措施的通知》（法〔2017〕220号）。

③ 《最高人民法院、人力资源社会保障部、中国银保监会关于做好防止农民工工资专用账户资金和工资保证金被查封、冻结或者划拨有关工作的通知》（人社部发〔2020〕93号）第一条。

④ 《最高人民法院、人力资源社会保障部、中国银保监会关于做好防止农民工工资专用账户资金和工资保证金被查封、冻结或者划拨有关工作的通知》（人社部发〔2020〕93号）第二条。

资金，对工资保证金账户中超出工资保证金主管部门公布的资金存储规定部分的资金，人民法院经认定可依法采取冻结或者划拨措施。当事人及有关单位、个人利用两类账户规避、逃避执行的，应当依法承担责任。①

人民法院可以依法对两类账户采取预冻结措施，在工程完工且未拖欠农民工工资，监管部门按规定解除对两类账户监管后，预冻结措施自动转为冻结措施，并可依法划拨剩余资金。②

当事人、利害关系人（包含两类账户监管部门）认为人民法院查封、冻结或者划拨行为违法的，银行业金融机构认为人民法院要求其协助执行行为违法的，均可依法向人民法院提出异议，人民法院应当依法处理。两类账户监管部门提出异议的，异议审查期间不得查封、冻结或者划拨两类账户资金。③

693.【预售资金监管账户的冻结】

开设监管账户的商业银行接到人民法院冻结预售资金监管账户指令时，应当立即办理冻结手续。④ 人民法院冻结预售资金监管账户的，应当及时通知当地住房和城乡建设主管部门。⑤

694.【已冻结预售资金的使用】

商品房预售资金监管账户被人民法院冻结后，房地产开发企

---

① 《最高人民法院、人力资源社会保障部、中国银保监会关于做好防止农民工工资专用账户资金和工资保证金被查封、冻结或者划拨有关工作的通知》（人社部发〔2020〕93号）第三条。

② 《最高人民法院、人力资源社会保障部、中国银保监会关于做好防止农民工工资专用账户资金和工资保证金被查封、冻结或者划拨有关工作的通知》（人社部发〔2020〕93号）第四条。

③ 《最高人民法院、人力资源社会保障部、中国银保监会关于做好防止农民工工资专用账户资金和工资保证金被查封、冻结或者划拨有关工作的通知》（人社部发〔2020〕93号）第五条。

④ 《最高人民法院、住房和城乡建设部、中国人民银行关于规范人民法院保全执行措施确保商品房预售资金用于项目建设的通知》（法〔2022〕12号）第三条第一款。

⑤ 参照《最高人民法院、住房和城乡建设部、中国人民银行关于规范人民法院保全执行措施确保商品房预售资金用于项目建设的通知》（法〔2022〕12号）第一条第一款。

业、商品房建设工程款债权人、材料款债权人、租赁设备款债权人等请求以预售资金监管账户资金支付工程建设进度款、材料款、设备款等项目建设所需资金，或者购房人因购房合同解除申请退还购房款，经项目所在地住房和城乡建设主管部门审核同意的，商业银行应当及时支付，并将付款情况及时向人民法院报告。

住房和城乡建设主管部门应当依法妥善处理房地产开发企业等主体的资金使用申请，未尽监督审查义务违规批准用款申请，导致资金挪作他用，损害保全申请人或者执行申请人权利的，依法承担相应责任。[①]

商业银行对于不符合资金使用要求和审批手续的资金使用申请，不予办理支付、转账手续。商业银行违反法律规定或合同约定支付、转账的，依法承担相应责任。[②]

695.【提供担保解除预售资金的冻结】

房地产开发企业提供商业银行等金融机构出具的保函，请求释放预售资金监管账户相应额度资金的，住房和城乡建设主管部门可以予以准许。

预售资金监管账户被人民法院冻结，房地产开发企业直接向人民法院申请解除冻结并提供担保的，人民法院应当根据民事诉讼法第一百零七条[③]、《最高人民法院关于适用〈中华人民共和

① 《最高人民法院、住房和城乡建设部、中国人民银行关于规范人民法院保全执行措施确保商品房预售资金用于项目建设的通知》（法〔2022〕12号）第二条。

② 《最高人民法院、住房和城乡建设部、中国人民银行关于规范人民法院保全执行措施确保商品房预售资金用于项目建设的通知》（法〔2022〕12号）第三条第二款。

③ 《中华人民共和国民事诉讼法》（2021年12月24日修正）第一百零七条规定："财产纠纷案件，被申请人提供担保的，人民法院应当裁定解除保全。"

国民事诉讼法〉的解释》第一百六十七条①的规定审查处理。②

696.【预售资金监管账户的扣划】

除当事人申请执行因建设该商品房项目而产生的工程建设进度款、材料款、设备款等债权案件之外，在商品房项目完成房屋所有权首次登记前，对于预售资金监管账户中监管额度内的款项，人民法院不得采取扣划措施。③

697.【矿山地质环境治理恢复保证金】

人民法院在执行以采矿权人为被执行人的案件中，可向有关单位发出协助执行通知书，先对矿山地质环境治理恢复保证金④采取查控措施，待保证金符合返还条件时再予执行。⑤

---

① 《最高人民法院关于适用〈中华人民共和国民事诉讼法〉的解释》（法释〔2015〕5号，2022年3月22日修正）第一百六十七条规定："财产保全的被保全人提供其他等值担保财产且有利于执行的，人民法院可以裁定变更保全标的物为被保全人提供的担保财产。"

② 《最高人民法院、住房和城乡建设部、中国人民银行关于规范人民法院保全执行措施确保商品房预售资金用于项目建设的通知》（法〔2022〕12号）第四条。

③ 《最高人民法院、住房和城乡建设部、中国人民银行关于规范人民法院保全执行措施确保商品房预售资金用于项目建设的通知》（法〔2022〕12号）第一条第三款。

④ 2017年11月1日，财政部、国土资源部、环境保护部发布《关于取消矿山地质环境治理恢复保证金建立矿山地质环境治理恢复基金的指导意见》（财建〔2017〕638号），取消保证金制度，通过建立基金的方式，筹集治理恢复资金。对于矿山地质环境治理恢复基金的执行，可参照适用本条规定。

⑤ 参照《最高人民法院关于矿山地质灾害和地质环境治理恢复保证金能否作为执行的答复》（〔2018〕最高法执他11号），答复主要内容："贵州省高级人民法院：你院（2017）黔执他3号《关于矿山地质灾害和地质环境治理恢复保证金能否作为执行标的的请示》收悉。经研究，答复如下：原则同意你院审判委员会多数意见。设立矿山地质环境治理恢复保证金，是为了确保有充足资金用于治理恢复因矿产资源勘查开采活动造成的矿山地质环境破坏，以促进矿产资源的合理开发利用和经济社会、资源环境的协调发展。矿山地质环境治理恢复保证金虽为企业所有，但应当遵循政府监管、专款专用的原则，只有在符合法定条件时，才可以返还采矿权人。在返还之前，采矿权人对保证金的使用受到严格限制，缺乏自主处分权利。人民法院在执行以采矿权人为被执行人的案件中，可向有关单位发出协助执行通知书，先对保证金采取查控措施，待保证金符合返还条件时再予执行。"

第二节　对动产的执行

一、对机动车辆的执行

698.【查封时的权属判断】

人民法院可以查封、扣押登记在被执行人名下的机动车辆，或者被执行人占有的机动车辆。①

699.【登记车辆的查封】

对已登记的机动车辆查封的，人民法院应当制作协助执行通知书，连同裁定书副本一并送达车辆管理部门。查封裁定书和协助执行通知书送达时发生法律效力。②

700.【未登记车辆的扣押】

扣押尚未进行权属登记的机动车辆时，人民法院应当在扣押清单上记载该机动车辆的发动机编号。该车辆在扣押期间权利人要求办理权属登记手续的，人民法院应当准许并及时办理相应的扣押登记手续。③

701.【责令交出或协助查找】

人民法院对已经办理查封登记手续的被执行人机动车未能实际扣押的，可以责令被执行人或实际占有人限期交出车辆，也可以依照相关规定通知有关单位协助查找。④

---

① 参照《最高人民法院关于适用〈中华人民共和国民法典〉物权编的解释（一）》（法释〔2020〕24号）第六条，《最高人民法院关于人民法院民事执行中查封、扣押、冻结财产的规定》（法释〔2004〕15号，2020年12月23日修正）第二条第一款、第三款。

② 参照《最高人民法院关于人民法院民事执行中查封、扣押、冻结财产的规定》（法释〔2004〕15号，2020年12月23日修正）第一条第二款。

③ 《最高人民法院关于人民法院民事执行中查封、扣押、冻结财产的规定》（法释〔2004〕15号，2020年12月23日修正）第九条。

④ 参照《最高人民法院关于民事执行中财产调查若干问题的规定》（法释〔2017〕8号，2020年12月23日修正）第十六条。

被执行人或实际占有人无正当理由拒不交出的，人民法院按照民事诉讼法第一百一十四条[①]、第一百一十七条[②]规定处理。

702.【保管原则】

扣押的机动车辆，一般由人民法院保管或者委托第三人保管。保管期间，任何人不得使用。[③]

703.【扣押清单及笔录】

扣押机动车辆时，执行人员应当造具清单、制作扣押笔录。

扣押清单，一般应当载明车辆品牌、颜色、所悬挂牌号、车架号、发动机号、里程数等，由在场人签名或者盖章后，交被执行人一份。[④]

扣押笔录，一般应当载明执行措施开始及完成的时间、扣押清单所载内容、机动车辆的保管人、保管场所等内容。执行人员

---

① 《中华人民共和国民事诉讼法》（2021 年 12 月 24 日修正）第一百一十四条规定："诉讼参与人或者其他人有下列行为之一的，人民法院可以根据情节轻重予以罚款、拘留；构成犯罪的，依法追究刑事责任：（一）伪造、毁灭重要证据，妨碍人民法院审理案件的；（二）以暴力、威胁、贿买方法阻止证人作证或者指使、贿买、胁迫他人作伪证的；（三）隐藏、转移、变卖、毁损已被查封、扣押的财产，或者已被清点并责令其保管的财产，转移已被冻结的财产的；（四）对司法工作人员、诉讼参加人、证人、翻译人员、鉴定人、勘验人、协助执行的人，进行侮辱、诽谤、诬陷、殴打或者打击报复的；（五）以暴力、威胁或者其他方法阻碍司法工作人员执行职务的；（六）拒不履行人民法院已经发生法律效力的判决、裁定的。人民法院对有前款规定的行为之一的单位，可以对其主要负责人或者直接责任人员予以罚款、拘留；构成犯罪的，依法追究刑事责任。"

② 《中华人民共和国民事诉讼法》（2021 年 12 月 24 日修正）第一百一十七条规定："有义务协助调查、执行的单位有下列行为之一的，人民法院除责令其履行协助义务外，并可以予以罚款：（一）有关单位拒绝或者妨碍人民法院调查取证的；（二）有关单位接到人民法院协助执行通知书后，拒不协助查询、扣押、冻结、划拨、变价财产的；（三）有关单位接到人民法院协助执行通知书后，拒不协助扣留被执行人的收入、办理有关财产权证照转移手续、转交有关票证、证照或者其他财产的；（四）其他拒绝协助执行的。人民法院对有前款规定的行为之一的单位，可以对其主要负责人或者直接责任人员予以罚款；对仍不履行协助义务的，可以予以拘留；并可以向监察机关或者有关机关提出予以纪律处分的司法建议。"

③ 参照《最高人民法院关于人民法院民事执行中查封、扣押、冻结财产的规定》（法释〔2004〕15 号，2020 年 12 月 23 日修正）第十条。

④ 参照《中华人民共和国民事诉讼法》（2021 年 12 月 24 日修正）第二百五十二条。

及保管人应当在笔录上签名，有民事诉讼法第二百五十二条[①]规定的人员到场的，到场人员也应当在笔录上签名。[②]

704. 【扣押公示】

人民法院将扣押的机动车辆交付其他人控制的，应当在该机动车辆上加贴封条或者采取其他足以公示扣押的适当方式。[③]

二、对船舶的执行

705. 【专属管辖】

除海事法院及其上级人民法院外，地方法院对当事人提出的船舶保全申请应不予受理；地方人民法院为执行生效法律文书需要扣押和拍卖船舶的，应当委托船籍港所在地或者船舶所在地的

---

① 《中华人民共和国民事诉讼法》（2021 年 12 月 24 日修正）第二百五十二条规定："人民法院查封、扣押财产时，被执行人是公民的，应当通知被执行人或者他的成年家属到场；被执行人是法人或者其他组织的，应当通知其法定代表人或者主要负责人到场。拒不到场的，不影响执行。被执行人是公民的，其工作单位或者财产所在地的基层组织应当派人参加。对被查封、扣押的财产，执行员必须造具清单，由在场人签名或者盖章后，交被执行人一份。被执行人是公民的，也可以交他的成年家属一份。"

② 参照《最高人民法院关于人民法院民事执行中查封、扣押、冻结财产的规定》（法释〔2004〕15 号，2020 年 12 月 23 日修正）第十八条。

③ 参照《最高人民法院关于人民法院民事执行中查封、扣押、冻结财产的规定》（法释〔2004〕15 号，2020 年 12 月 23 日修正）第六条。

海事法院执行。[①]

当事人依照民事诉讼法第十五章第七节[②]的规定，申请拍卖船舶实现船舶担保物权的，由船舶所在地或船籍港所在地的海事法院管辖，按照海事诉讼特别程序法以及《最高人民法院关于扣押与拍卖船舶适用法律若干问题的规定》关于船舶拍卖受偿程序

① 参照《最高人民法院关于适用〈中华人民共和国海事诉讼特别程序法〉若干问题的解释》（法释〔2003〕4号）第十五条，《最高人民法院民事审判第四庭关于广州海事法院拍卖“新双运机13”等船舶后价款分配问题的请示的答复》（〔2005〕民四他字第42号）。答复主要内容：“依照我院《关于海事法院受理案件范围的若干问题的规定》，江门市新会区人民法院审理的三件船舶抵押贷款纠纷案件，属于海事法院专门管辖的海事纠纷案件。新会区人民法院违反规定受理海事案件显属不当，应予纠正。鉴于该院已经审结三案，并进入执行程序，对该三案可不进入审判监督程序，但你院应当向该院明确指出其在受理案件程序上的错误。根据我院《关于适用〈中华人民共和国海事诉讼特别程序法〉若干问题的解释》的规定，地方人民法院为执行生效法律文书对属于被执行人财产的船舶进行扣押、拍卖的，应当委托船籍港所在地或者船舶所在地的海事法院执行，包括对船舶扣押、拍卖以及债权分配，以保护与船舶相关的特殊债权人的利益，新会区人民法院应将三执行案件移送广州海事法院执行。广州海事法院应当依照《中华人民共和国海事诉讼特别程序法》以及《中华人民共和国海商法》的有关规定，对船舶价款予以清偿。中国银行新会支行作为债权人，可以依据新会区人民法院发生法律效力的判决书确认的债权申请债权登记，参加对船舶价款的清偿。鉴于中国银行新会支行的债权属于船舶抵押权，且已经向新会区人民法院申请强制执行，新会区人民法院也已经委托广州海事法院扣押、拍卖船舶，在中国银行新会支行没有申请债权登记的情况下，可将该行依据新会区人民法院三份判决确认的债权，在船舶价款中依照法定的顺序予以清偿。”另外，《最高人民法院关于扣押与拍卖船舶适用法律若干问题的规定》（法释〔2015〕6号）第十一条规定：“拍卖船舶由拍卖船舶委员会实施，海事法院不另行委托拍卖机构进行拍卖。”第二十四条规定：“海事法院的上级人民法院扣押与拍卖船舶的，适用本规定。执行程序中拍卖被扣押船舶清偿债务的，适用本规定。”。《最高人民法院关于海事法院受理案件范围的规定》（法释〔2016〕4号）规定：“根据《中华人民共和国民事诉讼法》《中华人民共和国海事诉讼特别程序法》《中华人民共和国行政诉讼法》以及我国缔结或者参加的有关国际条约，结合我国海事审判实际，现将海事法院受理案件的范围规定如下：……106. 地方人民法院为执行生效法律文书委托扣押、拍卖船舶案件；……”上述规定，亦可作参照依据。

② 《中华人民共和国民事诉讼法》（2021年12月24日修正）第十五章“特别程序”第七节“实现担保物权案件”的内容为：“第二百零三条　申请实现担保物权，由担保物权人以及其他有权请求实现担保物权的人依照民法典等法律，向担保财产所在地或者担保物权登记地基层人民法院提出。第二百零四条　人民法院受理申请后，经审查，符合法律规定的，裁定拍卖、变卖担保财产，当事人依据该裁定可以向人民法院申请执行；不符合法律规定的，裁定驳回申请，当事人可以向人民法院提起诉讼。”

的规定处理。[①]

三、对有价证券的执行

706.【凭证式国库券的冻结、划拨】

被执行人存在银行的凭证式国库券是由被执行人交银行管理的到期偿还本息的有价证券，在性质上与银行的定期储蓄存款相似，属于被执行人的财产。依照民事诉讼法第二百四十九条[②]规定的精神，人民法院有权冻结、划拨被执行人存在银行的凭证式国库券。[③]

707.【充抵保证金的有价证券】

期货交易所为被执行人的，期货交易所会员向其提交的用于充抵保证金的有价证券，人民法院不得冻结、划拨。[④]

期货公司为被执行人的，客户向其提交的用于充抵保证金的

---

① 《最高人民法院关于扣押与拍卖船舶适用法律若干问题的规定》（法释〔2015〕6号）第二十三条。

② 《中华人民共和国民事诉讼法》（2021年12月24日修正）第二百四十九条规定："被执行人未按执行通知履行法律文书确定的义务，人民法院有权向有关单位查询被执行人的存款、债券、股票、基金份额等财产情况。人民法院有权根据不同情形扣押、冻结、划拨、变价被执行人的财产。人民法院查询、扣押、冻结、划拨、变价的财产不得超出被执行人应当履行义务的范围。人民法院决定扣押、冻结、划拨、变价财产，应当作出裁定，并发出协助执行通知书，有关单位必须办理。"

③ 《最高人民法院关于对被执行人存在银行的凭证式国库券可否采取执行措施问题的批复》（法释〔1998〕2号，2020年12月23日修正）。批复主要内容："北京市高级人民法院：你院《关于对被执行人在银行的凭证式记名国库券可否采取冻结、扣划强制措施的请示》（京高法〔1997〕194号）收悉。经研究，答复如下：被执行人存在银行的凭证式国库券是由被执行人交银行管理的到期偿还本息的有价证券，在性质上与银行的定期储蓄存款相似，属于被执行人的财产。依照《中华人民共和国民事诉讼法》第二百二十一条（2021年12月24日修正后为第二百四十九条，编者注）规定的精神，人民法院有权冻结、划拨被执行人存在银行的凭证式国库券。有关银行应当按照人民法院的协助执行通知书将本息划归申请执行人。"

④ 参照《最高人民法院关于审理期货纠纷案件若干问题的规定（二）》（法释〔2011〕1号，2020年12月23日修正）第三条第二项。

有价证券，人民法院不得冻结、划拨。[①]

实行会员分级结算制度的期货交易所的结算会员为被执行人的，非结算会员向其提交的用于充抵保证金的有价证券，人民法院不得冻结、划拨。[②]

有证据证明保证金账户中有超出保证范围的有价证券部分权益的，期货交易所、期货公司或者期货交易所结算会员在人民法院指定的合理期限内不能提出相反证据的，人民法院对超出部分可分别作为期货公司、结算会员的财产予以执行。[③]

四、对危险标的物的执行

708.【劣后执行】

在财产保全和执行程序中，如有其他更适宜的财产可以保全或执行，人民法院一般不对危险物品、重大危险源等标的物采取保全或执行措施。

危险物品，是指易燃易爆物品、危险化学品、放射性物品等能够危及人身安全和财产安全的物品。

重大危险源，是指长期地或者临时地生产、搬运、使用或者储存危险物品，且危险物品的数量等于或者超过临界量的单元（包括场所和设施）。[④]

709.【调查与备案】

人民法院对疑似危险物品、重大危险源的保全或执行标的物，应当进行现场调查，并向安全生产监督管理部门、生产经营

① 参照《最高人民法院关于审理期货纠纷案件若干问题的规定（二）》（法释〔2011〕1号，2020年12月23日修正）第四条第二项。

② 参照《最高人民法院关于审理期货纠纷案件若干问题的规定（二）》（法释〔2011〕1号，2020年12月23日修正）第五条第二项。

③ 参照《最高人民法院关于审理期货纠纷案件若干问题的规定（二）》（法释〔2011〕1号，2020年12月23日修正）第六条。

④《最高人民法院办公厅关于在财产保全和执行工作中对危险标的物加强安全监管的紧急通知》（法办〔2019〕259号）第一条。

单位等有关单位了解情况，明确相关标的物的危险性及其他性质特点。①

人民法院确需对危险物品、重大危险源采取财产保全或者执行措施的，应当向上一级人民法院备案。②

710. 【查封、扣押、处置的特殊规定】

人民法院在财产保全或者执行程序中查封、扣押、处置危险物品、重大危险源等标的物时，应当邀请安全生产监督管理部门有关人员到场，通知生产经营单位有关负责人到场，并制作笔录。笔录应当载明下列内容：

（一）执行措施开始及完成时间；

（二）危险物品、重大危险源的名称、性质、数量、位置；

（三）危险物品、重大危险源的占有、使用、保管情况；

（四）执行措施的法律后果；

（五）其他应当记录的事项。

执行人员、保管人以及到场人员应当在笔录上签名。③

711. 【查封、扣押财产的保管】

人民法院对危险物品、重大危险源采取查封、扣押措施后，一般应指定生产经营单位负责保管，并责令其依法履行安全风险管理职责，建立专门的安全管理制度，采取可靠的安全措施，接受有关主管部门依法实施的监督管理。④

712. 【安全生产监督管理等部门备案】

人民法院对危险物品、重大危险源采取财产保全或者执行措

---

① 《最高人民法院办公厅关于在财产保全和执行工作中对危险标的物加强安全监管的紧急通知》（法办〔2019〕259 号）第二条。

② 《最高人民法院办公厅关于在财产保全和执行工作中对危险标的物加强安全监管的紧急通知》（法办〔2019〕259 号）第三条。

③ 《最高人民法院办公厅关于在财产保全和执行工作中对危险标的物加强安全监管的紧急通知》（法办〔2019〕259 号）第四条。

④ 《最高人民法院办公厅关于在财产保全和执行工作中对危险标的物加强安全监管的紧急通知》（法办〔2019〕259 号）第五条。

施的，应当根据安全生产法等法律规定，加强与安全生产监督管理部门协调，将危险物品、重大危险源及有关安全措施、应急措施报安全生产监督管理部门和有关部门备案。[①]

713.【有关主管部门的审批】

人民法院在查封、扣押、处置危险物品、重大危险源的过程中，对依法应当由有关主管部门审批的，应当在有关主管部门依照有关法律、法规的规定和国家标准或者行业标准审批后采取保全或执行措施。[②]

714.【处置期限的特殊规定】

查封、扣押危险物品、重大危险源后，应当在执行程序中依照法定期限要求及时处置财产。确有合理理由的，可以不受法定期限的限制，但应当说明理由，并报执行局长或者相关负责人审批。[③]

五、对铁路运输货物的执行

715.【扣押与协助执行】

人民法院依法可以裁定扣押铁路运输货物。铁路运输企业依法应当予以协助。[④]

716.【当事人申请】

当事人申请人民法院扣押铁路运输货物，应当提供担保，申请人不提供担保的，驳回申请。申请人的申请应当写明：要求扣押货物的发货站、到货站，托运人、收货人的名称，货物的品

① 参照《最高人民法院办公厅关于在财产保全和执行工作中对危险标的物加强安全监管的紧急通知》（法办〔2019〕259号）第六条。

② 《最高人民法院办公厅关于在财产保全和执行工作中对危险标的物加强安全监管的紧急通知》（法办〔2019〕259号）第七条。

③ 《最高人民法院办公厅关于在财产保全和执行工作中对危险标的物加强安全监管的紧急通知》（法办〔2019〕259号）第八条。

④ 《最高人民法院关于人民法院扣押铁路运输货物若干问题的规定》（法发〔1997〕8号，2020年12月23日修正）第一条。

名、数量、货票号码等。①

717.【扣押事项办理】

人民法院扣押铁路运输货物，应当制作裁定书并附协助执行通知书。协助执行通知书中应当载明：扣押货物的发货站、到货站，托运人、收货人的名称，货物的品名、数量和货票号码。在货物发送前扣押的，人民法院应当将裁定书副本和协助执行通知书送达始发地的铁路运输企业由其协助执行；在货物发送后扣押的，应当将裁定书副本和协助执行通知书送达目的地或最近中转编组站的铁路运输企业由其协助执行。

人民法院一般不应在中途站、中转站扣押铁路运输货物。必要时，在不影响铁路正常运输秩序、不损害其他自然人、法人和非法人组织合法权益的情况下，可在最近中转编组站或有条件的车站扣押。

人民法院裁定扣押国际铁路联运货物，应当通知铁路运输企业、海关、边防、商检等有关部门协助执行。属于进口货物的，人民法院应当向我国进口国境、边境站、到货站或有关部门送达裁定书副本和协助执行通知书；属于出口货物的，在货物发送前应当向发货站或有关部门送达，在货物发送后未出我国国境、边境前，应当向我国出境站或有关部门送达。②

718.【扣押损失的责任承担】

经人民法院裁定扣押的铁路运输货物，该铁路运输企业与托运人之间签订的铁路运输合同中涉及被扣押货物部分合同终止履行的，铁路运输企业不承担责任。因扣押货物造成的损失，由有关责任人承担。

---

① 《最高人民法院关于人民法院扣押铁路运输货物若干问题的规定》（法发〔1997〕8号，2020年12月23日修正）第二条。

② 《最高人民法院关于人民法院扣押铁路运输货物若干问题的规定》（法发〔1997〕8号，2020年12月23日修正）第三条。

因申请人申请扣押错误所造成的损失，由申请人承担赔偿责任。①

719.【扣押的费用承担】

铁路运输企业及有关部门因协助执行扣押货物而产生的装卸、保管、检验、监护等费用，由有关责任人承担，但应先由申请人垫付。申请人不是责任人的，可以再向责任人追偿。②

720.【进出口货物扣押】

扣押后的进出口货物，因尚未办结海关手续，人民法院在对此类货物作出最终处理决定前，应当先责令有关当事人补交关税并办理海关其他手续。③

第三节　对不动产的执行

一、查封

721.【查询】

人民法院执行人员到不动产登记管理部门查询土地、房屋权属情况时，应当出示本人工作证件④，并出具协助查询通知书。⑤

人民法院在不动产登记管理部门查询并复制或者抄录的书面材料，由土地、房屋权属的登记机构或者其所属的档案室（馆）加盖印章。无法查询或者查询无结果的，不动产登记管理部门应

---

① 《最高人民法院关于人民法院扣押铁路运输货物若干问题的规定》（法发〔1997〕8号，2020年12月23日修正）第四条。

② 《最高人民法院关于人民法院扣押铁路运输货物若干问题的规定》（法发〔1997〕8号，2020年12月23日修正）第五条。

③ 《最高人民法院关于人民法院扣押铁路运输货物若干问题的规定》（法发〔1997〕8号，2020年12月23日修正）第六条。

④ 参照《最高人民法院关于人民法院执行工作若干问题的规定（试行）》（法释〔1998〕15号，2020年12月23日修正）第7条。

⑤ 参照《最高人民法院、国土资源部、建设部关于依法规范人民法院执行和国土资源房地产管理部门协助执行若干问题的通知》（法发〔2004〕5号）第二条第二款。

当书面告知人民法院。[①]

722.【查封时的权属判断】

人民法院可以查封登记在被执行人名下的不动产。

未登记的建筑物和土地使用权，依据土地使用权的审批文件和其他相关证据确定权属。

对于登记在第三人名下的不动产，第三人书面确认该财产属于被执行人的，人民法院可以查封。[②]

723.【因法定事由而发生物权变动的不动产】

根据民法典第二百二十九条[③]、第二百三十条[④]判断属于被执行人所有的土地使用权、房屋，但尚未办理过户登记的，执行法院可以查封。

724.【可分割或不可分割房屋】

人民法院对可以分割处分的房屋应当在执行标的额的范围内分割查封，不可分割的房屋可以整体查封。

分割查封的，应当在协助执行通知书中明确查封房屋的具体部位。[⑤]

---

① 参照《最高人民法院、国土资源部、建设部关于依法规范人民法院执行和国土资源房地产管理部门协助执行若干问题的通知》（法发〔2004〕5号）第四条。

② 参照《最高人民法院关于人民法院民事执行中查封、扣押、冻结财产的规定》（法释〔2004〕15号，2020年12月23日修正）第二条。

③ 《中华人民共和国民法典》（2020年5月28日）第二百二十九条规定："因人民法院、仲裁机构的法律文书或者人民政府的征收决定等，导致物权设立、变更、转让或者消灭的，自法律文书或者征收决定等生效时发生效力。"另《最高人民法院关于适用〈中华人民共和国民法典〉物权编的解释（一）》（法释〔2020〕24号）第七条规定："人民法院、仲裁机构在分割共有不动产或者动产等案件中作出并依法生效的改变原有物权关系的判决书、裁决书、调解书，以及人民法院在执行程序中作出的拍卖成交裁定书、变卖成交裁定书、以物抵债裁定书，应当认定为民法典第二百二十九条所称导致物权设立、变更、转让或者消灭的人民法院、仲裁机构的法律文书。"

④ 《中华人民共和国民法典》（2020年5月28日）第二百三十条规定："因继承取得物权的，自继承开始时发生效力。"

⑤ 《最高人民法院、国土资源部、建设部关于依法规范人民法院执行和国土资源房地产管理部门协助执行若干问题的通知》（法发〔2004〕5号）第十条。

725.【被执行人出售的不动产】

被执行人将其所有的不动产出卖给第三人，第三人已经支付部分或者全部价款并实际占有该不动产，但尚未办理产权过户登记手续的，人民法院可以查封；第三人已经支付全部价款并实际占有，但未办理过户登记手续的，如果第三人对此没有过错，人民法院不得查封。①

726.【被执行人购买的不动产】

被执行人购买第三人的不动产，已经支付部分或者全部价款并实际占有该不动产，虽未办理产权过户登记手续，但申请执行人已向第三人支付剩余价款或者第三人同意剩余价款从该不动产变价款中优先支付的，人民法院可以查封。②

727.【在建工程的查封】

对资金周转困难、暂时无力偿还债务的房地产开发企业，查封在建工程后原则上应当允许被执行人继续建设。③

728.【全部缴纳出让金土地使用权的预查封】

被执行人全部缴纳土地使用权出让金但尚未办理土地使用权登记的，人民法院可以对该土地使用权进行预查封。④

729.【部分缴纳出让金土地使用权的预查封】

被执行人部分缴纳土地使用权出让金但尚未办理土地使用权登记的，对可以分割的土地使用权，按已缴付的土地使用权出让金，由国土资源管理部门确认被执行人的土地使用权，人民法院可以对确认后的土地使用权裁定预查封。对不可以分割的土地使

---

① 参照《最高人民法院关于人民法院民事执行中查封、扣押、冻结财产的规定》（法释〔2004〕15号，2020年12月23日修正）第十五条。

② 参照《最高人民法院关于人民法院民事执行中查封、扣押、冻结财产的规定》（法释〔2004〕15号，2020年12月23日修正）第十七条。

③ 参照《最高人民法院关于在执行工作中进一步强化善意文明执行理念的意见》（法发〔2019〕35号）第5条第1项。

④ 《最高人民法院、国土资源部、建设部关于依法规范人民法院执行和国土资源房地产管理部门协助执行若干问题的通知》（法发〔2004〕5号）第十三条。

用权，可以全部进行预查封。

被执行人在规定的期限内仍未全部缴纳土地出让金的，在人民政府收回土地使用权的同时，应当将被执行人缴纳的按照有关规定应当退还的土地出让金交由人民法院处理，预查封自动解除。①

730.【未登记房屋的预查封】

下列房屋虽未进行房屋所有权登记，人民法院也可以进行预查封：

（一）作为被执行人的房地产开发企业，已办理了商品房预售许可证且尚未出售的房屋；

（二）被执行人购买的已由房地产开发企业办理了房屋权属初始登记的房屋；

（三）被执行人购买的办理了商品房预售合同登记备案手续或者商品房预告登记的房屋。②

731.【预查封的办理、期限计算及效力】

国土资源、房地产管理部门应当依据人民法院的协助执行通知书和所附的裁定书办理预查封登记。土地、房屋权属在预查封期间登记在被执行人名下的，预查封登记自动转为查封登记，预查封转为正式查封后，查封期限从预查封之日起开始计算。③

预查封的期限和效力等同于正式查封。预查封期限届满之日，人民法院未办理预查封续封手续的，预查封的效力消灭。④

732.【过户登记过程中的查封】

对国土资源、房地产管理部门已经受理被执行人转让土地使

---

① 《最高人民法院、国土资源部、建设部关于依法规范人民法院执行和国土资源房地产管理部门协助执行若干问题的通知》（法发〔2004〕5号）第十四条。

② 《最高人民法院、国土资源部、建设部关于依法规范人民法院执行和国土资源房地产管理部门协助执行若干问题的通知》（法发〔2004〕5号）第十五条。

③ 《最高人民法院、国土资源部、建设部关于依法规范人民法院执行和国土资源房地产管理部门协助执行若干问题的通知》（法发〔2004〕5号）第十六条。

④ 《最高人民法院、国土资源部、建设部关于依法规范人民法院执行和国土资源房地产管理部门协助执行若干问题的通知》（法发〔2004〕5号）第十八条。

用权、房屋的过户登记申请，尚未完成登记的，人民法院可以进行查封，已完成登记的，不得进行查封。[①]

733.【查封期限】

人民法院查封不动产的期限不得超过三年。

申请执行人申请延长期限的，人民法院应当在查封期限届满前办理续行查封手续，续行期限不得超过前款规定的期限。

人民法院也可以依职权办理续行查封手续。[②]

续行查封无须上级人民法院批准。[③]

734.【查封的程序】

人民法院查封不动产，应当作出裁定，并送达被执行人和申请执行人。

采取查封措施需要有关单位或者个人协助的，人民法院应当制作协助执行通知书，连同裁定书副本一并送达协助执行人。查封裁定书和协助执行通知书送达时发生法律效力。[④]

735.【已登记不动产的查封】

查封不动产的，人民法院应当张贴封条或者公告，并可以提取保存有关财产权证照。

查封已登记的不动产，应当通知有关登记机关办理登记手续。未办理登记手续的，不得对抗其他已经办理了登记手续的查

---

① 《最高人民法院、国土资源部、建设部关于依法规范人民法院执行和国土资源房地产管理部门协助执行若干问题的通知》（法发〔2004〕5号）第九条。

② 参照《最高人民法院关于适用〈中华人民共和国民事诉讼法〉的解释》（法释〔2015〕5号，2022年3月22日修正）第四百八十五条。

③ 因《最高人民法院关于适用〈中华人民共和国民事诉讼法〉的解释》（法释〔2015〕5号，2022年3月22日修正）对查封、续封期限有了新的规定，《最高人民法院、国土资源部、建设部关于依法规范人民法院执行和国土资源房地产管理部门协助执行若干问题的通知》（法发〔2004〕5号）第十一条关于再续封的审批规定不再适用，再续封可以不再经由所属高级人民法院批准。

④ 参照《最高人民法院关于人民法院民事执行中查封、扣押、冻结财产的规定》（法释〔2004〕15号，2020年12月23日修正）第一条。

封行为。[①]

736.【未登记建筑物的查封】

查封尚未进行权属登记的建筑物时，人民法院应当通知其管理人或者该建筑物的实际占有人，并在显著位置张贴公告。[②]

737.【查封笔录】

现场查封不动产，执行人员应当制作笔录，载明下列内容：

（一）执行措施开始及完成的时间；

（二）土地使用权、房屋及其他地上建筑物座落、权属等情况；

（三）土地使用权、房屋及其他地上建筑物的占有、使用、保管情况；

（四）其他应当记明的事项。

执行人员及保管人应当在笔录上签名，有民事诉讼法第二百五十二条规定的人员到场的，到场人员也应当在笔录上签名。[③]

738.【房地一体原则】[④]

查封地上建筑物的效力及于该地上建筑物使用范围内的土地

---

① 参照《最高人民法院关于人民法院民事执行中查封、扣押、冻结财产的规定》（法释〔2004〕15号，2020年12月23日修正）第七条。

② 《最高人民法院关于人民法院民事执行中查封、扣押、冻结财产的规定》（法释〔2004〕15号，2020年12月23日修正）第八条。

③ 参照《最高人民法院关于人民法院民事执行中查封、扣押、冻结财产的规定》（法释〔2004〕15号，2020年12月23日修正）第十八条。

④ 实践中，要注意《中华人民共和国民法典》（2020年5月28日）第三百五十六条规定："建设用地使用权转让、互换、出资或者赠与的，附着于该土地上的建筑物、构筑物及其附属设施一并处分。"第三百五十七条规定："建筑物、构筑物及其附属设施转让、互换、出资或者赠与的，该建筑物、构筑物及其附属设施占用范围内的建设用地使用权一并处分。"第三百九十七条规定："以建筑物抵押的，该建筑物占用范围内的建设用地使用权一并抵押。以建设用地使用权抵押的，该土地上的建筑物一并抵押。抵押人未依据前款规定一并抵押的，未抵押的财产视为一并抵押。"第四百一十七条规定："建设用地使用权抵押后，该土地上新增的建筑物不属于抵押财产。该建设用地使用权实现抵押权时，应当将该土地上新增的建筑物与建设用地使用权一并处分。但是，新增建筑物所得的价款，抵押权人无权优先受偿。"《中华人民共和国房地产管理法》（2019年8月26日修正）第三十二条规定："房地产转让、抵押时，房屋的所有权和该房屋占用范围内的土地使用权同时转让、抵押。"

使用权，查封土地使用权的效力及于地上建筑物，但土地使用权与地上建筑物的所有权分属被执行人与他人的除外。

地上建筑物和土地使用权的登记机关不是同一机关的，应当分别办理查封登记。①

739.【轮候查封之一】

两个以上人民法院对同一宗土地使用权、房屋进行查封的，不动产登记管理部门为首先送达协助执行通知书的人民法院办理查封登记手续后，对后来办理查封登记的人民法院作轮候查封登记，并书面告知该土地使用权、房屋已被其他人民法院查封的事实及查封的有关情况。②

查封地上建筑物前建筑占用范围内的土地使用权已被其他机关查封的，执行法院对该建筑物及该建筑物占用范围内的土地使用权的查封均系轮候查封。③

740.【轮候查封之二】

轮候查封登记的顺序按照人民法院送达协助执行通知书的时间先后进行排列。查封法院依法解除查封的，排列在先的轮候查封自动转为查封；查封法院对查封的土地使用权、房屋全部处理的，排列在后的轮候查封自动失效；查封法院对查封的土地使用权、房屋部分处理的，对剩余部分，排列在后的轮候查封自动转

---

① 《最高人民法院关于人民法院民事执行中查封、扣押、冻结财产的规定》（法释〔2004〕15号，2020年12月23日修正）第二十一条。

② 参照《最高人民法院、国土资源部、建设部关于依法规范人民法院执行和国土资源房地产管理部门协助执行若干问题的通知》（法发〔2004〕5号）第十九条。

③ 参照最高人民法院指导案例122号“河南神泉之源实业发展有限公司与赵五军、汝州博易观光医疗主题园区开发有限公司等执行监督案”（最高人民法院2019年12月24日发布）。裁判理由摘要：贾建强虽申请执行法院对案涉土地B29地块运营商总部办公楼采取了查封措施，但该建筑占用范围内的土地使用权此前已被查封。根据《最高人民法院关于人民法院民事执行中查封、扣押、冻结财产的规定》第二十三条第一款（2020年12月23日修正后的第二十一条第一款，编者注）有关查封土地使用权的效力及于地上建筑物的规定精神，贾建强对该建筑物及该建筑物占用范围内的土地使用权均系轮候查封。

为查封。

预查封的轮候登记参照本规范第739条和本条第1款的规定办理。①

741.【不动产登记部门的协助义务】

对人民法院查封或者预查封的土地使用权、房屋，国土资源、房地产管理部门应当及时办理查封或者预查封登记。

国土资源、房地产管理部门在协助人民法院执行土地使用权、房屋时，不对生效法律文书和协助执行通知书进行实体审查。国土资源、房地产管理部门认为人民法院查封、预查封或者处理的土地、房屋权属错误的，可以向人民法院提出审查建议，但不应当停止办理协助执行事项。②

二、处置

742.【房地权属的转移原则】

在变价处理土地使用权、房屋时，土地使用权、房屋所有权同时转移；土地使用权与房屋所有权归属不一致的，受让人继受

---

① 参照《最高人民法院、国土资源部、建设部关于依法规范人民法院执行和国土资源房地产管理部门协助执行若干问题的通知》（法发〔2004〕5号）第二十条。另可参照《最高人民法院关于查封法院全部处分标的物后轮候查封的效力问题的请示的答复》（法函〔2007〕100号）。答复主要内容："北京市高级人民法院：你院《关于查封法院全部处分标的物后，轮候查封的效力问题的请示》（京高法〔2007〕208号）收悉。经研究，答复如下：根据最高人民法院《关于人民法院民事执行中查封、扣押、冻结财产的规定》（法释〔2004〕15号）第二十八条第一款（2020年12月23日修正后为第二十六条第一款，编者注）的规定，轮候查封、扣押、冻结自在先的查封、扣押、冻结解除时自动生效，故人民法院对已查封、扣押、冻结的全部财产进行处分后，该财产上的轮候查封自始未产生查封、扣押、冻结的效力。同时，根据上述司法解释第三十条（2020年12月23日修正后为第二十七条，编者注）的规定，人民法院对已查封、扣押、冻结的财产进行拍卖、变卖或抵债的，原查封、扣押、冻结的效力消灭，人民法院无需先行解除该财产上的查封、扣押、冻结，可直接进行处分，有关单位应当协助办理有关财产权证照转移手续。此复。"

② 《最高人民法院、国土资源部、建设部关于依法规范人民法院执行和国土资源房地产管理部门协助执行若干问题的通知》（法发〔2004〕5号）第三条。

原权利人的合法权利。①

743.【用途与出让年限改变的禁止】

人民法院执行土地使用权时，不得改变原土地用途和出让年限。②

744.【生活必需居住房屋的执行】

金钱债权执行中，对被执行人及所扶养家属维持生活必需的居住房屋，符合下列情形之一的，人民法院可以执行：

（一）对被执行人有扶养义务的人名下有其他能够维持生活必需的居住房屋的；

（二）执行依据生效后，被执行人为逃避债务转让其名下其他房屋的；

（三）申请执行人按照当地廉租住房保障面积标准为被执行人及所扶养家属提供居住房屋，或者同意参照当地房屋租赁市场平均租金标准从该房屋的变价款中扣除五至八年租金的。③

745.【在建工程的处置】

对资金周转困难、暂时无力偿还债务的房地产开发企业，人民法院应按照下列情形分别处理：

（一）查封在建工程后，对其采取强制变价措施虽能实现执行债权人债权，但会明显贬损财产价值、对被执行人显失公平的，应积极促成双方当事人达成暂缓执行的和解协议，待工程完工后再行变价；无法达成和解协议，但被执行人提供相应担保并承诺在合理期限内完成建设的，可以暂缓采取强制变价措施。

（二）查封在建商品房或现房后，在确保能够控制相应价款

---

① 《最高人民法院、国土资源部、建设部关于依法规范人民法院执行和国土资源房地产管理部门协助执行若干问题的通知》（法发〔2004〕5号）第二十三条。

② 《最高人民法院、国土资源部、建设部关于依法规范人民法院执行和国土资源房地产管理部门协助执行若干问题的通知》（法发〔2004〕5号）第二十五条。

③ 参照《最高人民法院关于人民法院办理执行异议和复议案件若干问题的规定》（法释〔2015〕10号，2020年12月23日修正）第二十条第一款。

的前提下，可以监督被执行人在一定期限内按照合理价格自行销售房屋。人民法院在确定期限时，应当明确具体的时间节点，避免期限过长影响执行效率、损害执行债权人合法权益。①

746.【分批处置或者整体处置】

对体量较大的整栋整层楼盘、连片商铺或别墅等不动产，已经分割登记或事后可以分割登记的，被执行人认为分批次变价能够实现不动产最大价值的，一般应当准许。②

747.【划拨土地使用权的执行】

设定房地产抵押权的土地使用权是以划拨方式取得的，依法拍卖该房地产后，应当从拍卖所得的价款中缴纳相当于应缴纳的土地使用权出让金的款额后，抵押权人方可优先受偿。③

748.【集体土地使用权的执行】

人民法院执行集体土地使用权时，经与国土资源部门取得一致意见后，可以裁定予以处理，但应当告知权利受让人，到国土资源管理部门办理土地征用和国有土地使用权出让手续，缴纳土

---

① 参照《最高人民法院关于在执行工作中进一步强化善意文明执行理念的意见》（法发〔2019〕35号）第5条第2项、第3项。

② 参照《最高人民法院关于在执行工作中进一步强化善意文明执行理念的意见》（法发〔2019〕35号）第11条。

③ 《中华人民共和国城市房地产管理法》（2019年8月26日修正）第五十一条。《国务院办公厅关于完善建设用地使用权转让、出租、抵押二级市场的指导意见》（国办发〔2019〕34号）第十二条明确规定，以划拨方式取得的建设用地使用权可以依法依规设定抵押权，划拨土地抵押权实现时应优先缴纳土地出让收入。关于划拨土地使用权办理抵押登记是否需要审批的问题，2004年国土资源部发布《关于国有划拨土地使用权抵押登记有关问题的通知》规定："以国有划拨土地使用权为标的物设定抵押，土地行政管理部门依法办理抵押登记手续，即视同已经具有审批权限的土地行政管理部门批准，不必再另行办理土地使用权抵押的审批手续。"最高人民法院转发了国土资源部的前述通知（法发〔2004〕11号），并强调指出：人民法院尚未审结的涉及国有划拨土地使用权抵押经过有审批权限的土地行政管理部门依法办理抵押登记手续的案件，不以国有划拨土地使用权抵押未经批准而认定抵押无效。2010年7月《国务院关于第五批取消和下放管理层级行政审批项目的决定》发布，将国有划拨土地使用权抵押审批作为取消的行政审批项目予以列明。至此，划拨土地使用权办理抵押登记无须审批。2016年国土资源部发布第10号公告，将2004年发布的《关于国有划拨土地使用权抵押登记有关问题的通知》予以废止，在废止原因中进一步明确，2010年国务院发布的决定已经取消了国有划拨土地使用权抵押审批这一行政审批项目，划拨国有土地使用权办理抵押登记已经不需要当事人提供经过审批的材料，通知的规定已经明显与决定不符，应当废止。

地使用权出让金及有关税费。

对处理农村房屋涉及集体土地的，人民法院应当与国土资源部门协商一致后再行处理。[①]

749.【无证房产的执行之一】

人民法院在执行程序中，既要依法履行强制执行职责，又要尊重房屋登记机构依法享有的行政权力；既要保证执行工作的顺利开展，也要防止“违法建筑”等不符合法律、行政法规规定的房屋通过协助执行行为合法化。[②]

750.【无证房产的执行之二】

执行程序中处置未办理初始登记的房屋时，具备初始登记条件的，执行法院处置后可以依法向房屋登记机构发出协助执行通知书；暂时不具备初始登记条件的，执行法院处置后可以向房屋登记机构发出协助执行通知书，并载明待房屋买受人或承受人完善相关手续具备初始登记条件后，由房屋登记机构按照协助执行通知书予以登记；不具备初始登记条件的，原则上进行“现状处置”，即处置前披露房屋不具备初始登记条件的现状，买受人或承受人按照房屋的权利现状取得房屋，后续的产权登记事项由买受人或承受人自行负责。[③]

---

① 《最高人民法院、国土资源部、建设部关于依法规范人民法院执行和国土资源房地产管理部门协助执行若干问题的通知》（法发〔2004〕5号）第二十四条。

② 参照《最高人民法院关于转发住房和城乡建设部〈关于无证房产依据协助执行文书办理产权登记有关问题的函〉的通知》（法〔2012〕151号）第一条。虽然《住房和城乡建设部关于无证房产依据协助执行文书办理产权登记有关问题的函》已被《住房和城乡建设部关于废止部分文件的决定》（建法〔2019〕58号）废止，但《最高人民法院关于转发住房和城乡建设部〈关于无证房产依据协助执行文书办理产权登记有关问题的函〉的通知》仍然有效，通知内容可继续适用。

③ 参照《最高人民法院关于转发住房和城乡建设部〈关于无证房产依据协助执行文书办理产权登记有关问题的函〉的通知》（法〔2012〕151号）第二条。虽然《住房和城乡建设部关于无证房产依据协助执行文书办理产权登记有关问题的函》已被《住房和城乡建设部关于废止部分文件的决定》（建法〔2019〕58号）废止，但《最高人民法院关于转发住房和城乡建设部〈关于无证房产依据协助执行文书办理产权登记有关问题的函〉的通知》仍然有效，通知内容可继续适用。

751.【无证房产的执行之三】

执行法院向房屋登记机构发出协助执行通知书，房屋登记机构认为不具备初始登记条件并作出书面说明的，执行法院应在三十日内依照法律和有关规定，参照行政规章，对其说明理由进行审查。理由成立的，撤销或变更协助执行通知书并书面通知房屋登记机构；理由不成立的，书面通知房屋登记机构限期按协助执行通知书办理。①

752.【预售商品房的执行】

预查封的未登记在被执行人名下的房屋，一般需要待房屋登记在被执行人名下，预查封转为正式查封后，再对房屋进行处置。但被执行人作为买受人购买开发商的预售商品房屋，符合本规范第 1285 条或第 1286 条规定的排除执行的情形，人民法院可以对该房屋进行评估、拍卖。②

753.【设立抵押预告登记房屋的执行】

对于被执行人购买的登记在开发商名下、办理了商品房预售合同登记备案手续的房屋，如果该房屋上设立了抵押预告登记，在预售商品房转移登记至买受人名下之前，一般不予处置该房屋。③

754.【变价财产上权利负担的处理】

拍卖财产上原有的担保物权及其他优先受偿权，因拍卖而消灭，拍卖所得价款，应当优先清偿担保物权人及其他优先受偿权

---

① 参照《最高人民法院关于转发住房和城乡建设部〈关于无证房产依据协助执行文书办理产权登记有关问题的函〉的通知》（法〔2012〕151 号）第三条。虽然《住房和城乡建设部关于无证房产依据协助执行文书办理产权登记有关问题的函》已被《住房和城乡建设部关于废止部分文件的决定》（建法〔2019〕58 号）废止，但《最高人民法院关于转发住房和城乡建设部〈关于无证房产依据协助执行文书办理产权登记有关问题的函〉的通知》仍然有效，通知内容可继续适用。

② 参见最高人民法院执行局编：《执行工作指导》（总第 75 辑），人民法院出版社 2021 年版，第 162 页。

③ 参见最高人民法院执行局编：《执行工作指导》（总第 75 辑），人民法院出版社 2021 年版，第 162 页。

人的债权，但当事人另有约定的除外。

拍卖财产上原有的租赁权及其他用益物权，不因拍卖而消灭，[1] 但该权利继续存在于拍卖财产上，对在先的担保物权或者其他优先受偿权的实现有影响的，人民法院应当依法将其除去后进行拍卖。[2]

755.【抵押土地上新增房屋的执行】

建设用地使用权抵押后，该土地上新增的建筑物不属于抵押财产。该建设用地使用权实现抵押权时，应当将该土地上新增的建筑物与建设用地使用权一并处分。但是，新增建筑物所得的价款，抵押权人无权优先受偿。[3]

756.【抵押物添附的处理】

抵押权依法设立后，抵押财产被添附，添附物归第三人所有，抵押权人主张抵押权效力及于补偿金的，人民法院应予支持。

抵押权依法设立后，抵押财产被添附，抵押人对添附物享有所有权，抵押权人主张抵押权的效力及于添附物的，人民法院应予支持，但是添附导致抵押财产价值增加的，抵押权的效力不及于增加的价值部分。

抵押权依法设立后，抵押人与第三人因添附成为添附物的共有人，抵押权人主张抵押权的效力及于抵押人对共有物享有的份额的，人民法院应予支持。

---

① 《中华人民共和国民法典》（2020 年 5 月 28 日）第四百零五条规定："抵押权设立前，抵押财产已经出租并转移占有的，原租赁关系不受该抵押权的影响。"

② 《最高人民法院关于人民法院民事执行中拍卖、变卖财产的规定》（法释〔2004〕16 号，2020 年 12 月 23 日修正）第二十八条。

③ 《中华人民共和国民法典》（2020 年 5 月 28 日）第四百一十七条。

本条所称添附，包括附合、混合与加工。[①]

757.【房产限购政策的适用】

人民法院组织的司法拍卖（变卖）房产活动，受房产所在地限购政策约束的竞买人申请参与竞拍的，人民法院不予准许。[②]

758.【具备购房资格的公告与承诺】

人民法院组织司法拍卖房产活动时，发布的拍卖公告载明竞买人必须具备购房资格及其相应法律后果等内容，竞买人申请参与竞拍的，应当承诺具备购房资格及自愿承担法律后果。[③]

759.【成交后购房资格的审核】

人民法院在司法拍卖房产成交后、向买受人出具成交裁定书前，应当审核买受人提交的自其申请参与竞拍到成交裁定书出具时具备购房资格的证明材料；经审核买受人不符合持续具备购房资格条件，买受人请求出具拍卖成交裁定书的，人民法院不予准许。[④]

760.【虚构购房资格的拍卖无效】

买受人虚构购房资格参与司法拍卖房产活动且拍卖成交，当事人、利害关系人以违背公序良俗为由主张该拍卖行为无效的，人民法院应予支持。

依据前款规定，买受人虚构购房资格导致拍卖行为无效的，

---

① 《最高人民法院关于适用〈中华人民共和国民法典〉有关担保制度的解释》（法释〔2020〕28号）第四十一条。例如，强制执行抵押房屋时，被执行人以消防、电梯、配电室等相关配套设施并未设定抵押为由请求排除执行的，执行法院应认定消防、电梯、配电室等相关配套设施属于房屋的组成部分，无法与房屋其他部分分离。房屋抵押的，相关配套设施一并抵押。被执行人的异议没有根据，不予支持。参见《最高人民法院昆明富亨房地产开发经营公司执行申诉案驳回申诉通知书》（〔2011〕执监字第82号）。

② 参照《最高人民法院关于人民法院司法拍卖房产竞买人资格若干问题的规定》（法释〔2021〕18号）第一条、第八条。

③ 《最高人民法院关于人民法院司法拍卖房产竞买人资格若干问题的规定》（法释〔2021〕18号）第二条。

④ 《最高人民法院关于人民法院司法拍卖房产竞买人资格若干问题的规定》（法释〔2021〕18号）第三条。

应当依法承担赔偿责任。①

761. 【无购房资格以房抵债的禁止】

司法拍卖房产出现流拍等无法正常处置情形，不具备购房资格的申请执行人等当事人请求以该房抵债的，人民法院不予支持。②

762. 【违反限购政策的制裁】

人民法院组织的司法拍卖房产活动，竞买人虚构购房资格或者当事人之间恶意串通，侵害他人合法权益或者逃避履行法律文书确定的义务的，人民法院应当根据情节轻重予以罚款、拘留；构成犯罪的，依法追究刑事责任。③

763. 【居住权的规定】

居住权人有权按照合同约定，对他人的住宅享有占有、使用的用益物权，以满足生活居住的需要。④

居住权无偿设立，但是当事人另有约定的除外。设立居住权的，应当向登记机构申请居住权登记。居住权自登记时设立。⑤

居住权不得转让、继承。设立居住权的住宅不得出租，但是当事人另有约定的除外。⑥

居住权期限届满或者居住权人死亡的，居住权消灭。居住权消灭的，应当及时办理注销登记。⑦

---

① 《最高人民法院关于人民法院司法拍卖房产竞买人资格若干问题的规定》（法释〔2021〕18号）第四条。

② 《最高人民法院关于人民法院司法拍卖房产竞买人资格若干问题的规定》（法释〔2021〕18号）第五条。

③ 《最高人民法院关于人民法院司法拍卖房产竞买人资格若干问题的规定》（法释〔2021〕18号）第六条。

④ 《中华人民共和国民法典》（2020年5月28日）第三百六十六条。

⑤ 《中华人民共和国民法典》（2020年5月28日）第三百六十八条。

⑥ 《中华人民共和国民法典》（2020年5月28日）第三百六十九条。

⑦ 《中华人民共和国民法典》（2020年5月28日）第三百七十条。

第四节　对债权及收入的执行

一、对债权的执行

764. 【债权执行的一般规定】

人民法院执行被执行人对他人的到期债权，可以作出冻结债权的裁定，并通知该他人向申请执行人履行。[①] 冻结债权的裁定应载明禁止被执行人收取或处分债权，禁止次债务人向被执行人清偿。

该他人对到期债权有异议，申请执行人请求对异议部分强制执行的，人民法院不予支持。利害关系人对到期债权有异议的，人民法院应当按照民事诉讼法第二百三十四条规定处理。[②]

765. 【债权冻结期限】

人民法院冻结被执行人对他人的到期债权的期限不得超过三年。

申请执行人申请延长期限的，人民法院应当在冻结期限届满前办理续行冻结手续，续行期限不得超过前款规定的期限。

人民法院也可以依职权办理续行冻结手续。[③]

766. 【履行通知】

人民法院通知次债务人[④]向申请执行人履行的，应制作履行通知。履行通知应当包含下列内容：

（一）次债务人直接向申请执行人履行其对被执行人所负的

---

① 《最高人民法院关于适用〈中华人民共和国民事诉讼法〉的解释》（法释〔2015〕5号，2022年3月22日修正）第四百九十九条第一款。

② 《最高人民法院关于适用〈中华人民共和国民事诉讼法〉的解释》（法释〔2015〕5号，2022年3月22日修正）第四百九十九条第二款。

③ 参照《最高人民法院关于适用〈中华人民共和国民事诉讼法〉的解释》（法释〔2015〕5号，2022年3月22日修正）第四百八十五条。

④ 本节中的次债务人皆指本规范第764条中的“该他人”。

债务，不得向被执行人清偿；

（二）次债务人应当在收到履行通知后的十五日内向申请执行人履行债务；

（三）次债务人对履行到期债务有异议的，应当在收到履行通知后的十五日内向执行法院提出；

（四）次债务人违背上述义务的法律后果。①

履行通知必须直接送达次债务人。②

767.【提出异议的形式】

次债务人对履行通知的异议一般应当以书面形式提出，口头提出的，执行人员应记入笔录，并由次债务人签字或盖章。③

768.【指定期限内的异议】

次债务人在履行通知指定的期间内提出异议的，人民法院不得对次债务人强制执行，对提出的异议不进行审查。④ 执行法院应将次债务人异议告知申请执行人，申请执行人认为次债务人异议不成立的，可依照民法典第五百三十五条⑤的规定提起代位诉讼。⑥

769.【无直接法律关系的异议】

次债务人提出自己无履行能力或其与申请执行人无直接法律

① 参照《最高人民法院关于人民法院执行工作若干问题的规定（试行）》（法释〔1998〕15号，2020年12月23日修正）第45条。

② 参照《最高人民法院关于人民法院执行工作若干问题的规定（试行）》（法释〔1998〕15号，2020年12月23日修正）第45条第1款。

③ 参照《最高人民法院关于人民法院执行工作若干问题的规定（试行）》（法释〔1998〕15号，2020年12月23日修正）第46条。

④ 参照《最高人民法院关于人民法院执行工作若干问题的规定（试行）》（法释〔1998〕15号，2020年12月23日修正）第47条。

⑤ 《中华人民共和国民法典》（2020年5月28日）第五百三十五条规定："因债务人怠于行使其债权或者与该债权有关的从权利，影响债权人的到期债权实现的，债权人可以向人民法院请求以自己的名义代位行使债务人对相对人的权利，但是该权利专属于债务人自身的除外。代位权的行使范围以债权人的到期债权为限。债权人行使代位权的必要费用，由债务人负担。相对人对债务人的抗辩，可以向债权人主张。"

⑥ 参照《最高人民法院关于认真贯彻实施民事诉讼法及相关司法解释有关规定的通知》（法〔2017〕369号）第三条。

关系，或者次债务人提出否认生效法律文书确定的到期债权的异议①，不属于本规范第764条规定所指的异议。

次债务人对债务部分承认、部分有异议的，可以对其承认的部分强制执行。②

770.【指定期限内未提异议】

次债务人在履行通知指定的期限内没有提出异议，而又不履行的，执行法院有权裁定对其强制执行。此裁定同时送达次债务人和被执行人。③

次债务人在收到履行到期债务通知书后未在法定期限内提出异议，并不发生承认债务存在的实体法效力。第三人在法院开始强制执行后仍有异议的，应当参照本规范第1262条第1款的规定进行审查。④

---

① 参照《最高人民法院关于适用〈中华人民共和国民事诉讼法〉的解释》（法释〔2015〕5号，2022年3月22日修正）第四百九十九条第三款。

② 参照《最高人民法院关于人民法院执行工作若干问题的规定（试行）》（法释〔1998〕15号，2020年12月23日修正）第48条第2款。

③ 参照《最高人民法院关于人民法院执行工作若干问题的规定（试行）》（法释〔1998〕15号，2020年12月23日修正）第49条。

④ 参照《最高人民法院执行工作办公室关于第三人收到履行到期债务通知书后未在法定期限内提出异议并不发生承认债务存在的实体法效力问题的复函》（〔2005〕执他字第19号）。复函主要内容为："一、本案执行法院在向第三人送达履行到期债务通知书的同时，即裁定将第三人列为被执行人，并查封其财产，在程序上是错误的，应予纠正。二、第三人在收到履行到期债务通知书后，未在法定期限内提出异议，并不发生承认债务存在的实体法效力。第三人在法院开始强制执行后仍有异议的，应当得到司法救济。三、考虑到目前我国尚无第三人异议之诉的法律制度，为公平保护各方当事人的合法权益，根据本案中已经责令双方兑账及当事人提出审计要求的实际情况，可在执行程序中通过对被执行人与第三人双方的全部往来账目进行逐笔核对，或者委托有关单位进行审计并经三方共同认可，最终审核确认后，决定是否继续执行。鉴于该案各方反映强烈，审核确认宜由你院组织进行。四、参照《最高人民法院关于人民法院执行工作若干问题的规定（试行）》第64条第2款（2020年12月23日修正后为第48条，编者注）的规定，审核确认应以被执行人与第三人均认可的法律关系和一致记载的账目为准。经核对确认，如双方账目记载一致的部分说明不欠款，则应撤销对第三人的执行程序；如说明欠款，则可以在执行标的额范围内，予以执行。对于第三人与被执行人之间的法律关系，可按第三人占有被执行人所投入的本金应予返还的原则把握。"

771.【放弃债权或延缓履行期限】

被执行人收到人民法院履行通知后，放弃其对次债务人的债权或延缓次债务人履行期限的行为无效，人民法院仍可在次债务人无异议又不履行的情况下予以强制执行。①

772.【擅自履行的责任】

次债务人收到人民法院要求其履行到期债务的通知后，擅自向被执行人履行，造成已向被执行人履行的财产不能追回的，除在已履行的财产范围内与被执行人承担连带清偿责任外，可以追究其妨害执行的责任。②

在冻结债权的法律文书生效后，对债务人及次债务人之间债权债务关系进行的变更、解除、债权转让或者其他有碍执行的行为均不能对抗申请执行人，申请执行人仍可以按法定程序向次债务人主张权利。

冻结的法律文书生效后另案生效法律文书改变了债权债务关系，如果不涉及优先债权等情况，不能对抗申请冻结债权的申请执行人。③

773.【次债务人到期债权追索的禁止】

在对次债务人作出强制执行裁定后，次债务人确无财产可供执行的，不得就次债务人对他人享有的到期债权强制执行。④

774.【履行证明】

次债务人按照人民法院履行通知向申请执行人履行了债务或

---

① 参照《最高人民法院关于人民法院执行工作若干问题的规定（试行）》（法释〔1998〕15号，2020年12月23日修正）第50条。

② 参照《最高人民法院关于人民法院执行工作若干问题的规定（试行）》（法释〔1998〕15号，2020年12月23日修正）第51条。

③ 参见最高人民法院执行局编：《执行工作指导》（总第77辑），人民法院出版社2021年版，第119页。

④ 参照《最高人民法院关于人民法院执行工作若干问题的规定（试行）》（法释〔1998〕15号，2020年12月23日修正）第52条。

已被强制执行后，人民法院应当出具有关证明。①

775.【生效法律文书确定的到期债权】

对生效法律文书确定的到期债权，该他人予以否认的，人民法院不予支持。②

对经生效法律文书确认的债权，次债务人以债权消灭、丧失强制执行效力等该法律文书生效后的实体事由提出异议的，由执行法院参照本规范第1262条第1款的规定进行审查。

被执行人对他人经生效法律文书确定的到期债权，被执行人已申请强制执行的，人民法院可以继续按照法律、司法解释关于到期债权执行的相关规定执行。次债务人向申请执行人直接清偿的债务，可以在被执行人申请执行的案件中予以扣除。

776.【未到期债权的执行】

对被执行人的未到期债权，执行法院可以依法冻结，待债权到期后参照到期债权予以执行。次债务人仅以该债务未到期为由提出异议的，不影响对该债权的冻结。③

对于被执行人未到期的债权，在到期之前，只能冻结，不能责令次债务人履行。④

二、对收入的执行

777.【对收入执行的一般规定】

被执行人未按执行通知履行生效法律文书确定的义务，人民法院有权扣留、提取被执行人应当履行义务部分的收入。但应当

① 参照《最高人民法院关于人民法院执行工作若干问题的规定（试行）》（法释〔1998〕15号，2020年12月23日修正）第53条。

② 《最高人民法院关于适用〈中华人民共和国民事诉讼法〉的解释》（法释〔2015〕5号，2022年3月22日修正）第四百九十九条第三款。

③ 参照《最高人民法院关于依法制裁规避执行行为的若干意见》（法〔2011〕195号）第13条。

④ 参照《最高人民法院关于认真贯彻实施民事诉讼法及相关司法解释有关规定的通知》（法〔2017〕369号）第三条。

保留被执行人及其所扶养家属的生活必需费用。

人民法院扣留、提取收入时，应当作出裁定，并发出协助执行通知书，被执行人所在单位、银行、信用合作社和其他有储蓄业务的单位必须办理。①

778.【尚未支取的收入】

被执行人②在有关单位的收入尚未支取的，人民法院应当作出裁定，向该单位发出协助执行通知书，由其协助扣留或提取。③

779.【擅自支付的责任】

有关单位收到人民法院协助执行被执行人收入的通知后，擅自向被执行人或其他人支付的，人民法院有权责令其限期追回；逾期未追回的，应当裁定其在支付的数额内向申请执行人承担责任。④

780.【离休金、退休金、养老金】

对于离休金、退休金、养老金，在留出必要的生活费用外，人民法院可以作为被执行人的财产予以执行。⑤

---

① 《中华人民共和国民事诉讼法》（2021年12月24日修正）第二百五十条。

② 此处的被执行人，仅指为自然人的被执行人，不包括法人、非法人组织。

③ 《最高人民法院关于人民法院执行工作若干问题的规定（试行）》（法释〔1998〕15号，2020年12月23日修正）第29条。

④ 《最高人民法院关于人民法院执行工作若干问题的规定（试行）》（法释〔1998〕15号，2020年12月23日修正）第30条。

⑤ 参照《最高人民法院研究室关于执行程序中能否扣划离退休人员离休金退休金清偿其债务问题的答复》（法研〔2002〕13号）。答复主要内容："天津市高级人院：你院津高法〔2001〕28号《关于劳动保障部门应依法协助人民法院扣划被执行人收入的请示》收悉。经研究，答复如下：为公平保护债权人和离退休债务人的合法权益，根据《民法通则》（已废止，编者注）和《民事诉讼法》的有关规定，在离退休人员的其他可供执行的财产或者收入不足偿还其债务的情况下，人民法院可以要求其离退休金发放单位或者社会保障机构协助扣划其离休金或退休金，用以偿还该离退休人员的债务。上述单位或者机构应当予以协助。人民法院在执行时应当为离退休人员留出必要的生活费用。生活费用标准可参照当地的有关标准确定。"《最高人民法院关于能否要求社保机构协助冻结、扣划被执行人的养老金问题的复函》（〔2014〕执他字第22号）："被执行人应得的养老金应当视为被执行人在第三人处的固定收入，属于其责任财产的范围，依照《中华人民共和国民事诉讼法》第二百四十三条（2021年12月24日修正后为第二百五十条，编者注）之规定，人民法院有权冻结、扣划。但是，在冻结、扣划前，应当预留被执行人及其所抚养家属必须的生活费用。"

第五节 对股权、其他投资权益的执行

781.【适用范围】

本节所称股权，包括有限责任公司股权、股份有限公司股份，但是在依法设立的证券交易所上市交易以及在国务院批准的其他全国性证券交易场所交易的股份有限公司股份除外。①

人民法院对被执行人在其他营利法人享有的投资权益强制执行的，参照适用本节规定。②

782.【公司财产执行之禁止】

被执行人是公司股东的，人民法院可以强制执行其在公司持有的股权，不得直接执行公司的财产。③

783.【股权所在地的确定】

依照民事诉讼法第二百三十一条的规定以被执行股权所在地确定管辖法院的，股权所在地是指股权所在公司的住所地。④

784.【股权冻结的形式判断标准】

人民法院可以冻结下列资料或者信息之一载明的属于被执行人的股权：

（一）股权所在公司的章程、股东名册等资料；

（二）公司登记机关的登记、备案信息；

（三）国家企业信用信息公示系统的公示信息。

案外人基于实体权利对被冻结股权提出排除执行异议的，人

---

① 参照《最高人民法院关于人民法院强制执行股权若干问题的规定》（法释〔2021〕20号）第一条。

② 《最高人民法院关于人民法院强制执行股权若干问题的规定》（法释〔2021〕20号）第十八条。

③ 《最高人民法院关于人民法院强制执行股权若干问题的规定》（法释〔2021〕20号）第二条。

④ 《最高人民法院关于人民法院强制执行股权若干问题的规定》（法释〔2021〕20号）第三条。

民法院应当依照民事诉讼法第二百三十四条的规定进行审查。①

785.【禁止明显超标的额冻结】

人民法院冻结被执行人的股权，以其价额足以清偿生效法律文书确定的债权额及执行费用为限，不得明显超标的额冻结。股权价额无法确定的，可以根据申请执行人申请冻结的比例或者数量进行冻结。

被执行人认为冻结明显超标的额的，可以依照民事诉讼法第二百三十二条的规定提出书面异议，并附证明股权等查封、扣押、冻结财产价额的证据材料。人民法院审查后裁定异议成立的，应当自裁定生效之日起七日内解除对明显超标的额部分的冻结。②

786.【股权冻结的程序】

人民法院冻结被执行人的股权，应当向公司登记机关送达裁定书和协助执行通知书，要求其在国家企业信用信息公示系统进行公示。股权冻结自在公示系统公示时发生法律效力。多个人民法院冻结同一股权的，以在公示系统先办理公示的为在先冻结。

依照前款规定冻结被执行人股权的，应当及时向被执行人、申请执行人送达裁定书，并将股权冻结情况书面通知股权所在公司。③

787.【股权价值贬损的防范】

被执行人就被冻结股权所作的转让、出质或者其他有碍执行的行为，不得对抗申请执行人。④

---

① 《最高人民法院关于人民法院强制执行股权若干问题的规定》（法释〔2021〕20号）第四条。

② 《最高人民法院关于人民法院强制执行股权若干问题的规定》（法释〔2021〕20号）第五条。

③ 《最高人民法院关于人民法院强制执行股权若干问题的规定》（法释〔2021〕20号）第六条。

④ 《最高人民法院关于人民法院强制执行股权若干问题的规定》（法释〔2021〕20号）第七条。

788.【恶意贬损股权价值损害债权赔偿诉讼】

人民法院冻结被执行人股权的，可以向股权所在公司送达协助执行通知书，要求其在实施增资、减资、合并、分立等对被冻结股权所占比例、股权价值产生重大影响的行为前向人民法院书面报告有关情况。人民法院收到报告后，应当及时通知申请执行人，但是涉及国家秘密、商业秘密的除外。

股权所在公司未向人民法院报告即实施前款规定行为的，依照民事诉讼法第一百一十七条的规定处理。

股权所在公司或者公司董事、高级管理人员故意通过增资、减资、合并、分立、转让重大资产、对外提供担保等行为导致被冻结股权价值严重贬损，影响申请执行人债权实现的，申请执行人可以依法提起诉讼。①

789.【股权的冻结期限】

冻结股权、其他投资权益的期限不得超过三年。申请人申请续行冻结的，人民法院应当在本次冻结期限届满三日前按照本规范第 786 条规定办理。续冻期限不得超过三年。续行冻结没有次数限制。

有效的冻结期满，人民法院未办理续行冻结的，冻结的效力消灭。按照前款办理了续行冻结的，冻结效力延续，优先于轮候冻结。②

790.【解除冻结】

人民法院对被执行人股权、其他投资权益等解除冻结的，应当通知当事人，同时通知公司登记机关公示。③

---

① 《最高人民法院关于人民法院强制执行股权若干问题的规定》（法释〔2021〕20 号）第八条。

② 参照《最高人民法院、国家工商总局关于加强信息合作规范执行与协助执行的通知》（法〔2014〕251 号）第 14 条。

③ 参照《最高人民法院、国家工商总局关于加强信息合作规范执行与协助执行的通知》（法〔2014〕251 号）第 15 条。

791.【股息、红利等收益的执行方法】

人民法院冻结被执行人基于股权享有的股息、红利等收益，应当向股权所在公司送达裁定书，并要求其在该收益到期时通知人民法院。人民法院对到期的股息、红利等收益，可以书面通知股权所在公司向申请执行人或者人民法院履行。

股息、红利等收益被冻结后，股权所在公司擅自向被执行人支付或者变相支付的，不影响人民法院要求股权所在公司支付该收益。①

792.【被执行人自行变价】

被执行人申请自行变价被冻结股权，经申请执行人及其他已知执行债权人同意或者变价款足以清偿执行债务的，人民法院可以准许，但是应当在能够控制变价款的情况下监督其在指定期限内完成，最长不超过三个月。②

793.【股权委托评估所需材料的获取】

拍卖被执行人的股权，人民法院应当依照本规范第481条至第526条规定的程序确定股权处置参考价，并参照参考价确定起拍价。

确定参考价需要相关材料的，人民法院可以向公司登记机关、税务机关等部门调取，也可以责令被执行人、股权所在公司以及控制相关材料的其他主体提供；拒不提供的，可以强制提取，并可以依照民事诉讼法第一百一十四条、第一百一十七条的规定处理。

为确定股权处置参考价，经当事人书面申请，人民法院可以委托审计机构对股权所在公司进行审计。③

---

① 《最高人民法院关于人民法院强制执行股权若干问题的规定》（法释〔2021〕20号）第九条。

② 《最高人民法院关于人民法院强制执行股权若干问题的规定》（法释〔2021〕20号）第十条。

③ 参照《最高人民法院关于人民法院强制执行股权若干问题的规定》（法释〔2021〕20号）第十一条。

794.【无底价拍卖】

委托评估被执行人的股权，评估机构因缺少评估所需完整材料无法进行评估或者认为影响评估结果，被执行人未能提供且人民法院无法调取补充材料的，人民法院应当通知评估机构根据现有材料进行评估，并告知当事人因缺乏材料可能产生的不利后果。

评估机构根据现有材料无法出具评估报告的，经申请执行人书面申请，人民法院可以根据具体情况以适当高于执行费用的金额确定起拍价，但是股权所在公司经营严重异常，股权明显没有价值的除外。

依照前款规定确定的起拍价拍卖的，竞买人应当预交的保证金数额由人民法院根据实际情况酌定。①

795.【股权的拍卖方式】

人民法院拍卖被执行人的股权，应当采取网络司法拍卖方式。

依据处置参考价并结合具体情况计算，拍卖被冻结股权所得价款可能明显高于债权额及执行费用的，人民法院应当对相应部分的股权进行拍卖。对相应部分的股权拍卖严重减损被冻结股权价值的，经被执行人书面申请，也可以对超出部分的被冻结股权一并拍卖。②

796.【优先购买权的保护及拟制放弃】

人民法院依照法律规定的强制执行程序转让股东的股权时，应当通知公司及全体股东，其他股东在同等条件下有优先购买权。其他股东自人民法院通知之日起满二十日不行使优先购买权

---

① 《最高人民法院关于人民法院强制执行股权若干问题的规定》（法释〔2021〕20号）第十二条。

② 《最高人民法院关于人民法院强制执行股权若干问题的规定》（法释〔2021〕20号）第十三条。

的，视为放弃优先购买权。[①]

797.【特殊情形股权的拍卖】

被执行人、利害关系人以具有下列情形之一为由请求不得强制拍卖股权的，人民法院不予支持：

（一）被执行人未依法履行或者未依法全面履行出资义务；

（二）被执行人认缴的出资未届履行期限；

（三）法律、行政法规、部门规章等对该股权自行转让有限制；

（四）公司章程、股东协议等对该股权自行转让有限制。

人民法院对具有前款第一、二项情形的股权进行拍卖时，应当在拍卖公告中载明被执行人认缴出资额、实缴出资额、出资期限等信息。股权处置后，相关主体依照有关规定履行出资义务。[②]

798.【前置审批类股权的执行】

股权变更应当由相关部门批准的，人民法院应当在拍卖公告中载明法律、行政法规或者国务院决定规定的竞买人应当具备的资格或者条件。必要时，人民法院可以就竞买资格或者条件征询相关部门意见。

拍卖成交后，人民法院应当通知买受人持成交确认书向相关部门申请办理股权变更批准手续。买受人取得批准手续的，人民法院作出拍卖成交裁定书；买受人未在合理期限内取得批准手续的，应当重新对股权进行拍卖。重新拍卖的，原买受人不得参加竞买。

买受人明知不符合竞买资格或者条件依然参加竞买，且在成交后未能在合理期限内取得相关部门股权变更批准手续的，交纳的保证金不予退还。保证金不足以支付拍卖产生的费用损失、弥补重新拍卖价款低于原拍卖价款差价的，人民法院可以裁定原买

① 《中华人民共和国公司法》（2018 年 10 月 26 日修正）第七十二条。

② 《最高人民法院关于人民法院强制执行股权若干问题的规定》（法释〔2021〕20 号）第十四条。

受人补交；拒不补交的，强制执行。[①]

799.【股权处置后的变更登记】

人民法院强制转让被执行人的股权、其他投资权益，完成变价等程序后，应当向受让人、被执行人及其股权、其他投资权益所在市场主体送达转让裁定，要求公司登记机关协助公示并办理有限责任公司股东变更登记。

人民法院要求办理有限责任公司股东变更登记的，执行人员应当出示工作证或者执行公务证，送达生效法律文书副本或者执行裁定书、协助执行通知书、协助公示执行信息需求书、合法受让人的身份或资格证明，到被执行人股权所在有限责任公司登记的公司登记机关办理。

公司登记机关收到人民法院上述文书后，应当在三个工作日内直接在业务系统中办理，不需要该有限责任公司另行申请，并及时公示股东变更登记信息。公示后，该股东权利以公示信息确定。[②]

800.【有关材料的查询、复制】

人民法院可以对有关材料查询、摘抄、复制，但不得带走原件。

公司登记机关对人民法院复制的书面材料应当核对并加盖印章。人民法院要求提供电子版，公司登记机关有条件的，应当提供。

对于公司登记机关无法协助的事项，人民法院要求出具书面说明的，公司登记机关应当出具。[③]

---

① 《最高人民法院关于人民法院强制执行股权若干问题的规定》（法释〔2021〕20号）第十五条。

② 参照《最高人民法院、国家工商总局关于加强信息合作规范执行与协助执行的通知》（法〔2014〕251号）第16条第1款、第2款、第4款。

③ 参照《最高人民法院、国家工商总局关于加强信息合作规范执行与协助执行的通知》（法〔2014〕251号）第17条。

801.【协助执行的后果承担】

公司登记机关对按人民法院要求协助执行产生的后果，不承担责任。

当事人、案外人对公司登记机关协助执行的行为不服，提出异议或者行政复议的，公司登记机关不予受理；向人民法院起诉的，人民法院不予受理。

当事人、案外人认为人民法院协助执行要求存在错误的，应当按照民事诉讼法第二百三十二条之规定，向人民法院提出执行异议，人民法院应当受理。

当事人认为公司登记机关在协助执行时扩大了范围或者违法采取措施造成其损害，提起行政诉讼的，人民法院应当受理。①

第六节　对证券及其交易结算资金的执行

802.【股票的执行】

对被执行人在其他股份有限公司中持有的股份凭证（股票），人民法院可以扣押，并强制被执行人按照公司法的有关规定转让，也可以直接采取拍卖、变卖的方式进行处分，或直接将股票抵偿给债权人，用于清偿被执行人的债务。②

803.【公司发起人股份的执行】

人民法院强制执行股份有限公司发起人股份，不受公司法第

① 参照《最高人民法院、国家工商总局关于加强信息合作规范执行与协助执行的通知》（法〔2014〕251号）第18条。

② 《最高人民法院关于人民法院执行工作若干问题的规定（试行）》（法释〔1998〕15号，2020年12月23日修正）第37条。

一百四十一条第一款[①]关于发起人股份在一年内不得转让的限制。[②]

804.【证券、资金的协助执行机关】

人民法院在办理案件过程中，需要通过证券登记结算机构[③]或者证券公司查询、冻结、扣划证券和证券交易结算资金的，证券登记结算机构或者证券公司应当依法予以协助。[④]

805.【协助执行的程序】

人民法院要求证券登记结算机构或者证券公司协助查询、冻结、扣划证券和证券交易结算资金，执行人员应当依法出具相关证件和有效法律文书。

执行人员证件齐全、手续完备的，证券登记结算机构或者证券公司应当签收有关法律文书并协助办理有关事项。

拒绝签收人民法院生效法律文书的，可以留置送达。[⑤]

---

① 《中华人民共和国公司法》（2018年10月26日修正）第一百四十一条第一款规定："发起人持有的本公司股份，自公司成立之日起一年内不得转让。公司公开发行股份前已发行的股份，自公司股票在证券交易所上市交易之日起一年内不得转让。"

② 参照最高人民法院〔2000〕执他字第1号复函。复函主要内容为："公司法第147条中关于发起人股份在三年内不得转让的规定，是对公司创办者自主转让其股权的限制，其目的是为防止发起人借设立公司投机牟利，损害其他股东的利益。人民法院强制执行不存在这一问题。被执行人持有发起人股份的有关公司和部门应当协助人民法院办理转让股份的变更登记手续。为保护债权人的利益，该股份转让的时间应从人民法院向有关单位送达转让股份的裁定书和协助执行通知书之日起算。该股份受让人应当继受发起人的地位，承担发起人的责任。"2018年修正后的《中华人民共和国公司法》第一百四十一条将发起人股份不得转让的期间从三年修改为一年，复函内容亦应相应调整，但其精神不变，人民法院强制执行仍不受此限制。

③ 本规范中的证券登记结算机构，是指中国证券登记结算有限责任公司及其分公司。参见《最高人民法院、最高人民检察院、公安部、中国证券监督管理委员会关于查询、冻结、扣划证券和证券交易结算资金有关问题的通知》（法发〔2008〕4号）第十七条。

④ 参照《最高人民法院、最高人民检察院、公安部、中国证券监督管理委员会关于查询冻结扣划证券和证券交易结算资金有关问题的通知》（法发〔2008〕4号）第一条。

⑤ 参照《最高人民法院、最高人民检察院、公安部、中国证券监督管理委员会关于查询冻结扣划证券和证券交易结算资金有关问题的通知》（法发〔2008〕4号）第二条。

806.【相关账户的查询】

人民法院可以依法向证券登记结算机构查询客户和证券公司的证券账户、证券交收账户和资金交收账户内已完成清算交收程序的余额、余额变动、开户资料等内容。

人民法院可以依法向证券公司查询客户的证券账户和资金账户、证券交收账户和资金交收账户内的余额、余额变动、证券及资金流向、开户资料等内容。

查询自然人账户的，应当提供自然人姓名和身份证件号码；查询法人账户的，应当提供法人名称和营业执照或者统一社会信用代码。

证券登记结算机构或者证券公司应当出具书面查询结果并加盖业务专用章。人民法院对查询结果有疑问时，证券登记结算机构、证券公司在必要时应当进行书面解释并加盖业务专用章。①

807.【相关证券、资金的冻结、扣划】

人民法院冻结、扣划相关证券、资金时，应当明确拟冻结、扣划证券、资金所在的账户名称、账户号码、冻结期限，所冻结、扣划证券的名称、数量或者资金的数额。扣划时，还应当明确拟划入的账户名称、账号。

冻结证券和交易结算资金时，应当明确冻结的范围是否及于孳息。

本节规定的以证券登记结算机构名义建立的各类专门清算交收账户不得整体冻结。②

808.【不得冻结、扣划的证券】

证券登记结算机构依法按照业务规则收取并存放于专门清算交收账户内的下列证券，不得冻结、扣划：

---

① 参照《最高人民法院、最高人民检察院、公安部、中国证券监督管理委员会关于查询冻结扣划证券和证券交易结算资金有关问题的通知》（法发〔2008〕4号）第三条。

② 参照《最高人民法院、最高人民检察院、公安部、中国证券监督管理委员会关于查询冻结扣划证券和证券交易结算资金有关问题的通知》（法发〔2008〕4号）第四条。

（一）证券登记结算机构设立的证券集中交收账户、专用清偿账户、专用处置账户内的证券；

（二）证券公司在证券登记结算机构开设的客户证券交收账户、自营证券交收账户和证券处置账户内的证券。[①]

809.【不得冻结、扣划的资金】

证券登记结算机构依法按照业务规则收取并存放于专门清算交收账户内的下列资金，不得冻结、扣划：

（一）证券登记结算机构设立的资金集中交收账户、专用清偿账户内的资金；

（二）证券登记结算机构依法收取的证券结算风险基金和结算互保金；

（三）证券登记结算机构在银行开设的结算备付金专用存款账户[②]和新股发行验资专户内的资金，以及证券登记结算机构为新股发行网下申购配售对象开立的网下申购资金账户内的资金[③]；

（四）证券公司在证券登记结算机构开设的客户资金交收账户内的资金；

（五）证券公司在证券登记结算机构开设的自营资金交收账

---

① 《最高人民法院、最高人民检察院、公安部、中国证券监督管理委员会关于查询冻结扣划证券和证券交易结算资金有关问题的通知》（法发〔2008〕4号）第五条。

② 参照《最高人民法院关于冻结、扣划证券交易结算资金有关问题的通知》（法〔2004〕239号）第二条第一款规定：“人民法院冻结、扣划证券结算备付金时，应当正确界定证券结算备付金与自营结算备付金。证券结算备付金是证券公司从客户交易结算资金、自营证券业务的自有资金中缴存于中国证券登记结算有限责任公司（以下简称登记结算公司）的结算备用资金，专用于证券交易成交后的清算，具有结算履约担保作用。登记结算公司对每个证券公司缴存的结算备付金分别设立客户结算备付金账户和自营结算备付金账户进行帐务管理，并依照经中国证券监督管理委员会批准的规则确定结算备付金最低限额。因此，对证券公司缴存在登记结算公司的客户结算备付金，人民法院不得冻结、扣划。”

③ 参照《最高人民法院关于冻结、扣划证券交易结算资金有关问题的通知》（法〔2004〕239号）第三条规定：“人民法院不得冻结、扣划新股发行验资专用账户中的资金。登记结算公司在结算银行开设的新股发行验资专用账户，专门用于证券市场的新股发行业务中的资金存放、调拨，并按照中国证券监督管理委员会批准的规则开立、使用、备案和管理，故人民法院不得冻结、扣划该专用账户中的资金。”

户内最低限额自营结算备付金[①]及根据成交结果确定的应付资金。[②]

810.【不得扣划、冻结的担保物】

证券登记结算机构依法按照业务规则要求证券公司等结算参与人、投资者或者发行人提供的回购质押券、价差担保物、行权担保物、履约担保物等担保物，在交收完成之前，不得冻结、扣划。[③]

811.【自营资金的冻结、扣划】

证券公司在银行开立的自营资金账户内的资金可以冻结、扣划。[④]

812.【客户交易结算资金和证券公司的自有资金】

人民法院办理涉及证券交易结算资金的案件，应当根据资金的不同性质区别对待。证券交易结算资金，包括客户交易结算资金和证券公司从事自营证券业务的自有资金。证券公司将客户交易结算资金全额存放于客户交易结算资金专用存款账户和结算备付金账户，将自营证券业务的自有资金存放于自有资金专用存款账户，而上述账户均应报中国证券监督管理委员会备案。因此，对证券市场主体为被执行人的案件，要区别处理：

当证券公司为被执行人时，人民法院可以冻结、扣划该证券公司开设的自有资金存款账户中的资金，但不得冻结、扣划该证券公司开设的客户交易结算资金专用存款账户中的资金。

---

① 参照《最高人民法院关于冻结、扣划证券交易结算资金有关问题的通知》（法〔2004〕239号）第二条第二款规定：“当证券公司为被执行人时，人民法院可以向登记结算公司查询确认该证券公司缴存的自营结算备付金余额；对其最低限额以外的自营结算备付金，人民法院可以冻结、扣划，登记结算公司应当协助执行。”

② 《最高人民法院、最高人民检察院、公安部、中国证券监督管理委员会关于查询冻结扣划证券和证券交易结算资金有关问题的通知》（法发〔2008〕4号）第六条。

③ 《最高人民法院、最高人民检察院、公安部、中国证券监督管理委员会关于查询冻结扣划证券和证券交易结算资金有关问题的通知》（法发〔2008〕4号）第七条。

④ 《最高人民法院、最高人民检察院、公安部、中国证券监督管理委员会关于查询冻结扣划证券和证券交易结算资金有关问题的通知》（法发〔2008〕4号）第八条。

当客户为被执行人时，人民法院可以冻结、扣划该客户在证券公司营业部开设的资金账户中的资金，证券公司应当协助执行。但对于证券公司在存管银行开设的客户交易结算资金专用存款账户中属于所有客户共有的资金，人民法院不得冻结、扣划。[①]

813.【冻结期限】

人民法院冻结被执行人的证券、交易结算资金的期限不得超过三年。

申请执行人申请延长期限的，人民法院应当在冻结期限届满前办理续行冻结手续，续行期限不得超过前款规定的期限。

人民法院也可以依职权办理续行冻结手续。[②]

814.【冻结、扣划证券的协助执行】

在证券公司托管的证券的冻结、扣划，既可以在托管的证券公司办理，也可以在证券登记结算机构办理。不同的执法机关同一交易日分别在证券公司、证券登记结算机构对同一笔证券办理冻结、扣划手续的，证券公司协助办理的为在先冻结、扣划。

冻结、扣划未在证券公司或者其他托管机构托管的证券或者证券公司自营证券的，由证券登记结算机构协助办理。[③]

815.【协助机关办理时限】

证券登记结算机构受理冻结、扣划要求后，应当在受理日对应的交收日交收程序完成后根据交收结果协助冻结、扣划。

证券公司受理冻结、扣划要求后，应当立即停止证券交易，冻结时已经下单但尚未撮合成功的应当采取撤单措施。冻结后，根据成交结果确定的用于交收的应付证券和应付资金可以进行正常交收。在交收程序完成后，对于剩余部分可以扣划。同时，证

---

① 《最高人民法院关于冻结、扣划证券交易结算资金有关问题的通知》（法〔2004〕239号）第一条。

② 参照《最高人民法院关于适用〈中华人民共和国民事诉讼法〉的解释》（法释〔2015〕5号，2022年3月22日修正）第四百八十五条。

③ 参照《最高人民法院、最高人民检察院、公安部、中国证券监督管理委员会关于查询、冻结、扣划证券和证券交易结算资金有关问题的通知》（法发〔2008〕4号）第九条。

券公司应当根据成交结果计算出同等数额的应收资金或者应收证券交由执法机关冻结或者扣划。[①]

816. 【轮候冻结】

已被人民法院冻结的证券或证券交易结算资金，其他机关因不同案件可以进行轮候冻结。冻结解除的，登记在先的轮候冻结自动生效。

轮候冻结生效后，协助冻结的证券登记结算机构或者证券公司应当书面通知做出该轮候冻结的机关。[②]

817. 【冻结、扣划的顺位】

不同的人民法院、人民检察院、公安机关对同一笔证券或者交易结算资金要求冻结、扣划或者轮候冻结时，证券登记结算机构或者证券公司应当按照送达协助冻结、扣划通知书的先后顺序办理协助事项。[③]

818. 【冻结、扣划争议的处理】

要求冻结、扣划的人民法院、人民检察院、公安机关之间，因冻结、扣划事项发生争议的，要求冻结、扣划的机关应当自行协商解决。协商不成的，由其共同上级机关决定；没有共同上级机关的，由其各自的上级机关协商解决。

在争议解决之前，协助冻结的证券登记结算机构或者证券公司应当按照争议机关所送达法律文书载明的最大标的范围对争议标的进行控制。[④]

---

① 《最高人民法院、最高人民检察院、公安部、中国证券监督管理委员会关于查询、冻结、扣划证券和证券交易结算资金有关问题的通知》（法发〔2008〕4号）第十条。

② 参照《最高人民法院、最高人民检察院、公安部、中国证券监督管理委员会关于查询、冻结、扣划证券和证券交易结算资金有关问题的通知》（法发〔2008〕4号）第十一条。

③ 《最高人民法院、最高人民检察院、公安部、中国证券监督管理委员会关于查询、冻结、扣划证券和证券交易结算资金有关问题的通知》（法发〔2008〕4号）第十三条。

④ 《最高人民法院、最高人民检察院、公安部、中国证券监督管理委员会关于查询冻结扣划证券和证券交易结算资金有关问题的通知》（法发〔2008〕4号）第十四条。

819.【不协助执行的制裁】

依法应当予以协助而拒绝协助，或者向当事人通风报信，或者与当事人通谋转移、隐匿财产的，对有关的证券登记结算机构或者证券公司和直接责任人应当依法进行制裁。①

820.【清算交收程序与执行财产顺序】

人民法院在执行中应当正确处理清算交收程序与执行财产顺序的关系。当证券公司或者客户为被执行人时，人民法院可以冻结属于该被执行人的已完成清算交收后的证券或者资金，并以书面形式责令其在七日内提供可供执行的其他财产。被执行人提供了其他可供执行的财产的，人民法院应当先执行该财产；逾期不提供或者提供的财产不足清偿债务的，人民法院可以执行上述已经冻结的证券或者资金。

对被执行人的证券交易成交后进入清算交收期间的证券或者资金，以及被执行人为履行清算交收义务交付给登记结算公司但尚未清算的证券或者资金，人民法院不得冻结、扣划。②

821.【流通证券的执行】

人民法院对被执行人证券账户内的流通证券采取执行措施时，应当查明该流通证券确属被执行人所有。

人民法院执行流通证券，可以指令被执行人所在的证券公司营业部在三十个交易日内通过证券交易将该证券卖出，并将变卖所得价款直接划付到人民法院指定的账户。③

822.【上市公司股票的冻结】

人民法院在冻结债务人在上市公司的股票时，应当依照下列规定严格执行：

---

①《最高人民法院、最高人民检察院、公安部、中国证券监督管理委员会关于查询冻结扣划证券和证券交易结算资金有关问题的通知》（法发〔2008〕4号）第十五条。

②《最高人民法院关于冻结、扣划证券交易结算资金有关问题的通知》（法〔2004〕239号）第四条。

③ 参照《最高人民法院关于冻结、扣划证券交易结算资金有关问题的通知》（法〔2004〕239号）第五条。

（一）严禁超标的冻结。冻结上市公司股票，应当以其价值足以清偿生效法律文书确定的债权额为限。股票价值应当以冻结前一交易日收盘价为基准，结合股票市场行情，一般在不超过百分之二十的幅度内合理确定。股票冻结后，其价值发生重大变化的，经当事人申请，人民法院可以追加冻结或者解除部分冻结。

（二）可售性冻结。保全冻结上市公司股票后，被保全人申请将冻结措施变更为可售性冻结的，应当准许，但应当提前将被保全人在证券公司的资金账户在明确具体的数额范围内予以冻结。在执行过程中，被执行人申请通过二级市场交易方式自行变卖股票清偿债务的，人民法院可以按照前述规定办理，但应当要求其在十个交易日内变卖完毕。特殊情形下，可以适当延长。①

823.【质押股票冻结】

人民法院要求证券登记结算机构或者证券公司协助冻结（不包括轮候冻结）债务人持有的上市公司股票，该股票已设立质押且质权人非案件保全申请人或者申请执行人的，应当在协助执行通知书中应当明确案件债权额及执行费用，证券账户持有人名称（姓名）、账户号码，冻结股票的名称、证券代码，需要冻结的数量、冻结期限等信息。

前款规定的需要冻结的股票数量，以案件债权额及执行费用总额除以每股股票的价值计算。每股股票的价值以冻结前一交易日收盘价为基准，结合股票市场行情，一般在不超过百分之二十的幅度内合理确定。②

824.【协助机关对质押股票的标记】

证券登记结算机构或者证券公司受理人民法院的协助冻结要

① 参照《最高人民法院关于在执行工作中进一步强化善意文明执行理念的意见》（法发〔2019〕35 号）第 7 条。

② 参照《最高人民法院、最高人民检察院、公安部、中国证券监督管理委员会关于进一步规范人民法院冻结上市公司质押股票工作的意见》（法发〔2021〕9 号）第一条、第二条。

求后，应当在系统中对质押股票进行标记，标记的期限与冻结的期限一致。

其他人民法院或者其他国家机关要求对已被标记的质押股票进行冻结的，证券登记结算机构或者证券公司按轮候冻结依次办理。①

需要冻结的股票存在多笔质押的，人民法院可以指定某一笔或者某几笔质押股票进行标记。未指定的，证券登记结算机构或者证券公司对该只质押股票全部进行标记。②

825. 【上市公司的披露】

上市公司依照相关规定披露股票被冻结的情况时，应当如实披露人民法院案件债权额及执行费用、已在系统中被标记股票的数量，以及人民法院需要冻结的股票数量、冻结期限等信息。③

826. 【质权人自行变价股票】

质押股票在系统中被标记后，质权人持有证明其质押债权存在、实现质押债权条件成就等材料，向人民法院申请以证券交易所集中竞价、大宗交易方式在质押债权范围内变价股票的，应当准许，但是法律、司法解释等另有规定的除外。人民法院将债务人在证券公司开立的资金账户在质押债权、案件债权额及执行费用总额范围内进行冻结后，应当及时书面通知证券登记结算机构或者证券公司在系统中将相应质押股票调整为可售状态。

质权人申请通过协议转让方式变价股票的，人民法院经审查认为不损害案件当事人利益、国家利益、社会公共利益且在能够

---

① 参照《最高人民法院、最高人民检察院、公安部、中国证券监督管理委员会关于进一步规范人民法院冻结上市公司质押股票工作的意见》（法发〔2021〕9号）第三条。

② 参照《最高人民法院、最高人民检察院、公安部、中国证券监督管理委员会关于进一步规范人民法院冻结上市公司质押股票工作的意见》（法发〔2021〕9号）第四条。

③ 参照《最高人民法院、最高人民检察院、公安部、中国证券监督管理委员会关于进一步规范人民法院冻结上市公司质押股票工作的意见》（法发〔2021〕9号）第五条。

控制相应价款的前提下，可以准许。

质权人依照前两款规定自行变价股票的，应当遵守证券交易、登记结算相关业务规则。[①]

827. 【质押债权的实现】

质权人自行变价股票且变价款进入债务人资金账户或者人民法院指定的账户后，向人民法院申请发放变价款实现质押债权的，应予准许，但是法律、司法解释等另有规定的除外。[②]

828. 【强制变价质押股票】

在执行程序中，人民法院可以对在系统中被标记的质押股票采取强制变价措施。[③]

829. 【解除质押后的冻结】

在系统中被标记的任意一部分质押股票解除质押的，协助冻结的证券登记结算机构或者证券公司应当将该部分股票调整为冻结状态，并及时通知人民法院。

冻结股票的数量达到人民法院要求冻结的数量后，证券登记结算机构或者证券公司应当及时通知人民法院。人民法院经审查认为冻结的股票足以实现案件债权及执行费用的，应当书面通知证券登记结算机构或者证券公司解除对其他股票的标记和冻结。[④]

830. 【协助机关对质押股票的标记】

轮候冻结转为正式冻结的，依当事人或者质权人申请，人民

---

① 参照《最高人民法院、最高人民检察院、公安部、中国证券监督管理委员会关于进一步规范人民法院冻结上市公司质押股票工作的意见》（法发〔2021〕9号）第六条。

② 参照《最高人民法院、最高人民检察院、公安部、中国证券监督管理委员会关于进一步规范人民法院冻结上市公司质押股票工作的意见》（法发〔2021〕9号）第七条。

③ 参照《最高人民法院、最高人民检察院、公安部、中国证券监督管理委员会关于进一步规范人民法院冻结上市公司质押股票工作的意见》（法发〔2021〕9号）第八条。

④ 参照《最高人民法院、最高人民检察院、公安部、中国证券监督管理委员会关于进一步规范人民法院冻结上市公司质押股票工作的意见》（法发〔2021〕9号）第九条。

法院可以通知证券登记结算机构或者证券公司依照本规范第 823 条至第 832 条规定办理。①

831.【股票退市后的处理】

上市公司股票退市后，依照本规范第 823 条至第 832 条办理的冻结按照相关司法冻结程序处理，冻结股票的数量为证券登记结算机构或者证券公司在系统中已标记的股票数量。②

832.【质押股票处置争议的处理】

其他国家机关在办理刑事案件过程中，就质押股票处置变价等事项与负责执行的人民法院产生争议的，可以协商解决。协商不成的，报各自的上级机关协商解决。③

第七节 对知识产权的执行

833.【一般规定】

被执行人不履行生效法律文书确定的义务，人民法院有权裁定禁止被执行人转让其专利权、注册商标专用权、著作权（财产

① 参照《最高人民法院、最高人民检察院、公安部、中国证券监督管理委员会关于进一步规范人民法院冻结上市公司质押股票工作的意见》（法发〔2021〕9 号）第十条。

② 参照《最高人民法院、最高人民检察院、公安部、中国证券监督管理委员会关于进一步规范人民法院冻结上市公司质押股票工作的意见》（法发〔2021〕9 号）第十一条。

③ 参照《最高人民法院、最高人民检察院、公安部、中国证券监督管理委员会关于进一步规范人民法院冻结上市公司质押股票工作的意见》（法发〔2021〕9 号）第十二条。

权部分）[①] 等知识产权。上述权利有登记主管部门的，应当同时向有关部门发出协助执行通知书，要求其不得办理财产权转移手续，必要时可以责令被执行人将产权或使用权证照交人民法院保存。

对前款财产权，可以采取拍卖、变卖等执行措施。[②]

834.【冻结期限】

人民法院冻结著作权（财产权部分）、专利权、商标权的期限不得超过三年。

申请执行人申请延长期限的，人民法院应当在冻结期限届满前办理续行冻结手续，续行期限不得超过前款规定的期限。

---

① 关于著作权中的财产权部分，是指著作权人依据《中华人民共和国著作权法》（2020年11月11日修正）第十条第一款第五项至第十七项规定而享有的权利。该法第十条规定："著作权包括下列人身权和财产权：（一）发表权，即决定作品是否公之于众的权利；（二）署名权，即表明作者身份，在作品上署名的权利；（三）修改权，即修改或者授权他人修改作品的权利；（四）保护作品完整权，即保护作品不受歪曲、篡改的权利；（五）复制权，即以印刷、复印、拓印、录音、录像、翻录、翻拍、数字化等方式将作品制作一份或者多份的权利；（六）发行权，即以出售或者赠与方式向公众提供作品的原件或者复制件的权利；（七）出租权，即有偿许可他人临时使用视听作品、计算机软件的原件或者复制件的权利，计算机软件不是出租的主要标的的除外；（八）展览权，即公开陈列美术作品、摄影作品的原件或者复制件的权利；（九）表演权，即公开表演作品，以及用各种手段公开播送作品的表演的权利；（十）放映权，即通过放映机、幻灯机等技术设备公开再现美术、摄影、视听作品等的权利；（十一）广播权，即以有线或者无线方式公开传播或者转播作品，以及通过扩音器或者其他传送符号、声音、图像的类似工具向公众传播广播的作品的权利，但不包括本款第十二项规定的权利；（十二）信息网络传播权，即以有线或者无线方式向公众提供，使公众可以在其选定的时间和地点获得作品的权利；（十三）摄制权，即以摄制视听作品的方法将作品固定在载体上的权利；（十四）改编权，即改变作品，创作出具有独创性的新作品的权利；（十五）翻译权，即将作品从一种语言文字转换成另一种语言文字的权利；（十六）汇编权，即将作品或者作品的片段通过选择或者编排，汇集成新作品的权利；（十七）应当由著作权人享有的其他权利。著作权人可以许可他人行使前款第五项至第十七项规定的权利，并依照约定或者本法有关规定获得报酬。著作权人可以全部或者部分转让本条第一款第五项至第十七项规定的权利，并依照约定或者本法有关规定获得报酬。"

② 《最高人民法院关于人民法院执行工作若干问题的规定（试行）》（法释〔1998〕15号，2020年12月23日修正）第35条。

人民法院也可以依职权办理续行查封、扣押、冻结手续。①

835.【专利权的冻结】

人民法院对专利权进行冻结，应当向国务院专利行政部门发出协助执行通知书，载明要求协助执行的事项，以及对专利权冻结的期限，并附人民法院作出的裁定书。②

836.【专利申请权的冻结】

专利申请权属于专利申请人的一项财产权利，可以作为人民法院冻结的对象。

人民法院根据民事诉讼法有关规定，需要对专利申请权进行冻结的，应当向国务院专利行政部门发出协助执行通知书，载明要求冻结的专利申请的名称、申请人、申请号、保全期限以及协助执行保全的内容，包括禁止变更著录事项、中止审批程序等，并附人民法院作出的冻结裁定书。③

837.【出质或独占许可专利权的冻结】

人民法院对出质的专利权可以采取冻结措施，质权人的优先受偿权不受冻结措施的影响；专利权人与被许可人已经签订的独占实施许可合同，不影响人民法院对该专利权进行冻结。④

---

① 参照《最高人民法院关于适用〈中华人民共和国民事诉讼法〉的解释》（法释〔2015〕5号，2022年3月22日修正）第四百八十五条。

② 参照《最高人民法院关于审理专利纠纷案件适用法律问题的若干规定》（法释〔2015〕4号，2020年12月23日修正）第十三条第一款。

③ 参照《最高人民法院对国家知识产权局〈关于征求对协助执行专利申请权财产保全裁定的意见的函〉的答复意见》（〔2000〕民三函字第1号）第一条。该条意见主要内容："国家知识产权局：贵局《关于征求对协助执行专利申请权财产保全裁定的意见的函》收悉。经研究，对有关问题答复如下：一、专利申请权属于专利申请人的一项财产权利，可以作为人民法院财产保全的对象。人民法院根据《民事诉讼法》有关规定采取财产保全措施时，需要对专利申请权进行保全的，应当向国家知识产权局发出协助执行通知书，载明要求保全的专利申请的名称、申请人、申请号、保全期限以及协助执行保全的内容，包括禁止变更著录事项、中止审批程序等，并附人民法院作出的财产保全民事裁定书。"

④ 参照《最高人民法院关于审理专利纠纷案件适用法律问题的若干规定》（法释〔2015〕4号，2020年12月23日修正）第九条第三款。

838.【注册商标权的冻结】

人民法院对注册商标权进行冻结时，应当向国家知识产权局商标局发出协助执行通知书，载明要求商标局协助保全的注册商标的名称、注册人、注册证号码、保全期限以及协助执行保全的内容，包括禁止转让、注销注册商标、变更注册事项和办理商标权质押登记等事项。①

839.【注册商标权的一并处置】

对被执行人名下某一注册商标权执行时，人民法院应当将该注册商标及其名下相同或者类似商品上相同和近似商标一并进行评估、拍卖、变卖等，并在采取执行措施时，裁定将相同或近似注册商标一并予以执行。②

---

① 参照《最高人民法院关于人民法院对注册商标权进行财产保全的解释》（法释〔2001〕1号，2020年12月23日修正）第一条。

② 参照《中华人民共和国商标法》（2019年4月23日修正）第四十二条第二款，《最高人民法院关于对注册商标专用权进行财产保全和执行等问题的复函》（〔2001〕民三函字第3号）第四条。《中华人民共和国商标法》（2019年4月23日修正）第四十二条第二款规定："转让注册商标的，商标注册人对其在同一种商品上注册的近似的商标，或者在类似商品上注册的相同或者近似的商标，应当一并转让。"《最高人民法院关于对注册商标专用权进行财产保全和执行等问题的复函》（〔2001〕民三函字第3号）主要内容："国家工商行政管理总局商标局：你局商标变〔2001〕66号来函收悉。经研究，对该函中所提出的问题答复如下：一、关于不同法院在同一天对同一注册商标进行保全的协助执行问题。根据民事诉讼法和我院有关司法解释的规定，你局在同一天内接到两份以上对同一注册商标进行保全的协助执行通知书时，应当按照收到文书的先后顺序，协助执行在先收到的协助执行通知书；同时收到文书无法确认先后顺序时，可以告知有关法院按照《最高人民法院关于人民法院执行工作若干问题的规定（试行）》第125条（2020年12月23日修正后为第67条，编者注）关于"两个或两个以上人民法院在执行相关案件中发生争议的，应当协商解决。协商不成的，逐级报请上级法院，直至报请共同的上级法院协调"的规定进行协商处理。在有关法院协商以及报请协调处理期间，你局可以暂不办理协助执行事宜。二、关于你局在依据法院的生效判决办理权利人变更手续过程中，另一法院要求协助保全注册商标的协助执行问题。《最高人民法院关于人民法院执行工作若干问题的规定（试行）》第88条第1款（2020年12月23日修正后为第55条第1款，编者注）规定，各债权人对执行标的物均无担保物权的，按照执行法院采取执行措施的先后顺序受偿。根据这一规定，对于某一法院依照已经发生法律效力的裁判文书要求你局协助办理注册商标专用权权利人变更等手续后，另一法院对同一注册商标以保全原商标专用权人财产的名义再行保全，又无权利质押情形的，同

第八节 其他财产权益的执行

840. 【信托财产的执行】

当事人因其与委托人、受托人或者受益人之间的纠纷申请对存管银行或信托公司专门账户中的信托资金采取保全或执行措施的，除符合信托法第十七条①规定的情形外，人民法院不应准许。

已经采取保全或者执行措施的，存管银行或者信托公司能够提供证据证明该账户为信托账户的，应当立即解除保全或者执行措施。对信托公司管理的其他信托财产的保全和执行，也应当根

（接上页注）

意你局来函中提出的处理意见，既协助执行在先采取执行措施法院的裁判文书，并将协助执行的情况告知在后采取保全措施的法院。三、关于法院已经保全注册商标后，另一法院宣告其注册人进入破产程序并要求你局再行协助保全注册商标的问题。根据《中华人民共和国企业破产法（试行）》第11条（2006年8月27日通过的《中华人民共和国企业破产法》第十九条，编者注）的规定，人民法院受理破产案件后，对债务人财产的其他民事执行程序必须中止。人民法院应当按照这一规定办理相关案件。在具体处理问题上，你局可以告知审理破产案件的法院有关注册商标已被保全的情况，由该法院通知在先采取保全措施的法院自行解除保全措施。你局收到有关解除财产保全措施的通知后，应立即协助执行审理破产案件法院的裁定。你局也可以告知在先采取保全措施的法院有关商标注册人进入破产程序的情况，由其自行决定解除保全措施。四、关于法院裁决将注册商标作为标的执行时应否适用商标法实施细则（已废止，编者注）第二十一条规定的问题。根据商标法实施细则（已废止，编者注）第二十一条的规定，转让注册商标的，商标注册人对其在同一种类或者类似商品上注册的相同或者近似的商标，必须一并办理。法院在执行注册商标专用权的过程中，应当根据上述规定的原则，对注册商标及相同或者类似商品上相同和近似的商标一并进行评估、拍卖、变卖等，并在采取执行措施时，裁定将相同或近似注册商标一并予以执行。商标局在接到法院有关转让注册商标的裁定时，如发现无上述内容，可以告知执行法院，由执行法院补充裁定后再协助执行。来函中所涉及的具体案件，可按照上述意见处理。此复。”

① 《中华人民共和国信托法》（2001年4月28日）第十七条规定：“除因下列情形之一外，对信托财产不得强制执行：（一）设立信托前债权人已对该信托财产享有优先受偿的权利，并依法行使该权利的；（二）受托人处理信托事务所产生债务，债权人要求清偿该债务的；（三）信托财产本身应担负的税款；（四）法律规定的其他情形。对于违反前款规定而强制执行信托财产，委托人、受托人或者受益人有权向人民法院提出异议。”

据前述规则办理。

当事人申请对受益人的受益权采取保全或者执行措施的，人民法院应当根据信托法第四十七条①的规定进行审查，决定是否采取措施。决定采取措施的，应当将保全或者执行裁定送达受托人和受益人。②

841.【信托公司固有财产的执行】

除信托公司作为债务人外，当事人申请对信托公司固有资金账户的资金采取保全或者执行措施的，人民法院不应准许。信托公司作为债务人，确有必要对其固有财产采取保全或者执行措施的，必须强化善意执行理念，防范发生金融风险。要严格遵守相应的适用条件与法定程序，坚决杜绝超标的执行。在采取具体保全或者执行措施时，要尽量寻求依法平等保护各方利益的平衡

---

① 《中华人民共和国信托法》（2001 年 4 月 28 日）第四十七条规定："受益人不能清偿到期债务的，其信托受益权可以用于清偿债务，但法律、行政法规以及信托文件有限制性规定的除外。"

② 《全国法院民商事审判工作会议纪要》（法〔2019〕254 号）第 95 条规定："信托财产在信托存续期间独立于委托人、受托人、受益人各自的固有财产。委托人将其财产委托给受托人进行管理，在信托依法设立后，该信托财产即独立于委托人未设立信托的其他固有财产。受托人因承诺信托而取得的信托财产，以及通过对信托财产的管理、运用、处分等方式取得的财产，均独立于受托人的固有财产。受益人对信托财产享有的权利表现为信托受益权，信托财产并非受益人的责任财产。因此，当事人因其与委托人、受托人或者受益人之间的纠纷申请对存管银行或者信托公司专门账户中的信托资金采取保全措施的，除符合《信托法》第 17 条规定的情形外，人民法院不应当准许。已经采取保全措施的，存管银行或者信托公司能够提供证据证明该账户为信托账户的，应当立即解除保全措施。对信托公司管理的其他信托财产的保全，也应当根据前述规则办理。当事人申请对受益人的受益权采取保全措施的，人民法院应当根据《信托法》第 47 条的规定进行审查，决定是否采取保全措施。决定采取保全措施的，应当将保全裁定送达受托人和受益人。"《最高人民法院关于在执行工作中进一步强化善意文明执行理念的意见》（法发〔2019〕35 号）第 3 条第 2 款规定："执行过程中，人民法院应当为被执行人及其扶养家属保留必需的生活费用。要严格按照中央有关产权保护的精神，严格区分企业法人财产与股东个人财产，严禁违法查封案外人财产，严禁对不得查封的财产采取执行措施，切实保护民营企业等企业法人、企业家和各类市场主体合法权益。要注意到，信托财产在信托存续期间独立于委托人、受托人各自的固有财产，并且受益人对信托财产享有的权利表现为信托受益权，信托财产并非受益人的责任财产。因此，当事人因其与委托人、受托人或者受益人之间的纠纷申请对存管银行或信托公司专门账户中的信托资金采取保全或执行措施的，除符合《中华人民共和国信托法》第十七条规定的情形外，人民法院不应准许。"

点，优先采取方便执行且对信托公司正常经营影响最小的执行措施，能采取“活封”“活扣”措施的，尽量不进行“死封”“死扣”。在条件允许的情况下，可以为信托公司预留必要的流动资金和往来账户，最大限度降低对信托公司正常经营活动的不利影响。信托公司申请解除财产保全或者执行措施符合法律、司法解释规定情形的，应当在法定期限内及时解除。[①]

① 参照《全国法院民商事审判工作会议纪要》（法〔2019〕254号）第96条。

第二十三章　非金钱给付请求权的执行

第一节　物的交付请求权的执行

842.【一般规定】

法律文书指定交付的财物或者票证，由执行员传唤双方当事人当面交付，或者由执行员转交，并由被交付人签收。

有关单位持有该项财物或者票证的，应当根据人民法院的协助执行通知书转交，并由被交付人签收。

有关公民持有该项财物或者票证的，人民法院通知其交出。拒不交出的，强制执行。①

843.【房屋的强制迁出或土地的强制退出】

强制迁出房屋或者强制退出土地，由院长签发公告，责令被执行人在指定期间履行。被执行人逾期不履行的，由执行员强制执行。

强制执行时，被执行人是公民的，应当通知被执行人或者他的成年家属到场；被执行人是法人或者其他组织的，应当通知其法定代表人或者主要负责人到场。拒不到场的，不影响执行。被执行人是公民的，其工作单位或者房屋、土地所在地的基层组织应当派人参加。执行员应当将强制执行情况记入笔录，由在场人

① 《中华人民共和国民事诉讼法》（2021 年 12 月 24 日修正）第二百五十六条。

签名或者盖章。

强制迁出房屋被搬出的财物，由人民法院派人运至指定处所，交给被执行人。被执行人是公民的，也可以交给他的成年家属。因拒绝接收而造成的损失，由被执行人承担。[①]

844.【生活必需房屋异议的处理】

执行依据确定被执行人交付居住的房屋，自执行通知送达之日起，已经给予三个月的宽限期，被执行人以该房屋系本人及所扶养家属维持生活的必需品为由提出异议的，人民法院不予支持。[②]

845.【被执行人隐匿资料的处理】

在执行中，被执行人隐匿财产、会计账簿等资料的，人民法院除可依照民事诉讼法第一百一十四条第一款第六项[③]规定对其处理外，还应责令被执行人交出隐匿的财产、会计账簿等资料。被执行人拒不交出的，人民法院可以采取搜查措施。[④]

846.【他人持有财物、票证的交付】

他人持有法律文书指定交付的财物或者票证，人民法院依照民事诉讼法第二百五十六条第二款、第三款[⑤]规定发出协助执行通知后，拒不转交的，可以强制执行，并可依照民事诉讼法第一

---

① 《中华人民共和国民事诉讼法》（2021 年 12 月 24 日修正）第二百五十七条。

② 《最高人民法院关于人民法院办理执行异议和复议案件若干问题的规定》（法释〔2015〕10 号，2020 年 12 月 23 日修正）第二十条第二款。

③ 《中华人民共和国民事诉讼法》（2021 年 12 月 24 日修正）第一百一十四条第一款规定："诉讼参与人或者其他人有下列行为之一的，人民法院可以根据情节轻重予以罚款、拘留；构成犯罪的，依法追究刑事责任：……（六）拒不履行人民法院已经发生法律效力的判决、裁定的。"

④ 《最高人民法院关于适用〈中华人民共和国民事诉讼法〉的解释》（法释〔2015〕5 号，2022 年 3 月 22 日修正）第四百九十四条。

⑤ 《中华人民共和国民事诉讼法》（2021 年 12 月 24 日修正）第二百五十六条第二款、第三款规定："有关单位持有该项财物或者票证的，应当根据人民法院的协助执行通知书转交，并由被交付人签收。有关公民持有该项财物或者票证的，人民法院通知其交出。拒不交出的，强制执行。"

百一十七条[①]、第一百一十八条[②]规定处理。

他人持有期间财物或者票证毁损、灭失的，参照本规范第849条规定处理。

他人主张合法持有财物或者票证的，可以根据民事诉讼法第二百三十四条规定提出执行异议。[③]

847.【他人转移财物、票证的责任】

有关组织或者个人持有法律文书指定交付的财物或票证，在接到人民法院协助执行通知书或通知书后，协同被执行人转移财物或票证的，人民法院有权责令其限期追回；逾期未追回的，应当裁定其承担赔偿责任。[④]

848.【他人无合法依据占有的处理】

案外人无合法依据占有被执行的标的物不动产的，执行法院依法可以强制迁出；案外人拒不迁出，对标的物上的财产，执行法院可以指定他人保管并通知领取；案外人不领取或下落不明的，为避免保管费用过高或财产价值减损，执行法院可以处分该财产，处分所得价款，扣除搬迁、保管及拍卖变卖等相关费用

---

① 《中华人民共和国民事诉讼法》（2021年12月24日修正）第一百一十七条规定："有义务协助调查、执行的单位有下列行为之一的，人民法院除责令其履行协助义务外，并可以予以罚款：（一）有关单位拒绝或者妨碍人民法院调查取证的；（二）有关单位接到人民法院协助执行通知书后，拒不协助查询、扣押、冻结、划拨、变价财产的；（三）有关单位接到人民法院协助执行通知书后，拒不协助扣留被执行人的收入、办理有关财产权证照转移手续、转交有关票证、证照或者其他财产的；（四）其他拒绝协助执行的。人民法院对有前款规定的行为之一的单位，可以对其主要负责人或者直接责任人员予以罚款；对仍不履行协助义务的，可以予以拘留；并可以向监察机关或者有关机关提出予以纪律处分的司法建议。"

② 《中华人民共和国民事诉讼法》（2021年12月24日修正）第一百一十八条规定："对个人的罚款金额，为人民币十万元以下。对单位的罚款金额，为人民币五万元以上一百万元以下。拘留的期限，为十五日以下。被拘留的人，由人民法院交公安机关看管。在拘留期间，被拘留人承认并改正错误的，人民法院可以决定提前解除拘留。"

③ 《最高人民法院关于适用〈中华人民共和国民事诉讼法〉的解释》（法释〔2015〕5号，2022年3月22日修正）第四百九十三条。

④ 《最高人民法院关于人民法院执行工作若干问题的规定（试行）》（法释〔1998〕15号，2020年12月23日修正）第42条。

后，保存于执行法院账户，通知该案外人领取。[1]

849.【特定物毁损、灭失的处理】

执行标的物为特定物的，应当执行原物。原物确已毁损或者灭失的，经双方当事人同意，可以折价赔偿。

双方对折价赔偿不能协商一致的，按照下列方法处理：

（一）原物毁损或者灭失发生在最后一次法庭辩论结束前的，执行机构应当告知当事人可通过审判监督程序救济；

（二）原物毁损或者灭失发生在最后一次法庭辩论结束后的，执行机构应当终结执行程序并告知申请执行人可另行起诉。

无法确定原物在最后一次法庭辩论结束前还是结束后毁损或者灭失的，按照前款第2项规定处理。[2]

850.【种类物的执行】

执行依据系交付可替代的种类物，如被执行人有该种类物，执行法院可以直接执行；如被执行人无该种类物，应发出履行通知书要求被执行人依判决购买该种类物偿还债务；被执行人拒不购买交付的，执行法院可以该种类物的现时市场价格及运费确定其债务数额，命被执行人预行交付；拒不交付的，可裁定强制执

---

① 参照《最高人民法院关于法院执行程序中能否对案外人财产进行处理的请示的答复》（〔2010〕执他字第1号）。答复主要内容：“吉林省高级人民法院：你院《关于法院执行程序中能否对案外人财产进行处理的请示》收悉。经研究，答复如下：执行程序中案外人无合法依据占有被执行的标的物不动产的，执行法院依法可以强制迁出；案外人拒不迁出，对标的物上的财产，执行法院可以指定他人保管并通知领取；案外人不领取或下落不明的，为避免保管费过高或财产价值减损，执行法院可以处分该财产，处分所得价款，扣除搬迁、保管及拍卖变卖等相关费用后，保存于执行法院账户，通知该案外人领取。”

② 参照《最高人民法院关于适用〈中华人民共和国民事诉讼法〉的解释》（法释〔2015〕5号，2022年3月22日修正）第四百九十二条，《最高人民法院关于人民法院立案、审判与执行工作协调运行的意见》（法发〔2018〕9号）第14条。

行被执行人的其他财产。①

851. 【交付股权类案件执行的特别规定】

生效法律文书确定被执行人交付股权（在其他营利法人享有的投资权益），因股权所在公司在生效法律文书作出后增资或者减资导致被执行人实际持股比例降低或者升高的，人民法院应当按照下列情形分别处理：

（一）生效法律文书已经明确交付股权的出资额的，按照该出资额交付股权；

（二）生效法律文书仅明确交付一定比例的股权的，按照生效法律文书作出时该比例所对应出资额占当前公司注册资本总额的比例交付股权。②

第二节　行为请求权的执行

852. 【一般规定】

对判决、裁定和其他法律文书指定的行为，被执行人未按执行通知履行的，人民法院可以强制执行或者委托有关单位或者其

---

① 参照《最高人民法院执行工作办公室关于判决交付可替代的种类物如何执行问题的复函》（〔2000〕执他字第 31 号）。复函主要内容为："山东省聊城地区中级人民法院（1993）聊中法民终字第 166 号民事判决，系判决交付可替代的种类物的执行案件而不是判决交付特定物的执行案件。如被执行人有该种类物，执行法院直接执行即可；如被执行人无该种类物，应发出履行通知书要求被执行人依判决购买该种类物偿还债务；被执行人拒不购买交付的，执行法院可以该种类物的现时市场价格及运费确定其债务数额，命被执行人预行交付；拒不交付的，可裁定强制执行被执行人的其他财产。鉴于本案的特殊情况，可就执行标的问题征求申请执行人意见，或按上述关于执行可替代物的有关原则办理；或直接裁定转入金钱代偿执行。对本案的迟延履行金，应当按照《最高人民法院关于适用〈中华人民共和国民事诉讼法〉若干问题的意见》第 295 条（现《最高人民法院关于适用〈中华人民共和国民事诉讼法〉的解释》第五百零五条，编者注）的规定办理。"

② 参照《最高人民法院关于人民法院强制执行股权若干问题的规定》（法释〔2021〕20 号）第十六条、第十八条。

他人完成，费用由被执行人承担。①

853.【可代替履行行为】

被执行人不履行生效法律文书确定的行为义务，该义务可由他人完成的，人民法院可以选定代履行人；法律、行政法规对履行该行为义务有资格限制的，应当从有资格的人中选定。必要时，可以通过招标的方式确定代履行人。

申请执行人可以在符合条件的人中推荐代履行人，也可以申请自己代为履行，是否准许，由人民法院决定。②

854.【代履行费用】

代履行费用的数额由人民法院根据案件具体情况确定，并由被执行人在指定期限内预先支付。被执行人未预付的，人民法院可以对该费用强制执行。

代履行结束后，被执行人可以查阅、复制费用清单以及主要凭证。③

855.【消除影响、恢复名誉、赔礼道歉等的执行】

行为人拒不承担民法典第一千条第一款规定的因侵害人格权承担消除影响、恢复名誉、赔礼道歉等民事责任的，人民法院可以采取在报刊、网络等媒体上发布公告或者公布生效裁判文书等方式执行，产生的费用由行为人负担。④

856.【不可代替履行行为】

被执行人不履行法律文书指定的行为，且该项行为只能由被执行人完成的，人民法院可以依照民事诉讼法第一百一十四条第一款第六项⑤规定处理。

---

① 《中华人民共和国民事诉讼法》（2021年12月24日修正）第二百五十九条。

② 《最高人民法院关于适用〈中华人民共和国民事诉讼法〉的解释》（法释〔2015〕5号，2022年3月22日修正）第五百零一条。

③ 《最高人民法院关于适用〈中华人民共和国民事诉讼法〉的解释》（法释〔2015〕5号，2022年3月22日修正）第五百零二条。

④ 参照《中华人民共和国民法典》（2020年5月28日）第一千条。

⑤ 参见本规范第845条脚注内容。

被执行人在人民法院确定的履行期间内仍不履行的，人民法院可以依照民事诉讼法第一百一十四条第一款第六项规定再次处理。[①]

857. 【探望权的执行】

人民法院在执行有关探望子女等判决和裁定时，对于拒不协助另一方行使探望权的有关个人或者组织，可以依法采取拘留、罚款等强制措施，但是不能对子女的人身、探望行为进行强制执行。[②]

父或者母探望子女，不利于子女身心健康的，由人民法院依法中止探望[③]；中止的事由消失后，应当恢复探望。[④]

858. 【不作为的执行】

生效法律文书确定被执行人不得为一定行为或者容忍他人为一定行为，被执行人不履行的，人民法院可以依照民事诉讼法第一百一十四条第一款第六项规定处理。必要时，还可以依申请执行人的申请，责令被执行人交付费用，除去被执行人行为的结果。

859. 【股权确认之诉的执行】

在审理股东资格（在其他营利法人享有的投资权益）确认纠纷案件中，当事人提出要求公司签发出资证明书、记载于股东名

---

① 《最高人民法院关于适用〈中华人民共和国民事诉讼法〉的解释》（法释〔2015〕5号，2022年3月22日修正）第五百零三条。

② 参照《最高人民法院关于适用〈中华人民共和国民法典〉婚姻家庭编的解释（一）》（法释〔2020〕22号）第六十八条。

③ 关于中止探望，《最高人民法院关于适用〈中华人民共和国民法典〉婚姻家庭编的解释（一）》（法释〔2020〕22号）第六十六条规定："当事人在履行生效判决、裁定或者调解书的过程中，一方请求中止探望的，人民法院在征询双方当事人意见后，认为需要中止探望的，依法作出裁定；中止探望的情形消失后，人民法院应当根据当事人的请求书面通知其恢复探望。"第六十七条规定："未成年子女、直接抚养子女的父或者母以及其他对未成年子女负担抚养、教育、保护义务的法定监护人，有权向人民法院提出中止探望的请求。"

④ 《中华人民共和国民法典》（2020年5月28日）第一千零八十六条第三款。

册并办理公司登记机关登记的诉讼请求且其主张成立的，人民法院应当予以支持；当事人未提出前述诉讼请求的，可以根据案件具体情况向其释明。

生效法律文书仅确认股权属于当事人所有，当事人可以持该生效法律文书自行向股权所在公司、公司登记机关申请办理股权变更手续；向人民法院申请强制执行的，不予受理。[①]

① 参照《最高人民法院关于人民法院强制执行股权若干问题的规定》（法释〔2021〕20号）第十七条、第十八条。

第二十四章　特殊案件的执行

第一节　保全与先予执行案件的执行

一、保全

860.【诉讼保全】

人民法院对于可能因当事人一方的行为或者其他原因，使判决难以执行或者造成当事人其他损害的案件，根据对方当事人的申请，可以裁定对其财产进行保全、责令其作出一定行为或者禁止其作出一定行为；当事人没有提出申请的，人民法院在必要时也可以裁定采取保全措施。

人民法院采取保全措施，可以责令申请人提供担保，申请人不提供担保的，裁定驳回申请。①

861.【诉前保全】

利害关系人因情况紧急，不立即申请保全将会使其合法权益受到难以弥补的损害的，可以在提起诉讼或者申请仲裁前向被保全财产所在地、被申请人住所地或者对案件有管辖权的人民法院申请采取保全措施。申请人应当提供担保，不提供担保的，裁定

① 《中华人民共和国民事诉讼法》（2021 年 12 月 24 日修正）第一百零三条第一款、第二款。

驳回申请。

人民法院接受申请后，必须在四十八小时内作出裁定；裁定采取保全措施的，应当立即开始执行。

申请人在人民法院采取保全措施后三十日内不依法提起诉讼或者申请仲裁的，人民法院应当解除保全。①

862.【执行前保全】②

法律文书生效后，进入执行程序前，债权人因对方当事人转移财产等紧急情况，不申请保全将可能导致生效法律文书不能执行或者难以执行的，可以向执行法院申请采取保全措施。债权人申请财产保全的，应当写明生效法律文书的制作机关、文号和主要内容，并附生效法律文书副本。

债权人申请财产保全的，人民法院可以不要求提供担保。

债权人在法律文书指定的履行期间届满后五日内不申请执行的，人民法院应当解除保全。③

863.【仲裁保全】

在国内仲裁过程中，一方当事人因另一方当事人的行为或者其他原因，可能使裁决不能执行或者难以执行的，可以申请财产保全。申请有错误的，申请人应当赔偿被申请人因财产保全所遭受的损失。④

当事人申请财产保全，应当通过仲裁机构向被申请人住所地或被申请保全的财产所在地的基层人民法院提交申请书及仲裁案件受理通知书等相关材料。

---

① 《中华人民共和国民事诉讼法》（2021 年 12 月 24 日修正）第一百零四条。

② 法律文书生效后，进入执行程序前采取保全措施，需要使用网络查控系统的，参照本规范第 877 条、第 878 条规定办理。

③ 参照《最高人民法院关于适用〈中华人民共和国民事诉讼法〉的解释》（法释〔2015〕5 号，2022 年 3 月 22 日修正）第一百六十三条，《最高人民法院关于人民法院办理财产保全案件若干问题的规定》（法释〔2016〕22 号，2020 年 12 月 23 日修正）第一条第二款、第九条第二款。

④ 参照《中华人民共和国仲裁法》（2017 年 9 月 1 日修正）第二十八条第一款、第三款。

人民法院裁定采取保全措施或者裁定驳回申请的，应当将裁定书送达当事人，并通知仲裁机构。①

864. 【上诉、再审期间的保全】

对当事人不服一审判决提起上诉的案件，在第二审人民法院接到报送的案件之前，当事人有转移、隐匿、出卖或者毁损财产等行为，必须采取保全措施的，由第一审人民法院依当事人申请或者依职权采取。第一审人民法院的保全裁定，应当及时报送第二审人民法院。②

第二审人民法院裁定对第一审人民法院采取的保全措施予以续保或者采取新的保全措施的，可以自行实施，也可以委托第一审人民法院实施。

再审人民法院裁定对原保全措施予以续保或者采取新的保全措施的，可以自行实施，也可以委托原审人民法院或者执行法院实施。③

865. 【保全申请】

当事人、利害关系人申请财产保全，应当向人民法院提交申请书，并提供相关证据材料。

申请书应当载明下列事项：

（一）申请保全人与被保全人的身份、送达地址、联系方式；

（二）请求事项和所根据的事实与理由；

（三）请求保全数额或者争议标的；

（四）明确的被保全财产信息或者具体的被保全财产线索；

（五）为财产保全提供担保的财产信息或资信证明，或者不

---

① 参照《最高人民法院关于执行工作若干问题的规定（试行）》（法释〔1998〕15号，2020年12月23日修正）第9条，《最高人民法院关于人民法院办理财产保全案件若干问题的规定》（法释〔2016〕22号，2020年12月23日修正）第三条。

② 《最高人民法院关于适用〈中华人民共和国民事诉讼法〉的解释》（法释〔2015〕5号，2022年3月22日修正）第一百六十一条。

③ 《最高人民法院关于适用〈中华人民共和国民事诉讼法〉的解释》（法释〔2015〕5号，2022年3月22日修正）第一百六十二条。

需要提供担保的理由；

（六）其他需要载明的事项。

法律文书生效后，进入执行程序前，债权人申请财产保全的，应当写明生效法律文书的制作机关、文号和主要内容，并附生效法律文书副本。①

866.【保全裁定的作出】

下列财产保全案件一般由立案部门编立“财保”字案号进行审查并作出裁定：

（一）利害关系人在提起诉讼或者申请仲裁前申请财产保全的案件；

（二）当事人在仲裁过程中通过仲裁机构向人民法院提交申请的财产保全案件；

（三）当事人在法律文书生效后进入执行程序前申请财产保全的案件。

当事人在诉讼中申请财产保全的案件，一般由负责审理案件的审判部门沿用诉讼案号进行审查并作出裁定。

当事人在上诉后二审法院立案受理前申请财产保全的案件，由一审法院审判部门审查并作出裁定。②

867.【移送执行】

立案、审判部门作出的财产保全裁定，应当及时送交立案部门编立“执保”字案号的执行案件，一般应当移送执行机构实施。移送执行机构实施的，应当立即将保全裁定、申请人提供的财产线索等材料一并移送给执行机构。

① 《最高人民法院关于人民法院办理财产保全案件若干问题的规定》（法释〔2016〕22号，2020年12月23日修正）第一条。

② 《最高人民法院关于人民法院立案、审判与执行工作协调运行的意见》（法发〔2018〕9号）第16条。

上级法院可以将财产保全裁定指定下级法院立案执行。[1]

868.【保全相关事项的审查】

财产保全案件的下列事项，由作出财产保全裁定的部门负责审查：

（一）驳回保全申请；

（二）准予撤回申请、按撤回申请处理；

（三）变更保全担保；

（四）续行保全、解除保全；

（五）准许被保全人根据本规范第 894 条规定申请自行处分被保全财产；

（六）首先采取查封、扣押、冻结措施的保全法院将被保全财产移送给在先轮候查封、扣押、冻结的执行法院；

（七）当事人或者利害关系人对财产保全裁定不服，申请复议；

（八）对保全内容或者措施需要处理的其他事项。

采取保全措施后，案件进入下一程序的，由有关程序对应的受理部门负责审查前款规定的事项。判决生效后申请执行前进行续行保全的，由作出该判决的审判部门作出续行保全裁定。[2]

869.【保全措施的实施】

实施保全的部门负责执行财产保全案件的下列事项：

（一）实施、续行、解除查封、扣押、冻结措施；

（二）监督被保全人根据本规范第 894 条第 1 款规定自行处分被保全财产，并控制相应价款；

---

① 参照《最高人民法院关于人民法院办理财产保全案件若干问题的规定》（法释〔2016〕22 号，2020 年 12 月 23 日修正）第二条，《最高人民法院关于人民法院立案、审判与执行工作协调运行的意见》（法发〔2018〕9 号）第 17 条，《最高人民法院关于执行案件立案、结案若干问题的意见》（法发〔2014〕26 号）第五条。

② 参照《最高人民法院关于人民法院立案、审判与执行工作协调运行的意见》（法发〔2018〕9 号）第 18 条。

（三）其他需要实施的保全措施。[①]

870.【采取措施时限】

人民法院接受财产保全申请后，应当在五日内作出裁定；需要提供担保的，应当在提供担保后五日内作出裁定；裁定采取保全措施的，应当在五日内开始执行。对情况紧急的，必须在四十八小时内作出裁定；裁定采取保全措施的，应当立即开始执行。[②]

871.【担保数额】

人民法院依照民事诉讼法第一百零三条[③]规定责令申请保全人提供财产保全担保的，担保数额不超过请求保全数额的百分之三十；申请保全的财产系争议标的的，担保数额不超过争议标的价值的百分之三十。

利害关系人申请诉前财产保全的，应当提供相当于请求保全数额的担保；情况特殊的，人民法院可以酌情处理。

财产保全期间，申请保全人提供的担保不足以赔偿可能给被保全人造成的损失的，人民法院可以责令其追加相应的担保；拒不追加的，可以裁定解除或者部分解除保全。[④]

872.【担保书】

申请保全人或第三人为财产保全提供财产担保的，应当向人民法院出具担保书。担保书应当载明担保人、担保方式、担保范

---

① 参照《最高人民法院关于人民法院立案、审判与执行工作协调运行的意见》（法发〔2018〕9号）第19条。

② 《最高人民法院关于人民法院办理财产保全案件若干问题的规定》（法释〔2016〕22号，2020年12月23日修正）第四条。

③ 《中华人民共和国民事诉讼法》（2021年12月24日修正）第一百零三条规定："人民法院对于可能因当事人一方的行为或者其他原因，使判决难以执行或者造成当事人其他损害的案件，根据对方当事人的申请，可以裁定对其财产进行保全、责令其作出一定行为或者禁止其作出一定行为；当事人没有提出申请的，人民法院在必要时也可以裁定采取保全措施。人民法院采取保全措施，可以责令申请人提供担保，申请人不提供担保的，裁定驳回申请。人民法院接受申请后，对情况紧急的，必须在四十八小时内作出裁定；裁定采取保全措施的，应当立即开始执行。"

④ 《最高人民法院关于人民法院办理财产保全案件若干问题的规定》（法释〔2016〕22号，2020年12月23日修正）第五条。

围、担保财产及其价值、担保责任承担等内容，并附相关证据材料。

第三人为财产保全提供保证担保的，应当向人民法院提交保证书。保证书应当载明保证人、保证方式、保证范围、保证责任承担等内容，并附相关证据材料。

对财产保全担保，人民法院经审查，认为违反民法典、公司法等有关法律禁止性规定的，应当责令申请保全人在指定期限内提供其他担保；逾期未提供的，裁定驳回申请。①

873.【保险人提供担保】

保险人以其与申请保全人签订财产保全责任险合同的方式为财产保全提供担保的，应当向人民法院出具担保书。

担保书应当载明，因申请财产保全错误，由保险人赔偿被保全人因保全所遭受的损失等内容，并附相关证据材料。②

874.【金融机构提供担保】

金融监管部门批准设立的金融机构以独立保函形式为财产保全提供担保的，人民法院应当依法准许。③

875.【不要求提供担保情形】

当事人在诉讼中申请财产保全，有下列情形之一的，人民法院可以不要求提供担保：

（一）追索赡养费、扶养费、抚养费、抚恤金、医疗费用、劳动报酬、工伤赔偿、交通事故人身损害赔偿的；

（二）婚姻家庭纠纷案件中遭遇家庭暴力且经济困难的；

（三）人民检察院提起的公益诉讼涉及损害赔偿的；

（四）因见义勇为遭受侵害请求损害赔偿的；

---

①《最高人民法院关于人民法院办理财产保全案件若干问题的规定》（法释〔2016〕22号，2020年12月23日修正）第六条。

②《最高人民法院关于人民法院办理财产保全案件若干问题的规定》（法释〔2016〕22号，2020年12月23日修正）第七条。

③《最高人民法院关于人民法院办理财产保全案件若干问题的规定》（法释〔2016〕22号，2020年12月23日修正）第八条。

（五）案件事实清楚、权利义务关系明确，发生保全错误可能性较小的；

（六）申请保全人为商业银行、保险公司等由金融监管部门批准设立的具有独立偿付债务能力的金融机构及其分支机构的。

法律文书生效后，进入执行程序前，债权人申请财产保全的，人民法院可以不要求提供担保。①

876.【对担保财产的查封】②

对申请保全人或者他人提供的担保财产，人民法院应当依法办理查封、扣押、冻结等手续。③

877.【提供被保全财产信息】

当事人、利害关系人申请财产保全，应当向人民法院提供明确的被保全财产信息。

当事人在诉讼中申请财产保全，确因客观原因不能提供明确的被保全财产信息，但提供了具体财产线索的，人民法院可以依法裁定采取财产保全措施。④

878.【网络查控系统的使用】

人民法院依照本规范第877条第2款规定作出保全裁定的，在该裁定执行过程中，申请保全人可以向已经建立网络执行查控系统的执行法院，书面申请通过该系统查询被保全人的财产。

申请保全人提出查询申请的，执行法院可以利用网络执行查控系统，对裁定保全的财产或者保全数额范围内的财产进行查询，并采取相应的查封、扣押、冻结措施。

人民法院利用网络执行查控系统未查询到可供保全财产的，

---

① 《最高人民法院关于人民法院办理财产保全案件若干问题的规定》（法释〔2016〕22号，2020年12月23日修正）第九条。

② 申请执行人要求变更担保财产的，参照本规范895条规定处理。

③ 《最高人民法院关于适用〈中华人民共和国民事诉讼法〉的解释》（法释〔2015〕5号，2022年3月22日修正）第一百六十四条。

④ 《最高人民法院关于人民法院办理财产保全案件若干问题的规定》（法释〔2016〕22号，2020年12月23日修正）第十条。

应当书面告知申请保全人。[①]

879.【对被保全人财产的保密义务】

人民法院对查询到的被保全人财产信息，应当依法保密。除依法保全的财产外，不得泄露被保全人其他财产信息，也不得在财产保全、强制执行以外使用相关信息。[②]

880.【被保全人财产权益的保护】

保全限于请求的范围，或者与本案有关的财物。[③] 被保全人有多项财产可供保全的，在能够实现保全目的的情况下，人民法院应当选择对其生产经营活动影响较小的财产进行保全。

人民法院对厂房、机器设备等生产经营性财产进行保全时，指定被保全人保管的，应当允许其继续使用。[④]

财产已被查封、冻结的，不得重复查封、冻结。[⑤]

881.【查封财产金额】

人民法院应当依据财产保全裁定采取相应的查封、扣押、冻结措施。

可供保全的土地、房屋等不动产的整体价值明显高于保全裁定载明金额的，人民法院应当对该不动产的相应价值部分采取查封、扣押、冻结措施，但该不动产在使用上不可分或者分割会严重减损其价值的除外。

对银行账户内资金采取冻结措施的，人民法院应当明确具体的冻结数额。[⑥]

---

① 参照《最高人民法院关于人民法院办理财产保全案件若干问题的规定》（法释〔2016〕22号，2020年12月23日修正）第十一条。

② 《最高人民法院关于人民法院办理财产保全案件若干问题的规定》（法释〔2016〕22号，2020年12月23日修正）第十二条。

③ 《中华人民共和国民事诉讼法》（2021年12月24日修正）第一百零五条。

④ 《最高人民法院关于人民法院办理财产保全案件若干问题的规定》（法释〔2016〕22号，2020年12月23日修正）第十三条。

⑤ 《中华人民共和国民事诉讼法》（2021年12月24日修正）第一百零六条第二款。

⑥ 《最高人民法院关于人民法院办理财产保全案件若干问题的规定》（法释〔2016〕22号，2020年12月23日修正）第十五条。

882.【保全的方法和措施】

人民法院采取财产保全的方法和措施，依照执行程序相关规定办理。①

人民法院在财产保全中采取查封、扣押、冻结措施，需要有关单位协助办理登记手续的，有关单位应当在裁定书和协助执行通知书送达后立即办理。针对同一财产有多个裁定书和协助执行通知书的，应当按照送达的时间先后办理登记手续。②

人民法院保全财产后，应当立即通知被保全财产的人。③

883.【保全财产的保管和使用】

人民法院在财产保全中采取查封、扣押、冻结财产措施时，应当妥善保管被查封、扣押、冻结的财产。不宜由人民法院保管的，人民法院可以指定被保全人负责保管；不宜由被保全人保管的，可以委托他人或者申请保全人保管。

查封、扣押、冻结担保物权人占有的担保财产，一般由担保物权人保管；由人民法院保管的，质权、留置权不因采取保全措施而消灭。④

由人民法院指定被保全人保管的财产，如果继续使用对该财产的价值无重大影响，可以允许被保全人继续使用；由人民法院保管或者委托他人、申请保全人保管的财产，人民法院和其他保管人不得使用。⑤

---

① 《最高人民法院关于适用〈中华人民共和国民事诉讼法〉的解释》（法释〔2015〕5号，2022年3月22日修正）第一百五十六条。

② 《最高人民法院关于人民法院办理财产保全案件若干问题的规定》（法释〔2016〕22号，2020年12月23日修正）第十六条。

③ 参照《中华人民共和国民事诉讼法》（2021年12月24日修正）第一百零六条第一款。

④ 《最高人民法院关于适用〈中华人民共和国民事诉讼法〉的解释》（法释〔2015〕5号，2022年3月22日修正）第一百五十四条。

⑤ 《最高人民法院关于适用〈中华人民共和国民事诉讼法〉的解释》（法释〔2015〕5号，2022年3月22日修正）第一百五十五条。

884.【特殊动产的保全】

被保全财产系机动车、航空器等特殊动产的，除被保全人下落不明的以外，人民法院应当责令被保全人书面报告该动产的权属和占有、使用等情况，并予以核实。①

885.【不宜长期保管物品的保全或执行】

人民法院对季节性商品、鲜活、易腐烂变质以及其他不宜长期保存的物品采取保全措施时，可以责令当事人及时处理，由人民法院保存价款；必要时，人民法院可予以变卖，保存价款。②

886.【到期收益的保全】

人民法院对债务人到期应得的收益，可以采取财产保全措施，限制其支取，通知有关单位协助执行。③

887.【债权的保全】

债务人的财产不能满足保全请求，但对他人有到期债权的，人民法院可以依债权人的申请裁定该他人不得对本案债务人清偿。该他人要求偿付的，由人民法院提存财物或者价款。④

对被执行人的未到期债权，执行法院可以依法冻结，待债权到期后参照到期债权予以执行。第三人仅以该债务未到期为由提出异议的，不影响对该债权的保全。⑤

888.【保全效力的延续】

利害关系人申请诉前财产保全，在人民法院采取保全措施后三十日内依法提起诉讼或者申请仲裁的，诉前财产保全措施自动

---

① 《最高人民法院关于人民法院办理财产保全案件若干问题的规定》（法释〔2016〕22号，2020年12月23日修正）第十四条。

② 《最高人民法院关于适用〈中华人民共和国民事诉讼法〉的解释》（法释〔2015〕5号，2022年3月22日修正）第一百五十三条。

③ 《最高人民法院关于适用〈中华人民共和国民事诉讼法〉的解释》（法释〔2015〕5号，2022年3月22日修正）第一百五十八条。

④ 《最高人民法院关于适用〈中华人民共和国民事诉讼法〉的解释》（法释〔2015〕5号，2022年3月22日修正）第一百五十九条。

⑤ 参照《最高人民法院关于依法制裁规避执行行为的若干意见》（法〔2011〕195号）第13条。

转为诉讼或仲裁中的保全措施；进入执行程序后，保全措施自动转为执行中的查封、扣押、冻结措施。

依前款规定，自动转为诉讼、仲裁中的保全措施或者执行中的查封、扣押、冻结措施的，期限连续计算，人民法院无需重新制作裁定书①。②

889.【保全手续的移送】

当事人向采取诉前保全措施以外的其他有管辖权的人民法院起诉的，采取诉前保全措施的人民法院应当将保全手续移送受理案件的人民法院。诉前保全的裁定视为受移送人民法院作出的裁定。③

对人民法院采取财产保全措施的案件，申请执行人向采取保全措施的人民法院以外的其他有管辖权的人民法院申请执行的，采取保全措施的人民法院应当将保全的财产交执行法院处理。④

890.【保全期限和续行保全】

保全的期限适用本规范第464条规定。

申请保全人申请续行财产保全的，应当在保全期限届满七日前向人民法院提出；逾期申请或者不申请的，自行承担不能续行保全的法律后果。

人民法院进行财产保全时，应当书面告知申请保全人明确的保全期限届满日以及前款有关申请续行保全的事项。⑤

---

① 对保全的财产，人民法院在执行程序中可以直接裁定续行保全或者处置，但裁定中应当载明保全的事实。

②《最高人民法院关于人民法院办理财产保全案件若干问题的规定》（法释〔2016〕22号，2020年12月23日修正）第十七条。

③《最高人民法院关于适用〈中华人民共和国民事诉讼法〉的解释》（法释〔2015〕5号，2022年3月22日修正）第一百六十条。

④《最高人民法院关于适用〈中华人民共和国民事诉讼法〉执行程序若干问题的解释》（法释〔2008〕13号，2020年12月23日修正）第四条。

⑤《最高人民法院关于人民法院办理财产保全案件若干问题的规定》（法释〔2016〕22号，2020年12月23日修正）第十八条。

891.【再审期间的保全】

再审审查期间，债务人申请保全生效法律文书确定给付的财产的，人民法院不予受理。

再审审理期间，原生效法律文书中止执行，当事人申请财产保全的，人民法院应当受理。①

892.【他人享有担保物权财产的保全】

人民法院对抵押物、质押物、留置物可以采取财产保全措施，但不影响抵押权人、质权人、留置权人的优先受偿权。②

893.【保全的效力】

人民法院裁定采取保全措施后，除作出保全裁定的人民法院自行解除或者其上级人民法院决定解除外，在保全期限内，任何单位不得解除保全措施。③

894.【保全财产的自行处分】

财产保全期间，被保全人请求对被保全财产自行处分，人民法院经审查，认为不损害申请保全人和其他执行债权人合法权益的，可以准许，但应当监督被保全人按照合理价格在指定期限内处分，并控制相应价款。

被保全人请求对作为争议标的的被保全财产自行处分的，须经申请保全人同意。

人民法院准许被保全人自行处分被保全财产的，应当通知申请保全人；申请保全人不同意的，可以依照民事诉讼法第二百三十二条规定提出异议。④

---

① 《最高人民法院关于人民法院办理财产保全案件若干问题的规定》（法释〔2016〕22号，2020年12月23日修正）第十九条。

② 《最高人民法院关于适用〈中华人民共和国民事诉讼法〉的解释》（法释〔2015〕5号，2022年3月22日修正）第一百五十七条。

③ 《最高人民法院关于适用〈中华人民共和国民事诉讼法〉的解释》（法释〔2015〕5号，2022年3月22日修正）第一百六十五条。

④ 《最高人民法院关于人民法院办理财产保全案件若干问题的规定》（法释〔2016〕22号，2020年12月23日修正）第二十条。

895.【保全财产的变更】

财产保全的被保全人提供其他等值担保财产且有利于执行的，人民法院可以裁定变更保全标的物为被保全人提供的担保财产。①

896.【提供担保的保全解除】

财产纠纷案件，被保全人或第三人提供充分有效担保请求解除保全，人民法院应当裁定准许。被保全人请求对作为争议标的的财产解除保全的，须经申请保全人同意。②

897.【应当解除保全的情形】

裁定采取保全措施后，有下列情形之一的，人民法院应当作出解除保全裁定：

（一）保全错误的；

（二）申请人撤回保全申请的；

（三）申请人的起诉或者诉讼请求被生效裁判驳回的；

（四）人民法院认为应当解除保全的其他情形。

解除以登记方式实施的保全措施的，应当向登记机关发出协助执行通知书。③

898.【保全的申请解除】

人民法院采取财产保全措施后，有下列情形之一的，申请保全人应当及时申请解除保全：

（一）采取诉前财产保全措施后三十日内不依法提起诉讼或者申请仲裁的；

（二）仲裁机构不予受理仲裁申请、准许撤回仲裁申请或者按撤回仲裁申请处理的；

---

① 《最高人民法院关于适用〈中华人民共和国民事诉讼法〉的解释》（法释〔2015〕5号，2022年3月22日修正）第一百六十七条。

② 《最高人民法院关于人民法院办理财产保全案件若干问题的规定》（法释〔2016〕22号，2020年12月23日修正）第二十二条。

③ 《最高人民法院关于适用〈中华人民共和国民事诉讼法〉的解释》（法释〔2015〕5号，2022年3月22日修正）第一百六十六条。

（三）仲裁申请或者请求被仲裁裁决驳回的；

（四）其他人民法院对起诉不予受理、准许撤诉或者按撤诉处理的；

（五）起诉或者诉讼请求被其他人民法院生效裁判驳回的；

（六）申请保全人应当申请解除保全的其他情形。

人民法院收到解除保全申请后，应当在五日内裁定解除保全；对情况紧急的，必须在四十八小时内裁定解除保全。

申请保全人未及时申请人民法院解除保全，应当赔偿被保全人因财产保全所遭受的损失。

被保全人申请解除保全，人民法院经审查认为符合法律规定的，应当在本条第 2 款规定的期间内裁定解除保全。①

899.【保全裁定的撤销、变更或者补正】

财产保全裁定执行中，人民法院发现保全裁定的内容与被保全财产的实际情况不符的，应当予以撤销、变更或补正。②

900.【保全裁定的复议】

申请保全人、被保全人对保全裁定或者驳回申请裁定不服的，可以自裁定书送达之日起五日内向作出裁定的人民法院申请复议一次。人民法院应当自收到复议申请后十日内审查。

对保全裁定不服申请复议的，人民法院经审查，理由成立的，裁定撤销或变更；理由不成立的，裁定驳回。

对驳回申请裁定不服申请复议的，人民法院经审查，理由成立的，裁定撤销，并采取保全措施；理由不成立的，裁定驳回。③

901.【保全实施行为的异议】

申请保全人、被保全人、利害关系人认为保全裁定实施过程

① 参照《最高人民法院关于人民法院办理财产保全案件若干问题的规定》（法释〔2016〕22 号，2020 年 12 月 23 日修正）第二十三条。

② 《最高人民法院关于人民法院办理财产保全案件若干问题的规定》（法释〔2016〕22 号，2020 年 12 月 23 日修正）第二十四条。

③ 《最高人民法院关于人民法院办理财产保全案件若干问题的规定》（法释〔2016〕22 号，2020 年 12 月 23 日修正）第二十五条。

中的执行行为违反法律规定提出书面异议的，人民法院应当依照民事诉讼法第二百三十二条规定审查处理。[①]

902.【保全中的案外人异议】

人民法院对诉讼争议标的以外的财产进行保全，案外人对保全裁定或者保全裁定实施过程中的执行行为不服，基于实体权利对被保全财产提出书面异议的，人民法院应当依照民事诉讼法第二百三十四条规定审查处理并作出裁定。案外人、申请保全人对该裁定不服的，可以自裁定送达之日起十五日内向人民法院提起执行异议之诉。

人民法院裁定案外人异议成立后，申请保全人在法律规定的期间内未提起执行异议之诉的，人民法院应当自起诉期限届满之日起七日内对该被保全财产解除保全。[②]

保全财产不是诉讼争议标的物，案外人基于实体权利对保全裁定或者执行行为不服提出异议的，由负责审查案外人异议的部门根据民事诉讼法第二百三十四条的规定审查该异议。[③]

903.【海事保全】

海事诉讼中，海事请求人申请海事请求保全，适用海事诉讼特别程序法及相关司法解释。[④]

904.【财产保全案件的结案】

执行财产保全裁定案件的结案方式包括：

（一）保全完毕，即保全事项全部实施完毕；

（二）部分保全，即因未查询到足额财产，致使保全事项未

---

① 《最高人民法院关于人民法院办理财产保全案件若干问题的规定》（法释〔2016〕22号，2020年12月23日修正）第二十六条。

② 《最高人民法院关于人民法院办理财产保全案件若干问题的规定》（法释〔2016〕22号，2020年12月23日修正）第二十七条。

③ 《最高人民法院关于人民法院立案、审判与执行工作协调运行的意见》（法发〔2018〕9号）第21条。

④ 《最高人民法院关于人民法院办理财产保全案件若干问题的规定》（法释〔2016〕22号，2020年12月23日修正）第二十八条。

能全部实施完毕；

（三）无标的物可实施保全，即未查到财产可供保全。[①]

905.【财产保全情况的通报与归档】

保全措施实施后，实施保全的部门应当及时将财产保全情况通报作出财产保全裁定的部门，并将裁定、协助执行通知书副本等移送入卷。“执保”字案件单独立卷归档。[②]

906.【人身安全保护令的适用情形】

当事人因遭受家庭暴力或者面临家庭暴力的现实危险，向人民法院申请人身安全保护令的，人民法院应当受理。[③]

向人民法院申请人身安全保护令，不以提起离婚等民事诉讼为条件。[④]

907.【人身安全保护令的申请】

当事人是无民事行为能力人、限制民事行为能力人，或者因受到强制、威吓等原因无法申请人身安全保护令的，其近亲属、公安机关、妇女联合会、居民委员会、村民委员会、救助管理机构可以代为申请。[⑤]

当事人因年老、残疾、重病等原因无法申请人身安全保护令，其近亲属、公安机关、民政部门、妇女联合会、居民委员会、村民委员会、残疾人联合会、依法设立的老年人组织、救助管理机构等，根据当事人意愿代为申请的，人民法院应当依法受理。[⑥]

---

① 《最高人民法院关于执行案件立案、结案若干问题的意见》（法发〔2014〕26号）第二十一条。

② 《最高人民法院关于人民法院立案、审判与执行工作协调运行的意见》（法发〔2018〕9号）第20条。

③ 《中华人民共和国反家庭暴力法》（2015年12月27日）第二十三条第一款。

④ 《最高人民法院关于办理人身安全保护令案件适用法律若干问题的规定》（法释〔2022〕17号）第一条第二款。

⑤ 《中华人民共和国反家庭暴力法》（2015年12月27日）第二十三条第二款。

⑥ 参照《最高人民法院关于办理人身安全保护令案件适用法律若干问题的规定》（法释〔2022〕17号）第二条。

申请人身安全保护令应当以书面方式提出；书面申请确有困难的，可以口头申请，由人民法院记入笔录。①

908.【人身安全保护令案件的管辖与文书】

人身安全保护令案件由申请人或者被申请人居住地、家庭暴力发生地的基层人民法院管辖。②

人身安全保护令由人民法院以裁定形式作出。③

909.【作出人身安全保护令的条件】

作出人身安全保护令，应当具备下列条件：

（一）有明确的被申请人；

（二）有具体的请求；

（三）有遭受家庭暴力或者面临家庭暴力现实危险的情形。④

910.【人身安全保护令的审查时限】

人民法院受理申请后，应当在七十二小时内作出人身安全保护令或者驳回申请；情况紧急的，应当在二十四小时内作出。⑤

911.【调查收集证据】

当事人及其代理人对因客观原因不能自行收集的证据，申请人民法院调查收集，符合《最高人民法院关于适用〈中华人民共和国民事诉讼法〉的解释》第九十四条第一款规定情形的，人民法院应当调查收集。

人民法院经审查，认为办理案件需要的证据符合《最高人民法院关于适用〈中华人民共和国民事诉讼法〉的解释》第九十六条规定的，应当调查收集。⑥

---

① 《中华人民共和国反家庭暴力法》（2015 年 12 月 27 日）第二十四条。

② 《中华人民共和国反家庭暴力法》（2015 年 12 月 27 日）第二十五条。

③ 《中华人民共和国反家庭暴力法》（2015 年 12 月 27 日）第二十六条。

④ 《中华人民共和国反家庭暴力法》（2015 年 12 月 27 日）第二十七条。

⑤ 《中华人民共和国反家庭暴力法》（2015 年 12 月 27 日）第二十八条。

⑥ 《最高人民法院关于办理人身安全保护令案件适用法律若干问题的规定》（法释〔2022〕17 号）第五条。

912.【存在较大可能性的情形】

人身安全保护令案件中，人民法院根据相关证据，认为申请人遭受家庭暴力或者面临家庭暴力现实危险的事实存在较大可能性的，可以依法作出人身安全保护令。

前款所称“相关证据”包括：

（一）当事人的陈述；

（二）公安机关出具的家庭暴力告诫书、行政处罚决定书；

（三）公安机关的出警记录、讯问笔录、询问笔录、接警记录、报警回执等；

（四）被申请人曾出具的悔过书或者保证书等；

（五）记录家庭暴力发生或者解决过程等的视听资料；

（六）被申请人与申请人或者其近亲属之间的电话录音、短信、即时通讯信息、电子邮件等；

（七）医疗机构的诊疗记录；

（八）申请人或者被申请人所在单位、民政部门、居民委员会、村民委员会、妇女联合会、残疾人联合会、未成年人保护组织、依法设立的老年人组织、救助管理机构、反家暴社会公益机构等单位收到投诉、反映或者求助的记录；

（九）未成年子女提供的与其年龄、智力相适应的证言或者亲友、邻居等其他证人证言；

（十）伤情鉴定意见；

（十一）其他能够证明申请人遭受家庭暴力或者面临家庭暴力现实危险的证据。①

913.【询问被申请人与答辩】

人民法院可以通过在线诉讼平台、电话、短信、即时通讯工具、电子邮件等简便方式询问被申请人。被申请人未发表意见

---

① 《最高人民法院关于办理人身安全保护令案件适用法律若干问题的规定》（法释〔2022〕17号）第六条。

的，不影响人民法院依法作出人身安全保护令。①

被申请人认可存在家庭暴力行为，但辩称申请人有过错的，不影响人民法院依法作出人身安全保护令。②

914.【人身安全保护令的措施】

人身安全保护令可以包括下列措施：

（一）禁止被申请人实施家庭暴力；

（二）禁止被申请人骚扰、跟踪、接触申请人及其相关近亲属；

（三）责令被申请人迁出申请人住所；

（四）禁止被申请人以电话、短信、即时通讯工具、电子邮件等方式侮辱、诽谤、威胁申请人及其相关近亲属；

（五）禁止被申请人在申请人及其相关近亲属的住所、学校、工作单位等经常出入场所的一定范围内从事可能影响申请人及其相关近亲属正常生活、学习、工作的活动。

（六）保护申请人人身安全的其他措施。③

915.【人身安全保护令的有效期】

人身安全保护令的有效期不超过六个月，自作出之日起生效。人身安全保护令失效前，人民法院可以根据申请人的申请撤销、变更或者延长。④

916.【人身安全保护令的救济】

申请人对驳回申请不服或者被申请人对人身安全保护令不服的，可以自裁定生效之日起五日内向作出裁定的人民法院申请复

---

① 《最高人民法院关于办理人身安全保护令案件适用法律若干问题的规定》（法释〔2022〕17号）第七条。

② 《最高人民法院关于办理人身安全保护令案件适用法律若干问题的规定》（法释〔2022〕17号）第八条。

③ 参照《中华人民共和国反家庭暴力法》（2015年12月27日）第二十九条，《最高人民法院关于办理人身安全保护令案件适用法律若干问题的规定》（法释〔2022〕17号）第十条。

④ 《中华人民共和国反家庭暴力法》（2015年12月27日）第三十条。

议一次。人民法院依法作出人身安全保护令的，复议期间不停止人身安全保护令的执行。①

917.【人身安全保护令的执行】

人民法院作出人身安全保护令后，应当送达申请人、被申请人、公安机关以及居民委员会、村民委员会等有关组织。人身安全保护令由人民法院执行，公安机关以及居民委员会、村民委员会等应当协助执行。②

918.【家庭暴力事实的认定】

离婚等案件中，当事人仅以人民法院曾作出人身安全保护令为由，主张存在家庭暴力事实的，人民法院应当根据《最高人民法院关于适用〈中华人民共和国民事诉讼法〉的解释》第一百零八条的规定，综合认定是否存在该事实。③

919.【违法人身保护令的刑事处罚】

被申请人违反人身安全保护令，符合刑法第三百一十三条④规定的，以拒不执行判决、裁定罪定罪处罚；同时构成其他犯罪的，依照刑法有关规定处理。⑤

二、先予执行

920.【先予执行的情形】

人民法院对下列案件，根据当事人的申请，可以裁定先予

---

① 《中华人民共和国反家庭暴力法》（2015 年 12 月 27 日）第三十一条。

② 《中华人民共和国反家庭暴力法》（2015 年 12 月 27 日）第三十二条。

③ 《最高人民法院关于办理人身安全保护令案件适用法律若干问题的规定》（法释〔2022〕17 号）第九条。

④ 《中华人民共和国刑法》（2020 年 11 月 26 日修正）第三百一十三条规定："对人民法院的判决、裁定有能力执行而拒不执行，情节严重的，处三年以下有期徒刑、拘役或者罚金；情节特别严重的，处三年以上七年以下有期徒刑，并处罚金。单位犯前款罪的，对单位判处罚金，并对其直接负责的主管人员和其他直接责任人员，依照前款的规定处罚。"

⑤ 《最高人民法院关于办理人身安全保护令案件适用法律若干问题的规定》（法释〔2022〕17 号）第十二条。

执行：

（一）追索赡养费、扶养费、抚养费、抚恤金、医疗费用的；

（二）追索劳动报酬的；

（三）需要立即停止侵害、排除妨碍的；

（四）需要立即制止某项行为的；

（五）追索恢复生产、经营急需的保险理赔费的；

（六）需要立即返还社会保险金、社会救助资金的；

（七）不立即返还款项，将严重影响权利人生活和生产经营的；

（八）因情况紧急需要先予执行的。①

921.【先予执行的条件】

人民法院裁定先予执行的，应当符合下列条件：

（一）当事人之间权利义务关系明确，不先予执行将严重影响申请人的生活或者生产经营的；

（二）被申请人有履行能力。

人民法院可以责令申请人提供担保，申请人不提供担保的，驳回申请。申请人败诉的，应当赔偿被申请人因先予执行遭受的财产损失。②

922.【采取先予执行措施的期间和范围】

民事诉讼法规定的先予执行，人民法院应当在受理案件后终审判决作出前采取。先予执行应当限于当事人诉讼请求的范围，并以当事人的生活、生产经营的急需为限。③

---

① 本条第1项、第2项、第8项参照《中华人民共和国民事诉讼法》（2021年12月24日修正）第一百零九条，本条第3项至第7项参照《最高人民法院关于适用〈中华人民共和国民事诉讼法〉的解释》（法释〔2015〕5号，2022年3月22日修正）第一百七十条。

② 《中华人民共和国民事诉讼法》（2021年12月24日修正）第一百一十条。

③ 《最高人民法院关于适用〈中华人民共和国民事诉讼法〉的解释》（法释〔2015〕5号，2022年3月22日修正）第一百六十九条。

923.【法院内部职责分工】

先予执行的申请由审判机构审查并作出裁定。裁定先予执行的，移交执行机构执行。①

924.【法律适用】

先予执行裁定的执行适用民事执行的有关规定。②

925.【对先予执行裁定的复议】

当事人对先予执行的裁定不服的，可以申请复议一次。复议期间不停止裁定的执行。③

当事人对先予执行裁定不服的，可以自收到裁定书之日起五日内向作出裁定的人民法院申请复议。人民法院应当在收到复议申请后十日内审查。裁定正确的，驳回当事人的申请；裁定不当的，变更或者撤销原裁定。④

利害关系人对先予执行的裁定不服申请复议的，由作出裁定的人民法院依照本条第1款规定处理。⑤

926.【先予执行的回转】

人民法院先予执行后，根据发生法律效力的判决，申请人应当返还因先予执行所取得的利益的，适用民事诉讼法第二百四十

---

① 参照《最高人民法院关于执行权合理配置和科学运行的若干意见》（法发〔2011〕15号）第16条。

② 参照《最高人民法院关于人民法院民事执行中查封、扣押、冻结财产的规定》（法释〔2004〕15号，2020年12月23日修正）第二十九条，《最高人民法院、中国人民银行关于依法规范人民法院执行和金融机构协助执行的通知》（法发〔2000〕21号）第十一条，《最高人民法院、国土资源部、建设部关于依法规范人民法院执行和国土资源房地产管理部门协助执行若干问题的通知》（法发〔2004〕5号）第二十八条等。

③ 参照《中华人民共和国民事诉讼法》（2021年12月24日修正）第一百一十一条。

④ 参照《最高人民法院关于适用〈中华人民共和国民事诉讼法〉的解释》（法释〔2015〕5号，2022年3月22日修正）第一百七十一条。

⑤ 参照《最高人民法院关于适用〈中华人民共和国民事诉讼法〉的解释》（法释〔2015〕5号，2022年3月22日修正）第一百七十二条。

条[①]的规定。[②]

第二节　仲裁裁决的执行[③]

927.【仲裁裁决执行的一般规定】

对依法设立的仲裁机构的裁决，一方当事人不履行的，对方当事人可以向有管辖权的人民法院申请执行。受申请的人民法院应当执行。

被申请人提出证据证明仲裁裁决有下列情形之一的，经人民法院组成合议庭审查核实，裁定不予执行：

（一）当事人在合同中没有订有仲裁条款或者事后没有达成书面仲裁协议的；

（二）裁决的事项不属于仲裁协议的范围或者仲裁机构无权仲裁的；

（三）仲裁庭的组成或者仲裁的程序违反法定程序的；

（四）裁决所根据的证据是伪造的；

（五）对方当事人向仲裁机构隐瞒了足以影响公正裁决的证据的；

（六）仲裁员在仲裁该案时有贪污受贿，徇私舞弊，枉法裁决行为的。

---

① 《中华人民共和国民事诉讼法》（2021 年 12 月 24 日修正）第二百四十条规定："执行完毕后，据以执行的判决、裁定和其他法律文书确有错误，被人民法院撤销的，对已被执行的财产，人民法院应当作出裁定，责令取得财产的人返还；拒不返还的，强制执行。"

② 《最高人民法院关于适用〈中华人民共和国民事诉讼法〉的解释》（法释〔2015〕5 号，2022 年 3 月 22 日修正）第一百七十三条。

③ 本节所指的仲裁裁决仅指国内仲裁机构作出的不具有涉外因素的仲裁裁决。

人民法院认定执行该裁决违背社会公共利益[①]的，裁定不予执行。

裁定书应当送达双方当事人和仲裁机构。

仲裁裁决被人民法院裁定不予执行的，当事人可以根据双方达成的书面仲裁协议重新申请仲裁，也可以向人民法院起诉。[②]

928.【仲裁裁决执行案件的界定】

本节所称的仲裁裁决执行案件，是指当事人申请人民法院执行仲裁机构依据仲裁法作出的仲裁裁决或者仲裁调解书的案件。[③]

929.【仲裁案件的执行管辖】

当事人对仲裁机构作出的仲裁裁决或者仲裁调解书申请执行的，由被执行人住所地或者被执行的财产所在地的中级人民法院管辖。

符合下列条件的，经上级人民法院批准，中级人民法院可以参照民事诉讼法第三十九条的规定指定基层人民法院管辖：

（一）执行标的额符合基层人民法院一审民商事案件级别管辖受理范围；

（二）被执行人住所地或者被执行的财产所在地在被指定的基层人民法院辖区内。

被执行人、案外人对仲裁裁决执行案件申请不予执行的，负责执行的中级人民法院应当另行立案审查处理；执行案件已指定基层人民法院管辖的，应当于收到不予执行申请后三日内移送原

---

① 如果债权人在借贷过程中确实存在利用自身优势地位实施“套路贷”等情形，违反法律、行政法规强制性规定，给债务人及社会稳定带来了不利影响的，人民法院可以以仲裁裁决、调解书违背社会公共利益为由，对仲裁裁决、调解书进行必要的审查并裁定不予执行，以维护当事人合法权益和社会公共利益，进一步推动仲裁行业的规范发展。参见最高人民法院执行局编：《执行工作指导》（总第 75 辑），人民法院出版社 2021 年版，第 159 页。

② 《中华人民共和国民事诉讼法》（2021 年 12 月 24 日修正）第二百四十四条。

③ 参照《最高人民法院关于人民法院办理仲裁裁决执行案件若干问题的规定》（法释〔2018〕5 号）第一条。

执行法院另行立案审查处理。[1]

930.【选择管辖】

申请人向两个以上有管辖权的人民法院提出申请的，由最先立案的人民法院管辖。[2]

931.【申请执行的材料】

申请人向人民法院申请执行我国内地仲裁机构的仲裁裁决的，应当提交申请书及裁决书正本或者经证明无误的副本。

申请书应当载明下列事项：

（一）申请人或者被申请人为自然人的，应当载明其姓名、性别、出生日期、国籍及住所；为法人或者其他组织的，应当载明其名称、住所以及法定代表人或者代表人的姓名和职务；

（二）裁决书的主要内容及生效日期；

（三）具体的请求和理由。

当事人提交的外文申请书、裁决书及其他文件，应当附有中文译本。[3]

932.【不予受理】

申请人提交的文件不符合本规范第931条的规定，经人民法院释明后提交的文件仍然不符合规定的，裁定不予受理。

申请人向对案件不具有管辖权的人民法院提出申请，人民法院应当告知其向有管辖权的人民法院提出申请，申请人仍不变更申请的，裁定不予受理。[4]

---

① 《最高人民法院关于人民法院办理仲裁裁决执行案件若干问题的规定》（法释〔2018〕5号）第二条。

② 《最高人民法院关于审理仲裁司法审查案件若干问题的规定》（法释〔2017〕22号）第四条。

③ 参照《最高人民法院关于审理仲裁司法审查案件若干问题的规定》（法释〔2017〕22号）第六条。

④ 参照《最高人民法院关于审理仲裁司法审查案件若干问题的规定》（法释〔2017〕22号）第七条第一款、第二款。

933.【驳回申请】

人民法院立案后发现不符合受理条件的，裁定驳回申请。

前款规定的裁定驳回申请的案件，申请人再次申请并符合受理条件的，人民法院应予受理。[①]

934.【执行内容不明的处理】

仲裁裁决或者仲裁调解书执行内容具有下列情形之一导致无法执行的，人民法院可以裁定驳回执行申请；导致部分无法执行的，可以裁定驳回该部分的执行申请；导致部分无法执行且该部分与其他部分不可分的，可以裁定驳回执行申请。

（一）权利义务主体不明确；

（二）金钱给付具体数额不明确或者计算方法不明确导致无法计算出具体数额；

（三）交付的特定物不明确或者无法确定；

（四）行为履行的标准、对象、范围不明确。

仲裁裁决或者仲裁调解书仅确定继续履行合同，但对继续履行的权利义务，以及履行的方式、期限等具体内容不明确，导致无法执行的，依照前款规定处理。[②]

申请执行人对人民法院作出的驳回执行申请裁定不服的，可以自裁定送达之日起十日内向上一级人民法院申请复议。[③]

935.【仲裁裁决的补正与说明】

对仲裁裁决主文或者仲裁调解书中的文字、计算错误以及仲裁庭已经认定但在裁决主文中遗漏的事项，可以补正或说明的，人民法院应当书面告知仲裁庭补正或说明，或者向仲裁机构调阅仲裁案卷查明。仲裁庭不补正也不说明，且人民法院调阅仲裁案

---

① 《最高人民法院关于审理仲裁司法审查案件若干问题的规定》（法释〔2017〕22号）第八条第一款、第二款。

② 《最高人民法院关于人民法院办理仲裁裁决执行案件若干问题的规定》（法释〔2018〕5号）第三条。

③ 《最高人民法院关于人民法院办理仲裁裁决执行案件若干问题的规定》（法释〔2018〕5号）第五条。

卷后执行内容仍然不明确具体无法执行的，可以裁定驳回执行申请。[①]

936.【纠纷发生前作出的仲裁裁决或者调解书】

根据仲裁法第二条[②]的规定，仲裁机构可以仲裁的是当事人间已经发生的合同纠纷和其他财产权益纠纷。网络借贷合同以及其他合同纠纷、财产权益纠纷当事人申请执行仲裁机构在纠纷发生前作出的仲裁裁决或者调解书的，人民法院应当裁定不予受理；已经受理的，裁定驳回执行申请。[③]

937.【仲裁特定物毁损、灭失的处理】

仲裁裁决或者仲裁调解书确定交付的特定物确已毁损或者灭失的，依照本规范第849条的规定处理。[④]

938.【司法审查期间的中止执行】

被执行人申请撤销仲裁裁决并已由人民法院受理的，或者被执行人、案外人对仲裁裁决执行案件提出不予执行申请并提供适当担保的，执行法院应当裁定中止执行。中止执行期间，人民法院应当停止处分性措施，但申请执行人提供充分、有效的担保请求继续执行的除外；执行标的查封、扣押、冻结期限届满前，人民法院可以根据当事人申请或者依职权办理续行查封、扣押、冻结手续。[⑤]

939.【司法审查期间的财产保全】

申请撤销仲裁裁决、不予执行仲裁裁决案件司法审查期间，

---

① 《最高人民法院关于人民法院办理仲裁裁决执行案件若干问题的规定》（法释〔2018〕5号）第四条。

② 《中华人民共和国仲裁法》（2017年9月1日修正）第二条规定："平等主体的公民、法人和其他组织之间发生的合同纠纷和其他财产权益纠纷，可以仲裁。"

③ 参照《最高人民法院关于仲裁机构"先予仲裁"裁决或者调解书立案、执行等法律适用问题的批复》（法释〔2018〕10号）。

④ 《最高人民法院关于人民法院办理仲裁裁决执行案件若干问题的规定》（法释〔2018〕5号）第六条。

⑤ 《最高人民法院关于人民法院办理仲裁裁决执行案件若干问题的规定》（法释〔2018〕5号）第七条第一款。

当事人、案外人申请对已查封、扣押、冻结之外的财产采取保全措施的，负责审查的人民法院参照民事诉讼法第一百零三条的规定处理。司法审查后仍需继续执行的，保全措施自动转为执行中的查封、扣押、冻结措施；采取保全措施的人民法院与执行法院不一致的，应当将保全手续移送执行法院，保全裁定视为执行法院作出的裁定。①

940.【申请不予执行仲裁裁决的期限】

被执行人向人民法院申请不予执行仲裁裁决的，应当在执行通知书送达之日起十五日内提出书面申请；有本规范第 927 条第 2 款第 4 项、第 6 项规定情形且执行程序尚未终结的，应当自知道或者应当知道有关事实或案件之日起十五日内提出书面申请。

本条前款规定期限届满前，被执行人已向有管辖权的人民法院申请撤销仲裁裁决且已被受理的，自人民法院驳回撤销仲裁裁决申请的裁判文书生效之日起重新计算期限。②

941.【案外人申请不予执行】

案外人向人民法院申请不予执行仲裁裁决或者仲裁调解书的，应当提交申请书以及证明其请求成立的证据材料，并符合下列条件：

（一）有证据证明仲裁案件当事人恶意申请仲裁或者虚假仲裁，损害其合法权益；

（二）案外人主张的合法权益所涉及的执行标的尚未执行终结；

（三）自知道或者应当知道人民法院对该标的采取执行措施之日起三十日内提出。③

---

① 《最高人民法院关于人民法院办理仲裁裁决执行案件若干问题的规定》（法释〔2018〕5 号）第七条第二款。

② 《最高人民法院关于人民法院办理仲裁裁决执行案件若干问题的规定》（法释〔2018〕5 号）第八条。

③ 《最高人民法院关于人民法院办理仲裁裁决执行案件若干问题的规定》（法释〔2018〕5 号）第九条。

942. 【一次性申请原则】

被执行人申请不予执行仲裁裁决，对同一仲裁裁决的多个不予执行事由应当一并提出。不予执行仲裁裁决申请被裁定驳回后，再次提出申请的，人民法院不予审查，但有新证据证明存在本规范第 927 条第 2 款第 4 项、第 6 项规定情形的除外。①

943. 【不予执行仲裁裁决的审查】

人民法院对不予执行仲裁裁决案件应当组成合议庭围绕被执行人申请的事由、案外人的申请进行审查；对被执行人没有申请的事由不予审查，但仲裁裁决可能违背社会公共利益的除外。

被执行人、案外人对仲裁裁决执行案件申请不予执行的，人民法院应当进行询问；被执行人在询问终结前提出其他不予执行事由的，应当一并审查。人民法院审查时，认为必要的，可以要求仲裁庭作出说明，或者向仲裁机构调阅仲裁案卷。②

人民法院对不予执行仲裁裁决案件的审查，应当在立案之日起两个月内审查完毕并作出裁定；有特殊情况需要延长的，经本院院长批准，可以延长一个月。③

944. 【“裁决的事项不属于仲裁协议的范围或者仲裁机构无权仲裁”的情形】

下列情形经人民法院审查属实的，应当认定为民事诉讼法第二百四十四条第二款第二项规定的“裁决的事项不属于仲裁协议的范围或者仲裁机构无权仲裁的”情形：

（一）裁决的事项超出仲裁协议约定的范围；

（二）裁决的事项属于依照法律规定或者当事人选择的仲裁规则规定的不可仲裁事项；

---

① 《最高人民法院关于人民法院办理仲裁裁决执行案件若干问题的规定》（法释〔2018〕5 号）第十条。

② 《最高人民法院关于人民法院办理仲裁裁决执行案件若干问题的规定》（法释〔2018〕5 号）第十一条。

③ 《最高人民法院关于人民法院办理仲裁裁决执行案件若干问题的规定》（法释〔2018〕5 号）第十二条。

（三）裁决内容超出当事人仲裁请求的范围；

（四）作出裁决的仲裁机构非仲裁协议所约定。①

945.【“仲裁庭的组成或者仲裁的程序违反法定程序”的情形之一】

违反仲裁法规定的仲裁程序、当事人选择的仲裁规则或者当事人对仲裁程序的特别约定，可能影响案件公正裁决，经人民法院审查属实的，应当认定为民事诉讼法第二百四十四条第二款第三项规定的“仲裁庭的组成或者仲裁的程序违反法定程序的”情形。

当事人主张未按照仲裁法或仲裁规则规定的方式送达法律文书导致其未能参与仲裁，或者仲裁员根据仲裁法或仲裁规则的规定应当回避而未回避，可能影响公正裁决，经审查属实的，人民法院应当支持；仲裁庭按照仲裁法或仲裁规则以及当事人约定的方式送达仲裁法律文书，当事人主张不符合民事诉讼法有关送达规定的，人民法院不予支持。

适用的仲裁程序或仲裁规则经特别提示，当事人知道或者应当知道法定仲裁程序或选择的仲裁规则未被遵守，但仍然参加或者继续参加仲裁程序且未提出异议，在仲裁裁决作出之后以违反法定程序为由申请不予执行仲裁裁决的，人民法院不予支持。②

946.【“仲裁庭的组成或者仲裁的程序违反法定程序”的情形之二】

下列情形应当认定为民事诉讼法第二百四十四条第二款第三项规定的“仲裁庭的组成或者仲裁的程序违反法定程序”的情形：

（一）仲裁机构未依照仲裁法规定的程序审理纠纷或者主持

① 《最高人民法院关于人民法院办理仲裁裁决执行案件若干问题的规定》（法释〔2018〕5号）第十三条。

② 《最高人民法院关于人民法院办理仲裁裁决执行案件若干问题的规定》（法释〔2018〕5号）第十四条。

调解，径行根据网络借贷合同当事人在纠纷发生前签订的和解或者调解协议作出仲裁裁决、仲裁调解书的；

（二）仲裁机构在仲裁过程中未保障当事人申请仲裁员回避、提供证据、答辩等仲裁法规定的基本程序权利的。

前款规定情形中，网络借贷合同当事人以约定弃权条款为由，主张仲裁程序未违反法定程序的，人民法院不予支持。[①]

947.【“裁决所根据的证据是伪造”的情形】

符合下列条件的，人民法院应当认定为民事诉讼法第二百四十四条第二款第四项规定的“裁决所根据的证据是伪造的”情形：

（一）该证据已被仲裁裁决采信；

（二）该证据属于认定案件基本事实的主要证据；

（三）该证据经查明确属通过捏造、变造、提供虚假证明等非法方式形成或者获取，违反证据的客观性、关联性、合法性要求。[②]

948.【“对方当事人向仲裁机构隐瞒了足以影响公正裁决的证据”的情形】

符合下列条件的，人民法院应当认定为民事诉讼法第二百四十四条第二款第五项规定的“对方当事人向仲裁机构隐瞒了足以影响公正裁决的证据的”情形：

（一）该证据属于认定案件基本事实的主要证据；

（二）该证据仅为对方当事人掌握，但未向仲裁庭提交；

（三）仲裁过程中知悉存在该证据，且要求对方当事人出示或者请求仲裁庭责令其提交，但对方当事人无正当理由未予出示或者提交。

---

① 参照《最高人民法院关于仲裁机构“先予仲裁”裁决或者调解书立案、执行等法律适用问题的批复》（法释〔2018〕10号）。

② 《最高人民法院关于人民法院办理仲裁裁决执行案件若干问题的规定》（法释〔2018〕5号）第十五条。

当事人一方在仲裁过程中隐瞒己方掌握的证据，仲裁裁决作出后以己方所隐瞒的证据足以影响公正裁决为由申请不予执行仲裁裁决的，人民法院不予支持。①

949.【“仲裁员在仲裁该案时有索贿受贿，徇私舞弊，枉法裁决行为”的情形】

仲裁法第五十八条第一款第六项和民事诉讼法第二百四十四条第二款第六项规定的仲裁员在仲裁该案时有索贿受贿，徇私舞弊，枉法裁决行为，是指已经由生效刑事法律文书或者纪律处分决定所确认的行为。②

950.【仲裁调解书的不予执行】

被执行人申请不予执行仲裁调解书或者根据当事人之间的和解协议、调解协议作出的仲裁裁决，人民法院不予支持，但该仲裁调解书或者仲裁裁决违背社会公共利益的除外。③

951.【案外人申请不予执行的审查】

案外人根据本规范第941条申请不予执行仲裁裁决或者仲裁调解书，符合下列条件的，人民法院应当支持：

（一）案外人系权利或者利益的主体；

（二）案外人主张的权利或者利益合法、真实；

（三）仲裁案件当事人之间存在虚构法律关系，捏造案件事实的情形；

（四）仲裁裁决主文或者仲裁调解书处理当事人民事权利义务的结果部分或者全部错误，损害案外人合法权益。④

---

① 《最高人民法院关于人民法院办理仲裁裁决执行案件若干问题的规定》（法释〔2018〕5号）第十六条。

② 《最高人民法院关于审理仲裁司法审查案件若干问题的规定》（法释〔2017〕22号）第十八条。

③ 《最高人民法院关于人民法院办理仲裁裁决执行案件若干问题的规定》（法释〔2018〕5号）第十七条。

④ 《最高人民法院关于人民法院办理仲裁裁决执行案件若干问题的规定》（法释〔2018〕5号）第十八条。

952.【对不予执行仲裁裁决申请的处理】

被执行人、案外人对仲裁裁决执行案件逾期申请不予执行的，人民法院应当裁定不予受理；已经受理的，应当裁定驳回不予执行申请。

被执行人、案外人对仲裁裁决执行案件申请不予执行，经审查理由成立的，人民法院应当裁定不予执行；理由不成立的，应当裁定驳回不予执行申请。①

人民法院受理仲裁司法审查案件后，作出裁定前，申请人请求撤回申请的，裁定准许。②

953.【不予执行的报核】

各中级人民法院或者专门人民法院办理非涉外涉港澳台仲裁司法审查案件，经审查拟不予执行我国内地仲裁机构的仲裁裁决，应当向本辖区所属高级人民法院报核；待高级人民法院审核后，方可依高级人民法院的审核意见作出裁定。

由高级人民法院审核的案件，高级人民法院应当在作出审核意见之日起十五日内向最高人民法院报备。

高级人民法院经审查，拟同意中级人民法院或者专门人民法院以违背社会公共利益为由不予执行我国内地仲裁机构的仲裁裁决的，应当向最高人民法院报核，待最高人民法院审核后，方可依最高人民法院的审核意见作出裁定。③

954.【报核的程序】

下级人民法院报请上级人民法院审核的案件，应当将书面报告和案件卷宗材料一并上报。书面报告应当写明审查意见及具体理由。

---

① 《最高人民法院关于人民法院办理仲裁裁决执行案件若干问题的规定》（法释〔2018〕5号）第十九条。

② 《最高人民法院关于审理仲裁司法审查案件若干问题的规定》（法释〔2017〕22号）第十九条。

③ 参照《最高人民法院关于仲裁司法审查案件报核问题的有关规定》（法释〔2017〕21号，2021年12月24日修正）第二条、第三条、第四条。

上级人民法院收到下级人民法院的报核申请后，认为案件相关事实不清的，可以询问当事人或者退回下级人民法院补充查明事实后再报。

上级人民法院应当以复函的形式将审核意见答复下级人民法院。①

955.【无需报核的情形】

中级人民法院对受理的当事人申请执行“先予仲裁”裁决的案件，如经审查认为根据该批复应不予执行仲裁裁决的，无需再逐件向上级人民法院报核。②

956.【撤销仲裁裁决与执行程序的衔接】

当事人向人民法院申请撤销仲裁裁决被驳回后，又在执行程序中以相同事由提出不予执行申请的，人民法院不予支持；当事人向人民法院申请不予执行被驳回后，又以相同事由申请撤销仲裁裁决的，人民法院不予支持。

在不予执行仲裁裁决案件审查期间，当事人向有管辖权的人民法院提出撤销仲裁裁决申请并被受理的，人民法院应当裁定中止对不予执行申请的审查；仲裁裁决被撤销或者决定重新仲裁的，人民法院应当裁定终结执行，并终结对不予执行申请的审查；撤销仲裁裁决申请被驳回或者申请执行人撤回撤销仲裁裁决

---

① 参照《最高人民法院关于仲裁司法审查案件报核问题的有关规定》（法释〔2017〕21号，2021年12月24日修正）第五条、第六条、第七条。

② 参照《最高人民法院关于申请执行“先予仲裁”裁决案件报核问题的通知》。通知主要内容为：“最高人民法院于2018年6月11日发布了法释（2018）10号《关于仲裁机构‘先予仲裁’裁决或者调解书立案、执行等法律适用问题的批复》，对于当事人申请人民法院执行仲裁机构‘先予仲裁’裁决或者调解书的立案、执行等法律适用问题作出明确规定。鉴于人民法院受理的此类案件数量较大，最高人民法院《关于仲裁机构‘先予仲裁’裁决或者调解书立案、执行等法律适用问题的批复》已经针对下级人民法院的请示明确了此类案件的审查尺度，统一了裁判标准，因此各中级人民法院对受理的当事人申请执行‘先予仲裁’裁决的案件，如经审查认为根据该批复应不予执行仲裁裁决的，无需再根据《最高人民法院关于仲裁司法审查案件报核问题的有关规定》逐件向上级人民法院报核。”

申请的，人民法院应当恢复对不予执行申请的审查；被执行人撤回撤销仲裁裁决申请的，人民法院应当裁定终结对不予执行申请的审查，但案外人申请不予执行仲裁裁决的除外。[①]

957.【不予执行审查后执行程序的进行】

人民法院裁定驳回撤销仲裁裁决申请或者驳回不予执行仲裁裁决、仲裁调解书申请的，执行法院应当恢复执行。

人民法院裁定撤销仲裁裁决或者基于被执行人申请裁定不予执行仲裁裁决，原被执行人申请执行回转或者解除强制执行措施的，人民法院应当支持。原申请执行人对已履行或者被人民法院强制执行的款物申请保全的，人民法院应当依法准许；原申请执行人在人民法院采取保全措施之日起三十日内，未根据双方达成的书面仲裁协议重新申请仲裁或者向人民法院起诉的，人民法院应当裁定解除保全。

人民法院基于案外人申请裁定不予执行仲裁裁决或者仲裁调解书，案外人申请执行回转或者解除强制执行措施的，人民法院应当支持。[②]

958.【不予执行仲裁裁决的救济】

人民法院裁定不予执行仲裁裁决、驳回或者不予受理不予执行仲裁裁决申请后，当事人对该裁定提出执行异议或者申请复议的，人民法院不予受理。

人民法院裁定不予执行仲裁裁决的，当事人可以根据双方达成的书面仲裁协议重新申请仲裁，也可以向人民法院起诉。

人民法院基于案外人申请裁定不予执行仲裁裁决或者仲裁调解书，当事人不服的，可以自裁定送达之日起十日内向上一级人民法院申请复议；人民法院裁定驳回或者不予受理案外人提出的

---

① 《最高人民法院关于人民法院办理仲裁裁决执行案件若干问题的规定》（法释〔2018〕5号）第二十条。

② 《最高人民法院关于人民法院办理仲裁裁决执行案件若干问题的规定》（法释〔2018〕5号）第二十一条。

不予执行仲裁裁决、仲裁调解书申请，案外人不服的，可以自裁定送达之日起十日内向上一级人民法院申请复议。[①]

第三节 劳动争议仲裁与土地承包仲裁的执行

959.【劳动争议仲裁的执行】

当事人对劳动争议仲裁机构作出的发生法律效力的调解书、裁决书[②]，应当依照规定的期限履行。一方当事人逾期不履行的，另一方当事人可以依照民事诉讼法的有关规定向人民法院申请执行。受理申请的人民法院应当依法执行。[③]

960.【部分劳动者的申请执行】

劳动争议仲裁机构对多个劳动者的劳动争议作出仲裁裁决后，部分劳动者对仲裁裁决不服，依法提起诉讼的，仲裁裁决对提起诉讼的劳动者不发生法律效力；对未提起诉讼的部分劳动者，发生法律效力，如其申请执行的，人民法院应当受理。[④]

961.【预先支付劳动报酬的申请执行】

当事人不服劳动争议仲裁机构作出的预先支付劳动者劳动报

---

① 《最高人民法院关于人民法院办理仲裁裁决执行案件若干问题的规定》（法释〔2018〕5号）第二十二条。

② 劳动人事争议仲裁委员会作出的发生法律效力的裁决书，可参照下列规范确定。《中华人民共和国劳动争议调解仲裁法》（2007年12月29日）第四十七条规定："下列劳动争议，除本法另有规定的外，仲裁裁决为终局裁决，裁决书自作出之日起发生法律效力：（一）追索劳动报酬、工伤医疗费、经济补偿或者赔偿金，不超过当地月最低工资标准十二个月金额的争议；（二）因执行国家的劳动标准在工作时间、休息休假、社会保险等方面发生的争议。"第四十八条规定："劳动者对本法第四十七条规定的仲裁裁决不服的，可以自收到仲裁裁决书之日起十五日内向人民法院提起诉讼。"第五十条规定："当事人对本法第四十七条规定以外的其他劳动争议案件的仲裁裁决不服的，可以自收到仲裁裁决书之日起十五日内向人民法院提起诉讼；期满不起诉的，裁决书发生法律效力。"

③ 参照《中华人民共和国劳动争议调解仲裁法》（2007年12月29日）第五十一条。

④ 《最高人民法院关于审理劳动争议案件适用法律问题的解释（一）》（法释〔2020〕26号）第十七条。

酬、工伤医疗费、经济补偿或者赔偿金的裁决，依法提起诉讼的，人民法院不予受理。

用人单位不履行上述裁决中的给付义务，劳动者依法申请强制执行的，人民法院应予受理。①

962.【劳动争议仲裁的先予执行】

仲裁庭对追索劳动报酬、工伤医疗费、经济补偿或者赔偿金的案件，根据当事人的申请，可以裁决先予执行，移送人民法院执行。

仲裁庭裁决先予执行的，应当符合下列条件：

（一）当事人之间权利义务关系明确；

（二）不先予执行将严重影响申请人的生活。

劳动者申请先予执行的，可以不提供担保。②

963.【劳动争议仲裁的不予执行】

当事人申请人民法院执行劳动争议仲裁机构作出的发生法律效力的裁决书、调解书，被申请人提出证据证明劳动争议仲裁裁决书、调解书有下列情形之一，并经审查核实的，人民法院可以根据民事诉讼法第二百四十四条③规定，裁定不予执行：

（一）裁决的事项不属于劳动争议仲裁范围，或者劳动争议

---

① 《最高人民法院关于审理劳动争议案件适用法律问题的解释（一）》（法释〔2020〕26号）第十条。

② 《中华人民共和国劳动争议调解仲裁法》（2007年12月29日）第四十四条。

③ 《中华人民共和国民事诉讼法》（2021年12月24日修正）第二百四十四规定："对依法设立的仲裁机构的裁决，一方当事人不履行的，对方当事人可以向有管辖权的人民法院申请执行。受申请的人民法院应当执行。被申请人提出证据证明仲裁裁决有下列情形之一的，经人民法院组成合议庭审查核实，裁定不予执行：（一）当事人在合同中没有订有仲裁条款或者事后没有达成书面仲裁协议的；（二）裁决的事项不属于仲裁协议的范围或者仲裁机构无权仲裁的；（三）仲裁庭的组成或者仲裁的程序违反法定程序的；（四）裁决所根据的证据是伪造的；（五）对方当事人向仲裁机构隐瞒了足以影响公正裁决的证据的；（六）仲裁员在仲裁该案时有贪污受贿，徇私舞弊，枉法裁决行为的。人民法院认定执行该裁决违背社会公共利益的，裁定不予执行。裁定书应当送达双方当事人和仲裁机构。仲裁裁决被人民法院裁定不予执行的，当事人可以根据双方达成的书面仲裁协议重新申请仲裁，也可以向人民法院起诉。"

仲裁机构无权仲裁的；

（二）适用法律、法规确有错误的；

（三）违反法定程序的；

（四）裁决所根据的证据是伪造的；

（五）对方当事人隐瞒了足以影响公正裁决的证据的；

（六）仲裁员在仲裁该案时有索贿受贿、徇私舞弊、枉法裁决行为的；

（七）人民法院认定执行该劳动争议仲裁裁决违背社会公共利益的。

人民法院在不予执行的裁定书中，应当告知当事人在收到裁定书之次日起三十日内，可以就该劳动争议事项向人民法院提起诉讼。①

964.【撤销劳动争议仲裁与执行程序的衔接】

劳动争议仲裁机构作出终局裁决②，劳动者向人民法院申请执行，用人单位向劳动争议仲裁机构所在地的中级人民法院申请撤销的，人民法院应当裁定中止执行。

用人单位撤回撤销终局裁决申请或者其申请被驳回的，人民法院应当裁定恢复执行。仲裁裁决被撤销的，人民法院应当裁定终结执行。

对劳动争议仲裁机构作出的终局裁决，用人单位向人民法院申请撤销劳动仲裁裁决被驳回后，又在执行程序中以相同理由提出不予执行抗辩的，人民法院不予支持。③

---

① 参照《最高人民法院关于审理劳动争议案件适用法律问题的解释（一）》（法释〔2020〕26号）第二十四条。

② 《中华人民共和国劳动争议调解仲裁法》（2007年12月29日）第四十七条规定：“下列劳动争议，除本法另有规定的外，仲裁裁决为终局裁决，裁决书自作出之日起发生法律效力：（一）追索劳动报酬、工伤医疗费、经济补偿或者赔偿金，不超过当地月最低工资标准十二个月金额的争议；（二）因执行国家的劳动标准在工作时间、休息休假、社会保险等方面发生的争议。”

③ 《最高人民法院关于审理劳动争议案件适用法律问题的解释（一）》（法释〔2020〕26号）第二十五条。

965.【土地承包仲裁的执行】

当事人对农村土地承包仲裁委员会作出的发生法律效力的调解书、裁决书[①]，应当依照规定的期限履行。一方当事人逾期不履行的，另一方当事人可以向被申请人住所地或者财产所在地的基层人民法院申请执行。受理申请的人民法院应当依法执行。[②]

966.【土地承包仲裁的先行执行】

对权利义务关系明确的纠纷，经当事人申请，农村土地承包仲裁委员可以先行裁定维持现状、恢复农业生产以及停止取土、占地等行为。

一方当事人不履行先行裁定的，另一方当事人可以向人民法院申请执行，但应当提供相应的担保。[③]

第四节 公证债权文书的执行

967.【公证债权文书执行的一般规定】

对经公证的以给付为内容并载明债务人愿意接受强制执行承诺的债权文书，债务人不履行或者履行不适当的，债权人可以依法向有管辖权的人民法院申请执行，受申请的人民法院应当执行。

申请执行人申请执行公证债权文书，公证债权文书确有错误的，人民法院裁定不予执行，并将裁定书送达双方当事人和公证

---

① 农村土地承包仲裁委员会作出的发生法律效力的裁决书，可参照《中华人民共和国农村土地承包经营纠纷调解仲裁法》（2009 年 6 月 27 日）第四十八条确定，“当事人不服仲裁裁决的，可以自收到裁决书之日起三十日内向人民法院起诉。逾期不起诉的，裁决书即发生法律效力。”

② 参照《中华人民共和国农村土地承包经营纠纷调解仲裁法》（2009 年 6 月 27 日）第四十九条。

③ 参照《中华人民共和国农村土地承包经营纠纷调解仲裁法》（2009 年 6 月 27 日）第四十二条。

机关。[①]

968.【公证债权文书的界定】

本规范所称公证债权文书，是指根据公证法第三十七条第一款[②]规定经公证赋予强制执行效力的债权文书。[③]

969.【执行管辖】

公证债权文书执行案件，由被执行人住所地或者被执行的财产所在地人民法院管辖。

前款规定案件的级别管辖，参照人民法院受理第一审民商事案件级别管辖的规定确定。[④]

970.【申请执行应当提交的材料】

债权人申请执行公证债权文书，除应当提交作为执行依据的公证债权文书等申请执行所需的材料外，还应当提交证明履行情况等内容的执行证书。[⑤]

971.【公证债权文书的内容要求】

债权人申请执行的公证债权文书应当包括公证证词、被证明的债权文书等内容。权利义务主体、给付内容应当在公证证词中列明。[⑥]

972.【不予受理与驳回执行申请】

债权人申请执行公证债权文书，有下列情形之一的，人民法

① 参照《中华人民共和国公证法》（2017年9月1日修正）第三十七条，《中华人民共和国民事诉讼法》（2021年12月24日修正）第二百四十五条。

② 《中华人民共和国公证法》（2017年9月1日修正）第三十七条第一款规定："对经公证的以给付为内容并载明债务人愿意接受强制执行承诺的债权文书，债务人不履行或者履行不适当的，债权人可以依法向有管辖权的人民法院申请执行。"

③ 《最高人民法院关于公证债权文书执行若干问题的规定》（法释〔2018〕18号）第一条。

④ 《最高人民法院关于公证债权文书执行若干问题的规定》（法释〔2018〕18号）第二条。

⑤ 《最高人民法院关于公证债权文书执行若干问题的规定》（法释〔2018〕18号）第三条。

⑥ 《最高人民法院关于公证债权文书执行若干问题的规定》（法释〔2018〕18号）第四条。

院应当裁定不予受理；已经受理的，裁定驳回执行申请：

（一）债权文书属于不得经公证赋予强制执行效力的文书；

（二）公证债权文书未载明债务人接受强制执行的承诺；

（三）公证证词载明的权利义务主体或者给付内容不明确；

（四）债权人未提交执行证书；

（五）其他不符合受理条件的情形。①

973.【主债务和担保债务的执行】

公证债权文书赋予强制执行效力的范围同时包含主债务和担保债务的，人民法院应当依法予以执行；仅包含主债务的，对担保债务部分的执行申请不予受理；仅包含担保债务的，对主债务部分的执行申请不予受理。②

974.【驳回执行申请及相关救济】

债权人对不予受理、驳回执行申请裁定不服的，可以自裁定送达之日起十日内向上一级人民法院申请复议。

申请复议期满未申请复议，或者复议申请被驳回的，当事人可以就公证债权文书涉及的民事权利义务争议向人民法院提起诉讼。③

975.【不予出具执行证书的救济】

公证机构决定不予出具执行证书的，当事人可以就公证债权文书涉及的民事权利义务争议直接向人民法院提起诉讼。④

976.【申请执行时效期间】

申请执行公证债权文书的期间自公证债权文书确定的履行期

---

① 《最高人民法院关于公证债权文书执行若干问题的规定》（法释〔2018〕18号）第五条。

② 《最高人民法院关于公证债权文书执行若干问题的规定》（法释〔2018〕18号）第六条。

③ 《最高人民法院关于公证债权文书执行若干问题的规定》（法释〔2018〕18号）第七条。

④ 《最高人民法院关于公证债权文书执行若干问题的规定》（法释〔2018〕18号）第八条。

间的最后一日起计算。

债权人向公证机构申请出具执行证书的，申请执行时效自债权人提出申请之日起中断。[①]

977. 【执行标的的确定】

人民法院在执行实施中，根据公证债权文书并结合申请执行人的申请依法确定给付内容。[②]

978. 【利息的区分执行】

因民间借贷形成的公证债权文书，文书中载明的利率超过人民法院依照法律、司法解释规定应予支持的上限的，对超过的利息部分不纳入执行范围；载明的利率未超过人民法院依照法律、司法解释规定应予支持的上限，被执行人主张实际超过的，可以依照本规范第 987 条第 1 款规定提起诉讼。[③]

979. 【不予执行的情形】

有下列情形之一的，被执行人可以依照本规范第 967 条规定申请不予执行公证债权文书：

（一）被执行人未到场且未委托代理人到场办理公证的；

（二）无民事行为能力人或者限制民事行为能力人没有监护人代为办理公证的；

（三）公证员为本人、近亲属办理公证，或者办理与本人、近亲属有利害关系的公证的；

（四）公证员办理该项公证有贪污受贿、徇私舞弊行为，已经由生效刑事法律文书等确认的；

（五）其他严重违反法定公证程序的情形。

被执行人以公证债权文书的内容与事实不符或者违反法律强

---

① 参照《最高人民法院关于公证债权文书执行若干问题的规定》（法释〔2018〕18 号）第九条。

② 《最高人民法院关于公证债权文书执行若干问题的规定》（法释〔2018〕18 号）第十条。

③ 《最高人民法院关于公证债权文书执行若干问题的规定》（法释〔2018〕18 号）第十一条。

制性规定等实体事由申请不予执行的，人民法院应当告知其依照本规范第987条第1款规定提起诉讼。①

980.【不予执行申请的提出与受理】

被执行人申请不予执行公证债权文书，应当在执行通知书送达之日起十五日内向执行法院提出书面申请，并提交相关证据材料；有本规范第979条第1款第3项、第4项规定情形且执行程序尚未终结的，应当自知道或者应当知道有关事实之日起十五日内提出。

公证债权文书执行案件被指定执行、提级执行、委托执行后，被执行人申请不予执行的，由提出申请时负责该案件执行的人民法院审查。②

981.【一次性申请原则】

被执行人认为公证债权文书存在本规范第979条第1款规定的多个不予执行事由的，应当在不予执行案件审查期间一并提出。

不予执行申请被裁定驳回后，同一被执行人再次提出申请的，人民法院不予受理。但有证据证明不予执行事由在不予执行申请被裁定驳回后知道的，可以在执行程序终结前提出。③

982.【不予执行案件的审查程序与期限】

人民法院审查不予执行公证债权文书案件，案情复杂、争议较大的，应当进行听证。必要时可以向公证机构调阅公证案卷，要求公证机构作出书面说明，或者通知公证员到庭说明情况。④

---

① 参照《最高人民法院关于公证债权文书执行若干问题的规定》（法释〔2018〕18号）第十二条。

② 参照《最高人民法院关于公证债权文书执行若干问题的规定》（法释〔2018〕18号）第十三条。

③ 《最高人民法院关于公证债权文书执行若干问题的规定》（法释〔2018〕18号）第十四条。

④ 《最高人民法院关于公证债权文书执行若干问题的规定》（法释〔2018〕18号）第十五条。

人民法院审查不予执行公证债权文书案件，应当在受理之日起六十日内审查完毕并作出裁定；有特殊情况需要延长的，经本院院长批准，可以延长三十日。[①]

983. 【不予执行审查期间不停止执行】

人民法院审查不予执行公证债权文书案件期间，不停止执行。

被执行人提供充分、有效的担保，请求停止相应处分措施的，人民法院可以准许；申请执行人提供充分、有效的担保，请求继续执行的，应当继续执行。[②]

984. 【不予执行的审查处理】

被执行人依照本规范第 979 条第 1 款规定申请不予执行，人民法院经审查认为理由成立的，裁定不予执行；理由不成立的，裁定驳回不予执行申请。

公证债权文书部分内容具有本规范第 979 条第 1 款规定情形的，人民法院应当裁定对该部分不予执行；应当不予执行部分与其他部分不可分的，裁定对该公证债权文书不予执行。[③]

人民法院认定执行公证债权文书违背公序良俗的，裁定不予执行。[④]

985. 【不予执行的救济】

公证债权文书被裁定不予执行的，当事人可以就该公证债权文书涉及的民事权利义务争议向人民法院提起诉讼；公证债权文书被裁定部分不予执行的，当事人可以就该部分争议提起诉讼。

---

① 《最高人民法院关于公证债权文书执行若干问题的规定》（法释〔2018〕18号）第十六条。

② 《最高人民法院关于公证债权文书执行若干问题的规定》（法释〔2018〕18号）第十七条。

③ 《最高人民法院关于公证债权文书执行若干问题的规定》（法释〔2018〕18号）第十八条。

④ 《最高人民法院关于公证债权文书执行若干问题的规定》（法释〔2018〕18号）第十九条。

当事人对不予执行裁定提出执行异议或者申请复议的，人民法院不予受理。①

986.【驳回不予执行申请的救济】

当事人不服驳回不予执行申请裁定的，可以自裁定送达之日起十日内向上一级人民法院申请复议。上一级人民法院应当自收到复议申请之日起三十日内审查。经审查，理由成立的，裁定撤销原裁定，不予执行该公证债权文书；理由不成立的，裁定驳回复议申请。复议期间，不停止执行。②

987.【债务人异议之诉】

有下列情形之一的，债务人可以在执行程序终结前，以债权人为被告，向执行法院提起诉讼，请求不予执行公证债权文书：

（一）公证债权文书载明的民事权利义务关系与事实不符；

（二）经公证的债权文书具有法律规定的无效、可撤销等情形；

（三）公证债权文书载明的债权因清偿、提存、抵销、免除等原因全部或者部分消灭。

债务人提起诉讼，不影响人民法院对公证债权文书的执行。债务人提供充分、有效的担保，请求停止相应处分措施的，人民法院可以准许；债权人提供充分、有效的担保，请求继续执行的，应当继续执行。③

988.【债务人异议之诉的审理】

对债务人依照本规范第 987 条第 1 款规定提起的诉讼，人民法院经审理认为理由成立的，判决不予执行或者部分不予执行；理由不成立的，判决驳回诉讼请求。

---

① 《最高人民法院关于公证债权文书执行若干问题的规定》（法释〔2018〕18号）第二十条。

② 《最高人民法院关于公证债权文书执行若干问题的规定》（法释〔2018〕18号）第二十一条。

③ 《最高人民法院关于公证债权文书执行若干问题的规定》（法释〔2018〕18号）第二十二条。

当事人同时就公证债权文书涉及的民事权利义务争议提出诉讼请求的，人民法院可以在判决中一并作出裁判。①

989.【实体争议的救济】

有下列情形之一的，债权人、利害关系人可以就公证债权文书涉及的民事权利义务争议直接向有管辖权的人民法院提起诉讼：②

（一）公证债权文书载明的民事权利义务关系与事实不符；

（二）经公证的债权文书具有法律规定的无效、可撤销等情形。

债权人提起诉讼，诉讼案件受理后又申请执行公证债权文书的，人民法院不予受理。进入执行程序后债权人又提起诉讼的，诉讼案件受理后，人民法院可以裁定终结公证债权文书的执行；债权人请求继续执行其未提出争议部分的，人民法院可以准许。

利害关系人提起诉讼，不影响人民法院对公证债权文书的执行。利害关系人提供充分、有效的担保，请求停止相应处分措施的，人民法院可以准许；债权人提供充分、有效的担保，请求继续执行的，应当继续执行。③

第五节　刑事裁判涉财产部分的执行

一、涉案财物处理

990.【犯罪财物的处理】

犯罪分子违法所得的一切财物，应当予以追缴或者责令退

---

① 《最高人民法院关于公证债权文书执行若干问题的规定》（法释〔2018〕18号）第二十三条。

② 《中华人民共和国公证法》（2017年9月1日修正）第四十条规定："当事人、公证事项的利害关系人对公证书的内容有争议的，可以就该争议向人民法院提起民事诉讼。"

③ 《最高人民法院关于公证债权文书执行若干问题的规定》（法释〔2018〕18号）第二十四条。

赔；对被害人的合法财产，应当及时返还；违禁品和供犯罪所用的本人财物，应当予以没收。没收的财物和罚金，一律上缴国库，不得挪用和自行处理。①

人民法院作出的判决生效以后，有关机关应当根据判决对查封、扣押、冻结的财物及其孳息进行处理。对查封、扣押、冻结的赃款赃物及其孳息，除依法返还被害人的以外，一律上缴国库。②

991.【被害人财产的追缴、退赔】

被告人非法占有、处置被害人财产的，应当依法予以追缴或者责令退赔。被害人提起附带民事诉讼的，人民法院不予受理。追缴、退赔的情况，可以作为量刑情节考虑。③

追缴或者责令退赔的具体内容，应当在判决主文中写明；其中，判决前已经发还被害人的财产，应当注明。被害人提起附带民事诉讼，或者另行提起民事诉讼请求返还被非法占有、处置的财产的，人民法院不予受理。④

992.【涉案财物的保管】

人民法院对查封、扣押、冻结的涉案财物及其孳息，应当妥善保管，并制作清单，附卷备查；对人民检察院随案移送的实物，应当根据清单核查后妥善保管。任何单位和个人不得挪用或者自行处理。

查封不动产、车辆、船舶、航空器等财物，应当扣押其权利证书，经拍照或者录像后原地封存，或者交持有人、被告人的近亲属保管，登记并写明财物的名称、型号、权属、地址等详细信息，并通知有关财物的登记、管理部门办理查封登记手续。

① 《中华人民共和国刑法》（2020年12月26日修正）第六十四条。

② 《中华人民共和国刑事诉讼法》（2018年10月26日修正）第二百四十五条第四款。

③ 《最高人民法院关于适用〈中华人民共和国刑事诉讼法〉的解释》（法释〔2021〕1号）第一百七十六条。

④ 参照《最高人民法院关于适用刑法第六十四条有关问题的批复》。

扣押物品，应当登记并写明物品名称、型号、规格、数量、重量、质量、成色、纯度、颜色、新旧程度、缺损特征和来源等。扣押货币、有价证券，应当登记并写明货币、有价证券的名称、数额、面额等，货币应当存入银行专门账户，并登记银行存款凭证的名称、内容。扣押文物、金银、珠宝、名贵字画等贵重物品以及违禁品，应当拍照，需要鉴定的，应当及时鉴定。对扣押的物品应当根据有关规定及时估价。

冻结存款、汇款、债券、股票、基金份额等财产，应当登记并写明编号、种类、面值、张数、金额等。①

993.【被害人财产的处理】

对被害人的合法财产，权属明确的，应当依法及时返还，但须经拍照、鉴定、估价，并在案卷中注明返还的理由，将原物照片、清单和被害人的领取手续附卷备查；权属不明的，应当在人民法院判决、裁定生效后，按比例返还被害人，但已获退赔的部分应予扣除。②

994.【特殊财物及其孳息的先行处理】

审判期间，对不宜长期保存、易贬值或者市场价格波动大的财产，或者有效期即将届满的票据等，经权利人申请或者同意，并经院长批准，可以依法先行处置，所得款项由人民法院保管。

涉案财物先行处置应当依法、公开、公平。③

995.【实物证据的移送】

对作为证据使用的实物，应当随案移送。第一审判决、裁定宣告后，被告人上诉或者人民检察院抗诉的，第一审人民法院应

---

① 《最高人民法院关于适用〈中华人民共和国刑事诉讼法〉的解释》（法释〔2021〕1号）第四百三十七条。

② 《最高人民法院关于适用〈中华人民共和国刑事诉讼法〉的解释》（法释〔2021〕1号）第四百三十八条。

③ 《最高人民法院关于适用〈中华人民共和国刑事诉讼法〉的解释》（法释〔2021〕1号）第四百三十九条。

当将上述证据移送第二审人民法院。[1]

996.【未移送实物的审查】

对实物未随案移送的，应当根据情况，分别审查以下内容：

（一）大宗的、不便搬运的物品，是否随案移送查封、扣押清单，并附原物照片和封存手续，注明存放地点等；

（二）易腐烂、霉变和不易保管的物品，查封、扣押机关变卖处理后，是否随案移送原物照片、清单、变价处理的凭证（复印件）等；

（三）枪支弹药、剧毒物品、易燃易爆物品以及其他违禁品、危险物品，查封、扣押机关根据有关规定处理后，是否随案移送原物照片和清单等。

上述未随案移送的实物，应当依法鉴定、估价的，还应当审查是否附有鉴定、估价意见。

对查封、扣押的货币、有价证券等，未移送实物的，应当审查是否附有原物照片、清单或者其他证明文件。[2]

997.【对涉案财物的审查】

法庭审理过程中，应当对查封、扣押、冻结财物及其孳息的权属、来源等情况，是否属于违法所得或者依法应当追缴的其他涉案财物进行调查，由公诉人说明情况、出示证据、提出处理建议，并听取被告人、辩护人等诉讼参与人的意见。

案外人对查封、扣押、冻结的财物及其孳息提出权属异议的，人民法院应当听取案外人的意见；必要时，可以通知案外人出庭。

经审查，不能确认查封、扣押、冻结的财物及其孳息属于违

---

① 《最高人民法院关于适用〈中华人民共和国刑事诉讼法〉的解释》（法释〔2021〕1号）第四百四十条。

② 《最高人民法院关于适用〈中华人民共和国刑事诉讼法〉的解释》（法释〔2021〕1号）第四百四十一条。

法所得或者依法应当追缴的其他涉案财物的，不得没收。[①]

998.【涉案财物转化物及收益的追缴】

被告人将依法应当追缴的涉案财物用于投资或者置业的，对因此形成的财产及其收益，应当追缴。

被告人将依法应当追缴的涉案财物与其他合法财产共同用于投资或者置业的，对因此形成的财产中与涉案财物对应的份额及其收益，应当追缴。[②]

999.【判决写明涉案财物的处理】

对查封、扣押、冻结的财物及其孳息，应当在判决书中写明名称、金额、数量、存放地点及其处理方式等。涉案财物较多，不宜在判决主文中详细列明的，可以附清单。

判决追缴违法所得或者责令退赔的，应当写明追缴、退赔的金额或者财物的名称、数量等情况；已经发还的，应当在判决书中写明。[③]

1000.【涉案财物处理方式】

查封、扣押、冻结的财物及其孳息，经审查，确属违法所得或者依法应当追缴的其他涉案财物的，应当判决返还被害人，或者没收上缴国库，但法律另有规定的除外。

对判决时尚未追缴到案或者尚未足额退赔的违法所得，应当判决继续追缴或者责令退赔。

判决返还被害人的涉案财物，应当通知被害人认领；无人认领的，应当公告通知；公告满一年无人认领的，应当上缴国库；上缴国库后有人认领，经查证属实的，应当申请退库予以返还；

---

① 《最高人民法院关于适用〈中华人民共和国刑事诉讼法〉的解释》（法释〔2021〕1号）第二百七十九条。

② 《最高人民法院关于适用〈中华人民共和国刑事诉讼法〉的解释》（法释〔2021〕1号）第四百四十三条。

③ 《最高人民法院关于适用〈中华人民共和国刑事诉讼法〉的解释》（法释〔2021〕1号）第四百四十四条。

原物已经拍卖、变卖的，应当返还价款。

对侵犯国有财产的案件，被害单位已经终止且没有权利义务继受人，或者损失已经被核销的，查封、扣押、冻结的财物及其孳息应当上缴国库。[①]

1001.【漏判涉案财物的处理】

第二审期间，发现第一审判决未对随案移送的涉案财物及其孳息作出处理的，可以裁定撤销原判，发回原审人民法院重新审判，由原审人民法院依法对涉案财物及其孳息一并作出处理。

判决生效后，发现原判未对随案移送的涉案财物及其孳息作出处理的，由原审人民法院依法对涉案财物及其孳息另行作出处理。[②]

1002.【查封、扣押涉案财物的处理】

随案移送的或者人民法院查封、扣押的财物及其孳息，由第一审人民法院在判决生效后负责处理。

实物未随案移送、由扣押机关保管的，人民法院应当在判决生效后十日以内，将判决书、裁定书送达扣押机关，并告知其在一个月以内将执行回单送回，确因客观原因无法按时完成的，应当说明原因。[③]

1003.【已冻结存款等财产的处理】

对冻结的存款、汇款、债券、股票、基金份额等财产判决没收的，第一审人民法院应当在判决生效后，将判决书、裁定书送达相关金融机构和财政部门，通知相关金融机构依法上缴国库并在接到执行通知书后十五日以内，将上缴国库的凭证、执行回单

---

① 《最高人民法院关于适用〈中华人民共和国刑事诉讼法〉的解释》（法释〔2021〕1号）第四百四十五条。

② 《最高人民法院关于适用〈中华人民共和国刑事诉讼法〉的解释》（法释〔2021〕1号）第四百四十六条。

③ 《最高人民法院关于适用〈中华人民共和国刑事诉讼法〉的解释》（法释〔2021〕1号）第四百四十七条。

送回。①

1004.【与本案无关财物的处理】

查封、扣押、冻结的财物与本案无关但已列入清单的，应当由查封、扣押、冻结机关依法处理。

查封、扣押、冻结的财物属于被告人合法所有的，应当在赔偿被害人损失、执行财产刑后及时返还被告人。②

1005.【处理涉案财物的法律适用】

查封、扣押、冻结财物及其处理，本节没有规定的，参照适用其他有关规定。③

二、执行程序

1006.【刑事裁判涉财产部分的执行事项】

刑事裁判涉财产部分的执行，是指发生法律效力的刑事裁判中下列判项的执行：

（一）罚金、没收财产；

（二）追缴、责令退赔违法所得；

（三）处置随案移送的赃款赃物；

（四）没收随案移送的供犯罪所用本人财物；

（五）其他应当由人民法院执行的相关事项。

刑事附带民事裁判的执行，适用民事执行的有关规定。④

1007.【执行管辖和委托执行】

刑事裁判涉财产部分，由第一审人民法院执行。第一审人民

① 《最高人民法院关于适用〈中华人民共和国刑事诉讼法〉的解释》（法释〔2021〕1号）第四百四十八条。

② 《最高人民法院关于适用〈中华人民共和国刑事诉讼法〉的解释》（法释〔2021〕1号）第四百四十九条。

③ 参照《最高人民法院关于适用〈中华人民共和国刑事诉讼法〉的解释》（法释〔2021〕1号）第四百五十条。

④ 参照《最高人民法院关于刑事裁判涉财产部分执行的若干规定》（法释〔2014〕13号）第一条，《最高人民法院关于适用〈中华人民共和国刑事诉讼法〉的解释》（法释〔2021〕1号）第五百二十一条。

法院可以委托财产所在地的同级人民法院执行。[①]

1008.【执行期限】

人民法院办理刑事裁判涉财产部分执行案件的期限为六个月。有特殊情况需要延长的，经本院院长批准，可以延长。[②]

1009.【审判期间财产的调查与控制】

人民法院刑事审判中可能判处被告人财产刑、责令退赔的，刑事审判部门应当依法对被告人的财产状况进行调查；发现可能隐匿、转移财产的，应当及时查封、扣押、冻结其相应财产。[③]

1010.【不同机关对同案查封效力的衔接】

刑事审判或者执行中，对于侦查机关已经采取的查封、扣押、冻结，人民法院应当在期限届满前及时续行查封、扣押、冻结。人民法院续行查封、扣押、冻结的顺位与侦查机关查封、扣押、冻结的顺位相同。

对侦查机关查封、扣押、冻结的财产，人民法院执行中可以直接裁定处置，无需侦查机关出具解除手续，但裁定中应当指明侦查机关查封、扣押、冻结的事实。[④]

1011.【裁判内容的明确、具体要求】

刑事裁判涉财产部分的裁判内容，应当明确、具体。涉案财物或者被害人人数较多，不宜在判决主文中详细列明的，可以概括叙明并另附清单。

判处没收部分财产的，应当明确没收的具体财物或者金额。

---

① 参照《最高人民法院关于刑事裁判涉财产部分执行的若干规定》（法释〔2014〕13号）第二条，《最高人民法院关于适用〈中华人民共和国刑事诉讼法〉的解释》（法释〔2021〕1号）第五百二十二条、第五百三十条。

② 《最高人民法院关于刑事裁判涉财产部分执行的若干规定》（法释〔2014〕13号）第三条。

③ 《最高人民法院关于刑事裁判涉财产部分执行的若干规定》（法释〔2014〕13号）第四条。

④ 《最高人民法院关于刑事裁判涉财产部分执行的若干规定》（法释〔2014〕13号）第五条。

判处追缴或者责令退赔的，应当明确追缴或者退赔的金额或财物的名称、数量等相关情况。①

1012.【移送执行及立案审查】

由人民法院执行机构负责执行的刑事裁判涉财产部分，刑事审判部门应当及时移送立案部门审查立案。

移送立案应当提交生效裁判文书及其附件和其他相关材料，并填写《移送执行表》。《移送执行表》应当载明以下内容：

（一）被执行人、被害人的基本信息；

（二）已查明的财产状况或者财产线索；

（三）随案移送的财产和已经处置财产的情况；

（四）查封、扣押、冻结财产的情况；

（五）移送执行的时间；

（六）其他需要说明的情况。

人民法院立案部门经审查，认为属于移送范围且移送材料齐全的，应当在七日内立案，并移送执行机构。②《移送执行表》信息存在缺漏的，应要求刑事审判部门及时补充完整。③

1013.【刑罚执行机关、社区矫正机构等单位的协助执行】

人民法院可以向刑罚执行机关、社区矫正机构等有关单位调查被执行人的财产状况，并可以根据不同情形要求有关单位协助采取查封、扣押、冻结、划拨等执行措施。④

1014.【罚金的执行】

罚金在判决规定的期限内一次或者分期缴纳。期满无故不缴

---

① 《最高人民法院关于刑事裁判涉财产部分执行的若干规定》（法释〔2014〕13号）第六条。

② 《最高人民法院关于刑事裁判涉财产部分执行的若干规定》（法释〔2014〕13号）第七条。

③ 《最高人民法院关于人民法院立案、审判与执行工作协调运行的意见》（法发〔2018〕9号）第4条第2款。

④ 《最高人民法院关于刑事裁判涉财产部分执行的若干规定》（法释〔2014〕13号）第八条。

纳或者未足额缴纳的，人民法院应当强制缴纳。经强制缴纳仍不能全部缴纳的，在任何时候，包括主刑执行完毕后，发现被执行人有可供执行的财产的，应当追缴。

行政机关对被告人就同一事实已经处以罚款的，人民法院判处罚金时应当折抵，扣除行政处罚已执行的部分。①

1015.【罚金的延期与减免】

因遭遇不能抗拒的灾祸等原因缴纳罚金确有困难，被执行人申请延期缴纳、酌情减少或者免除罚金的，应当提交相关证明材料。人民法院应当在收到申请后一个月以内作出裁定。符合法定条件的，应当准许；不符合条件的，驳回申请。②

1016.【没收财产的执行】

判处没收财产的，判决生效后，应当立即执行。③

判处没收财产的，应当执行刑事裁判生效时被执行人合法所有的财产。④

1017.【生活必需费用的保留】

执行财产刑，应当参照被扶养人住所地政府公布的上年度当地居民最低生活费标准，保留被执行人及其所扶养人的生活必需费用。⑤

1018.【赃款赃物、收益及转化物的追缴】

对赃款赃物及其收益，人民法院应当一并追缴。

---

① 《最高人民法院关于适用〈中华人民共和国刑事诉讼法〉的解释》（法释〔2021〕1号）第五百二十三条。

② 《最高人民法院关于适用〈中华人民共和国刑事诉讼法〉的解释》（法释〔2021〕1号）第五百二十四条。

③ 《最高人民法院关于适用〈中华人民共和国刑事诉讼法〉的解释》（法释〔2021〕1号）第五百二十五条。

④ 《最高人民法院关于刑事裁判涉财产部分执行的若干规定》（法释〔2014〕13号）第九条第一款。

⑤ 参照《最高人民法院关于刑事裁判涉财产部分执行的若干规定》（法释〔2014〕13号）第九条第二款，《最高人民法院关于适用〈中华人民共和国刑事诉讼法〉的解释》（法释〔2021〕1号）第五百二十六条。

被执行人将赃款赃物投资或者置业，对因此形成的财产及其收益，人民法院应予追缴。

被执行人将赃款赃物与其他合法财产共同投资或者置业，对因此形成的财产中与赃款赃物对应的份额及其收益，人民法院应予追缴。

对于被害人的损失，应当按照刑事裁判认定的实际损失予以发还或者赔偿。①

1019.【涉第三人赃款赃物的认定和追缴】

被执行人将刑事裁判认定为赃款赃物的涉案财物用于清偿债务、转让或者设置其他权利负担，具有下列情形之一的，人民法院应予追缴：

（一）第三人明知是涉案财物而接受的；

（二）第三人无偿或者以明显低于市场的价格取得涉案财物的；

（三）第三人通过非法债务清偿或者违法犯罪活动取得涉案财物的；

（四）第三人通过其他恶意方式取得涉案财物的。

第三人善意取得涉案财物的，执行程序中不予追缴。作为原所有人的被害人对该涉案财物主张权利的，人民法院应当告知其通过诉讼程序处理。②

1020.【财产变价的特殊程序】

被执行财产需要变价的，执行机构应当依法采取拍卖、变卖等变价措施。

涉案财物最后一次拍卖未能成交，需要上缴国库的，人民法院应当通知有关财政机关以该次拍卖保留价予以接收；有关财政

---

① 《最高人民法院关于刑事裁判涉财产部分执行的若干规定》（法释〔2014〕13号）第十条。

② 《最高人民法院关于刑事裁判涉财产部分执行的若干规定》（法释〔2014〕13号）第十一条。

机关要求继续变价的，可以进行无保留价拍卖。需要退赔被害人的，以该次拍卖保留价以物退赔；被害人不同意以物退赔的，可以进行无保留价拍卖。①

1021.【有多项清偿义务时的清偿原则】

被执行人在执行中同时承担刑事责任、民事责任，其财产不足以支付的，按照下列顺序执行：

（一）人身损害赔偿中的医疗费用；

（二）退赔被害人的损失；

（三）其他民事债务；

（四）罚金；

（五）没收财产。

债权人对执行标的依法享有优先受偿权，其主张优先受偿的，人民法院应当在前款第 1 项规定的医疗费用受偿后，予以支持。②

非法集资刑事案件涉案财物不足全部返还的，按照集资参与人的集资额比例返还。退赔集资参与人的损失一般优先于其他民事债务以及罚金、没收财产的执行。③

1022.【执行行为异议与案外人异议】

执行过程中，当事人、利害关系人认为执行行为违反法律规定，或者案外人对执行标的主张足以阻止执行的实体权利，向执行法院提出书面异议的，执行法院应当依照民事诉讼法第二百三十二条的规定处理。

---

① 《最高人民法院关于刑事裁判涉财产部分执行的若干规定》（法释〔2014〕13 号）第十二条。

② 参照《最高人民法院关于刑事裁判涉财产部分执行的若干规定》（法释〔2014〕13 号）第十三条。

③ 参照《最高人民法院、最高人民检察院、公安部关于办理非法集资刑事案件若干问题的意见》（高检会〔2019〕2 号）第九条。

人民法院审查案外人异议、复议，应当公开听证[①]。[②]

1023.【赃款赃物认定异议的审查】

执行过程中，案外人或被害人认为刑事裁判中对涉案财物是否属于赃款赃物认定错误或者应予认定而未认定，向执行法院提出书面异议，可以通过裁定补正的，执行机构应当将异议材料移送刑事审判部门处理；无法通过裁定补正的，应当告知异议人通过审判监督程序处理。[③]

1024.【刑事裁判涉财产部分的终结执行】

执行刑事裁判涉财产部分、附带民事裁判过程中，具有下列情形之一的，人民法院应当裁定终结执行：

（一）据以执行的判决、裁定被撤销的；

（二）被执行人死亡或者被执行死刑，且无财产可供执行的；

（三）被判处罚金的单位终止，且无财产可供执行的；

（四）依照刑法第五十三条[④]规定免除罚金的；

（五）应当终结执行的其他情形。

裁定终结执行后，发现被执行人的财产有被隐匿、转移等情形的，应当追缴。[⑤]

---

① 即便在审查过程中认为案情并非疑难复杂，也应当公开听证，对于没有听证的案件，属于重大程序违法。参见最高人民法院执行局编：《执行工作指导》（总第77辑），人民法院出版社2021年版，第120页。

② 《最高人民法院关于刑事裁判涉财产部分执行的若干规定》（法释〔2014〕13号）第十四条。

③ 《最高人民法院关于刑事裁判涉财产部分执行的若干规定》（法释〔2014〕13号）第十五条。

④ 《中华人民共和国刑法》（2020年12月26日修正）第五十三条规定："罚金在判决指定的期限内一次或者分期缴纳。期满不缴纳的，强制缴纳。对于不能全部缴纳罚金的，人民法院在任何时候发现被执行人有可以执行的财产，应当随时追缴。由于遭遇不能抗拒的灾祸等原因缴纳确实有困难的，经人民法院裁定，可以延期缴纳、酌情减少或者免除。"

⑤ 《最高人民法院关于适用〈中华人民共和国刑事诉讼法〉的解释》（法释〔2021〕1号）第五百二十九条。

1025.【委托执行与协助、配合执行】

被执行财产在外地的，第一审人民法院可以委托财产所在地的同级人民法院执行。

有需要时，执行法院可以要求负责办理减刑、假释案件的人民法院协助执行生效裁判中的财产性判项[①]。[②]

执行法院在执行继续追缴或者责令退赔的事项中，人民检察院、公安机关、国家安全机关、司法行政机关等应当予以配合。[③]

1026.【执行回转与赔偿】

刑事裁判涉财产部分、附带民事裁判全部或者部分被撤销的，已经执行的财产应当全部或者部分返还被执行人；无法返还的，应当依法赔偿[④]。[⑤]

1027.【法律适用】

人民法院办理刑事裁判涉财产部分执行案件，刑法、刑事诉讼法及有关司法解释没有相应规定的，参照适用民事执行的有关规定。[⑥]

三、非法集资刑事案件财产的执行

1028.【支付回报、费用的追缴】

向社会公众非法吸收的资金属于违法所得。以吸收的资金向

---

① 该条所称的“财产性判项”是指判决罪犯承担的附带民事赔偿义务判项，以及追缴、责令退赔、罚金、没收财产等判项。参照《最高人民法院关于办理减刑、假释案件具体应用法律的规定》（法释〔2016〕23号）第四十一条。

② 参照《最高人民法院关于办理减刑、假释案件具体应用法律的规定》（法释〔2016〕23号）第三十八条第三款。

③ 参照中共中央办公厅、国务院办公厅印发的《关于进一步规范刑事诉讼涉案财物处置工作的意见》（中办发〔2015〕7号）第九条。

④ 赔偿要依照国家赔偿的相关规定办理。

⑤《最高人民法院关于适用〈中华人民共和国刑事诉讼法〉的解释》（法释〔2021〕1号）第五百三十一条。

⑥《最高人民法院关于刑事裁判涉财产部分执行的若干规定》（法释〔2014〕13号）第十六条。

集资参与人支付的利息、分红等回报，以及向帮助吸收资金人员支付的代理费、好处费、返点费、佣金、提成等费用，应当依法追缴。集资参与人本金尚未归还的，所支付的回报可予折抵本金。①

任何单位和个人不得从非法集资中获取经济利益。因参与非法集资受到的损失，由集资参与人自行承担。②

1029.【已处分财物的追缴】

将非法吸收的资金及其转换财物用于清偿债务或者转让给他人，有下列情形之一的，应当依法追缴：

（一）他人明知是上述资金及财物而收取的；

（二）他人无偿取得上述资金及财物的；

（三）他人以明显低于市场的价格取得上述资金及财物的；

（四）他人取得上述资金及财物系源于非法债务或者违法犯罪活动的；

（五）其他依法应当追缴的情形。③

第三人善意取得涉案财物的，执行程序中不予追缴。作为原所有人的被害人对该涉案财物主张权利的，人民法院应当告知其通过诉讼程序处理。④

1030.【涉案财物的先行处置】

查封、扣押、冻结的易贬值及保管、养护成本较高的涉案财物，可以在诉讼终结前依照有关规定变卖、拍卖。所得价款由查封、扣押、冻结机关予以保管，待诉讼终结后一并处置。⑤

---

① 《最高人民法院、最高人民检察院、公安部关于办理非法集资刑事案件适用法律若干问题的意见》（公通字〔2014〕16号）第五条第一款。

② 参照《防范和处置非法集资条例》第二十五条。

③ 《最高人民法院、最高人民检察院、公安部关于办理非法集资刑事案件适用法律若干问题的意见》（公通字〔2014〕16号）第五条第二款。

④ 《最高人民法院关于刑事裁判涉财产部分执行的若干规定》（法释〔2014〕13号）第十一条第二款。

⑤ 《最高人民法院、最高人民检察院、公安部关于办理非法集资刑事案件适用法律若干问题的意见》（公通字〔2014〕16号）第五条第三款。

1031.【同一事实申请执行的处理】

对于公安机关、人民检察院、人民法院正在侦查、起诉、审理的非法集资刑事案件，有关单位或者个人就同一事实向人民法院申请执行涉案财物的，人民法院应当不予受理，并将有关材料移送公安机关或者检察机关。①

1032.【执行中发现非法集资嫌疑的处理】

人民法院在执行过程中，发现有非法集资犯罪嫌疑的，应当裁定中止执行，并及时将有关材料移送公安机关或者检察机关。②

1033.【被执行财物属于涉案财物的处理】

公安机关、人民检察院、人民法院在侦查、起诉、审理非法集资刑事案件中，发现被申请执行的财物属于涉案财物的，应当及时通报相关人民法院。人民法院经审查认为确属涉嫌犯罪的，裁定中止执行，并及时将有关材料移送公安机关或者检察机关。③

1034.【跨区域非法集资案件的办理】

办理跨区域非法集资刑事案件，案件主办地办案机关应当及时归集涉案财物，为统一资产处置做好基础性工作。其他涉案地办案机关应当及时查明涉案财物，明确其来源、去向、用途、流转情况，依法办理查封、扣押、冻结手续，并制作详细清单，对扣押款项应当设立明细账，在扣押后立即存入办案机关唯一合规账户，并将有关情况提供案件主办地办案机关。④

1035.【判决继续追缴或者责令退赔的执行】

人民法院、人民检察院、公安机关应当严格依照刑事诉讼法

---

① 参照《最高人民法院、最高人民检察院、公安部关于办理非法集资刑事案件适用法律若干问题的意见》（公通字〔2014〕16号）第七条第一款。

② 参照《最高人民法院、最高人民检察院、公安部关于办理非法集资刑事案件适用法律若干问题的意见》（公通字〔2014〕16号）第七条第二款。

③ 参照《最高人民法院、最高人民检察院、公安部关于办理非法集资刑事案件适用法律若干问题的意见》（公通字〔2014〕16号）第七条第三款。

④ 《最高人民法院、最高人民检察院、公安部关于办理非法集资刑事案件若干问题的意见》（高检会〔2019〕2号）第九条第一款。

和相关司法解释的规定，依法移送、审查、处理查封、扣押、冻结的涉案财物。对审判时尚未追缴到案或者尚未足额退赔的违法所得，人民法院应当判决继续追缴或者责令退赔，并由人民法院负责执行，处置非法集资职能部门、人民检察院、公安机关等应当予以配合。

人民法院对涉案财物依法作出判决后，有关地方和部门应当在处置非法集资职能部门统筹协调下，切实履行协作义务，综合运用多种手段，做好涉案财物清运、财产变现、资金归集、资金清退等工作，确保最大限度减少实际损失。①

1036. 【返还集资参与人】

根据有关规定，查封、扣押、冻结的涉案财物，一般应在诉讼终结后返还集资参与人。涉案财物不足全部返还的，按照集资参与人的集资额比例返还。退赔集资参与人的损失一般优先于其他民事债务以及罚金、没收财产的执行。②

四、有组织犯罪案件财产的执行

1037. 【财产处理要求】

公安机关、人民检察院、人民法院在办理有组织犯罪案件时，在查明有组织犯罪违法犯罪事实并对有组织犯罪成员依法定罪量刑的同时，要全面调查有组织犯罪的组织及其成员的财产状况，依法对涉案财产采取查询、查封、扣押、冻结等措施，并根据查明的情况，依法作出处理。

前款所称有组织犯罪，是指刑法第二百九十四条规定的组织、领导、参加黑社会性质组织犯罪，以及黑社会性质组织、恶势力组织实施的犯罪。所称恶势力组织，是指经常纠集在一起，

---

① 《最高人民法院、最高人民检察院、公安部关于办理非法集资刑事案件若干问题的意见》（高检会〔2019〕2号）第九条第二款、第三款。

② 《最高人民法院、最高人民检察院、公安部关于办理非法集资刑事案件若干问题的意见》（高检会〔2019〕2号）第九条第四款。

以暴力、威胁或者其他手段，在一定区域或者行业领域内多次实施违法犯罪活动，为非作恶，欺压群众，扰乱社会秩序、经济秩序，造成较为恶劣的社会影响，但尚未形成黑社会性质组织的犯罪组织。

本条第1款所称处理既包括对涉案财产中犯罪分子违法所得、违禁品、供犯罪所用的本人财物以及其他等值财产等依法追缴、没收，也包括对被害人的合法财产等依法返还。①

1038.【依法处置】

对涉案财产采取措施，应当严格依照法定条件和程序进行。严禁在立案之前查封、扣押、冻结财物。凡查封、扣押、冻结的财物，都应当及时进行审查，防止因程序违法、工作瑕疵等影响案件审理以及涉案财产处置。②

1039.【生活保障和最小影响】

查封、扣押、冻结、处置涉案财物，应当严格依照法定条件和程序进行，依法保护公民和组织的合法财产权益，严格区分违法所得与合法财产、本人财产与其家属的财产，减少对企业正常经营活动的不利影响。不得查封、扣押、冻结与案件无关的财物。经查明确实与案件无关的财物，应当在三日以内解除查封、扣押、冻结，予以退还。对被害人的合法财产，应当及时返还。

查封、扣押、冻结涉案财物，应当为犯罪嫌疑人、被告人及其扶养的家属保留必需的生活费用和物品。③

根据案件具体情况，在保证诉讼活动正常进行的同时，可以允许有关人员继续合理使用有关涉案财产，并采取必要的保值保

① 参照《中华人民共和国反有组织犯罪法》（2021年12月24日）第一条、第四十条，《最高人民法院、最高人民检察院、公安部、司法部关于办理黑恶势力刑事案件中财产处置若干问题的意见》（2019年4月9日）第1条。

② 《最高人民法院、最高人民检察院、公安部、司法部关于办理黑恶势力刑事案件中财产处置若干问题的意见（2019年4月9日）》第2条。

③ 《中华人民共和国反有组织犯罪法》（2021年12月24日）第四十一条。

管措施，以减少案件办理对正常办公和合法生产经营的影响。[①]

1040. 【摧毁黑社会经济基础】

要彻底摧毁黑社会性质组织的经济基础，防止其死灰复燃。对于组织者、领导者一般应当并处没收个人全部财产。对于确属骨干成员或者为该组织转移、隐匿资产的积极参加者，可以并处没收个人全部财产。对于其他组织成员，应当根据所参与实施违法犯罪活动的次数、性质、地位、作用、违法所得数额以及造成损失的数额等情节，依法决定财产刑的适用。[②]

1041. 【侦查期间先行采取措施】

公安机关侦查期间，要根据《公安机关办理刑事案件适用查封、冻结措施相关规定》（公通字〔2013〕30 号）等有关规定，会同工商、税务、国土、住建、审计、人民银行等有关部门全面调查有组织犯罪组织及其成员的财产状况，并可以根据诉讼需要，先行依法对下列财产采取查询、查封、扣押、冻结等措施：

（一）有组织犯罪组织的财产；

（二）犯罪嫌疑人个人所有的财产；

（三）犯罪嫌疑人实际控制的财产；

（四）犯罪嫌疑人出资购买的财产；

（五）犯罪嫌疑人转移至他人名下的财产；

（六）犯罪嫌疑人涉嫌洗钱以及掩饰、隐瞒犯罪所得、犯罪所得收益等犯罪涉及的财产；

（七）其他与有组织犯罪组织及其违法犯罪活动有关的

① 《最高人民法院、最高人民检察院、公安部、司法部关于办理黑恶势力刑事案件中财产处置若干问题的意见》（2019 年 4 月 9 日）第 3 条第 2 款。

② 《最高人民法院、最高人民检察院、公安部、司法部关于办理黑恶势力刑事案件中财产处置若干问题的意见》（2019 年 4 月 9 日）第 4 条。

财产。[①]

1042.【查封的效力】

查封、扣押、冻结已登记的不动产、特定动产及其他财产，应当通知有关登记机关，在查封、扣押、冻结期间禁止被查封、扣押、冻结的财产流转，不得办理被查封、扣押、冻结财产权属变更、抵押等手续。必要时可以提取有关产权证照。[②]

1043.【搜集涉案财产证据】

公安机关对于采取措施的涉案财产，应当全面收集证明其来源、性质、用途、权属及价值的有关证据，审查判断是否应当依法追缴、没收。

证明涉案财产来源、性质、用途、权属及价值的有关证据一般包括：

（一）犯罪嫌疑人、被告人关于财产来源、性质、用途、权属、价值的供述；

（二）被害人、证人关于财产来源、性质、用途、权属、价值的陈述、证言；

（三）财产购买凭证、银行往来凭据、资金注入凭据、权属证明等书证；

（四）财产价格鉴定、评估意见；

（五）可以证明财产来源、性质、用途、权属、价值的其他证据。

公安机关对应当依法追缴、没收的财产中有组织犯罪组织及其成员聚敛的财产及其孳息、收益的数额，可以委托专门机构评

---

① 参照《最高人民法院、最高人民检察院、公安部、司法部关于办理黑恶势力刑事案件中财产处置若干问题的意见》（2019年4月9日）第6条，《最高人民法院、最高人民检察院、公安部、司法部关于办理黑恶势力犯罪案件若干问题的指导意见》（法发〔2018〕1号）第26条第1款。

② 《最高人民法院、最高人民检察院、公安部、司法部关于办理黑恶势力刑事案件中财产处置若干问题的意见》（2019年4月9日）第7条。

估；确实无法准确计算的，可以根据有关法律规定及查明的事实、证据合理估算。

人民检察院、人民法院对于公安机关委托评估、估算的数额有不同意见的，可以重新委托评估、估算。①

人民检察院、人民法院根据案件诉讼的需要，可以依法采取上述相关措施。②

1044.【在案财产审查甄别】

公安机关、人民检察院应当加强对在案财产审查甄别。在移送审查起诉、提起公诉时，应当对涉案财产提出处理意见，并将采取措施的涉案财产及其清单随案移送。

人民检察院经审查，除对随案移送的涉案财产提出处理意见外，还需要对继续追缴的尚未被足额查封、扣押的其他违法所得提出处理意见建议。

涉案财产不宜随案移送的，应当按照相关法律、司法解释的规定，提供相应的清单、照片、录像、封存手续、存放地点说明、鉴定、评估意见、变价处理凭证等材料。③

1045.【特殊财产的代管与先行处理】

对于不宜查封、扣押、冻结的经营性财产，公安机关、人民检察院、人民法院可以申请当地政府指定有关部门或者委托有关机构代管或者托管。

对下列财产，经县级以上公安机关、人民检察院或者人民法院主要负责人批准，可以依法先行出售、变现或者变卖、拍卖，所得价款由扣押、冻结机关保管，并及时告知犯罪嫌疑人、被告

---

① 参照《最高人民法院、最高人民检察院、公安部、司法部关于办理黑恶势力刑事案件中财产处置若干问题的意见》（2019 年 4 月 9 日）第 8 条、第 9 条。

② 《最高人民法院、最高人民检察院、公安部、司法部关于办理黑恶势力刑事案件中财产处置若干问题的意见》（2019 年 4 月 9 日）第 10 条。

③ 参照《中华人民共和国反有组织犯罪法》（2021 年 12 月 24 日）第四十四条第一款，《最高人民法院、最高人民检察院、公安部、司法部关于办理黑恶势力刑事案件中财产处置若干问题的意见》（2019 年 4 月 9 日）第 11 条。

人或者其近亲属：

（一）易损毁、灭失、变质等不宜长期保存的物品，易贬值的汽车、船艇等物品；

（二）有效期即将届满的汇票、本票、支票等；

（三）债券、股票、基金份额等财产，经权利人申请，出售不损害国家利益、被害人利益，不影响诉讼正常进行的。[①]

1046. 【对涉案财物的审理和判决】

在审理有组织犯罪案件过程中，应当对与涉案财产的性质、权属有关的事实、证据进行法庭调查、辩论。人民法院应当依法作出判决，对涉案财产作出处理。[②]

人民法院作出的判决，除应当对随案移送的涉案财产作出处理外，还应当在判决书中写明需要继续追缴尚未被足额查封、扣押的其他违法所得；对随案移送财产进行处理时，应当列明相关财产的具体名称、数量、金额、处置情况等。涉案财产或者有关当事人人数较多，不宜在判决书正文中详细列明的，可以概括叙述并另附清单。[③]

1047. 【应追缴、没收的财产】

有组织犯罪组织及其成员违法所得的一切财物及其孳息、收益，违禁品和供犯罪所用的本人财物，应当依法予以追缴、没收或者责令退赔。[④]

被告人实施黑社会性质组织犯罪的定罪量刑事实已经查清，有证据证明其在犯罪期间获得的财产高度可能属于黑社会性质组织犯罪的违法所得及其孳息、收益，被告人不能说明财产合法来

---

① 参照《中华人民共和国反有组织犯罪法》（2021 年 12 月 24 日）第四十三条，《最高人民法院、最高人民检察院、公安部、司法部关于办理黑恶势力刑事案件中财产处置若干问题的意见》（2019 年 4 月 9 日）第 12 条。

② 《中华人民共和国反有组织犯罪法》（2021 年 12 月 24 日）第四十四条第二款。

③ 《最高人民法院、最高人民检察院、公安部、司法部关于办理黑恶势力刑事案件中财产处置若干问题的意见》（2019 年 4 月 9 日）第 14 条。

④ 《中华人民共和国反有组织犯罪法》（2021 年 12 月 24 日）第四十五条第一款。

源的，应当依法予以追缴、没收。[①]

涉案财产符合下列情形之一的，应当依法予以追缴、没收：

（一）为支持或者资助有组织犯罪活动而提供给有组织犯罪组织及其成员的财产；

（二）有组织犯罪组织成员的家庭财产中实际用于支持有组织犯罪活动的部分；

（三）利用有组织犯罪组织及其成员的违法犯罪活动获得的财产及其孳息、收益。[②]

1048.【已处分财物的追缴】

应当追缴、没收的的财产已用于清偿债务或者转让、或者设置其他权利负担，具有下列情形之一的，应当依法追缴：

（一）第三人明知是违法犯罪所得而接受的；

（二）第三人无偿或者以明显低于市场的价格取得涉案财物的；

（三）第三人通过非法债务清偿或者违法犯罪活动取得涉案财物的；

（四）第三人通过其他方式恶意取得涉案财物的。[③]

第三人善意取得涉案财物的，执行程序中不予追缴。作为原所有人的被害人对该涉案财物主张权利的，人民法院应当告知其通过诉讼程序处理。[④]

1049.【应依法返还的财产】

涉案财产符合下列情形之一的，应当依法返还：

（一）有证据证明确属被害人合法财产；

---

① 《中华人民共和国反有组织犯罪法》（2021 年 12 月 24 日）第四十五条第三款。

② 《中华人民共和国反有组织犯罪法》（2021 年 12 月 24 日）第四十六条。

③ 参照《最高人民法院、最高人民检察院、公安部、司法部关于办理黑恶势力刑事案件中财产处置若干问题的意见》（2019 年 4 月 9 日）第 16 条。

④ 《最高人民法院关于刑事裁判涉财产部分执行的若干规定》（法释〔2014〕13 号）第十一条第二款。

（二）有证据证明确与有组织犯罪组织及其违法犯罪活动无关。

有关违法犯罪事实查证属实后，对于有证据证明权属明确且无争议的被害人、善意第三人或者其他人员合法财产及其孳息，凡返还不损害其他利害关系人的利益，不影响案件正常办理的，应当在登记、拍照或者录像后，依法及时返还。①

1050. 【追缴、没收其他等值财产】

有证据证明依法应当追缴、没收的涉案财产无法找到、被他人善意取得、灭失或者与其他合法财产混合且不可分割的，可以追缴、没收其他等值财产或者混合财产中的等值部分。追缴、没收的其他等值财产的数额，应当与无法直接追缴、没收的具体财产的数额相对应。

对于证明前款各种情形的证据，公安机关或者人民检察院应当及时调取。

“财产无法找到”，是指有证据证明存在依法应当追缴、没收的财产，但无法查证财产去向、下落的。被告人有不同意见的，应当出示相关证据。②

1051. 【犯罪嫌疑人、被告人逃匿时违法所得的没收】

黑社会性质组织犯罪案件的犯罪嫌疑人、被告人逃匿，在通缉一年后不能到案，或者犯罪嫌疑人、被告人死亡，依照刑法规定应当追缴其违法所得及其他涉案财产的，依照刑事诉讼法有关犯罪嫌疑人、被告人逃匿、死亡案件违法所得的没收程序的规定办理。③

---

① 参照《最高人民法院、最高人民检察院、公安部、司法部关于办理黑恶势力刑事案件中财产处置若干问题的意见》（2019 年 4 月 9 日）第 17 条、第 18 条。

② 参照《中华人民共和国反有组织犯罪法》（2021 年 12 月 24 日）第四十五条第二款，《最高人民法院、最高人民检察院、公安部、司法部关于办理黑恶势力刑事案件中财产处置若干问题的意见》（2019 年 4 月 9 日）第 19 条、第 20 条、第 21 条。

③ 《中华人民共和国反有组织犯罪法》（2021 年 12 月 24 日）第四十七条。

1052.【利害关系人异议的处理】

利害关系人对查封、扣押、冻结、处置涉案财物提出异议的，公安机关、人民检察院、人民法院应当及时予以核实，听取其意见，依法作出处理。

公安机关、人民检察院、人民法院对涉案财物作出处理后，利害关系人对处理不服的，可以提出申诉或者控告。①

第六节　行政案件的执行

一、对行政判决书、行政裁定书、行政赔偿判决书、行政调解书的执行

1053.【当事人的履行义务】

当事人必须履行人民法院发生法律效力的判决、裁定、调解书。②

1054.【申请强制执行】

对发生法律效力的行政判决书、行政裁定书、行政赔偿判决书和行政调解书，负有义务的一方当事人拒绝履行的，对方当事人可以依法申请人民法院强制执行。

人民法院判决行政机关履行行政赔偿、行政补偿或者其他行政给付义务，行政机关拒不履行的，对方当事人可以依法向法院申请强制执行。③

1055.【申请执行与自行执行】

公民、法人或者其他组织拒绝履行判决、裁定、调解书的，行政机关或者第三人可以向第一审人民法院申请强制执行，或者

---

① 《中华人民共和国反有组织犯罪法》（2021年12月24日）第四十九条。

② 《中华人民共和国行政诉讼法》（2017年6月27日修正）第九十四条。

③ 《最高人民法院关于适用〈中华人民共和国行政诉讼法〉的解释》（法释〔2018〕1号）第一百五十二条。

由行政机关依法强制执行。①

1056.【申请执行的期限】

申请执行的期限为二年。申请执行时效的中止、中断，适用法律有关规定。

申请执行的期限从法律文书规定的履行期间最后一日起计算；法律文书规定分期履行的，从规定的每次履行期间的最后一日起计算；法律文书中没有规定履行期限的，从该法律文书送达当事人之日起计算。

逾期申请的，除有正当理由外，人民法院不予受理。②

1057.【执行管辖】

发生法律效力的行政判决书、行政裁定书、行政赔偿判决书和行政调解书，由第一审人民法院执行。

第一审人民法院认为情况特殊，需要由第二审人民法院执行的，可以报请第二审人民法院执行；第二审人民法院可以决定由其执行，也可以决定由第一审人民法院执行。③

1058.【对行政机关拒绝履行的执行措施】

行政机关拒绝履行判决、裁定、调解书的，第一审人民法院可以采取下列措施：

（一）对应当归还的罚款或者应当给付的款额，通知银行从该行政机关的账户内划拨；

（二）在规定期限内不履行的，从期满之日起，对该行政机关负责人按日处五十元至一百元的罚款；

（三）将行政机关拒绝履行的情况予以公告；

（四）向监察机关或者该行政机关的上一级行政机关提出司

---

① 《中华人民共和国行政诉讼法》（2017 年 6 月 27 日修正）第九十五条。

② 《最高人民法院关于适用〈中华人民共和国行政诉讼法〉的解释》（法释〔2018〕1 号）第一百五十三条。

③ 《最高人民法院关于适用〈中华人民共和国行政诉讼法〉的解释》（法释〔2018〕1 号）第一百五十四条。

法建议。接受司法建议的机关，根据有关规定进行处理，并将处理情况告知人民法院；

（五）拒不履行判决、裁定、调解书，社会影响恶劣的，可以对该行政机关直接负责的主管人员和其他直接责任人员予以拘留；情节严重，构成犯罪的，依法追究刑事责任。①

二、对行政机关作出的行政决定的执行

1059.【非诉执行】

公民、法人或者其他组织对行政行为在法定期限内不提起诉讼又不履行的，行政机关可以申请人民法院强制执行，或者依法强制执行。②

法律没有规定行政机关强制执行的，作出行政决定的行政机关应当申请人民法院强制执行。③

当事人在法定期限内不申请行政复议或者提起行政诉讼，经催告仍不履行的，在实施行政管理过程中已经采取查封、扣押措施的行政机关，可以将查封、扣押的财物依法拍卖抵缴罚款。④

法律已授予行政机关强制执行权⑤，行政机关申请人民法院强制执行的，不予受理。

1060.【申请执行的条件】

行政机关根据前条规定申请执行其行政行为，应当具备以下条件：

（一）行政行为依法可以由人民法院执行；

（二）行政行为已经生效并具有可执行内容；

（三）申请人是作出该行政行为的行政机关或者法律、法规、

---

① 《中华人民共和国行政诉讼法》（2017 年 6 月 27 日修正）第九十六条。

② 《中华人民共和国行政诉讼法》（2017 年 6 月 27 日修正）第九十七条。

③ 《中华人民共和国行政强制法》（2011 年 6 月 30 日）第十三条第二款。

④ 参照《中华人民共和国行政强制法》（2011 年 6 月 30 日）第四十六条第三款。

⑤ 包括本条前款规定的“当事人在法定期限内不申请行政复议或者提起行政诉讼，经催告仍不履行的，在实施行政管理过程中已经采取查封、扣押措施的”情形。

规章授权的组织；

（四）被申请人是该行政行为所确定的义务人；

（五）被申请人在行政行为确定的期限内或者行政机关催告期限内未履行义务；

（六）申请人在法定期限内提出申请；

（七）被申请执行的行政案件属于受理执行申请的人民法院管辖。①

1061.【申请执行的资料】

行政机关向人民法院申请强制执行，应当提供下列材料：

（一）强制执行申请书；

（二）行政决定书及作出决定的事实、理由和依据；

（三）当事人的意见及行政机关催告情况；

（四）申请强制执行标的情况；

（五）法律、行政法规规定的其他材料。

强制执行申请书应当由行政机关负责人签名，加盖行政机关的印章，并注明日期。②

1062.【申请执行期限】

当事人在法定期限内不申请行政复议或者提起行政诉讼，又不履行行政决定的，没有行政强制执行权的行政机关可以自期限届满之日起三个月内，依照本节第二部分规定申请人民法院强制执行。逾期申请的，除有正当理由外，人民法院不予受理。③

1063.【申请执行前的催告与管辖法院】

行政机关申请人民法院强制执行前，应当催告当事人履行义

---

① 参照《最高人民法院关于适用〈中华人民共和国行政诉讼法〉的解释》（法释〔2018〕1号）第一百五十五条第一款。

② 《中华人民共和国行政强制法》（2011年6月30日）第五十五条。

③ 参照《中华人民共和国行政强制法》（2011年6月30日）第五十三条，《最高人民法院关于适用〈中华人民共和国行政诉讼法〉的解释》（法释〔2018〕1号）第一百五十六条。

务。催告书送达十日[①]后当事人仍未履行义务的，行政机关可以向申请人所在地的基层人民法院申请强制执行；执行对象是不动产的，向不动产所在地的基层人民法院申请强制执行。

基层人民法院认为执行确有困难的，可以报请上级人民法院执行；上级人民法院可以决定由其执行，也可以决定由下级人民法院执行。[②]

1064. 【申请的受理及救济程序】

人民法院对符合条件的申请，应当在五日[③]内立案受理，并通知申请人；对不符合条件的申请，应当裁定不予受理。

行政机关对不予受理裁定有异议，在十五日内向上一级人民法院申请复议的，上一级人民法院应当在收到复议申请之日起十五日内作出裁定。[④]

1065. 【权利人申请执行行政裁决】

行政机关根据法律的授权对平等主体之间民事争议作出裁决后，当事人在法定期限内不起诉又不履行，作出裁决的行政机关在申请执行的期限内未申请人民法院强制执行的，生效行政裁决确定的权利人或者其继承人、权利承受人在六个月内可以申请人民法院强制执行。

享有权利的公民、法人或者其他组织申请人民法院强制执行

---

① 《中华人民共和国行政强制法》（2011 年 6 月 30 日）第六十九条规定："本法中十日以内期限的规定是指工作日，不含法定节假日。"据此，本条中"十日"为"十个工作日"。

② 参照《中华人民共和国行政强制法》（2011 年 6 月 30 日）第五十四条，《最高人民法院关于适用〈中华人民共和国行政诉讼法〉的解释》（法释〔2018〕1 号）第一百五十七条。

③ 《中华人民共和国行政强制法》（2011 年 6 月 30 日）第六十九条规定："本法中十日以内期限的规定是指工作日，不含法定节假日。"据此，本条中"五日"为"五个工作日"。

④ 参照《中华人民共和国行政强制法》（2011 年 6 月 30 日）第五十六条，《最高人民法院关于适用〈中华人民共和国行政诉讼法〉的解释》（法释〔2018〕1 号）第一百五十五条第三款。

生效行政裁决，参照行政机关申请人民法院强制执行行政行为的规定。①

1066.【执行前保全】

行政机关或者行政行为确定的权利人申请人民法院强制执行前，有充分理由认为被执行人可能逃避执行的，可以申请人民法院采取财产保全措施。后者申请强制执行的，应当提供相应的财产担保。②

1067.【强制执行申请的审查】

人民法院受理行政机关申请执行其行政行为的案件后，应当在七日内由行政审判庭对行政行为的合法性进行审查，并作出是否准予执行的裁定。

人民法院在作出裁定前发现行政行为明显违法并损害被执行人合法权益的，应当听取被执行人和行政机关的意见，并自受理之日起三十日内作出是否准予执行的裁定。

需要采取强制执行措施的，由本院负责强制执行非诉行政行为的机构执行。③

1068.【不准予执行及其救济】

被申请执行的行政行为有下列情形之一的，人民法院应当裁定不准予执行：

（一）实施主体不具有行政主体资格的；

（二）明显缺乏事实根据的；

（三）明显缺乏法律、法规依据的；

（四）其他明显违法并损害被执行人合法权益的情形。

---

① 《最高人民法院关于适用〈中华人民共和国行政诉讼法〉的解释》（法释〔2018〕1号）第一百五十八条。

② 《最高人民法院关于适用〈中华人民共和国行政诉讼法〉的解释》（法释〔2018〕1号）第一百五十九条。

③ 《最高人民法院关于适用〈中华人民共和国行政诉讼法〉的解释》（法释〔2018〕1号）第一百六十条，参照《中华人民共和国行政强制法》（2011年6月30日）第五十七条。

裁定不予执行的，应当说明理由，并在五日内将不予执行的裁定送达行政机关。

行政机关对不准予执行的裁定有异议，在十五日内向上一级人民法院申请复议的，上一级人民法院应当在收到复议申请之日起三十日内作出裁定。[①]

1069.【驳回诉讼请求判决的准予执行】

人民法院判决驳回原告诉讼请求后，行政机关申请人民法院强制执行的，人民法院应当依照本规范第 1059 条第 2 款的规定，作出如下处理：

（一）法律已授予行政机关强制执行权的，人民法院不予受理，并告知由行政机关强制执行。

（二）法律未授予行政机关强制执行权的，人民法院对符合法定条件的申请，可以作出准予强制执行的裁定，并应明确强制执行的内容。[②]

1070.【涉公共安全的特殊启动执行程序】

因情况紧急，为保障公共安全，行政机关可以申请人民法院立即执行。经人民法院院长批准，人民法院应当自作出执行裁定

---

① 参照《最高人民法院关于适用〈中华人民共和国行政诉讼法〉的解释》（法释〔2018〕1 号）第一百六十一条，《中华人民共和国行政强制法》（2011 年 6 月 30 日）第五十八条。

② 参照《最高人民法院行政审判庭关于行政机关申请法院强制执行维持或驳回诉讼请求判决应如何处理的答复》（〔2013〕行他字第 11 号）。答复主要内容为："湖南省高级人民法院：你院《关于人民法院判决维持行政决定或者驳回原告诉讼请求后，法律规定有强制执行权的行政机关申请人民法院强制执行，人民法院如何处理的请示》收悉。经研究，答复如下：人民法院判决维持被诉行政行为或者驳回原告诉讼请求后，行政机关申请人民法院强制执行的，人民法院应当依照《中华人民共和国行政强制法》第十三条第二款的规定，作出如下处理：一、法律已授予行政机关强制执行权的，人民法院不予受理，并告知由行政机关强制执行。二、法律未授予行政机关强制执行权的，人民法院对符合法定条件的申请，可以作出准予强制执行的裁定，并应明确强制执行的内容。"现行《中华人民共和国行政诉讼法》未再规定"判决维持"的判决方式，确定"驳回原告的诉讼请求"为被告实体胜诉的唯一方式。

之日起五日[1]内执行。[2]

1071.【费用承担】

行政机关申请人民法院强制执行，不缴纳申请费。强制执行的费用由被执行人承担。[3]

1072.【变更被执行人】

人民法院在办理行政机关申请人民法院强制执行其具体行政行为的案件过程中，作为被执行人的法人出现分立、合并、兼并、合营等情况，原具体行政行为仍应执行的，人民法院应当通知申请机关变更被执行人。对变更后的被执行人，人民法院应当依法进行审查。[4]

1073.【执行行为违法的申诉】

公民、法人和其他组织认为人民法院强制执行生效的具体行政行为违法，侵犯其合法权益，向人民法院提出申诉，人民法院可以作为申诉进行审查。人民法院的全部执行活动合法，而生效具体行政行为违法的，应转送作出具体行政行为的行政机关依法处理，并通知申诉人同该行政机关直接联系；人民法院采取的强制措施等违法，造成损害的，应依照国家赔偿法的有关规定

---

① 《中华人民共和国行政强制法》（2011年6月30日）第六十九条规定：“本法中十日以内期限的规定是指工作日，不含法定节假日。”据此，本条中的“五日”为“五个工作日”。

② 《中华人民共和国行政强制法》（2011年6月30日）第五十九条。

③ 《中华人民共和国行政强制法》（2011年6月30日）第六十条第一款。

④ 《最高人民法院对关于非诉执行案件中作为被执行人的法人终止，人民法院是否可以直接裁定变更被执行人的请示的答复》（法行〔2000〕16号）。答复的主要内容为：“山东省高级人民法院：你院鲁高法函〔1999〕62号《关于非诉执行案件中作为被执行人的法人终止，人民法院是否可以直接裁定变更被执行人的请示》收悉。经研究，答复如下：人民法院在办理行政机关申请人民法院强制执行其具体行政行为的案件过程中，作为被执行人的法人出现分立、合并、兼并、合营等情况，原具体行政行为仍应执行的，人民法院应当通知申请机关变更被执行人。对变更后的被执行人，人民法院应当依法进行审查。”

办理。[①]

1074.【林业行政行为的执行】

林业主管部门依法作出的具体行政行为，自然人、法人或者非法人组织在法定期限内既不起诉又不履行的，林业主管部门依据行政诉讼法第九十七条的规定可以申请人民法院强制执行，人民法院应予受理。[②]

1075.【违法建筑拆除决定的不予受理】

对行政机关涉及违反城乡规划法的违法建筑物、构筑物、设施等的强制拆除决定，人民法院不予受理行政机关对其提出非诉行政执行申请。[③]

1076.【国有土地上房屋征收决定的管辖】

申请人民法院强制执行征收补偿决定案件，由房屋所在地基层人民法院管辖，高级人民法院可以根据本地实际情况决定管辖法院。[④]

1077.【征收决定的申请】

申请机关向人民法院申请强制执行，除提供《国有土地上房屋征收与补偿条例》第二十八条[⑤]规定的强制执行申请书及附具材料外，还应当提供下列材料：

（一）征收补偿决定及相关证据和所依据的规范性文件；

---

① 参照《最高人民法院对〈当事人对人民法院强制执行生效具体行政行为的案件提出申诉人民法院应如何受理和处理的请示〉的答复》（法行〔1995〕12 号）。

② 《最高人民法院关于对林业行政机关依法作出具体行政行为申请人民法院强制执行问题的复函》（法函〔1993〕91 号，2020 年 12 月 23 日修正）。

③ 参照《最高人民法院关于违法的建筑物、构筑物、设施等强制拆除问题的批复》（法释〔2013〕5 号）。

④ 《最高人民法院关于办理申请人民法院强制执行国有土地上房屋征收补偿决定案件若干问题的规定》（法释〔2012〕4 号）第一条。

⑤ 《国有土地上房屋征收与补偿条例》（2011 年 1 月 21 日）第二十八条规定："被征收人在法定期限内不申请行政复议或者不提起行政诉讼，在补偿决定规定的期限内又不搬迁的，由作出房屋征收决定的市、县级人民政府依法申请人民法院强制执行。强制执行申请书应当附具补偿金额和专户存储账号、产权调换房屋和周转用房的地点和面积等材料。"

（二）征收补偿决定送达凭证、催告情况及房屋被征收人、直接利害关系人的意见；

（三）社会稳定风险评估材料；

（四）申请强制执行的房屋状况；

（五）被执行人的姓名或者名称、住址及与强制执行相关的财产状况等具体情况；

（六）法律、行政法规规定应当提交的其他材料。

强制执行申请书应当由申请机关负责人签名，加盖申请机关印章，并注明日期。

强制执行的申请应当自被执行人的法定起诉期限届满之日起三个月内提出；逾期申请的，除有正当理由外，人民法院不予受理。[①]

1078. 【征收决定执行申请的受理及救济】

人民法院认为强制执行的申请符合形式要件且材料齐全的，应当在接到申请后五日内立案受理，并通知申请机关；不符合形式要件或者材料不全的应当限期补正，并在最终补正的材料提供后五日内立案受理；不符合形式要件或者逾期无正当理由不补正材料的，裁定不予受理。

申请机关对不予受理的裁定有异议的，可以自收到裁定之日起十五日内向上一级人民法院申请复议，上一级人民法院应当自收到复议申请之日起十五日内作出裁定。[②]

1079. 【征收决定执行申请的审查】

人民法院应当自立案之日起三十日内作出是否准予执行的裁定；有特殊情况需要延长审查期限的，由高级人民法院批准。[③]

---

① 参照《最高人民法院关于办理申请人民法院强制执行国有土地上房屋征收补偿决定案件若干问题的规定》（法释〔2012〕4号）第二条。

② 《最高人民法院关于办理申请人民法院强制执行国有土地上房屋征收补偿决定案件若干问题的规定》（法释〔2012〕4号）第三条。

③ 《最高人民法院关于办理申请人民法院强制执行国有土地上房屋征收补偿决定案件若干问题的规定》（法释〔2012〕4号）第四条。

人民法院在审查期间，可以根据需要调取相关证据、询问当事人、组织听证或者进行现场调查。[①]

1080.【征收决定不准予执行的情形】

征收补偿决定存在下列情形之一的，人民法院应当裁定不准予执行[②]：

（一）明显缺乏事实根据；

（二）明显缺乏法律、法规依据；

（三）明显不符合公平补偿原则，严重损害被执行人合法权益，或者使被执行人基本生活、生产经营条件没有保障；

（四）明显违反行政目的，严重损害公共利益；

（五）严重违反法定程序或者正当程序；

（六）超越职权；

（七）法律、法规、规章等规定的其他不宜强制执行的情形。

人民法院裁定不准予执行的，应当说明理由，并在五日内将裁定送达申请机关。[③]

1081.【征收准予执行裁定的送达】

人民法院裁定准予执行的，应当在五日内将裁定送达申请机关和被执行人，并可以根据实际情况建议申请机关依法采取必要措施，保障征收与补偿活动顺利实施。[④]

---

① 《最高人民法院关于办理申请人民法院强制执行国有土地上房屋征收补偿决定案件若干问题的规定》（法释〔2012〕4号）第五条。

② 《最高人民法院关于在征收拆迁案件中进一步严格规范司法行为积极推进"裁执分离"的通知》要求："二、严格规范司法行为，确保裁判公开公正……在非诉执行案件审查环节，要严格遵循司法解释相关规定审查行政机关提出的申请，凡存在对群众补偿安置不到位、程序违法或违反程序正当性、未进行社会稳定风险评估等情形的，一律依法裁定不予受理或不准予执行。……"

③ 《最高人民法院关于办理申请人民法院强制执行国有土地上房屋征收补偿决定案件若干问题的规定》（法释〔2012〕4号）第六条。

④ 《最高人民法院关于办理申请人民法院强制执行国有土地上房屋征收补偿决定案件若干问题的规定》（法释〔2012〕4号）第八条。

1082.【征收补偿决定的实施机关】

人民法院裁定准予执行的，一般由作出征收补偿决定的市、县级人民政府组织实施，也可以由人民法院执行①。②

凡由人民法院强制执行的，须报经上一级人民法院审查批准方可采取强制手段。③

1083.【征收与补偿条例的适用】

《国有土地上房屋征收与补偿条例》施行前已依法取得房屋拆迁许可证的项目，人民法院裁定准予执行房屋拆迁裁决的，参照本规范第1082条第1款精神办理。④

第七节 涉外案件的执行

一、对我国法院作出的涉外判决、裁定的执行

1084.【国外执行的途径】

人民法院作出的发生法律效力的判决、裁定，如果被执行人或者其财产不在中华人民共和国领域内，当事人请求执行的，可

---

① 《最高人民法院关于在征收拆迁案件中进一步严格规范司法行为积极推进“裁执分离”的通知》要求：“三、积极推进‘裁执分离’，逐步拓宽适用范围……各级人民法院在贯彻执行过程中，一方面要严格落实司法解释及相关通知有关‘由政府组织实施为总原则、由法院执行属个别例外情形’的基本要求，立案、审查、执行机构要注意加强沟通配合，创新工作机制，共同研究解决办案中的重大疑难问题，不得与地方政府搞联合执行、委托执行，杜绝参加地方牵头组织的各类‘拆迁领导小组’、‘项目指挥部’等，依法受理因行政机关组织实施活动违法而引发的诉讼；另一方面要积极拓宽‘裁执分离’适用范围，以践行立法机关提出给相关改革探索‘留有空间’的意见和中央有关部门对法院工作的相关建议……”

② 《最高人民法院关于办理申请人民法院强制执行国有土地上房屋征收补偿决定案件若干问题的规定》（法释〔2012〕4号）第九条。

③ 参照《最高人民法院关于在征收拆迁案件中进一步严格规范司法行为积极推进“裁执分离”的通知》（法〔2014〕191号）第四条。

④ 参照《最高人民法院关于办理申请人民法院强制执行国有土地上房屋征收补偿决定案件若干问题的规定》（法释〔2012〕4号）第十条。

以由当事人直接向有管辖权的外国法院申请承认和执行，也可以由人民法院依照中华人民共和国缔结或者参加的国际条约的规定，或者按照互惠原则，请求外国法院承认和执行。[①]

1085.【判决、裁定法律效力的证明】

当事人在中华人民共和国领域外使用中华人民共和国法院的判决书、裁定书，要求中华人民共和国法院证明其法律效力的，或者外国法院要求中华人民共和国法院证明判决书、裁定书的法律效力的，作出判决、裁定的中华人民共和国法院，可以本法院的名义出具证明。[②]

二、对我国仲裁机构作出的涉外裁决的执行

1086.【涉外仲裁的界定】

仲裁协议或者仲裁裁决具有《最高人民法院关于适用〈中华人民共和国涉外民事关系法律适用法〉若干问题的解释（一）》第一条[③]规定情形的，为涉外仲裁协议或者涉外仲裁裁决。[④]

人民法院对申请执行我国内地仲裁机构作出的涉外仲裁裁决案件的审查，适用本部分的规定。[⑤]

---

① 《中华人民共和国民事诉讼法》（2021 年 12 月 24 日修正）第二百八十七条第一款。

② 《最高人民法院关于适用〈中华人民共和国民事诉讼法〉的解释》（法释〔2015〕5 号，2022 年 3 月 22 日修正）第五百四十八条。

③ 《最高人民法院关于适用〈中华人民共和国涉外民事关系法律适用法〉若干问题的解释（一）》（法释〔2012〕24 号，2020 年 12 月 23 日修正）第一条规定："民事关系具有下列情形之一的，人民法院可以认定为涉外民事关系：（一）当事人一方或双方是外国公民、外国法人或者其他组织、无国籍人；（二）当事人一方或双方的经常居所地在中华人民共和国领域外；（三）标的物在中华人民共和国领域外；（四）产生、变更或者消灭民事关系的法律事实发生在中华人民共和国领域外；（五）可以认定为涉外民事关系的其他情形。"

④ 《最高人民法院关于审理仲裁司法审查案件若干问题的规定》（法释〔2017〕22 号）第十二条。

⑤ 参照《最高人民法院关于审理仲裁司法审查案件若干问题的规定》（法释〔2017〕22 号）第十七条第二款。

1087.【涉外仲裁保全的管辖】

当事人申请采取保全的，中华人民共和国的涉外仲裁机构应当将当事人的申请，提交被申请人住所地或者财产所在地的中级人民法院裁定。①

1088.【涉外仲裁保全的担保】

依照本规范第1087条规定，中华人民共和国涉外仲裁机构将当事人的保全申请提交人民法院裁定的，人民法院可以进行审查，裁定是否进行保全。裁定保全的，应当责令申请人提供担保，申请人不提供担保的，裁定驳回申请。

当事人申请证据保全，人民法院经审查认为无需提供担保的，申请人可以不提供担保。②

1089.【涉外仲裁裁决的管辖】

经中华人民共和国涉外仲裁机构裁决的，当事人不得向人民法院起诉。一方当事人不履行仲裁裁决的，对方当事人可以向被申请人住所地或者财产所在地的中级人民法院申请执行。③

1090.【涉外仲裁申请执行的材料】

申请人向人民法院申请执行我国内地仲裁机构的涉外仲裁裁决的，应当提交申请书及裁决书正本或者经证明无误的副本。

申请书应当载明下列事项：

（一）申请人或者被申请人为自然人的，应当载明其姓名、性别、出生日期、国籍及住所；为法人或者其他组织的，应当载明其名称、住所以及法定代表人或者代表人的姓名和职务；

（二）裁决书的主要内容及生效日期；

（三）具体的请求和理由。④

---

① 《中华人民共和国民事诉讼法》（2021年12月24日修正）第二百七十九条。

② 参照《最高人民法院关于适用〈中华人民共和国民事诉讼法〉的解释》（法释〔2015〕5号，2022年3月22日修正）第五百四十条。

③ 《中华人民共和国民事诉讼法》（2021年12月24日修正）第二百八十条。

④ 参照《最高人民法院关于审理仲裁司法审查案件若干问题的规定》（法释〔2017〕22号）第六条第一款、第二款。

如申请人为外国当事人，其申请书应当用中文文本提出。①

1091.【语言要求及翻译机构的确定】

当事人向人民法院提交的书面材料是外文的，应当同时向人民法院提交中文翻译件。

当事人对中文翻译件有异议的，应当共同委托翻译机构提供翻译文本；当事人对翻译机构的选择不能达成一致的，由人民法院确定。②

1092.【向外国法院申请承认和执行】

中华人民共和国涉外仲裁机构作出的发生法律效力的仲裁裁决，当事人请求执行的，如果被执行人或者其财产不在中华人民共和国领域内，应当由当事人直接向有管辖权的外国法院申请承认和执行。③

1093.【申请不予执行涉外仲裁裁决案件的处理】

对中华人民共和国涉外仲裁机构作出的裁决④，被申请人提出证据证明仲裁裁决有下列情形之一的，经人民法院组成合议庭审查核实，裁定不予执行：

（一）当事人在合同中没有订有仲裁条款或者事后没有达成书面仲裁协议的；

（二）被申请人没有得到指定仲裁员或者进行仲裁程序的通知，或者由于其他不属于被申请人负责的原因未能陈述意见的；

（三）仲裁庭的组成或者仲裁的程序与仲裁规则不符的；

（四）裁决的事项不属于仲裁协议的范围或者仲裁机构无权

---

① 参照《最高人民法院关于适用〈中华人民共和国民事诉讼法〉的解释》（法释〔2015〕5号，2022年3月22日修正）第五百三十八条。

② 《最高人民法院关于适用〈中华人民共和国民事诉讼法〉的解释》（法释〔2015〕5号，2022年3月22日修正）第五百二十五条。

③ 《中华人民共和国民事诉讼法》（2021年12月24日修正）第二百八十七条第二款。

④ 中华人民共和国仲裁机构作出的具有涉外因素的裁决，适用本条审查；不具有涉外因素的裁决，适用本规范第927条审查。

仲裁的。

经审查不符合前款规定情形的，裁定驳回不予执行仲裁裁决申请。

人民法院认定执行该裁决违背社会公共利益的，裁定不予执行。①

1094.【涉外仲裁不予执行的报核】

各中级人民法院或者专门人民法院办理涉外仲裁司法审查案件，经审查拟不予执行我国内地仲裁机构的仲裁裁决，应当向本辖区所属高级人民法院报核；高级人民法院经审查拟同意的，应当向最高人民法院报核。待最高人民法院审核后，方可依最高人民法院的审核意见作出裁定。②。

1095.【涉外仲裁裁决不予执行后的救济途径】

人民法院裁定不予执行涉外仲裁裁决、驳回不予执行涉外仲裁裁决申请后，当事人对该裁定提出执行异议或者复议的，人民法院不予受理。

涉外仲裁裁决被人民法院裁定不予执行的，当事人可以根据双方达成的书面仲裁协议重新申请仲裁，也可以向人民法院起诉。③

1096.【参照相关规定审查】

除本部分另有规定外，涉外仲裁裁决案件的执行可以参照本规范第二十三章第二节关于仲裁裁决案件执行的相关规定办理。

1097.【港澳台仲裁裁决案件的参照适用】

人民法院受理的申请执行我国内地仲裁机构作出的涉及香港特别行政区、澳门特别行政区、台湾地区仲裁裁决的案件，参照

---

① 参照《中华人民共和国民事诉讼法》（2021 年 12 月 24 日修正）第二百八十一条。

② 参照《最高人民法院关于仲裁司法审查案件报核问题的有关规定》（法释〔2017〕21 号，2021 年 11 月 15 日修正）第二条。

③ 参照《中华人民共和国民事诉讼法》（2021 年 12 月 24 日修正）第二百八十二条，《中华人民共和国仲裁法》（2017 年 9 月 1 日修正）第九条第二款。

适用涉外仲裁司法审查案件的规定审查。[①]

三、对外国法院作出的判决、裁定的执行

1098.【承认和执行外国裁判的途径】

外国法院作出的发生法律效力的判决、裁定，需要中华人民共和国人民法院承认和执行的，可以由当事人直接向中华人民共和国有管辖权的中级人民法院申请承认和执行，也可以由外国法院依照该国与中华人民共和国缔结或者参加的国际条约的规定，或者按照互惠原则，请求人民法院承认和执行。[②]

1099.【承认和执行外国裁判的审查原则】

人民法院对申请或者请求承认和执行的外国法院作出的发生法律效力的判决、裁定，依照中华人民共和国缔结或者参加的国际条约，或者按照互惠原则进行审查后，认为不违反中华人民共和国法律的基本原则或者国家主权、安全、社会公共利益的，裁定承认其效力，需要执行的，发出执行令，依照民事诉讼法的有关规定执行。违反中华人民共和国法律的基本原则或者国家主权、安全、社会公共利益的，不予承认和执行。[③]

1100.【国际间平行诉讼】

中华人民共和国法院和外国法院都有管辖权的案件，一方当事人向外国法院起诉，而另一方当事人向中华人民共和国法院起诉的，人民法院可予受理。判决后，外国法院申请或者当事人请求人民法院承认和执行外国法院对本案作出的判决、裁定的，不予准许；但双方共同缔结或者参加的国际条约另有规定的除外。

外国法院判决、裁定已经被人民法院承认，当事人就同一争

---

① 参照《最高人民法院关于审理仲裁司法审查案件若干问题的规定》（法释〔2017〕22号）第二十一条。

② 《中华人民共和国民事诉讼法》（2021年12月24日修正）第二百八十八条。

③ 《中华人民共和国民事诉讼法》（2021年12月24日修正）第二百八十九条。

议向人民法院起诉的，人民法院不予受理。①

1101.【外国裁判的先承认后执行】

对外国法院作出的发生法律效力的判决、裁定或者外国仲裁裁决，需要中华人民共和国法院执行的，当事人应当先向人民法院申请承认。人民法院经审查，裁定承认后，再根据民事诉讼法第三编的规定予以执行。

当事人仅申请承认而未同时申请执行的，人民法院仅对应否承认进行审查并作出裁定。②

1102.【申请承认和执行外国裁判的期间】

当事人申请承认和执行外国法院作出的发生法律效力的判决、裁定的期间，适用本规范第22条第1款、第2款的规定。

当事人仅申请承认而未同时申请执行的，申请执行的期间自人民法院对承认申请作出的裁定生效之日起重新计算。③

1103.【申请承认和执行外国裁判的材料】

申请人向人民法院申请承认和执行外国法院作出的发生法律效力的判决、裁定，应当提交申请书，并附外国法院作出的发生法律效力的判决、裁定正本或者经证明无误的副本以及中文译本。外国法院判决、裁定为缺席判决、裁定的，申请人应当同时提交该外国法院已经合法传唤的证明文件，但判决、裁定已经对此予以明确说明的除外。

中华人民共和国缔结或者参加的国际条约对提交文件有规定的，按照规定办理。④

---

① 《最高人民法院关于适用〈中华人民共和国民事诉讼法〉的解释》（法释〔2015〕5号，2022年3月22日修正）第五百三十一条。

② 《最高人民法院关于适用〈中华人民共和国民事诉讼法〉的解释》（法释〔2015〕5号，2022年3月22日修正）第五百四十四条。

③ 参照《最高人民法院关于适用〈中华人民共和国民事诉讼法〉的解释》（法释〔2015〕5号，2022年3月22日修正）第五百四十五条。

④ 《最高人民法院关于适用〈中华人民共和国民事诉讼法〉的解释》（法释〔2015〕5号，2022年3月22日修正）第五百四十一条。

1104. 【语言要求及翻译机构的确定】

当事人向人民法院提交的书面材料是外文的，应当同时向人民法院提交中文翻译件。

当事人对中文翻译件有异议的，应当共同委托翻译机构提供翻译文本；当事人对翻译机构的选择不能达成一致的，由人民法院确定。①

1105. 【对外国裁判的审查程序】

承认和执行外国法院作出的发生法律效力的判决、裁定的案件，人民法院应当组成合议庭进行审查。

人民法院应当将申请书送达被申请人。被申请人可以陈述意见。

人民法院经审查作出的裁定，一经送达即发生法律效力。②

1106. 【无条约和互惠关系国裁判的承认和执行申请】

当事人向中华人民共和国有管辖权的中级人民法院申请承认和执行外国法院作出的发生法律效力的判决、裁定的，如果该法院所在国与中华人民共和国没有缔结或者共同参加国际条约，也没有互惠关系的，裁定驳回申请，但当事人向人民法院申请承认外国法院作出的发生法律效力的离婚判决的除外。

承认和执行申请被裁定驳回的，当事人可以向人民法院起诉。③

1107. 【司法协助的文本要求】

外国法院请求人民法院提供司法协助的请求书及其所附文件，应当附有中文译本或者国际条约规定的其他文字文本。

人民法院请求外国法院提供司法协助的请求书及其所附文

① 《最高人民法院关于适用〈中华人民共和国民事诉讼法〉的解释》（法释〔2015〕5号，2022年3月22日修正）第五百二十五条。

② 参照《最高人民法院关于适用〈中华人民共和国民事诉讼法〉的解释》（法释〔2015〕5号，2022年3月22日修正）第五百四十六条。

③ 《最高人民法院关于适用〈中华人民共和国民事诉讼法〉的解释》（法释〔2015〕5号，2022年3月22日修正）第五百四十二条。

件，应当附有该国文字译本或者国际条约规定的其他文字文本。①

1108.【司法协助的途径】

请求和提供司法协助，应当依照中华人民共和国缔结或者参加的国际条约所规定的途径进行；没有条约关系的，通过外交途径进行。②

1109.【不合规司法协助请求的处理】

与中华人民共和国没有司法协助条约又无互惠关系的国家的法院，未通过外交途径，直接请求人民法院提供司法协助的，人民法院应予退回，并说明理由。③

四、对外国仲裁机构作出的裁决的执行

1110.【承认和执行外国仲裁的一般规定】

国外仲裁机构的裁决，需要中华人民共和国人民法院承认和执行的，应当由当事人直接向被执行人住所地或者其财产所在地的中级人民法院申请，人民法院应当依照中华人民共和国缔结或者参加的国际条约，或者按照互惠原则办理。④

1111.【外国仲裁的先承认后执行】

对外国仲裁裁决，需要中华人民共和国法院执行的，当事人应当先向人民法院申请承认。人民法院经审查，裁定承认后，再根据民事诉讼法第三编的规定予以执行。

当事人仅申请承认而未同时申请执行的，人民法院仅对应否承认进行审查并作出裁定。⑤

---

①《中华人民共和国民事诉讼法》（2021年12月24日修正）第二百八十五条。

②《中华人民共和国民事诉讼法》（2021年12月24日修正）第二百八十四条第一款。

③《最高人民法院关于适用〈中华人民共和国民事诉讼法〉的解释》（法释〔2015〕5号，2022年3月22日修正）第五百四十七条。

④《中华人民共和国民事诉讼法》（2021年12月24日修正）第二百九十条。

⑤ 参照《最高人民法院关于适用〈中华人民共和国民事诉讼法〉的解释》（法释〔2015〕5号，2022年3月22日修正）第五百四十四条。

1112.【承认和执行外国仲裁的关联管辖】

外国仲裁裁决与人民法院审理的案件存在关联，被申请人住所地、被申请人财产所在地均不在我国内地，申请人申请承认外国仲裁裁决的，由受理关联案件的人民法院管辖。受理关联案件的人民法院为基层人民法院的，申请承认外国仲裁裁决的案件应当由该基层人民法院的上一级人民法院管辖。受理关联案件的人民法院是高级人民法院或者最高人民法院的，由上述法院决定自行审查或者指定中级人民法院审查。

外国仲裁裁决与我国内地仲裁机构审理的案件存在关联，被申请人住所地、被申请人财产所在地均不在我国内地，申请人申请承认外国仲裁裁决的，由受理关联案件的仲裁机构所在地的中级人民法院管辖。①

1113.【承认和执行外国仲裁的选择管辖】

申请人向两个以上有管辖权的人民法院提出申请的，由最先立案的人民法院管辖。②

1114.【承认和执行外国仲裁的管辖权异议】

人民法院受理承认和执行外国仲裁裁决的案件后，被申请人对管辖权有异议的，应当自收到人民法院通知之日起十五日内提出。人民法院对被申请人提出的异议，应当审查并作出裁定。当事人对裁定不服的，可以提起上诉。

在中华人民共和国领域内没有住所的被申请人对人民法院的管辖权有异议的，应当自收到人民法院通知之日起三十日内提出。③

---

① 《最高人民法院关于审理仲裁司法审查案件若干问题的规定》（法释〔2017〕22号）第三条。

② 《最高人民法院关于审理仲裁司法审查案件若干问题的规定》（法释〔2017〕22号）第四条。

③ 参照《最高人民法院关于审理仲裁司法审查案件若干问题的规定》（法释〔2017〕22号）第十条。

1115. 【申请承认和执行外国仲裁的期间】

当事人申请承认和执行外国仲裁裁决的期间，适用本规范第22条第1款、第2款的规定。

当事人仅申请承认而未同时申请执行的，申请执行的期间自人民法院对承认申请作出的裁定生效之日起重新计算。①

1116. 【申请承认和执行外国仲裁的材料】

申请人向人民法院申请承认和执行外国仲裁裁决的，应当提交申请书及裁决书正本或者经证明无误的副本。

申请书应当载明下列事项：

（一）申请人或者被申请人为自然人的，应当载明其姓名、性别、出生日期、国籍及住所；为法人或者其他组织的，应当载明其名称、住所以及法定代表人或者代表人的姓名和职务；

（二）裁决书的主要内容及生效日期；

（三）具体的请求和理由。②

1117. 【语言要求及翻译机构的确定】

当事人向人民法院提交的书面材料是外文的，应当同时向人民法院提交中文翻译件。

当事人对中文翻译件有异议的，应当共同委托翻译机构提供翻译文本；当事人对翻译机构的选择不能达成一致的，由人民法院确定。③

1118. 【不予受理承认和执行外国仲裁申请】

申请人提交的文件不符合本规范第1116条的规定，经人民法院释明后提交的文件仍然不符合规定的，裁定不予受理。

申请人向对案件不具有管辖权的人民法院提出申请，人民法

---

① 参照《最高人民法院关于适用〈中华人民共和国民事诉讼法〉的解释》（法释〔2015〕5号，2022年3月22日修正）第五百四十五条。

② 参照《最高人民法院关于审理仲裁司法审查案件若干问题的规定》（法释〔2017〕22号）第六条第一款、第二款。

③ 《最高人民法院关于适用〈中华人民共和国民事诉讼法〉的解释》（法释〔2015〕5号，2022年3月22日修正）第五百二十五条。

院应当告知其向有管辖权的人民法院提出申请，申请人仍不变更申请的，裁定不予受理。

申请人对不予受理的裁定不服的，可以提起上诉。[①]

1119.【驳回承认和执行外国仲裁的申请】

人民法院立案后发现不符合受理条件的，裁定驳回申请。

前款规定的裁定驳回申请的案件，申请人再次申请并符合受理条件的，人民法院应予受理。

当事人对驳回申请的裁定不服的，可以提起上诉。[②]

1120.【承认和执行外国仲裁的受理】

对于申请人的申请，人民法院应当在七日内审查决定是否受理。

人民法院受理承认和执行外国仲裁裁决的案件后，应当在五日内向申请人和被申请人发出通知书，告知其受理情况及相关的权利义务。[③]

1121.【承认和执行外国仲裁的审查】

承认和执行外国仲裁裁决的案件，人民法院应当组成合议庭进行审查。

人民法院应当将申请书送达被申请人。被申请人可以陈述意见。人民法院应当询问当事人。[④]

1122.【承认和执行外国仲裁的裁定生效时间】

承认和执行外国仲裁裁决的案件，除不予受理、驳回申请、管辖权异议的裁定外，一经送达即发生法律效力。当事人申请复

---

① 参照《最高人民法院关于审理仲裁司法审查案件若干问题的规定》（法释〔2017〕22号）第七条。

② 《最高人民法院关于审理仲裁司法审查案件若干问题的规定》（法释〔2017〕22号）第八条。

③ 参照《最高人民法院关于审理仲裁司法审查案件若干问题的规定》（法释〔2017〕22号）第九条。

④ 参照《最高人民法院关于适用〈中华人民共和国民事诉讼法〉的解释》（法释〔2015〕5号，2022年3月22日修正）第五百四十六条，《最高人民法院关于审理仲裁司法审查案件若干问题的规定》（法释〔2017〕22号）第十一条。

议、提出上诉或者申请再审的，人民法院不予受理，但法律和司法解释另有规定的除外。[①]

1123.【撤回承认和执行外国仲裁的申请】

人民法院受理承认和执行外国仲裁裁决的案件后，作出裁定前，申请人请求撤回申请的，裁定准许。[②]

1124.【临时仲裁庭裁决承认和执行的处理】

对临时仲裁庭在中华人民共和国领域外作出的仲裁裁决，一方当事人向人民法院申请承认和执行的，人民法院应当依照本规范第 1110 条规定处理。[③]

五、其他

1125.【海事涉外案件的承认和执行】

当事人申请执行海事仲裁裁决，申请承认和执行外国法院判决、裁定以及国外海事仲裁裁决的，向被执行的财产所在地或者被执行人住所地海事法院提出。被执行的财产所在地或者被执行人的住所地没有海事法院的，向被执行的财产所在地或者被执行人住所地的中级人民法院提出。[④]

---

① 参照《最高人民法院关于审理仲裁司法审查案件若干问题的规定》（法释〔2017〕22 号）第二十条。

② 参照《最高人民法院关于审理仲裁司法审查案件若干问题的规定》（法释〔2017〕22 号）第十九条。

③ 参照《最高人民法院关于适用〈中华人民共和国民事诉讼法〉的解释》（法释〔2015〕5 号，2022 年 3 月 22 日修正）第五百四十三条。

④ 《中华人民共和国海事诉讼特别程序法》（1999 年 12 月 25 日）第十一条。

第八节　港澳台地区法院与仲裁机构作出的生效法律文书的执行

一、对香港特别行政区法院作出的法律文书的认可与执行

1126.【认可和执行香港裁判的范围】

香港特别行政区法院在具有书面管辖协议的民商事案件中作出的须支付款项的具有执行力的终审判决，当事人可以向内地人民法院申请认可和执行。①

前款所称“具有执行力的终审判决”是指香港特别行政区终审法院、高等法院上诉法庭及原讼法庭和区域法院作出的生效判决书、命令和诉讼费评定证明书。②

1127.【香港法院管辖协议】

本规范第1126条第1款所称“书面管辖协议”，是指当事人为解决与特定法律关系有关的已经发生或者可能发生的争议，自2008年8月1日起，以书面形式明确约定香港特别行政区法院具有唯一管辖权的协议。

前款所称“特定法律关系”，是指当事人之间的民商事合同，不包括雇佣合同以及自然人因个人消费、家庭事宜或者其他非商业目的而作为协议一方的合同。

本条第1款所称“书面形式”是指合同书、信件和数据电文（包括电报、电传、传真、电子数据交换和电子邮件）等可以有形地表现所载内容、可以调取以备日后查用的形式。

---

① 参照《最高人民法院关于内地与香港特别行政区法院相互认可和执行当事人协议管辖的民商事案件判决的安排》（法释〔2008〕9号）第一条。

② 参照《最高人民法院关于内地与香港特别行政区法院相互认可和执行当事人协议管辖的民商事案件判决的安排》（法释〔2008〕9号）第二条。

书面管辖协议可以由一份或者多份书面形式组成。

除非合同另有规定，合同中的管辖协议条款独立存在，合同的变更、解除、终止或者无效，不影响管辖协议条款的效力。①

1128.【认可和执行香港裁判的管辖】

申请认可和执行香港特别行政区法院作出的民商事判决，向被申请人住所地、经常居住地或者财产所在地的中级人民法院提出。②

1129.【认可和执行香港裁判的管辖竞合】

被申请人住所地、经常居住地或者财产所在地在不同的中级人民法院辖区的，申请人应当选择向其中一个人民法院提出认可和执行的申请，不得分别向两个或者两个以上人民法院提出申请。

被申请人的住所地、经常居住地或者财产所在地，既在内地又在香港特别行政区的，申请人可以同时分别向两地法院提出申请，两地法院分别执行判决的总额，不得超过判决确定的数额。已经部分或者全部执行判决的法院应当根据对方法院的要求提供已执行判决的情况。③

1130.【申请认可和执行香港裁判的文件】

申请人向有关法院申请认可和执行判决的，应当提交以下文件：

（一）请求认可和执行的申请书；

（二）经作出终审判决的法院盖章的判决书副本；

（三）作出终审判决的法院出具的证明书，证明该判决属于本规范第 1126 条第 2 款所指的终审判决，在判决作出地可以

---

① 参照《最高人民法院关于内地与香港特别行政区法院相互认可和执行当事人协议管辖的民商事案件判决的安排》（法释〔2008〕9 号）第三条。

② 参照《最高人民法院关于内地与香港特别行政区法院相互认可和执行当事人协议管辖的民商事案件判决的安排》（法释〔2008〕9 号）第四条。

③《最高人民法院关于内地与香港特别行政区法院相互认可和执行当事人协议管辖的民商事案件判决的安排》（法释〔2008〕9 号）第五条。

执行；

（四）身份证明材料：

1. 申请人为自然人的，应当提交身份证或者经公证的身份证复印件；

2. 申请人为法人或者其他组织的，应当提交经公证的法人或者其他组织注册登记证书的复印件；

3. 申请人是外国籍法人或者其他组织的，应当提交相应的公证和认证材料。

向内地人民法院提交的文件没有中文文本的，申请人应当提交证明无误的中文译本。

执行地法院对于本条所规定的法院出具的证明书，无需另行要求公证。①

1131.【申请认可和执行香港裁判的申请书】

请求认可和执行申请书应当载明下列事项：

（一）当事人为自然人的，其姓名、住所；当事人为法人或者其他组织的，法人或者其他组织的名称、住所以及法定代表人或者主要负责人的姓名、职务和住所；

（二）申请执行的理由与请求的内容，被申请人的财产所在地以及财产状况；

（三）判决是否在原审法院地申请执行以及已执行的情况。②

1132.【认可和执行香港裁判的法律适用原则】

申请人申请认可和执行香港特别行政区法院判决的程序，依据内地法律的规定。《最高人民法院关于内地与香港特别行政区法院相互认可和执行当事人协议管辖的民商事案件判决的安排》

① 参照《最高人民法院关于内地与香港特别行政区法院相互认可和执行当事人协议管辖的民商事案件判决的安排》（法释〔2008〕9号）第六条。

② 《最高人民法院关于内地与香港特别行政区法院相互认可和执行当事人协议管辖的民商事案件判决的安排》（法释〔2008〕9号）第七条。

另有规定的除外。①

1133.【申请认可和执行香港裁判的期间】

申请人申请认可和执行的期间为二年。

前款规定的期间，从判决可强制执行之日起计算，该日为判决上注明的判决日期，判决对履行期间另有规定的，从规定的履行期间届满后开始计算。②

1134.【不予认可和执行香港裁判的情形】

对申请认可和执行的判决，原审判决中的债务人提供证据证明有下列情形之一的，受理申请的法院经审查核实，应当裁定不予认可和执行：

（一）根据当事人协议选择的原审法院地的法律，管辖协议属于无效，但选择法院已经判定该管辖协议为有效的除外；

（二）判决已获完全履行；

（三）根据内地的法律，内地人民法院对该案享有专属管辖权；

（四）根据内地法律，未曾出庭的败诉一方当事人未经合法传唤或者虽经合法传唤但未获依法律规定的答辩时间。但原审法院根据其法律或者有关规定公告送达的，不属于上述情形；

（五）判决是以欺诈方法取得的；

（六）内地人民法院就相同诉讼请求作出判决，或者外国、境外地区法院就相同诉讼请求作出判决，或者有关仲裁机构作出仲裁裁决，已经为内地人民法院所认可或者执行的。

在内地执行香港特别行政区法院判决违反内地社会公共利益

---

① 参照《最高人民法院关于内地与香港特别行政区法院相互认可和执行当事人协议管辖的民商事案件判决的安排》（法释〔2008〕9号）第八条第一款。

② 参照《最高人民法院关于内地与香港特别行政区法院相互认可和执行当事人协议管辖的民商事案件判决的安排》（法释〔2008〕9号）第八条第二款、第三款。

的，不予认可和执行。[①]

1135.【认可和执行香港裁判的阻却】

对于香港特别行政区法院作出的判决，判决确定的债务人已经提出上诉，或者上诉程序尚未完结的，内地人民法院审查核实后，可以中止认可和执行程序。经上诉，维持全部或者部分原判决的，恢复认可和执行程序；完全改变原判决的，终止认可和执行程序。[②]

1136.【认可和执行香港裁判的复议】

当事人对认可和执行与否的裁定不服的，可以向上一级人民法院申请复议。[③]

1137.【另诉的不予受理及重复申请的禁止】

在法院受理当事人申请认可和执行判决期间，当事人依相同事实再行提起诉讼的，法院不予受理。

已获认可和执行的判决，当事人依相同事实再行提起诉讼的，法院不予受理。[④]

对于根据本规范第 1134 条不予认可和执行的判决，申请人不得再行提起认可和执行的申请，但是可以按照内地的法律依相同案件事实向相关法院提起诉讼。[⑤]

1138.【认可和执行香港裁判的财产保全】

法院受理认可和执行判决的申请之前或者之后，可以按照内地法律关于财产保全的规定，根据申请人的申请，对被申请人的

---

① 参照《最高人民法院关于内地与香港特别行政区法院相互认可和执行当事人协议管辖的民商事案件判决的安排》（法释〔2008〕9 号）第九条。

② 《最高人民法院关于内地与香港特别行政区法院相互认可和执行当事人协议管辖的民商事案件判决的安排》（法释〔2008〕9 号）第十条第一款。

③ 参照《最高人民法院关于内地与香港特别行政区法院相互认可和执行当事人协议管辖的民商事案件判决的安排》（法释〔2008〕9 号）第十二条。

④ 《最高人民法院关于内地与香港特别行政区法院相互认可和执行当事人协议管辖的民商事案件判决的安排》（法释〔2008〕9 号）第十三条第一款、第二款。

⑤ 参照《最高人民法院关于内地与香港特别行政区法院相互认可和执行当事人协议管辖的民商事案件判决的安排》（法释〔2008〕9 号）第十三条第三款。

财产采取保全措施。[①]

1139.【认可和执行香港裁判的费用交纳】

当事人向内地人民法院申请执行判决，应当根据内地有关诉讼收费的规定交纳执行费或者法院费用。[②]

1140.【认可和执行香港裁判的标的范围】

内地与香港特别行政区法院相互认可和执行的标的范围，除判决确定的数额外，还包括根据该判决须支付的利息、经法院核定的律师费以及诉讼费，但不包括税收和罚款。

在香港特别行政区诉讼费是指经法官或者司法常务官在诉讼费评定证明书中核定或者命令支付的诉讼费用。[③]

1141.【认可和执行香港裁判的法律适用时点】

香港特别行政区法院自 2008 年 8 月 1 日（含本日）起作出的判决，适用《最高人民法院关于内地与香港特别行政区法院相互认可和执行当事人协议管辖的民商事案件判决的安排》。[④]

二、对香港特别行政区仲裁机构作出的裁决的执行

1142.【申请执行香港仲裁的范围】

内地人民法院执行按香港特别行政区《仲裁条例》作出的仲裁裁决，适用本部分规定。[⑤]

当事人向人民法院申请执行在香港特别行政区作出的临时仲裁裁决、国际商会仲裁院等国外仲裁机构在香港特别行政区作出

---

① 参照《最高人民法院关于内地与香港特别行政区法院相互认可和执行当事人协议管辖的民商事案件判决的安排》（法释〔2008〕9 号）第十四条。

② 参照《最高人民法院关于内地与香港特别行政区法院相互认可和执行当事人协议管辖的民商事案件判决的安排》（法释〔2008〕9 号）第十五条。

③ 《最高人民法院关于内地与香港特别行政区法院相互认可和执行当事人协议管辖的民商事案件判决的安排》（法释〔2008〕9 号）第十六条。

④ 参照《最高人民法院关于内地与香港特别行政区法院相互认可和执行当事人协议管辖的民商事案件判决的安排》（法释〔2008〕9 号）第十七条。

⑤ 参照《最高人民法院关于内地与香港特别行政区相互执行仲裁裁决的安排》（法释〔2000〕3 号，2020 年 11 月 9 日补充安排）第一条，自 2021 年 5 月 19 日起施行。

的仲裁裁决的，人民法院应当按照本部分的规定进行审查。不存在本规范第 1148 条规定的情形的，该仲裁裁决可以在内地得到执行。①

执行香港特别行政区仲裁裁决的程序，应解释为包括认可和执行香港特别行政区仲裁裁决的程序。②

1143.【申请执行香港仲裁的管辖】

被申请人住所地或者财产所在地在内地不同的中级人民法院辖区的，申请人可以选择其中一个人民法院申请执行裁决，不得分别向两个或者两个以上人民法院提出申请。

被申请人在内地和香港特别行政区均有住所地或者可供执行财产的，申请人可以分别向两地法院申请执行。应对方法院要求，两地法院应当相互提供本方执行仲裁裁决的情况。两地法院执行财产的总额，不得超过裁决确定的数额。③

1144.【申请执行香港仲裁的材料】

申请人向有关法院申请执行香港特别行政区作出的仲裁裁决的，应当提交以下文书：

（一）执行申请书；

（二）仲裁裁决书；

（三）仲裁协议。④

1145.【申请执行香港仲裁的申请书】

执行申请书的内容应当载明下列事项：

（一）申请人为自然人的情况下，该人的姓名、地址；申请

① 参照《最高人民法院关于香港仲裁裁决在内地执行有关问题的通知》（法〔2009〕415 号）。

② 参照《最高人民法院关于内地与香港特别行政区相互执行仲裁裁决的补充安排》（法释〔2020〕13 号）第一条，自 2020 年 11 月 27 日起施行。

③ 《最高人民法院关于内地与香港特别行政区相互执行仲裁裁决的安排》（法释〔2000〕3 号，2020 年 11 月 9 日补充安排）第二条第二款、第三款，自 2021 年 5 月 19 日起施行。

④ 参照《最高人民法院关于内地与香港特别行政区相互执行仲裁裁决的安排》（法释〔2000〕3 号，2020 年 11 月 9 日补充安排）第三条。

人为法人或者其他组织的情况下，该法人或其他组织的名称、地址及法定代表人姓名；

（二）被申请人为自然人的情况下，该人的姓名、地址；被申请人为法人或者其他组织的情况下，该法人或其他组织的名称、地址及法定代表人姓名；

（三）申请人为法人或者其他组织的，应当提交企业注册登记的副本；申请人是外国籍法人或者其他组织的，应当提交相应的公证和认证材料；

（四）申请执行的理由与请求的内容，被申请人的财产所在地及财产状况。

执行申请书应当以中文文本提出，裁决书或者仲裁协议没有中文文本的，申请人应当提交正式证明的中文译本。①

1146.【申请执行香港仲裁的期限】

申请人向有关法院申请执行香港特别行政区仲裁裁决的期限依据内地法律有关时限的规定。②

1147.【申请执行香港仲裁的法律适用】

有关法院接到申请人申请后，应当按内地法律程序处理及执行。

有关法院在受理执行仲裁裁决申请之前或者之后，可以依申请并按照执行地法律规定采取保全或者强制措施。③

1148.【不予执行香港仲裁的情形】

在内地申请执行的仲裁裁决，被申请人接到通知后，提出证据证明有下列情形之一的，经审查核实，人民法院可裁定不予执行：

---

① 《最高人民法院关于内地与香港特别行政区相互执行仲裁裁决的安排》（法释〔2000〕3号，2020年11月9日补充安排）第四条。

② 参照《最高人民法院关于内地与香港特别行政区相互执行仲裁裁决的安排》（法释〔2000〕3号，2020年11月9日补充安排）第五条。

③ 参照《最高人民法院关于内地与香港特别行政区相互执行仲裁裁决的安排》（法释〔2000〕3号，2020年11月9日补充安排）第六条，自2020年11月27日起施行。

（一）仲裁协议当事人依对其适用的法律属于某种无行为能力的情形；或者该项仲裁协议依约定的准据法无效；或者未指明以何种法律为准时，依仲裁裁决地的法律是无效的；

（二）被申请人未接到指派仲裁员的适当通知，或者因他故未能陈述意见的；

（三）裁决所处理的争议不是交付仲裁的标的或者不在仲裁协议条款之内，或者裁决载有关于交付仲裁范围以外事项的决定的；但交付仲裁事项的决定可与未交付仲裁的事项划分时，裁决中关于交付仲裁事项的决定部分应当予以执行；

（四）仲裁庭的组成或者仲裁庭程序与当事人之间的协议不符，或者在有关当事人没有这种协议时与仲裁地的法律不符的；

（五）裁决对当事人尚无约束力，或者业经仲裁地的法院或者按仲裁地的法律撤销或者停止执行的。

人民法院认定依内地法律，争议事项不能以仲裁解决的，则可不予执行该裁决。

人民法院认定在内地执行该仲裁裁决违反内地社会公共利益，则可不予执行该裁决。①

1149.【不予执行香港仲裁的报核】

各中级人民法院或者专门人民法院办理涉香港仲裁不予执行案件，经审查拟不予执行香港特别行政区仲裁裁决，应当向本辖区所属高级人民法院报核；高级人民法院经审查拟同意的，应当向最高人民法院报核。待最高人民法院审核后，方可依最高人民法院的审核意见作出裁定。②。

1150.【不予执行香港仲裁后的救济】

人民法院裁定不予执行仲裁裁决、驳回或者不予受理不予执

① 参照《最高人民法院关于内地与香港特别行政区相互执行仲裁裁决的安排》（法释〔2000〕3号，2020年11月9日补充安排）第七条。

② 参照《最高人民法院关于仲裁司法审查案件报核问题的有关规定》（法释〔2017〕21号，2021年11月15日修正）第二条。

行仲裁裁决申请后，当事人对该裁定提出执行异议或者申请复议的，人民法院不予受理。①

1151.【申请执行香港仲裁的费用交纳】

申请人向有关法院申请执行在香港特别行政区作出的仲裁裁决，应当根据内地有关诉讼收费的办法交纳执行费用。②

1152.【申请执行香港仲裁的法律适用时点】

1997年7月1日以后申请执行在香港特别行政区作出的仲裁裁决按本部分规定执行。③

1153.【1997年7月1日至2000年8月1日之间香港裁决的执行申请】

对1997年7月1日至2000年8月1日期间因故未能向内地法院或者香港特别行政区法院申请执行，申请人为法人或者其他组织的，可以在2000年8月1日后六个月内提出；如申请人为自然人的，可以在2000年8月1日后一年内提出。

对于内地或香港特别行政区法院在1997年7月1日至2000年8月1日拒绝受理或者拒绝执行仲裁裁决的案件，应允许当事人重新申请。④

三、对澳门特别行政区法院作出的民商事判决的执行

1154.【申请认可和执行澳门裁判的范围】

对澳门特别行政区民商事案件（包括劳动民事案件）判决的认可和执行，适用《最高人民法院关于内地与澳门特别行政区相

① 《最高人民法院关于人民法院办理仲裁裁决执行案件若干问题的规定》（法释〔2018〕5号）第二十二条第一款。

② 参照《最高人民法院关于内地与香港特别行政区相互执行仲裁裁决的安排》（法释〔2000〕3号，2020年11月9日补充安排）第八条。

③ 参照《最高人民法院关于内地与香港特别行政区相互执行仲裁裁决的安排》（法释〔2000〕3号，2020年11月9日补充安排）第九条。

④ 参照《最高人民法院关于内地与香港特别行政区相互执行仲裁裁决的安排》（法释〔2000〕3号，2020年11月9日补充安排）第十条。

互认可和执行民商事判决的安排》。

该安排亦适用于刑事案件中有关民事损害赔偿的判决、裁定。

该安排不适用于行政案件。[①]

1155.【澳门法院作出的民商事判决的范围】

本部分所称“判决”，包括澳门特别行政区的裁判、判决、确认和解的裁定、法官的决定或者批示。

本部分所称“被请求方”，指内地法院。[②]

1156.【可申请认可和执行的澳门判决】

澳门特别行政区作出的具有给付内容的生效判决，当事人可以向内地有管辖权的法院申请认可和执行。[③]

1157.【认可和执行澳门裁判的管辖】

内地有权受理认可和执行判决申请的法院为被申请人住所地、经常居住地或者财产所在地的中级人民法院。两个或者两个以上中级人民法院均有管辖权的，申请人应当选择向其中一个中级人民法院提出申请。[④]

1158.【认可和执行澳门裁判的管辖竞合】

被申请人在内地和澳门特别行政区均有可供执行财产的，申请人可以向一地法院提出执行申请。

申请人向一地法院提出执行申请的同时，可以向另一地法院申请查封、扣押或者冻结被执行人的财产。待一地法院执行完毕后，可以根据该地法院出具的执行情况证明，就不足部分向另一

---

① 参照《最高人民法院关于内地与澳门特别行政区相互认可和执行民商事判决的安排》（法释〔2006〕2号）第一条。

② 参照《最高人民法院关于内地与澳门特别行政区相互认可和执行民商事判决的安排》（法释〔2006〕2号）第二条。

③ 参照《最高人民法院关于内地与澳门特别行政区相互认可和执行民商事判决的安排》（法释〔2006〕2号）第三条第一款。

④ 《最高人民法院关于内地与澳门特别行政区相互认可和执行民商事判决的安排》（法释〔2006〕2号）第四条第一款。

地法院申请采取处分财产的执行措施。

两地法院执行财产的总额，不得超过依据判决和法律规定所确定的数额。[①]

1159.【申请认可和执行澳门裁判的申请书】

请求认可和执行判决的申请书，应当载明下列事项：

（一）申请人或者被申请人为自然人的，应当载明其姓名及住所；为法人或者其他组织的，应当载明其名称及住所，以及其法定代表人或者主要负责人的姓名、职务和住所；

（二）请求认可和执行的判决的案号和判决日期；

（三）请求认可和执行判决的理由、标的，以及该判决在判决作出地法院的执行情况。[②]

1160.【申请认可和执行澳门裁判的文件】

申请书应当附生效判决书副本，或者经作出生效判决的法院盖章的证明书，同时应当附作出生效判决的法院或者有权限机构出具的证明下列事项的相关文件：

（一）传唤属依法作出，但判决书已经证明的除外；

（二）无诉讼行为能力人依法得到代理，但判决书已经证明的除外；

（三）根据判决作出地的法律，判决已经送达当事人，并已生效；

（四）申请人为法人的，应当提供法人营业执照副本或者法人登记证明书；

（五）判决作出地法院发出的执行情况证明。

如被请求方法院认为已充分了解有关事项时，可以免除提交相关文件。

---

① 《最高人民法院关于内地与澳门特别行政区相互认可和执行民商事判决的安排》（法释〔2006〕2号）第五条。

② 《最高人民法院关于内地与澳门特别行政区相互认可和执行民商事判决的安排》（法释〔2006〕2号）第六条。

被请求方法院对当事人提供的判决书的真实性有疑问时，可以请求作出生效判决的法院予以确认。[①]

1161. 【申请认可和执行澳门裁判的语言要求】

申请书应当用中文制作。所附司法文书及其相关文件未用中文制作的，应当提供中文译本。其中法院判决书未用中文制作的，应当提供由法院出具的中文译本。[②]

1162. 【申请认可和执行澳门裁判的审查程序】

法院收到申请人请求认可和执行判决的申请后，应当将申请书送达被申请人。

被申请人有权提出答辩。[③]

人民法院应当尽快审查认可和执行的请求，并作出裁定。[④]

1163. 【不予认可和执行澳门裁判的情形】

人民法院经审查核实存在下列情形之一的，裁定不予认可：

（一）根据内地法律，判决所确认的事项属于内地法院专属管辖；

（二）在内地法院已存在相同诉讼，该诉讼先于待认可判决的诉讼提起，且内地法院具有管辖权；

（三）内地法院已认可或者执行内地法院以外的法院或仲裁机构就相同诉讼作出的判决或仲裁裁决；

（四）根据澳门特别行政区的法律规定，败诉的当事人未得到合法传唤，或者无诉讼行为能力人未依法得到代理；

（五）根据澳门特别行政区的法律规定，申请认可和执行的

---

① 《最高人民法院关于内地与澳门特别行政区相互认可和执行民商事判决的安排》（法释〔2006〕2号）第七条。

② 《最高人民法院关于内地与澳门特别行政区相互认可和执行民商事判决的安排》（法释〔2006〕2号）第八条。

③ 《最高人民法院关于内地与澳门特别行政区相互认可和执行民商事判决的安排》（法释〔2006〕2号）第九条。

④ 参照《最高人民法院关于内地与澳门特别行政区相互认可和执行民商事判决的安排》（法释〔2006〕2号）第十条。

判决尚未发生法律效力，或者因再审被裁定中止执行；

（六）在内地认可和执行判决将违反内地法律的基本原则或者社会公共利益。①

1164.【不服认可和执行裁定的救济】

法院就认可和执行判决的请求作出裁定后，应当及时送达。

当事人对认可与否的裁定不服的，可以向上一级人民法院提请复议；对执行中作出的裁定不服的，可以根据内地法律的规定，向相关法院寻求救济。②

1165.【认可的澳门判决的效力】

经裁定予以认可的判决，与内地法院的判决具有同等效力。判决有给付内容的，当事人可以向内地有管辖权的法院申请执行。③

1166.【部分认可和执行澳门裁判】

内地法院不能对判决所确认的所有请求予以认可和执行时，可以认可和执行其中的部分请求。④

1167.【申请认可和执行澳门裁判的财产保全】

人民法院受理认可和执行判决的申请之前或者之后，可以按照内地法律关于财产保全的规定，根据申请人的申请，对被申请人的财产采取保全措施。⑤

1168.【认可和执行澳门裁判对另诉的排除】

在内地法院受理认可和执行判决的申请期间，或者判决已获

---

① 参照《最高人民法院关于内地与澳门特别行政区相互认可和执行民商事判决的安排》（法释〔2006〕2号）第十一条。

② 参照《最高人民法院关于内地与澳门特别行政区相互认可和执行民商事判决的安排》（法释〔2006〕2号）第十二条。

③ 参照《最高人民法院关于内地与澳门特别行政区相互认可和执行民商事判决的安排》（法释〔2006〕2号）第十三条。

④ 参照《最高人民法院关于内地与澳门特别行政区相互认可和执行民商事判决的安排》（法释〔2006〕2号）第十四条。

⑤ 参照《最高人民法院关于内地与澳门特别行政区相互认可和执行民商事判决的安排》（法释〔2006〕2号）第十五条。

认可和执行，当事人再行提起相同诉讼的，内地法院不予受理。[①]

1169.【不予认可澳门裁判后的权利保障】

对于根据本规范第1163条第1项、第4项、第6项不予认可的判决，申请人不得再行提起认可和执行的申请。但根据内地的法律，内地法院有管辖权的，当事人可以就相同案件事实向内地法院另行提起诉讼。

本规范第1163条第5项所指的判决，在不予认可的情形消除后，申请人可以再行提起认可和执行的申请。[②]

1170.【申请认可和执行澳门裁判公文书认证的免除】

为适用《最高人民法院关于内地与澳门特别行政区相互认可和执行民商事判决的安排》，由一方有权限公共机构（包括公证员）作成或者公证的文书正本、副本及译本，免除任何认证手续而可以在对方使用。[③]

1171.【申请认可和执行澳门裁判的费用交纳】

申请人依据《最高人民法院关于内地与澳门特别行政区相互认可和执行民商事判决的安排》申请认可和执行判决，应当根据内地法律规定，交纳诉讼费用、执行费用。

申请人在澳门特别行政区获准缓交、减交、免交诉讼费用的，在内地法院申请认可和执行判决时，应当享有同等待遇。[④]

1172.【申请认可和执行澳门裁判的法律适用原则】

对民商事判决的认可和执行，除《最高人民法院关于内地与澳门特别行政区相互认可和执行民商事判决的安排》规定的以

---

① 参照《最高人民法院关于内地与澳门特别行政区相互认可和执行民商事判决的安排》（法释〔2006〕2号）第十六条。

② 参照《最高人民法院关于内地与澳门特别行政区相互认可和执行民商事判决的安排》（法释〔2006〕2号）第十七条。

③ 参照《最高人民法院关于内地与澳门特别行政区相互认可和执行民商事判决的安排》（法释〔2006〕2号）第十八条。

④ 参照《最高人民法院关于内地与澳门特别行政区相互认可和执行民商事判决的安排》（法释〔2006〕2号）第十九条。

外，适用内地的法律规定。[①]

四、对澳门特别行政区仲裁机构作出的裁决的执行

1173. 【认可和执行澳门仲裁的一般规定】

内地人民法院认可和执行澳门特别行政区仲裁机构及仲裁员按照澳门特别行政区仲裁法规在澳门作出的民商事仲裁裁决，适用本部分规定。

本部分没有规定的，适用内地的程序法律规定。[②]

1174. 【申请认可和执行澳门仲裁的管辖】

在澳门特别行政区作出的仲裁裁决，一方当事人不履行的，另一方当事人可以向被申请人住所地、经常居住地或者财产所在地的内地中级人民法院申请认可和执行。

两个或者两个以上中级人民法院均有管辖权的，当事人应当选择向其中一个中级人民法院提出申请。[③]

1175. 【申请认可和执行澳门仲裁的管辖竞合】

被申请人的住所地、经常居住地或者财产所在地分别在内地和澳门特别行政区的，申请人可以向一地法院提出认可和执行申请，也可以分别向两地法院提出申请。

当事人分别向两地法院提出申请的，两地法院都应当依法进行审查。予以认可的，采取查封、扣押或者冻结被执行人财产等执行措施。仲裁地法院应当先进行执行清偿；另一地法院在收到仲裁地法院关于经执行债权未获清偿情况的证明后，可以对申请人未获清偿的部分进行执行清偿。两地法院执行财产的总额，不

---

① 参照《最高人民法院关于内地与澳门特别行政区相互认可和执行民商事判决的安排》（法释〔2006〕1号）第二十条。

② 参照《最高人民法院关于内地与澳门特别行政区相互认可和执行仲裁裁决的安排》（法释〔2007〕17号）第一条。

③ 参照《最高人民法院关于内地与澳门特别行政区相互认可和执行仲裁裁决的安排》（法释〔2007〕17号）第二条第一款、第二款。

得超过依据裁决和法律规定所确定的数额。①

1176.【申请认可和执行澳门仲裁的文件】

申请人向有关法院申请认可和执行仲裁裁决的，应当提交以下文件或者经公证的副本：

（一）申请书；

（二）申请人身份证明；

（三）仲裁协议；

（四）仲裁裁决书或者仲裁调解书。

上述文件没有中文文本的，申请人应当提交经正式证明的中文译本。②

1177.【申请认可和执行澳门仲裁的申请书】

申请书应当包括下列内容：

（一）申请人或者被申请人为自然人的，应当载明其姓名及住所；为法人或者其他组织的，应当载明其名称及住所，以及其法定代表人或者主要负责人的姓名、职务和住所；申请人是外国籍法人或者其他组织的，应当提交相应的公证和认证材料；

（二）请求认可和执行的仲裁裁决书或者仲裁调解书的案号或识别资料和生效日期；

（三）申请认可和执行仲裁裁决的理由及具体请求，以及被申请人财产所在地、财产状况及该仲裁裁决的执行情况。③

1178.【申请认可和执行澳门仲裁的期限】

申请人向有关法院申请认可和执行澳门特别行政区仲裁裁决

---

① 《最高人民法院关于内地与澳门特别行政区相互认可和执行仲裁裁决的安排》（法释〔2007〕17号）第三条。

② 《最高人民法院关于内地与澳门特别行政区相互认可和执行仲裁裁决的安排》（法释〔2007〕17号）第四条。

③ 《最高人民法院关于内地与澳门特别行政区相互认可和执行仲裁裁决的安排》（法释〔2007〕17号）第五条。

的期限，依据内地法律确定。①

1179.【不予认可和执行澳门仲裁的情形】

对申请认可和执行的仲裁裁决，被申请人提出证据证明有下列情形之一的，经审查核实，人民法院可以裁定不予认可：

（一）仲裁协议一方当事人依对其适用的法律在订立仲裁协议时属于无行为能力的；或者依当事人约定的准据法，或当事人没有约定适用的准据法而依仲裁地法律，该仲裁协议无效的；

（二）被申请人未接到选任仲裁员或者进行仲裁程序的适当通知，或者因他故未能陈述意见的；

（三）裁决所处理的争议不是提交仲裁的争议，或者不在仲裁协议范围之内；或者裁决载有超出当事人提交仲裁范围的事项的决定，但裁决中超出提交仲裁范围的事项的决定与提交仲裁事项的决定可以分开的，裁决中关于提交仲裁事项的决定部分可以予以认可；

（四）仲裁庭的组成或者仲裁程序违反了当事人的约定，或者在当事人没有约定时与仲裁地的法律不符的；

（五）裁决对当事人尚无约束力，或者业经仲裁地的法院撤销或者拒绝执行的。

人民法院认定，依内地法律，争议事项不能以仲裁解决的，不予认可和执行该裁决。

人民法院认定在内地认可和执行该仲裁裁决违反内地法律的基本原则或者社会公共利益，不予认可和执行该裁决。②

1180.【不予认可和执行澳门仲裁的报核】

各中级人民法院或者专门人民法院办理涉澳门特别行政区仲裁不予认可和执行案件，经审查拟不予认可和执行澳门特别行政

---

① 参照《最高人民法院关于内地与澳门特别行政区相互认可和执行仲裁裁决的安排》（法释〔2007〕17号）第六条。

② 参照《最高人民法院关于内地与澳门特别行政区相互认可和执行仲裁裁决的安排》（法释〔2007〕17号）第七条。

区仲裁裁决，应当向本辖区所属高级人民法院报核；高级人民法院经审查拟同意的，应当向最高人民法院报核。待最高人民法院审核后，方可依最高人民法院的审核意见作出裁定。[①]。

人民法院裁定不予执行仲裁裁决、驳回或者不予受理不予执行仲裁裁决申请后，当事人对该裁定提出执行异议或者申请复议的，人民法院不予受理。[②]

1181. 【申请认可和执行澳门仲裁的费用交纳】

申请人依据《最高人民法院关于内地与澳门特别行政区相互认可和执行仲裁裁决的安排》申请认可和执行仲裁裁决的，应当根据内地法律的规定，交纳诉讼费用。[③]

1182. 【澳门仲裁执行申请与撤销申请的竞合】

一方当事人向一地法院申请执行仲裁裁决，另一方当事人向另一地法院申请撤销该仲裁裁决，被执行人申请中止执行且提供充分担保的，执行法院应当中止执行。

根据经认可的撤销仲裁裁决的判决、裁定，执行法院应当终结执行程序；撤销仲裁裁决申请被驳回的，执行法院应当恢复执行。

当事人申请中止执行的，应当向执行法院提供其他法院已经受理申请撤销仲裁裁决案件的法律文书。[④]

1183. 【申请认可和执行澳门仲裁的处理】

受理申请的法院应当尽快审查认可和执行的请求，并作出

---

① 参照《最高人民法院关于仲裁司法审查案件报核问题的有关规定》（法释〔2017〕21号，2021年11月15日修正）第二条第一款。

② 《最高人民法院关于人民法院办理仲裁裁决执行案件若干问题的规定》（法释〔2018〕5号）第二十二条第一款。

③ 参照《最高人民法院关于内地与澳门特别行政区相互认可和执行仲裁裁决的安排》（法释〔2007〕17号）第八条。

④ 《最高人民法院关于内地与澳门特别行政区相互认可和执行仲裁裁决的安排》（法释〔2007〕17号）第九条。

裁定。[①]

1184.【申请认可和执行澳门仲裁的财产保全】

法院在受理认可和执行仲裁裁决申请之前或者之后，可以依当事人的申请，按照内地法律规定，对被申请人的财产采取保全措施。[②]

1185.【申请认可和执行澳门仲裁公文书认证的免除】

由澳门特别行政区有权限公共机构（包括公证员）作成的文书正本或者经公证的文书副本及译本，在适用《最高人民法院关于内地与澳门特别行政区相互认可和执行仲裁裁决的安排》时，可以免除认证手续在内地法院使用。[③]

五、对我国台湾地区法院作出的民事判决的执行

1186.【申请认可和执行台湾裁判的一般规定】

台湾地区法院民事判决的当事人可以根据《最高人民法院关于认可和执行台湾地区法院民事判决的规定》，作为申请人向人民法院申请认可和执行台湾地区有关法院民事判决。[④]

1187.【申请认可和执行台湾裁判的范围】

本部分规范所称台湾地区法院民事判决，包括台湾地区法院作出的生效民事判决、裁定、和解笔录、调解笔录、支付命令等。

申请认可台湾地区法院在刑事案件中作出的有关民事损害赔偿的生效判决、裁定、和解笔录的，适用《最高人民法院关于认可和执行台湾地区法院民事判决的规定》。

---

① 《最高人民法院关于内地与澳门特别行政区相互认可和执行仲裁裁决的安排》（法释〔2007〕17号）第十条。

② 参照《最高人民法院关于内地与澳门特别行政区相互认可和执行仲裁裁决的安排》（法释〔2007〕17号）第十一条。

③ 参照《最高人民法院关于内地与澳门特别行政区相互认可和执行仲裁裁决的安排》（法释〔2007〕17号）第十二条。

④ 参照《最高人民法院关于认可和执行台湾地区法院民事判决的规定》（法释〔2015〕13号）第一条。

申请认可由台湾地区乡镇市调解委员会等出具并经台湾地区法院核定，与台湾地区法院生效民事判决具有同等效力的调解文书的，参照适用《最高人民法院关于认可和执行台湾地区法院民事判决的规定》。①

1188.【台湾裁判的先认可后执行】

申请人同时提出认可和执行台湾地区法院民事判决申请的，人民法院先按照认可程序进行审查，裁定认可后，由人民法院执行机构执行。

申请人直接申请执行的，人民法院应当告知其一并提交认可申请；坚持不申请认可的，裁定驳回其申请。②

1189.【认可和执行台湾裁判的管辖】

申请认可台湾地区法院民事判决的案件，由申请人住所地、经常居住地或者被申请人住所地、经常居住地、财产所在地中级人民法院或者专门人民法院受理。

申请人向两个以上有管辖权的人民法院申请认可的，由最先立案的人民法院管辖。

申请人向被申请人财产所在地人民法院申请认可的，应当提供财产存在的相关证据。③

1190.【认可和执行台湾裁判的审查程序】

对申请认可台湾地区法院民事判决的案件，人民法院应当组成合议庭进行审查。④

1191.【申请认可和执行台湾裁判的委托代理】

申请人委托他人代理申请认可台湾地区法院民事判决的，应

---

① 参照《最高人民法院关于认可和执行台湾地区法院民事判决的规定》（法释〔2015〕13号）第二条。

② 《最高人民法院关于认可和执行台湾地区法院民事判决的规定》（法释〔2015〕13号）第三条。

③ 《最高人民法院关于认可和执行台湾地区法院民事判决的规定》（法释〔2015〕13号）第四条。

④ 《最高人民法院关于认可和执行台湾地区法院民事判决的规定》（法释〔2015〕13号）第五条。

当向人民法院提交由委托人签名或者盖章的授权委托书。

台湾地区、香港特别行政区、澳门特别行政区或者外国当事人签名或者盖章的授权委托书应当履行相关的公证、认证或者其他证明手续，但授权委托书在人民法院法官的见证下签署或者经中国大陆公证机关公证证明是在中国大陆签署的除外。①

1192.【申请认可和执行台湾裁判的申请书及应附文件】

申请人申请认可台湾地区法院民事判决，应当提交申请书，并附有台湾地区有关法院民事判决文书和民事判决确定证明书的正本或者经证明无误的副本。台湾地区法院民事判决为缺席判决的，申请人应当同时提交台湾地区法院已经合法传唤当事人的证明文件，但判决已经对此予以明确说明的除外。

申请书应当记明以下事项：

（一）申请人和被申请人姓名、性别、年龄、职业、身份证件号码、住址（申请人或者被申请人为法人或者其他组织的，应当记明法人或者其他组织的名称、地址、法定代表人或者主要负责人姓名、职务）和通讯方式；

（二）请求和理由；

（三）申请认可的判决的执行情况；

（四）其他需要说明的情况。②

1193.【认可和执行台湾裁判的立案审查及救济程序】

对于符合本规范第 1189 条和第 1192 条规定条件的申请，人民法院应当在收到申请后七日内立案，并通知申请人和被申请人，同时将申请书送达被申请人；不符合本规范第 1189 条和第 1192 条规定条件的，应当在七日内裁定不予受理，同时说明不予

---

① 《最高人民法院关于认可和执行台湾地区法院民事判决的规定》（法释〔2015〕13 号）第六条。

② 《最高人民法院关于认可和执行台湾地区法院民事判决的规定》（法释〔2015〕13 号）第七条。

受理的理由；申请人对裁定不服的，可以提起上诉。①

1194.【台湾裁判真实且生效的证明】

申请人申请认可台湾地区法院民事判决，应当提供相关证明文件，以证明该判决真实并且已经生效。

申请人可以申请人民法院通过海峡两岸调查取证司法互助途径查明台湾地区法院民事判决的真实性和是否生效以及当事人得到合法传唤的证明文件；人民法院认为必要时，也可以就有关事项依职权通过海峡两岸司法互助途径向台湾地区请求调查取证。②

1195.【申请认可和执行台湾裁判的财产保全】

人民法院受理认可台湾地区法院民事判决的申请之前或者之后，可以按照民事诉讼法及相关司法解释的规定，根据申请人的申请，裁定采取保全措施。③

1196.【台湾裁判申请认可和起诉的相互排斥】

人民法院受理认可台湾地区法院民事判决的申请后，当事人就同一争议起诉的，不予受理。

一方当事人向人民法院起诉后，另一方当事人向人民法院申请认可的，对于认可的申请不予受理。④

1197.【台湾裁判未申请认可的可诉性】

案件虽经台湾地区有关法院判决，但当事人未申请认可，而是就同一争议向人民法院起诉的，应予受理。⑤

1198.【申请撤回认可和执行台湾裁判的处理】

人民法院受理认可台湾地区法院民事判决的申请后，作出裁

---

① 参照《最高人民法院关于认可和执行台湾地区法院民事判决的规定》（法释〔2015〕13号）第八条。

② 《最高人民法院关于认可和执行台湾地区法院民事判决的规定》（法释〔2015〕13号）第九条。

③ 《最高人民法院关于认可和执行台湾地区法院民事判决的规定》（法释〔2015〕13号）第十条。

④ 《最高人民法院关于认可和执行台湾地区法院民事判决的规定》（法释〔2015〕13号）第十一条。

⑤ 《最高人民法院关于认可和执行台湾地区法院民事判决的规定》（法释〔2015〕13号）第十二条。

定前，申请人请求撤回申请的，可以裁定准许。[①]

1199.【认可和执行台湾裁判的审查期限】

人民法院受理认可台湾地区法院民事判决的申请后，应当在立案之日起六个月内审结。有特殊情况需要延长的，报请上一级人民法院批准。

通过海峡两岸司法互助途径送达文书和调查取证的期间，不计入审查期限。[②]

1200.【不予认可和执行台湾裁判的情形】

台湾地区法院民事判决具有下列情形之一的，裁定不予认可：

（一）申请认可的民事判决，是在被申请人缺席又未经合法传唤或者在被申请人无诉讼行为能力又未得到适当代理的情况下作出的；

（二）案件系人民法院专属管辖的；

（三）案件双方当事人订有有效仲裁协议，且无放弃仲裁管辖情形的；

（四）案件系人民法院已作出判决或者中国大陆的仲裁庭已作出仲裁裁决的；

（五）香港特别行政区、澳门特别行政区或者外国的法院已就同一争议作出判决且已为人民法院所认可或者承认的；

（六）台湾地区、香港特别行政区、澳门特别行政区或者外国的仲裁庭已就同一争议作出仲裁裁决且已为人民法院所认可或者承认的。

认可该民事判决将违反一个中国原则等国家法律的基本原则

---

① 《最高人民法院关于认可和执行台湾地区法院民事判决的规定》（法释〔2015〕13号）第十三条。

② 《最高人民法院关于认可和执行台湾地区法院民事判决的规定》（法释〔2015〕13号）第十四条。

或者损害社会公共利益的，人民法院应当裁定不予认可。[①]

1201.【申请认可台湾裁判的处理】

人民法院经审查能够确认台湾地区法院民事判决真实并且已经生效，而且不具有本规范第 1200 条所列情形的，裁定认可其效力；不能确认该民事判决的真实性或者已经生效的，裁定驳回申请人的申请。

裁定驳回申请的案件，申请人再次申请并符合受理条件的，人民法院应予受理。[②]

1202.【台湾裁判被认可后的效力】

经人民法院裁定认可的台湾地区法院民事判决，与人民法院作出的生效判决具有同等效力。[③]

1203.【台湾裁判认可裁定的生效时间及复议程序】

人民法院依据本规范第 1200 条和第 1201 条作出的裁定，一经送达即发生法律效力。

当事人对上述裁定不服的，可以自裁定送达之日起十日内向上一级人民法院申请复议。[④]

1204.【台湾裁判不予认可后起诉的允许】

对人民法院裁定不予认可的台湾地区法院民事判决，申请人再次提出申请的，人民法院不予受理，但申请人可以就同一争议向人民法院起诉。[⑤]

1205.【申请认可和执行台湾裁判的期限与中断】

申请人申请认可和执行台湾地区法院民事判决的期间，适用

---

① 《最高人民法院关于认可和执行台湾地区法院民事判决的规定》（法释〔2015〕13 号）第十五条。

② 参照《最高人民法院关于认可和执行台湾地区法院民事判决的规定》（法释〔2015〕13 号）第十六条。

③ 《最高人民法院关于认可和执行台湾地区法院民事判决的规定》（法释〔2015〕13 号）第十七条。

④ 参照《最高人民法院关于认可和执行台湾地区法院民事判决的规定》（法释〔2015〕13 号）第十八条。

⑤ 《最高人民法院关于认可和执行台湾地区法院民事判决的规定》（法释〔2015〕13 号）第十九条。

本规范第22条第1款、第2款的规定，但申请认可台湾地区法院有关身份关系的判决除外。

申请人仅申请认可而未同时申请执行的，申请执行的期间自人民法院对认可申请作出的裁定生效之日起重新计算。①

1206.【申请认可和执行台湾裁判的文书送达】

人民法院在办理申请认可和执行台湾地区法院民事判决案件中作出的法律文书，应当依法送达案件当事人。②

1207.【申请认可和执行台湾裁判的费用交纳】

申请认可和执行台湾地区法院民事判决，应当参照《诉讼费用交纳办法》的规定，交纳相关费用。③

六、对台湾地区仲裁机构作出的仲裁裁决的执行

1208.【认可和执行台湾仲裁的一般规定】

台湾地区仲裁裁决的当事人可以根据《最高人民法院关于认可和执行台湾地区仲裁裁决的规定》，作为申请人向人民法院申请认可和执行台湾地区仲裁裁决。④

1209.【认可和执行台湾仲裁的范围】

本部分规定所称台湾地区仲裁裁决是指，有关常设仲裁机构及临时仲裁庭在台湾地区按照台湾地区仲裁规定就有关民商事争议作出的仲裁裁决，包括仲裁判断、仲裁和解和仲裁调解。⑤

1210.【认可和执行同时申请或仅执行申请的处理】

申请人同时提出认可和执行台湾地区仲裁裁决申请的，人民

---

① 参照《最高人民法院关于认可和执行台湾地区法院民事判决的规定》（法释〔2015〕13号）第二十条。

② 《最高人民法院关于认可和执行台湾地区法院民事判决的规定》（法释〔2015〕13号）第二十一条。

③ 《最高人民法院关于认可和执行台湾地区法院民事判决的规定》（法释〔2015〕13号）第二十二条。

④ 参照《最高人民法院关于认可和执行台湾地区仲裁裁决的规定》（法释〔2015〕14号）第一条。

⑤ 参照《最高人民法院关于认可和执行台湾地区仲裁裁决的规定》（法释〔2015〕14号）第二条。

法院先按照认可程序进行审查，裁定认可后，由人民法院执行机构执行。

申请人直接申请执行的，人民法院应当告知其一并提交认可申请；坚持不申请认可的，裁定驳回其申请。①

1211.【申请认可和执行台湾仲裁的管辖】

申请认可台湾地区仲裁裁决的案件，由申请人住所地、经常居住地或者被申请人住所地、经常居住地、财产所在地中级人民法院或者专门人民法院受理。

申请人向两个以上有管辖权的人民法院申请认可的，由最先立案的人民法院管辖。

申请人向被申请人财产所在地人民法院申请认可的，应当提供财产存在的相关证据。②

1212.【申请认可和执行台湾仲裁的审查机构】

对申请认可台湾地区仲裁裁决的案件，人民法院应当组成合议庭进行审查。③

1213.【申请认可和执行台湾仲裁的委托代理】

申请人委托他人代理申请认可台湾地区仲裁裁决的，应当向人民法院提交由委托人签名或者盖章的授权委托书。

台湾地区、香港特别行政区、澳门特别行政区或者外国当事人签名或者盖章的授权委托书应当履行相关的公证、认证或者其他证明手续，但授权委托书在人民法院法官的见证下签署或者经中国大陆公证机关公证证明是在中国大陆签署的除外。④

---

① 《最高人民法院关于认可和执行台湾地区仲裁裁决的规定》（法释〔2015〕14号）第三条。

② 《最高人民法院关于认可和执行台湾地区仲裁裁决的规定》（法释〔2015〕14号）第四条。

③ 《最高人民法院关于认可和执行台湾地区仲裁裁决的规定》（法释〔2015〕14号）第五条。

④ 《最高人民法院关于认可和执行台湾地区仲裁裁决的规定》（法释〔2015〕14号）第六条。

1214.【申请认可和执行台湾仲裁的文件】

申请人申请认可台湾地区仲裁裁决，应当提交以下文件或者经证明无误的副本：

（一）申请书；

（二）仲裁协议；

（三）仲裁判断书、仲裁和解书或者仲裁调解书。[①]

1215.【申请认可和执行台湾仲裁的申请书】

申请书应当记明以下事项：

（一）申请人和被申请人姓名、性别、年龄、职业、身份证件号码、住址（申请人或者被申请人为法人或者其他组织的，应当记明法人或者其他组织的名称、地址、法定代表人或者主要负责人姓名、职务）和通讯方式；

（二）申请认可的仲裁判断书、仲裁和解书或者仲裁调解书的案号或者识别资料和生效日期；

（三）请求和理由；

（四）被申请人财产所在地、财产状况及申请认可的仲裁裁决的执行情况；

（五）其他需要说明的情况。[②]

1216.【认可和执行台湾仲裁的立案审查及救济程序】

对于符合本规范第1211条、第1214条和第1215条规定条件的申请，人民法院应当在收到申请后七日内立案，并通知申请人和被申请人，同时将申请书送达被申请人；不符合本规范第1211条、第1214条和第1215条规定条件的，应当在七日内裁定不予受理，同时说明不予受理的理由；申请人对裁定不服的，可以提

---

① 《最高人民法院关于认可和执行台湾地区仲裁裁决的规定》（法释〔2015〕14号）第七条第一款。

② 《最高人民法院关于认可和执行台湾地区仲裁裁决的规定》（法释〔2015〕14号）第七条第二款。

起上诉。[①]

1217.【台湾仲裁裁决真实性的证明】

申请人申请认可台湾地区仲裁裁决，应当提供相关证明文件，以证明该仲裁裁决的真实性。

申请人可以申请人民法院通过海峡两岸调查取证司法互助途径查明台湾地区仲裁裁决的真实性；人民法院认为必要时，也可以就有关事项依职权通过海峡两岸司法互助途径向台湾地区请求调查取证。[②]

1218.【申请认可和执行台湾仲裁的财产保全】

人民法院受理认可台湾地区仲裁裁决的申请之前或者之后，可以按照民事诉讼法及相关司法解释的规定，根据申请人的申请，裁定采取保全措施。[③]

1219.【台湾仲裁申请认可和起诉的相互排斥】

人民法院受理认可台湾地区仲裁裁决的申请后，当事人就同一争议起诉的，不予受理。

当事人未申请认可，而是就同一争议向人民法院起诉的，亦不予受理，但仲裁协议无效的除外。[④]

1220.【申请撤回认可和执行台湾仲裁的处理】

人民法院受理认可台湾地区仲裁裁决的申请后，作出裁定前，申请人请求撤回申请的，可以裁定准许。[⑤]

1221.【认可和执行台湾仲裁的审查期限】

人民法院应当尽快审查认可台湾地区仲裁裁决的申请，决定

---

① 参照《最高人民法院关于认可和执行台湾地区仲裁裁决的规定》（法释〔2015〕14号）第八条。

② 《最高人民法院关于认可和执行台湾地区仲裁裁决的规定》（法释〔2015〕14号）第九条。

③ 《最高人民法院关于认可和执行台湾地区仲裁裁决的规定》（法释〔2015〕14号）第十条。

④ 《最高人民法院关于认可和执行台湾地区仲裁裁决的规定》（法释〔2015〕14号）第十一条。

⑤ 《最高人民法院关于认可和执行台湾地区仲裁裁决的规定》（法释〔2015〕14号）第十二条。

予以认可的，应当在立案之日起两个月内作出裁定；决定不予认可或者驳回申请的，应当在作出决定前按有关规定自立案之日起两个月内上报最高人民法院。

通过海峡两岸司法互助途径送达文书和调查取证的期间，不计入审查期限。①

1222.【不予认可和执行台湾仲裁的情形】

对申请认可和执行的仲裁裁决，被申请人提出证据证明有下列情形之一的，经审查核实，人民法院裁定不予认可：

（一）仲裁协议一方当事人依对其适用的法律在订立仲裁协议时属于无行为能力的；或者依当事人约定的准据法，或当事人没有约定适用的准据法而依台湾地区仲裁规定，该仲裁协议无效的；或者当事人之间没有达成书面仲裁协议的，但申请认可台湾地区仲裁调解的除外；

（二）被申请人未接到选任仲裁员或进行仲裁程序的适当通知，或者由于其他不可归责于被申请人的原因而未能陈述意见的；

（三）裁决所处理的争议不是提交仲裁的争议，或者不在仲裁协议范围之内；或者裁决载有超出当事人提交仲裁范围的事项的决定，但裁决中超出提交仲裁范围的事项的决定与提交仲裁事项的决定可以分开的，裁决中关于提交仲裁事项的决定部分可以予以认可；

（四）仲裁庭的组成或者仲裁程序违反当事人的约定，或者在当事人没有约定时与台湾地区仲裁规定不符的；

（五）裁决对当事人尚无约束力，或者业经台湾地区法院撤销或者驳回执行申请的。

依据国家法律，该争议事项不能以仲裁解决的，或者认可该仲裁裁决将违反一个中国原则等国家法律的基本原则或损害社会

---

①《最高人民法院关于认可和执行台湾地区仲裁裁决的规定》（法释〔2015〕14号）第十三条。

公共利益的，人民法院应当裁定不予认可。①

1223.【不予认可和执行台湾仲裁的报核】

各中级人民法院或者专门人民法院办理涉台湾地区仲裁不予认可和执行案件，经审查拟不予认可和执行台湾地区仲裁裁决，应当向本辖区所属高级人民法院报核；高级人民法院经审查拟同意的，应当向最高人民法院报核。待最高人民法院审核后，方可依最高人民法院的审核意见作出裁定。②

1224.【申请认可台湾仲裁的处理】

人民法院经审查能够确认台湾地区仲裁裁决真实，而且不具有本规范第 1222 条所列情形的，裁定认可其效力；不能确认该仲裁裁决真实性的，裁定驳回申请。

裁定驳回申请的案件，申请人再次申请并符合受理条件的，人民法院应予受理。③

1225.【台湾仲裁认可裁定的生效时间】

人民法院依据本规范第 1222 条和第 1224 条作出的裁定，一经送达即发生法律效力。④

1226.【台湾仲裁认可或执行申请与撤销申请的竞合】

一方当事人向人民法院申请认可或者执行台湾地区仲裁裁决，另一方当事人向台湾地区法院起诉撤销该仲裁裁决，被申请人申请中止认可或者执行并且提供充分担保的，人民法院应当中止认可或者执行程序。

申请中止认可或者执行的，应当向人民法院提供台湾地区法院已经受理撤销仲裁裁决案件的法律文书。

---

① 《最高人民法院关于认可和执行台湾地区仲裁裁决的规定》（法释〔2015〕14号）第十四条。

② 参照《最高人民法院关于仲裁司法审查案件报核问题的有关规定》（法释〔2017〕21 号，2021 年 11 月 15 日修正）第二条。

③ 参照《最高人民法院关于认可和执行台湾地区仲裁裁决的规定》（法释〔2015〕14 号）第十五条。

④ 参照《最高人民法院关于认可和执行台湾地区仲裁裁决的规定》（法释〔2015〕14 号）第十六条。

台湾地区法院撤销该仲裁裁决的，人民法院应当裁定不予认可或者裁定终结执行；台湾地区法院驳回撤销仲裁裁决请求的，人民法院应当恢复认可或者执行程序。①

1227.【台湾仲裁不予认可后的权利保障途径】

对人民法院裁定不予认可的台湾地区仲裁裁决，申请人再次提出申请的，人民法院不予受理。但当事人可以根据双方重新达成的仲裁协议申请仲裁，也可以就同一争议向人民法院起诉。②

1228.【申请认可和执行台湾仲裁的期限与中断】

申请人申请认可和执行台湾地区仲裁裁决的期间，适用本规范第 22 条第 1 款、第 2 款的规定。

申请人仅申请认可而未同时申请执行的，申请执行的期间自人民法院对认可申请作出的裁定生效之日起重新计算。③

1229.【申请认可和执行台湾仲裁的文书送达】

人民法院在办理申请认可和执行台湾地区仲裁裁决案件中所作出的法律文书，应当依法送达案件当事人。④

1230.【申请认可和执行台湾仲裁的费用交纳】

申请认可和执行台湾地区仲裁裁决，应当参照《诉讼费用交纳办法》的规定，交纳相关费用。⑤

---

① 《最高人民法院关于认可和执行台湾地区仲裁裁决的规定》（法释〔2015〕14 号）第十七条。

② 《最高人民法院关于认可和执行台湾地区仲裁裁决的规定》（法释〔2015〕14 号）第十八条。

③ 参照《最高人民法院关于认可和执行台湾地区仲裁裁决的规定》（法释〔2015〕14 号）第十九条。

④ 《最高人民法院关于认可和执行台湾地区仲裁裁决的规定》（法释〔2015〕14 号）第二十条。

⑤ 《最高人民法院关于认可和执行台湾地区仲裁裁决的规定》（法释〔2015〕14 号）第二十一条。

第三编　执行审查案件办理规范

第二十五章 一般规定

1231.【执行审查案件的范围】

本规范所称执行审查案件是指执行异议、复议、监督、请示、协调等案件。①

1232.【执行审查案件的立案】

执行审查案件依法由立案机构根据当事人的申请或者执行机构的移送登记立案。②

1233.【审查合议制原则】

执行审查案件的办理采取合议制，由法官组成合议庭审查处理。办理实施案件的执行人员不得参与相关执行审查案件的合议庭。③

指令重新审查的，原执行法院应另行组成合议庭。④ 当事人、利害关系人对重新审查后作出的裁定不服申请复议的，原复议案

---

① 参照《最高人民法院关于执行案件立案、结案若干问题的意见》（法发〔2014〕26号）第一条第三款、第八条，《最高人民法院关于人民法院办理执行异议和复议案件若干问题的规定》（法释〔2015〕10号，2020年12月23日修正）第十一条。

② 参照《最高人民法院关于执行权合理配置和科学运行的若干意见》（法发〔2011〕15号）第2条、第11条。

③ 参照《最高人民法院关于执行权合理配置和科学运行的若干意见》（法发〔2011〕15号）第4条、第5条。

④ 参照《中华人民共和国民事诉讼法》（2021年12月24日修正）第四十条第一款、第四十一条第一款，《最高人民法院关于人民法院办理执行异议和复议案件若干问题的规定》（法释〔2015〕10号，2020年12月23日修正）第十一条。

件的合议庭成员可以继续参与审查。[①]

合议庭组成人员确定后，应当在三日内告知当事人[②]，执行请示、协调案件除外。

1234. 【书面审查原则】

人民法院对执行异议和复议案件实行书面审查。案情复杂、争议较大的，应当进行听证。[③]

执行监督、请示、协调案件原则上实行书面审查，必要时也可以进行听证。

异议人、复议申请人、申诉人经合法传唤，无正当理由拒不到庭，或者未经法庭许可中途退庭，致使人民法院无法查清相关事实的，由其自行承担不利后果。[④]

1235. 【撤回申请的处理】

执行异议、复议案件审查期间，异议人、复议申请人申请撤回异议、复议申请的，是否准许由人民法院裁定。[⑤]

执行复议审查期间，异议人撤回异议申请的，参照《最高人民法院关于适用〈中华人民共和国民事诉讼法〉的解释》第三百三十六条第一款[⑥]审查处理。”

执行监督案件审查期间，申诉人撤回督促、监督申请的，参照第一款规定办理。

---

① 参照《最高人民法院关于适用〈中华人民共和国民事诉讼法〉的解释》（法释〔2015〕5号，2022年3月22日修正）第四十五条。

② 《中华人民共和国民事诉讼法》（2021年12月24日修正）第一百三十一条。

③ 《最高人民法院关于人民法院办理执行异议和复议案件若干问题的规定》（法释〔2015〕10号，2020年12月23日修正）第十二条。

④ 参照《最高人民法院关于人民法院办理执行异议和复议案件若干问题的规定》（法释〔2015〕10号，2020年12月23日修正）第十四条。

⑤ 《最高人民法院关于人民法院办理执行异议和复议案件若干问题的规定》（法释〔2015〕10号，2020年12月23日修正）第十三条。

⑥ 《最高人民法院关于适用〈中华人民共和国民事诉讼法〉的解释》（法释〔2015〕5号，2022年3月22日修正）第三百三十六条第一款规定：“在第二审程序中，原审原告申请撤回起诉，经其他当事人同意，且不损害国家利益、社会公共利益、他人合法权益的，人民法院可以准许。准许撤诉的，应当一并裁定撤销一审裁判。”

1236.【执行听证的公开】

执行听证应当公开进行，除涉及国家秘密、个人隐私或法律另有规定的除外。①

1237.【听证前的准备】

听证前，合议庭应当认真审核案件材料，并可以根据有关规定调查收集必要的证据。②

听证参与人对因客观原因不能自行收集的证据，向人民法院提出申请的，人民法院应当调查收集。人民法院认为审查案件需要的证据，可以根据有关规定调查收集。③

1238.【执行听证事项的告知】

执行听证应在听证会召开前三天通知听证参与人。

1239.【执行听证开始】

听证会召开前，书记员应当查明听证参与人是否到庭，并宣布听证纪律。

听证时，由审判长核对听证参与人，宣布听证事由和合议庭成员、书记员名单，告知听证参与人有关的权利义务，询问听证参与人是否提出回避申请。④

1240.【听证程序】

听证一般包括调查、辩论和最后陈述等阶段。调查一般按下列顺序进行：

（一）提出申请、异议或复议的一方陈述其主张以及相关事实、理由；

（二）相对方予以承认或者反驳，陈述相关事实、理由；

---

① 参照《中华人民共和国民事诉讼法》（2021 年 12 月 24 日修正）第一百三十七条。

② 参照《中华人民共和国民事诉讼法》（2021 年 12 月 24 日修正）第一百三十二条。

③ 参照《中华人民共和国民事诉讼法》（2021 年 12 月 24 日修正）第六十七条。

④ 参照《中华人民共和国民事诉讼法》（2021 年 12 月 24 日修正）第一百四十条。

（三）举证、质证；

（四）合议庭向听证参与人发问，核实有关情况。

1241.【听证的延期】

有下列情形之一的，人民法院可以决定延期召开听证会：

（一）必须出席听证会的听证参与人有正当理由不能出席的；

（二）听证参与人临时提出回避申请，一时难以决定的；

（三）需要通知新的证人到庭，调取新的证据，或者需要补充调查的；

（四）其他应当延期召开听证会的情形。①

1242.【听证会的记录】

书记员应当将听证的全部活动记入笔录，听证笔录由合议庭成员、书记员以及各方听证参与人签名。拒绝签名的，记明情况附卷。

听证参与人认为对自己的陈述记录有遗漏或者差错的，有权申请补正。不予补正的，应当将申请记录在案。②

---

① 参照《中华人民共和国民事诉讼法》（2021 年 12 月 24 日修正）第一百四十九条。

② 参照《中华人民共和国民事诉讼法》（2021 年 12 月 24 日修正）第一百五十条。

第二十六章 执行异议案件

第一节 执行行为异议

1243.【执行行为异议的一般规定】

执行过程中，当事人、利害关系人认为执行法院的执行行为违反法律或司法解释规定的，可以向执行法院提出执行行为异议。①

执行法院审查处理执行行为异议，应当自收到书面异议之日起十五日内作出裁定。②

1244.【执行行为异议的形式要件】

异议人提出执行行为异议，应当向人民法院提交申请书。申请书应当载明具体的异议请求、事实、理由等内容，并附下列材料：

（一）异议人的身份证明；

（二）相关证据材料；

① 参照《中华人民共和国民事诉讼法》（2021年12月24日修正）第二百三十二条，《最高人民法院关于适用〈中华人民共和国民事诉讼法〉执行程序若干问题的解释》（法释〔2008〕13号，2020年12月23日修正）第五条第一款。

② 参照《中华人民共和国民事诉讼法》（2021年12月24日修正）第二百三十二条，《最高人民法院关于适用〈中华人民共和国民事诉讼法〉执行程序若干问题的解释》（法释〔2008〕13号，2020年12月23日修正）第五条第二款。

（三）送达地址和联系方式。①

1245.【执行行为异议的提出时间】

当事人、利害关系人依照民事诉讼法第二百三十二条规定提出异议的，应当在执行程序终结之前提出②，但对终结执行措施提出异议的除外。③

当事人、利害关系人对终结执行行为④提出异议的，应当自收到终结执行法律文书之日起六十日内提出；未收到法律文书的，应当自知道或者应当知道人民法院终结执行之日起六十日内提出。⑤

1246.【执行行为异议的立案】

执行行为异议符合民事诉讼法第二百三十二条规定条件的，人民法院应当在三日内立案。不符合受理条件的，裁定不予受理；立案后发现不符合受理条件的，裁定驳回申请。

执行行为异议申请材料不齐备的，人民法院应当一次性告知异议人在三日内补足，逾期未补足的，不予受理。

异议人对不予受理或者驳回申请裁定不服的，可以自裁定送达之日起十日内向上一级人民法院申请复议。⑥

---

① 参照《最高人民法院关于人民法院办理执行异议和复议案件若干问题的规定》（法释〔2015〕10号，2020年12月23日修正）第一条。

② 执行程序终结后，当事人、利害关系人认为执行法院的执行行为违反法律或司法解释规定，可以向执行法院或上级法院申诉。执行法院或上级法院认为情况属实的，可以按照执行监督程序处理。

③ 《最高人民法院关于人民法院办理执行异议和复议案件若干问题的规定》（法释〔2015〕10号，2020年12月23日修正）第六条第一款。

④ 可以提出异议的终结执行行为，包括执行完毕、终结执行、销案。对于终结本次执行程序，《最高人民法院关于严格规范终结本次执行程序的规定（试行）》（法〔2016〕373号）第七条规定："当事人、利害关系人认为终结本次执行程序违反法律规定的，可以提出执行异议。人民法院应当依照民事诉讼法第二百二十五条（2021年12月24日修正后为第二百三十二条，编者注）的规定进行审查。"

⑤ 参照《最高人民法院关于对人民法院终结执行行为提出执行异议期限问题的批复》（法释〔2016〕3号）。

⑥ 参照《最高人民法院关于人民法院办理执行异议和复议案件若干问题的规定》（法释〔2015〕10号，2020年12月23日修正）第二条。

1247.【消极立案、审查的救济】

执行法院收到执行行为异议后三日内既不立案又不作出不予受理裁定，或者受理后无正当理由超过法定期限不作出异议裁定的，异议人可以向上一级人民法院提出异议。上一级人民法院审查后认为理由成立的，应当指令执行法院在三日内立案或者在十五日内作出异议裁定。①

1248.【通知异议人和相关当事人】

人民法院应当在执行行为异议案件立案后三日内通知异议人和相关当事人。②

1249.【执行法院变更后的异议审查】

执行案件被指定执行、提级执行、委托执行后，当事人、利害关系人对原执行法院的执行行为提出异议的，由提出异议时负责该案件执行的人民法院审查处理；受指定或者受委托的人民法院是原执行法院的下级人民法院的，仍由原执行法院审查处理。③

1250.【利害关系人的范围】

有下列情形之一的，当事人以外的公民、法人和其他组织，可以作为利害关系人提出执行行为异议：

（一）认为人民法院的执行行为违法，妨碍其轮候查封、扣押、冻结的债权受偿的；

（二）认为人民法院的拍卖措施违法，妨碍其参与公平竞价的；

（三）认为人民法院的拍卖、变卖或者以物抵债措施违法，侵害其对执行标的的优先购买权的；

（四）认为人民法院要求协助执行的事项超出其协助范围或

---

① 参照《最高人民法院关于人民法院办理执行异议和复议案件若干问题的规定》（法释〔2015〕10号，2020年12月23日修正）第三条。

② 参照《最高人民法院关于人民法院办理执行异议和复议案件若干问题的规定》（法释〔2015〕10号，2020年12月23日修正）第二条第一款。

③ 《最高人民法院关于人民法院办理执行异议和复议案件若干问题的规定》（法释〔2015〕10号，2020年12月23日修正）第四条第一款。

者违反法律规定的；

（五）认为其他合法权益受到人民法院违法执行行为侵害的。[①]

1251.【执行行为的范围】

当事人、利害关系人认为执行过程中或者执行保全、先予执行裁定过程中的下列行为违法提出异议的，人民法院应当依照民事诉讼法第二百三十二条规定进行审查：

（一）查封、扣押、冻结、拍卖、变卖、以物抵债、暂缓执行、中止执行、终结执行等执行措施；

（二）执行的期间、顺序等应当遵守的法定程序；

（三）人民法院作出的侵害当事人、利害关系人合法权益的其他行为。[②]

1252.【2008 年 4 月 1 日前后的执行行为】

当事人、利害关系人根据民事诉讼法第二百三十二条的规定，提出异议或申请复议，只适用于发生在 2008 年 4 月 1 日后作出的执行行为；对于 2008 年 4 月 1 日前发生的执行行为，当事人、利害关系人可以依法提起申诉，按监督案件处理。[③]

1253.【执行行为异议一次性异议原则】

当事人、利害关系人对同一执行行为有多个异议事由，但未在异议审查过程中一并提出，撤回异议或者被裁定驳回异议后，再次就该执行行为提出异议的，人民法院不予受理。[④]

1254.【执行实施机构的配合】

执行审查机构在审查执行行为异议案件过程中，根据案情需

---

① 《最高人民法院关于人民法院办理执行异议和复议案件若干问题的规定》（法释〔2015〕10 号，2020 年 12 月 23 日修正）第五条。

② 《最高人民法院关于人民法院办理执行异议和复议案件若干问题的规定》（法释〔2015〕10 号，2020 年 12 月 23 日修正）第七条第一款。

③ 参照《最高人民法院关于执行工作中正确适用修改后民事诉讼法第 202 条、第 204 条规定的通知》（法明传〔2008〕1223 号）。

④ 《最高人民法院关于人民法院办理执行异议和复议案件若干问题的规定》（法释〔2015〕10 号，2020 年 12 月 23 日修正）第十五条第一款。

要可以向执行实施机构了解案件情况或者调取卷宗。

1255.【执行行为异议的审查处理】

人民法院对执行行为异议，经审查应当按照下列情形，分别处理：

（一）异议不成立的，裁定驳回异议①；

（二）异议成立的，裁定撤销相关执行行为；

（三）异议部分成立的，裁定变更相关执行行为；

（四）异议成立或者部分成立，但执行行为无撤销、变更内容的，裁定异议成立或者相应部分异议成立。②

1256.【申请复议权及其载明】

当事人、利害关系人对执行行为异议裁定不服的，可以自裁定送达之日起十日内向上一级人民法院申请复议。③

人民法院依照民事诉讼法第二百三十二条规定作出裁定时，应当告知相关权利人申请复议的权利和期限。④

1257.【执行行为异议审查期间的执行】

执行行为异议审查期间，不停止执行。

被执行人、利害关系人提供充分、有效的担保请求停止相应处分措施的，人民法院可以准许；申请执行人提供充分、有效的担保请求继续执行的，应当继续执行。⑤

1258.【执行行为异议与案外人异议同时提出的处理】

案外人基于实体权利既对执行标的提出排除执行异议又作为

---

① 发现不符合受理条件的，裁定驳回异议申请；经审查异议不成立的，裁定驳回异议请求。

② 《最高人民法院关于人民法院办理执行异议和复议案件若干问题的规定》（法释〔2015〕10号，2020年12月23日修正）第十七条。

③ 参照《中华人民共和国民事诉讼法》（2021年12月24日修正）第二百三十二条。

④ 《最高人民法院关于人民法院办理执行异议和复议案件若干问题的规定》（法释〔2015〕10号，2020年12月23日修正）第十六条第一款。

⑤ 参照《最高人民法院关于适用〈中华人民共和国〉执行程序若干问题的解释》（法释〔2008〕13号，2020年12月23日修正）第九条。

利害关系人提出执行行为异议的，人民法院应当依照民事诉讼法第二百三十四条规定进行审查。

案外人既基于实体权利对执行标的提出排除执行异议又作为利害关系人提出与实体权利无关的执行行为异议的，人民法院应当分别依照民事诉讼法第二百三十四条和第二百三十二条规定进行审查。[①]

1259.【执行行为异议与案外人异议相混淆的处理】

人民法院在审查过程中发现第三人对执行行为提出异议，但其主张的实质内容是对执行标的主张实体权利以对抗执行的，应当告知第三人变更其异议请求的内容和理由，第三人拒不变更的，依照民事诉讼法第二百三十四条的规定处理。

1260.【案件受理异议的审查处理】

被执行人认为执行案件不符合受理条件而提出异议，或者虽针对执行通知、执行裁定书等提出异议，但实质是认为执行案件不符合受理条件的，执行审查机构应当参照执行行为异议的规定进行审查。理由成立的，裁定异议成立，并驳回申请执行人的执行申请，已经采取执行措施的，予以纠正；理由不成立的，裁定驳回异议。

异议审查和复议期间不停止执行。

1261.【执行管辖异议的审查处理】

人民法院受理执行申请后，当事人对管辖权有异议的，应当自收到执行通知书之日起十日内提出。[②]

对当事人提出的异议，执行审查机构应当参照执行行为异议的规定进行审查。异议成立的，应当撤销执行案件，并告知当事

---

① 《最高人民法院关于人民法院办理执行异议和复议案件若干问题的规定》（法释〔2015〕10号，2020年12月23日修正）第八条。

② 《最高人民法院关于适用〈中华人民共和国民事诉讼法〉执行程序若干问题的解释》（法释〔2008〕13号，2020年12月23日修正）第三条第一款。

人向有管辖权的人民法院申请执行[①]；异议不成立的，裁定驳回。当事人对裁定不服的，可以向上一级人民法院申请复议。[②] 人民法院作出裁定时，应当告知相关权利人申请复议的权利和期限。[③]

管辖权异议审查和复议期间，不停止执行。[④]

1262.【债务人实体异议的审查处理】[⑤]

被执行人以债权消灭、丧失强制执行效力[⑥]等执行依据生效之后的实体事由提出排除执行异议的，人民法院应当参照民事诉讼法第二百三十二条规定进行审查。[⑦]

除本规范第1263条规定的抵销情形外，被执行人以执行依据生效之前的实体事由提出排除执行异议的，人民法院应当告知其依法申请再审或者通过其他程序解决。[⑧]

发生法律效力的异议或复议裁定确认债务已经消灭或部分消灭的，执行实施机构应当依此确定应执行的标的额。已执行标的

---

① 撤销执行案件后，执行实施机构应当参照本规范第10条的规定处理。

② 参照《最高人民法院关于适用〈中华人民共和国民事诉讼法〉执行程序若干问题的解释》（法释〔2008〕13号，2020年12月23日修正）第三条第二款，《最高人民法院关于执行案件立案、结案若干问题的意见》（法发〔2014〕26号）第九条第三项。

③ 参照《最高人民法院关于人民法院办理执行异议和复议案件若干问题的规定》（法释〔2015〕10号，2020年12月23日修正）第十六条第三款。

④ 《最高人民法院关于适用〈中华人民共和国民事诉讼法〉执行程序若干问题的解释》（法释〔2008〕13号，2020年12月23日修正）第三条第三款。

⑤ 对债务人异议审查时，一般应进行听证。

⑥ 《最高人民法院关于执行案件立案、结案若干问题的意见》（法发〔2014〕26号）第九条规定："下列案件，人民法院应当按照执行异议案件予以立案：……（五）被执行人以债权消灭、超过申请执行期间或者其他阻止执行的实体事由提出阻止执行的；……"被执行人对申请执行时效期间提出异议，异议审查时应注意本规范第29条的规定，异议成立的，裁定不予执行；异议不成立的，裁定驳回异议。当事人对该裁定不服，可以依据民事诉讼法第二百二十五条（2021年12月24日修正后为第二百三十二条）的规定向上一级人民法院申请复议。

⑦ 《最高人民法院关于人民法院办理执行异议和复议案件若干问题的规定》（法释〔2015〕10号，2020年12月23日修正）第七条第二款。

⑧ 参照《最高人民法院关于人民法院办理执行异议和复议案件若干问题的规定》（法释〔2015〕10号，2020年12月23日修正）第七条第三款。

额超过应执行标的额的，应当责令申请执行人退回相应案款，拒不退回的，予以强制执行。

1263. 【债务抵销的审查处理】

当事人互负到期债务，被执行人请求抵销，请求抵销的债务符合下列情形的，除依照法律规定或者按照债务性质不得抵销的以外，人民法院应予支持：

（一）已经生效法律文书确定或者经申请执行人认可；

（二）与被执行人所负债务的标的物种类、品质相同。[①]

抵销一经生效，其效力溯及自抵销条件成就之时，双方互负的债务在同等数额内消灭。双方互负的债务数额，是截至抵销条件成就之时各自负有的包括主债务、利息、违约金、赔偿金等在内的全部债务数额。行使抵销权一方享有的债权不足以抵销全部债务数额，当事人对抵销顺序又没有特别约定的，应当根据实现债权的费用、利息、主债务的顺序进行抵销。[②]

1264. 【不予执行的审查处理】

当事人、案外人申请不予执行仲裁机构依据仲裁法作出的仲裁裁决、调解书，适用本规范第二十三章第二节的相关规定。

当事人申请不予执行劳动争议仲裁机构作出的仲裁裁决、调解书，适用本规范第二十三章第三节的相关规定。

当事人申请不予执行公证机关依法赋予强制执行效力的债权文书，适用本规范第二十三章第四节的相关规定。

第二节　案外人异议

1265. 【案外人异议的一般规定】

执行过程中，案外人对执行标的主张所有权或者有其他足以

---

① 《最高人民法院关于人民法院办理执行异议和复议案件若干问题的规定》（法释〔2015〕10号，2020年12月23日修正）第十九条。

② 参照《全国法院民商事审判工作会议纪要》（法〔2019〕254号）第43条。

排除执行标的转让、交付的实体权利的，可以向执行法院提出案外人异议。①

对案外人提出的异议，人民法院应当自收到书面异议之日起十五日内审查。②

1266.【案外人异议的形式要件】

异议人提出案外人异议，应当向人民法院提交申请书。申请书应当载明具体的异议请求、事实、理由等内容，并附下列材料：

（一）异议人的身份证明；

（二）相关证据材料；

（三）送达地址和联系方式。③

1267.【案外人异议的提出时间】

案外人依照民事诉讼法第二百三十四条规定提出异议的，应当在异议指向的执行标的执行终结之前提出；执行标的由当事人受让的，应当在执行程序终结之前提出。④

1268.【案外人异议的立案】

案外人异议符合民事诉讼法第二百三十四条规定条件的，人民法院应当在三日内立案。不符合受理条件的，裁定不予受理；立案后发现不符合受理条件的，裁定驳回申请。

案外人异议申请材料不齐备的，人民法院应当一次性告知异议人在三日内补足，逾期未补足的，不予受理。

异议人对不予受理或者驳回申请裁定不服的，可以自裁定送

---

① 参照《中华人民共和国民事诉讼法》（2021 年 12 月 24 日修正）第二百三十四条，《最高人民法院关于适用〈中华人民共和国〉执行程序若干问题的解释》（法释〔2008〕13 号，2020 年 12 月 23 日修正）第五条。

② 参照《中华人民共和国民事诉讼法》（2021 年 12 月 24 日修正）第二百三十四条。

③ 参照《最高人民法院关于人民法院办理执行异议和复议案件若干问题的规定》（法释〔2015〕10 号，2020 年 12 月 23 日修正）第一条。

④《最高人民法院关于人民法院办理执行异议和复议案件若干问题的规定》（法释〔2015〕10 号，2020 年 12 月 23 日修正）第六条第二款。

达之日起十日内向上一级人民法院申请复议。[①]

1269.【消极立案、审查的救济】

执行法院收到案外人异议后三日内既不立案又不作出不予受理裁定，或者受理后无正当理由超过法定期限不作出异议裁定的，异议人可以向上一级人民法院提出异议。上一级人民法院审查后认为理由成立的，应当指令执行法院在三日内立案或者在十五日内作出异议裁定。[②]

1270.【通知异议人和相关当事人】

人民法院应当在案外人异议案件立案后三日内通知异议人和相关当事人。[③]

1271.【执行法院变更后的异议审查】

执行案件被指定执行、提级执行、委托执行后，案外人对原执行法院的执行标的提出异议的，由提出异议时负责该案件执行的人民法院审查处理；受指定或者受委托的人民法院是原执行法院的下级人民法院的，仍由原执行法院审查处理。[④]

首先查封、扣押、冻结法院将财产移送其他法院执行后，案外人对该财产提出异议的，参照前款规定审查处理。

1272.【案外人异议一次性异议原则】

案外人撤回异议或者被裁定驳回异议后，再次就同一执行标的提出异议的，人民法院不予受理。[⑤]

---

① 参照《最高人民法院关于人民法院办理执行异议和复议案件若干问题的规定》（法释〔2015〕10 号，2020 年 12 月 23 日修正）第二条。

② 参照《最高人民法院关于人民法院办理执行异议和复议案件若干问题的规定》（法释〔2015〕10 号，2020 年 12 月 23 日修正）第三条。

③ 参照《最高人民法院关于人民法院办理执行异议和复议案件若干问题的规定》（法释〔2015〕10 号，2020 年 12 月 23 日修正）第二条第一款。

④ 参照《最高人民法院关于人民法院办理执行异议和复议案件若干问题的规定》（法释〔2015〕10 号，2020 年 12 月 23 日修正）第四条第二款。

⑤《最高人民法院关于人民法院办理执行异议和复议案件若干问题的规定》（法释〔2015〕10 号，2020 年 12 月 23 日修正）第十五条第二款。

1273.【执行实施机构的配合】

执行审查机构在审查案外人异议案件过程中，根据案情需要可以向执行实施机构了解案件情况或者调取卷宗。

1274.【案外人异议案件的审查内容】

对案外人提出的排除执行异议，人民法院应当审查下列内容：

（一）案外人是否系权利人；

（二）该权利的合法性与真实性；

（三）该权利能否排除执行。[①]

1275.【权利人的判断标准】

对案外人的异议，人民法院应当按照下列标准判断其是否系权利人：

（一）已登记的不动产，按照不动产登记簿判断；未登记的建筑物、构筑物及其附属设施，按照土地使用权登记簿、建设工程规划许可、施工许可等相关证据判断；

（二）已登记的机动车、船舶、航空器等特定动产，按照相关管理部门的登记判断；未登记的特定动产和其他动产，按照实际占有情况判断；

（三）银行存款和存管在金融机构的有价证券，按照金融机构和登记结算机构登记的账户名称判断；有价证券由具备合法经营资质的托管机构名义持有的，按照该机构登记的实际投资人账户名称判断；

（四）股权按照股权所在公司的章程、股东名册等资料，公司登记机关的登记、备案信息，国家企业信用信息公示系统的公示信息判断[②]；

---

① 《最高人民法院关于人民法院办理执行异议和复议案件若干问题的规定》（法释〔2015〕10号，2020年12月23日修正）第二十四条。

② 参照《最高人民法院关于人民法院强制执行股权若干问题的规定》（法释〔2021〕20号）第四条第一款。

（五）其他财产和权利，有登记的，按照登记机构的登记判断；无登记的，按照合同等证明财产权属或者权利人的证据判断。

案外人依据另案生效法律文书提出排除执行异议，该法律文书认定的执行标的权利人与依照前款规定得出的判断不一致的，依照本规范第 1276 条规定处理。[①]

1276.【另案生效法律文书排除执行异议的处理】

金钱债权执行中，案外人依据执行标的被查封、扣押、冻结前作出的另案生效法律文书提出排除执行异议，人民法院应当按照下列情形，分别处理：

（一）该法律文书系就案外人与被执行人之间的权属纠纷以及租赁、借用、保管等不以转移财产权属为目的的合同纠纷，判决、裁决执行标的归属于案外人或者向其返还执行标的且其权利能够排除执行的，应予支持；

（二）该法律文书系就案外人与被执行人之间除前项所列合同之外的债权纠纷，判决、裁决执行标的归属于案外人或者向其交付、返还执行标的的，不予支持；

（三）该法律文书系案外人受让执行标的的拍卖、变卖成交裁定或者以物抵债裁定且其权利能够排除执行的，应予支持。

金钱债权执行中，案外人依据执行标的被查封、扣押、冻结后作出的另案生效法律文书提出排除执行异议的，人民法院不予支持。[②]

非金钱债权执行中，案外人依据另案生效法律文书提出排除

---

① 参照《最高人民法院关于人民法院办理执行异议和复议案件若干问题的规定》（法释〔2015〕10 号，2020 年 12 月 23 日修正）第二十五条。

② 参照《最高人民法院关于人民法院立案、审判与执行工作协调运行的意见》（法发〔2018〕9 号）第 8 条规定："审判部门在审理确权诉讼时，应当查询所要确权的财产权属状况。需要确权的财产已经被人民法院查封、扣押、冻结的，应当裁定驳回起诉，并告知当事人可以依照民事诉讼法第二百二十七条（2021 年 12 月 24 日修正后为第二百三十四条，编者注）的规定主张权利。"

执行异议，该法律文书对执行标的权属作出不同认定的，人民法院应当告知案外人依法申请再审或者通过其他程序解决。

申请执行人或者案外人不服人民法院依照本条第1款、第2款规定作出的裁定，可以依照民事诉讼法第二百三十四条规定提起执行异议之诉①。②

1277.【案外人异议的审查处理】

案外人对执行标的提出的异议，经审查，按照下列情形分别处理：

（一）案外人对执行标的不享有足以排除强制执行的权益的，裁定驳回其异议；

（二）案外人对执行标的享有足以排除强制执行的权益的，裁定中止执行。③

---

① 关于案外人依据另案生效裁判对金钱债权的执行提起执行异议之诉，《全国法院民商事审判工作会议纪要》（法〔2019〕254号）第124条规定："作为执行依据的生效裁判并未涉及执行标的物，只是执行中为实现金钱债权对特定标的物采取了执行措施。对此种情形，《最高人民法院关于人民法院办理执行异议和复议案件若干问题的规定》第26条规定了解决案外人执行异议的规则，在审理执行异议之诉时可以参考适用。依据该条规定，作为案外人提起执行异议之诉依据的裁判将执行标的物确权给案外人，可以排除执行；作为案外人提起执行异议之诉依据的裁判，未将执行标的物确权给案外人，而是基于不以转移所有权为目的的有效合同（如租赁、借用、保管合同），判令向案外人返还执行标的物的，其性质属于物权请求权，亦可以排除执行；基于以转移所有权为目的有效合同（如买卖合同），判令向案外人交付标的物的，其性质属于债权请求权，不能排除执行。应予注意的是，在金钱债权执行中，如果案外人提出执行异议之诉依据的生效裁判认定以转移所有权为目的的合同（如买卖合同）无效或应当解除，进而判令向案外人返还执行标的物的，此时案外人享有的是物权性质的返还请求权，本可排除金钱债权的执行，但在双务合同无效的情况下，双方互负返还义务，在案外人未返还价款的情况下，如果允许其排除金钱债权的执行，将会使申请执行人既执行不到被执行人名下的财产，又执行不到本应返还给被执行人的价款，显然有失公允。为平衡各方当事人的利益，只有在案外人已经返还价款的情况下，才能排除普通债权人的执行。反之，案外人未返还价款的，不能排除执行。"

② 参照《最高人民法院关于人民法院办理执行异议和复议案件若干问题的规定》（法释〔2015〕10号，2020年12月23日修正）第二十六条。

③ 《最高人民法院关于适用〈中华人民共和国民事诉讼法〉的解释》（法释〔2015〕5号，2022年3月22日修正）第四百六十三条第一款。

1278.【救济途径及其载明】

当事人、案外人对案外人异议裁定不服，认为原判决、裁定错误的，依照审判监督程序办理[①]；认为与原判决、裁定无关的，可以自裁定送达之日起十五日内向人民法院提起诉讼[②]。[③]

人民法院依照民事诉讼法第二百三十四条规定作出裁定时，应当告知相关权利人提起执行异议之诉的权利和期限。[④]

1279.【案外人异议审查期间的执行】

案外人异议审查期间以及驳回案外人执行异议裁定送达案外

---

① 《全国法院民商事审判工作会议纪要》（法〔2019〕254号）第122条规定了案外人申请再审与第三人撤销之诉的关系："案外人申请再审与第三人撤消之诉"功能上近似，如果案外人既有申请再审的权利，又符合第三人撤销之诉的条件，对于案外人是否可以行使选择权，民事诉讼法司法解释采取了限制的司法态度，即依据民事诉讼法司法解释第303条（2022年3月22日修正后为第三百零一条，编者注）的规定，按照启动程序的先后，案外人只能选择相应的救济程序：案外人先启动执行异议程序的，对执行异议裁定不服，认为原裁判内容错误损害其合法权益的，只能向作出原裁判的人民法院申请再审，而不能提起第三人撤销之诉；案外人先启动了第三人撤销之诉，即便在执行程序中又提出执行异议，也只能继续进行第三人撤销之诉，而不能依《民事诉讼法》第227条（2021年12月24日修正后为第二百三十四条，编者注）申请再审。"

② 关于案外人执行异议之诉的审理，《全国法院民商事审判工作会议纪要》（法〔2019〕254号）第119条规定："案外人执行异议之诉以排除对特定标的物的执行为目的，从程序上而言，案外人依据《民事诉讼法》第227条（2021年12月24日修正后为第二百三十四条，编者注）提出执行异议被驳回的，即可向执行人民法院提起执行异议之诉。人民法院对执行异议之诉的审理，一般应当就案外人对执行标的物是否享有权利、享有什么样的权利、权利是否足以排除强制执行进行判断。至于是否作出具体的确权判项，视案外人的诉讼请求而定。案外人未提出确权或者给付诉讼请求的，不作出确权判项，仅在裁判理由中进行分析判断并作出是否排除执行的判项即可。但案外人既提出确权、给付请求，又提出排除执行请求的，人民法院对该请求是否支持、是否排除执行，均应当在具体判项中予以明确。执行异议之诉不以否定作为执行依据的生效裁判为目的，案外人如认为裁判确有错误的，只能通过申请再审或者提起第三人撤销之诉的方式进行救济。"

③ 参照《中华人民共和国民事诉讼法》（2021年12月24日修正）第二百三十四条。

④ 《最高人民法院关于人民法院办理执行异议和复议案件若干问题的规定》（法释〔2015〕10号，2020年12月23日修正）第十六条。

人之日起十五日内，人民法院不得对执行标的进行处分。①

案外人向人民法院提供充分、有效的担保请求解除对异议标的的查封、扣押、冻结的，人民法院可以准许；申请执行人提供充分、有效的担保请求继续执行的，应当继续执行。②

因案外人提供担保解除查封、扣押、冻结有错误，致使该标的无法执行的，人民法院可以直接执行担保财产；申请执行人提供担保请求继续执行有错误，给对方造成损失的，应当予以赔偿。③

1280.【案外人异议之诉审理期间的执行】

案外人执行异议之诉审理期间，人民法院不得对执行标的进行处分。申请执行人请求人民法院继续执行并提供相应担保的，人民法院可以准许。

案外人请求解除查封、扣押、冻结或者申请执行人请求继续执行有错误，给对方造成损失的，应当予以赔偿。④

被执行人与案外人恶意串通，通过执行异议、执行异议之诉妨害执行的，人民法院应当依照民事诉讼法第一百一十六条⑤规定处理。申请执行人因此受到损害的，可以提起诉讼要求被执行

---

① 参照《最高人民法院关于适用〈中华人民共和国民事诉讼法〉执行程序若干问题的解释》（法释〔2008〕13 号，2020 年 12 月 23 日修正）第十五条第一款，《最高人民法院关于适用〈中华人民共和国民事诉讼法〉的解释》（法释〔2015〕5 号，2022 年 3 月 22 日修正）第四百六十三条第二款。

② 《最高人民法院关于适用〈中华人民共和国民事诉讼法〉执行程序若干问题的解释》（法释〔2008〕13 号，2020 年 12 月 23 日修正）第十五条第二款。

③ 《最高人民法院关于适用〈中华人民共和国民事诉讼法〉执行程序若干问题的解释》（法释〔2008〕13 号，2020 年 12 月 23 日修正）第十五条第三款。

④ 《最高人民法院关于适用〈中华人民共和国民事诉讼法〉执行程序若干问题的解释》（法释〔2008〕13 号，2020 年 12 月 23 日修正）第十六条。

⑤ 《中华人民共和国民事诉讼法》（2021 年 12 月 24 日修正）第一百一十六条规定："被执行人与他人恶意串通，通过诉讼、仲裁、调解等方式逃避履行法律文书确定的义务的，人民法院应当根据情节轻重予以罚款、拘留；构成犯罪的，依法追究刑事责任。"

人、案外人赔偿。[①]

1281.【申请执行人未提起异议之诉的处理】

人民法院对执行标的裁定中止执行后，申请执行人在法律规定的期间内未提起执行异议之诉的，人民法院应当自起诉期限届满之日起七日内解除对该执行标的采取的执行措施。[②]

1282.【案外人异议之诉判决后的处理】

对案外人执行异议之诉，人民法院判决不得对执行标的执行的，执行异议裁定失效。

对申请执行人执行异议之诉，人民法院判决准许对该执行标的执行的，执行异议裁定失效，执行法院可以根据申请执行人的申请或者依职权恢复执行。[③]

1283.【申请执行人优先受偿权的保护】

申请执行人对执行标的依法享有对抗案外人的担保物权等优先受偿权，人民法院对案外人提出的排除执行异议不予支持，但法律、司法解释另有规定的除外[④]。[⑤]

1284.【无过错买受人物权期待权的保护之一】

被执行人将其所有的需要办理过户登记的财产出卖给第三人，第三人已经支付部分或者全部价款并实际占有该财产，但尚未办理产权过户登记手续的，人民法院可以查封、扣押、冻结；第三人已经支付全部价款并实际占有，但未办理过户登记手续

---

① 《最高人民法院关于适用〈中华人民共和国民事诉讼法〉的解释》（法释〔2015〕5号，2022年3月22日修正）第三百一十三条第二款。

② 《最高人民法院关于适用〈中华人民共和国民事诉讼法〉的解释》（法释〔2015〕5号，2022年3月22日修正）第三百一十四条。

③ 《最高人民法院关于适用〈中华人民共和国民事诉讼法〉的解释》（法释〔2015〕5号，2022年3月22日修正）第三百一十二条。

④ 包括本规范第1288条的商品房消费者和第1291条的在先办理了受让物权预告登记的买受人，但不包括本规范第1287条规定情形下的一般房屋买卖合同的买受人和第1291条规定的在后办理了受让物权预告登记的买受人。

⑤ 《最高人民法院关于人民法院办理执行异议和复议案件若干问题的规定》（法释〔2015〕10号，2020年12月23日修正）第二十七条。

的，如果第三人对此没有过错，人民法院不得查封、扣押、冻结。[①]

1285.【无过错买受人物权期待权的保护之二】

金钱债权执行中，买受人对登记在被执行人名下的不动产提出异议，符合下列情形且其权利能够排除执行的，人民法院应予支持：

（一）在人民法院查封之前已签订合法有效的书面买卖合同；

（二）在人民法院查封之前已合法占有该不动产；

（三）已支付全部价款，或者已按照合同约定支付部分价款且将剩余价款按照人民法院的要求交付执行；

（四）非因买受人自身原因未办理过户登记。[②]

1286.【消费者物权期待权的保护】

金钱债权执行中，买受人对登记在被执行的房地产开发企业名下的商品房提出异议，符合下列情形且其权利能够排除执行的，人民法院应予支持：

（一）在人民法院查封之前已签订合法有效的书面买卖合同；

（二）所购商品房系用于居住且买受人名下无其他用于居住

---

① 《最高人民法院关于人民法院民事执行中查封、扣押、冻结财产的规定》（法释〔2004〕15号，2020年12月23日修正）第十五条。

② 《最高人民法院关于人民法院办理执行异议和复议案件若干问题的规定》（法释〔2015〕10号，2020年12月23日修正）第二十八条。《全国法院民商事审判工作会议纪要》（法〔2019〕254号）第127条规定："金钱债权执行中，商品房消费者之外的一般买受人对登记在被执行人名下的不动产提出异议，请求排除执行的，《最高人民法院关于人民法院办理执行异议和复议案件若干问题的规定》第28条规定，符合下列情形的依法予以支持：一是在人民法院查封之前已签订合法有效的书面买卖合同；二是在人民法院查封之前已合法占有该不动产；三是已支付全部价款，或者已按照合同约定支付部分价款且将剩余价款按照人民法院的要求交付执行；四是非因买受人自身原因未办理过户登记。人民法院在审理执行异议之诉案件时，可参照适用此条款。实践中，对于该规定的前3个条件，理解并无分歧。对于其中的第4个条件，理解不一致。一般而言，买受人只要有向房屋登记机构递交过户登记材料，或向出卖人提出了办理过户登记的请求等积极行为的，可以认为符合该条件。买受人无上述积极行为，其未办理过户登记有合理的客观理由的，亦可认定符合该条件。"

的房屋；

（三）已支付的价款超过合同约定总价款的百分之五十。[①]

买受人对登记在被执行的房地产开发企业名下的商品房提出异议，符合本规范第 1276 条规定的情形，且其权利能够排除执行的，人民法院应予支持。

1287.【建设工程价款优先受偿权与消费者保护】

与发包人订立建设工程施工合同的承包人，依据民法典第八

① 《最高人民法院关于人民法院办理执行异议和复议案件若干问题的规定》（法释〔2015〕10 号，2020 年 12 月 23 日修正）第二十九条。关于本条的理解，《全国法院民商事审判工作会议纪要》（法〔2019〕254 号）第 125 条规定："实践中，商品房消费者向房地产开发企业购买商品房，往往没有及时办理房地产过户手续。房地产开发企业因欠债而被强制执行，人民法院在对尚登记在房地产开发企业名下但已出卖给消费者的商品房采取执行措施时，商品房消费者往往会提出执行异议，以排除强制执行。对此，《最高人民法院关于人民法院办理执行异议和复议案件若干问题的规定》第 29 条规定，符合下列情形的，应当支持商品房消费者的诉讼请求：一是在人民法院查封之前已签订合法有效的书面买卖合同；二是所购商品房系用于居住且买受人名下无其他用于居住的房屋；三是已支付的价款超过合同约定总价款的百分之五十。人民法院在审理执行异议之诉案件时，可参照适用此条款。问题是，对于其中'所购商品房系用于居住且买受人名下无其他用于居住的房屋'如何理解，审判实践中掌握的标准不一。'买受人名下无其他用于居住的房屋'，可以理解为在案涉房屋同一设区的市或者县级市范围内商品房消费者名下没有用于居住的房屋。商品房消费者名下虽然已有 1 套房屋，但购买的房屋在面积上仍然属于满足基本居住需要的，可以理解为符合该规定的精神。对于其中'已支付的价款超过合同约定总价款的百分之五十'如何理解，审判实践中掌握的标准也不一致。如果商品房消费者支付的价款接近于百分之五十，且已按照合同约定将剩余价款支付给申请执行人或者按照人民法院的要求交付执行的，可以理解为符合该规定的精神。"关于商品房消费者的权利与抵押权的关系，《全国法院民商事审判工作会议纪要》（法〔2019〕254 号）第 126 条规定："根据《最高人民法院关于建设工程价款优先受偿权问题的批复》（已失效，编者注）第 1 条、第 2 条的规定，交付全部或者大部分款项的商品房消费者的权利优先于抵押权人的抵押权，故抵押权人申请执行登记在房地产开发企业名下但已销售给消费者的商品房，消费者提出执行异议的，人民法院依法予以支持。但应当特别注意的是，此情况是针对实践中存在的商品房预售不规范现象为保护消费者生存权而作出的例外规定，必须严格把握条件，避免扩大范围，以免动摇抵押权具有优先性的基本原则。因此，这里的商品房消费者应当仅限于符合本纪要第 125 条规定的商品房消费者。买受人不是本纪要第 125 条规定的商品房消费者，而是一般的房屋买卖合同的买受人，不适用上述处理规则。"

百零七条[①]的规定请求其承建工程的价款就工程折价或者拍卖的价款优先受偿的，人民法院应予支持。[②]

承包人根据民法典第八百零七条规定享有的建设工程价款优先受偿权优于抵押权和其他债权。[③] 但消费者交付购买商品房的全部或者大部分款项后，承包人就该商品房享有的工程价款优先受偿权不得对抗买受人。

承包人建设工程价款优先受偿的范围依照国务院有关行政主管部门关于建设工程价款范围的规定确定。承包人就逾期支付建设工程价款的利息、违约金、损害赔偿金等主张优先受偿的，人民法院不予支持。[④]

承包人应当在合理期限内行使建设工程价款优先受偿权，但最长不得超过十八个月，自发包人应当给付建设工程价款之日起算。[⑤]

1288. 【特殊情形下的建设工程价款优先受偿权】

装饰装修工程具备折价或者拍卖条件，装饰装修工程的承包人请求工程价款就该装饰装修工程折价或者拍卖的价款优先受偿的，人民法院应予支持。[⑥]

---

① 《中华人民共和国民法典》（2020年5月28日）第八百零七条规定："发包人未按照约定支付价款的，承包人可以催告发包人在合理期限内支付价款。发包人逾期不支付的，除根据建设工程的性质不宜折价、拍卖外，承包人可以与发包人协议将该工程折价，也可以请求人民法院将该工程依法拍卖。建设工程的价款就该工程折价或者拍卖的价款优先受偿。"

② 《最高人民法院关于审理建设工程施工合同纠纷案件适用法律问题的解释（一）》（法释〔2020〕25号）第三十五条。

③ 《最高人民法院关于审理建设工程施工合同纠纷案件适用法律问题的解释（一）》（法释〔2020〕25号）第三十六条。

④ 参照《最高人民法院关于审理建设工程施工合同纠纷案件适用法律问题的解释（一）》（法释〔2020〕25号）第四十条。

⑤ 《最高人民法院关于审理建设工程施工合同纠纷案件适用法律问题的解释（一）》（法释〔2020〕25号）第四十一条。

⑥ 《最高人民法院关于审理建设工程施工合同纠纷案件适用法律问题的解释（一）》（法释〔2020〕25号）第三十七条。

建设工程质量合格，承包人请求其承建工程的价款就工程折价或者拍卖的价款优先受偿的，人民法院应予支持。①

未竣工的建设工程质量合格，承包人请求其承建工程的价款就其承建工程部分折价或者拍卖的价款优先受偿的，人民法院应予支持。②

建设工程的勘察人、设计人、分包人、实际施工人、监理人以及与发包人无合同关系的装饰装修工程的施工人均不应享有价款优先受偿。如果转包人或者违法分包人系与发包人签订合同的承包人的，在其怠于主张优先受偿权的情况下，实际施工人可以行使代位权，代承包人向发包人主张优先受偿权。③

1289.【不动产预告登记的保护】

金钱债权执行中，对被查封的办理了受让物权预告登记的不动产，受让人提出停止处分异议的，人民法院应予支持；符合物权登记条件，受让人提出排除执行异议的，应予支持。④

1290.【不动产租赁权的保护】

承租人请求在租赁期内阻止向受让人移交占有被执行的不动产，在人民法院查封之前已签订合法有效的书面租赁合同并占有使用该不动产的，人民法院应予支持。

承租人与被执行人恶意串通，以明显不合理的低价承租被执行的不动产或者伪造交付租金证据的，对其提出的阻止移交占有的请求，人民法院不予支持。⑤

---

① 《最高人民法院关于审理建设工程施工合同纠纷案件适用法律问题的解释（一）》（法释〔2020〕25号）第三十八条。

② 《最高人民法院关于审理建设工程施工合同纠纷案件适用法律问题的解释（一）》（法释〔2020〕25号）第三十九条。

③ 参见《执行工作指导》第75期“执行审查部分问题解答”。

④ 《最高人民法院关于人民法院办理执行异议和复议案件若干问题的规定》（法释〔2015〕10号，2020年12月23日修正）第三十条。

⑤ 《最高人民法院关于人民法院办理执行异议和复议案件若干问题的规定》（法释〔2015〕10号，2020年12月23日修正）第三十一条。

第二十七章 执行复议案件

1291.【申请复议的形式要件】

复议申请人申请复议，应当向人民法院提交申请书。申请书应当载明具体的复议请求、事实、理由等内容，并附下列材料：

（一）复议申请人的身份证明；

（二）相关证据材料；

（三）送达地址和联系方式。①

1292.【执行复议案件的审查处理】

上一级人民法院对不服异议裁定的复议申请审查后，应当按照下列情形，分别处理：

（一）异议裁定认定事实清楚，适用法律正确，结果应予维持的，裁定驳回复议申请，维持异议裁定；

（二）异议裁定认定事实错误，或者适用法律错误，结果应予纠正的，裁定撤销或者变更异议裁定；

（三）异议裁定认定基本事实不清、证据不足的，裁定撤销异议裁定，发回作出裁定的人民法院重新审查，或者查清事实后作出相应裁定；

（四）异议裁定遗漏异议请求或者存在其他严重违反法定程序的情形，裁定撤销异议裁定，发回作出裁定的人民法院重新

① 参照《最高人民法院关于人民法院办理执行异议和复议案件若干问题的规定》（法释〔2015〕10号，2020年12月23日修正）第一条。

审查；

（五）异议裁定对应当适用民事诉讼法第二百三十四条规定审查处理的异议，错误适用民事诉讼法第二百三十二条规定审查处理的，裁定撤销异议裁定，发回作出裁定的人民法院重新作出裁定。

除依照本条第1款第3项、第4项、第5项发回重新审查或者重新作出裁定的情形外，裁定撤销或者变更异议裁定且执行行为可撤销、变更的，应当同时撤销或者变更该裁定维持的执行行为。

人民法院对发回重新审查的案件作出裁定后，当事人、利害关系人申请复议的，上一级人民法院复议后不得再次发回重新审查。①

1293.【不予受理执行异议或驳回异议申请的复议审查】

异议人对不予受理执行异议或者驳回异议申请裁定不服申请复议，上一级人民法院审查后认为符合受理条件的，应当裁定撤销原裁定，指令执行法院立案或者对执行异议进行审查。②

1294.【多人复议的一并审查】

多方当事人对同一异议裁定申请复议的，上一级人民法院应当一并审查。

1295.【复议案件的审查期限】

当事人、利害关系人依照民事诉讼法第二百三十二条规定申请复议的，上一级人民法院应当自收到复议申请之日起三十日内审查完毕，并作出裁定。有特殊情况需要延长的，经本院院长批准，可以延长，延长的期限不得超过三十日。③

---

① 参照《最高人民法院关于人民法院办理执行异议和复议案件若干问题的规定》（法释〔2015〕10号，2020年12月23日修正）第二十三条。

② 参照《最高人民法院关于人民法院办理执行异议和复议案件若干问题的规定》（法释〔2015〕10号，2020年12月23日修正）第二条第三款。

③ 参照《最高人民法院关于适用〈中华人民共和国民事诉讼法〉执行程序若干问题的解释》（法释〔2008〕13号，2020年12月23日修正）第八条。

1296.【复议审查期间的执行】

执行复议期间，不停止执行。

被执行人、利害关系人提供充分、有效的担保请求停止相应处分措施的，人民法院可以准许；申请执行人提供充分、有效的担保请求继续执行的，应当继续执行。①

1297.【对强制措施、间接执行措施复议的特别规定】

对执行法院作出的拘留、罚款、限制出境决定，及对被纳入失信被执行人名单的纠正申请予以驳回的决定申请复议的，依照本规范第十三章的有关规定办理，不适用本章规定。

---

① 参照《最高人民法院关于适用〈中华人民共和国民事诉讼法〉执行程序若干问题的解释》（法释〔2008〕13号，2020年12月23日修正）第九条。

第二十八章　执行监督案件

第一节　执行监督的一般规定

1298.【执行监督案件的类型】

符合下列情形之一的，人民法院应当按执行监督案件立案审查：

（一）人民法院自收到申请执行书之日起超过六个月未执行，申请执行人向上一级法院申请执行，上一级法院决定督促执行的；①

（二）执行案件的当事人、利害关系人、案外人向上级法院申诉，上级法院认为确有必要并决定执行监督的；

（三）上级法院发现下级法院执行行为不当或有错误，决定进行执行监督的；②

（四）检察机关提出民事执行监督检察建议的；③

（五）执行法院发现本院执行行为确有错误需要纠正，决定

---

① 参照《中华人民共和国民事诉讼法》（2021 年 12 月 24 日修正）第二百三十三条。

② 参照《最高人民法院关于人民法院执行工作若干问题的规定（试行）》（法释〔1998〕15 号，2020 年 12 月 23 日修正）第 72 条第 1 款。

③ 参照《最高人民法院、最高人民检察院关于民事执行活动法律监督若干问题的规定》（法发〔2016〕30 号）第十二条、第十三条。

进行执行监督的；[①]

（六）人民法院认为应当执行监督的其他情形。

1299.【上级法院对下级法院的监督】

上级人民法院依法监督下级人民法院的执行工作。最高人民法院依法监督地方各级人民法院和专门法院的执行工作。[②]

1300.【对执行行为不当的监督】

上级法院发现下级法院在执行中作出的裁定、决定、通知或具体执行行为不当或有错误的，应当及时指令下级法院纠正，并可以通知有关法院暂缓执行。

下级法院收到上级法院的指令后必须立即纠正。如果认为上级法院的指令有错误，可以在收到该指令后五日内请求上级法院复议。

上级法院认为请求复议的理由不成立，而下级法院仍不纠正的，上级法院可直接作出裁定或决定予以纠正，送达有关法院及当事人，并可直接向有关单位发出协助执行通知书。[③]

1301.【对不作为的监督】

上级法院发现下级法院的执行案件（包括受委托执行的案件）在规定的期限内未能执行结案的，应当作出裁定、决定、通

---

① 参照《最高人民法院关于人民法院发现本院作出的诉前保全裁定和在执行程序中作出的裁定确有错误以及人民检察院对人民法院作出的诉前保全裁定提出抗诉人民法院应当如何处理的批复》（法释〔1998〕17号）。批复主要内容："山东省高级人民法院：你院鲁高法函〔1998〕57号《关于人民法院在执行程序中作出的裁定如发现确有错误应按何种程序纠正的请示》和鲁高法函〔1998〕58号《关于人民法院发现本院作出的诉前保全裁定确有错误或者人民检察院对人民法院作出的诉前保全提出抗诉人民法院应如何处理的请示》收悉。经研究，答复如下：一、人民法院院长对本院已经发生法律效力的诉前保全裁定和在执行程序中作出的裁定，发现确有错误，认为需要撤销的，应当提交审判委员会讨论决定后，裁定撤销原裁定。二、人民检察院对人民法院作出的诉前保全裁定提出抗诉，没有法律依据，人民法院应当通知其不予受理。"

② 《最高人民法院关于人民法院执行工作若干问题的规定（试行）》（法释〔1998〕15号，2020年12月23日修正）第71条。

③ 参照《最高人民法院关于人民法院执行工作若干问题的规定（试行）》（法释〔1998〕15号，2020年12月23日修正）第72条。

知而不制作的，或应当依法实施具体执行行为而不实施的，应当督促下级法院限期执行，及时作出有关裁定等法律文书，或采取相应措施。①

1302.【执行依据错误的处理】

上级法院在监督下级法院执行案件中，发现下级法院据以执行的生效法律文书确有错误的，应当书面通知下级法院暂缓执行，并按照审判监督程序处理。②

1303.【监督期间的暂缓执行与恢复执行】

上级法院通知暂缓执行的，应同时指定暂缓执行的期限。暂缓执行的期限一般不得超过三个月。有特殊情况需要延长的，应报经院长批准，并及时通知下级法院。

暂缓执行的原因消除后，应当及时通知执行法院恢复执行。期满后上级法院未通知继续暂缓执行的，执行法院可以恢复执行。③

1304.【不落实监督意见的责任】

下级法院不按照上级法院的裁定、决定或通知执行，造成严重后果的，按照有关规定追究有关主管人员和直接责任人员的责任。④

第二节　督促执行案件

1305.【督促执行的一般规定】

人民法院自收到申请执行书之日起超过六个月未执行的，申

---

① 《最高人民法院关于人民法院执行工作若干问题的规定（试行）》（法释〔1998〕15号，2020年12月23日修正）第74条第1款。

② 参照《最高人民法院关于人民法院执行工作若干问题的规定（试行）》（法释〔1998〕15号，2020年12月23日修正）第75条。

③ 《最高人民法院关于人民法院执行工作若干问题的规定（试行）》（法释〔1998〕15号，2020年12月23日修正）第77条。

④ 《最高人民法院关于人民法院执行工作若干问题的规定（试行）》（法释〔1998〕15号，2020年12月23日修正）第78条。

请执行人可以向上一级人民法院申请执行。上一级人民法院经审查，可以责令原人民法院在一定期限内执行，也可以决定由本院执行或者指令其他人民法院执行。①

前款规定的六个月期间，不应当计算执行中的公告期间、鉴定评估期间、管辖争议处理期间、执行争议协调期间、暂缓执行期间以及中止执行期间。②

1306.【申请督促执行的形式要件】

申请执行人向上一级人民法院申请督促执行的，应当采用书面形式。申请书应当载明申请执行人的基本情况、执行法院名称、执行案件编号或执行依据的文号、执行案件立案时间、向上一级人民法院申请执行的事实及理由等内容。并附下列材料：

（一）申请执行人的身份证明；

（二）相关证据材料；

（三）送达地址和联系方式。

1307.【执行完毕情形的处理】

督促执行案件审查期间，执行实施案件依法执行完毕的，终结督促执行案件的审查程序。③

1308.【督促执行的审查处理】

有下列情形之一的，上一级人民法院可以根据申请执行人的申请，责令执行法院限期执行或者裁定变更执行法院：

（一）债权人申请执行时被执行人有可供执行的财产，执行法院自收到申请执行书之日起超过六个月对该财产未执行完结的；

（二）执行过程中发现被执行人有可供执行的财产，执行法

① 《中华人民共和国民事诉讼法》（2021 年 12 月 24 日修正）第二百三十三条。

② 参照《最高人民法院关于适用〈中华人民共和国民事诉讼法〉执行程序若干问题的解释》（法释〔2008〕13 号，2020 年 12 月 23 日修正）第十三条。

③ 终结督促执行案件的审查程序，可以以“其他”方式报结案。参见《最高人民法院关于执行案件立案、结案若干问题的意见》（法发〔2014〕26 号）第二十六条第十项。

院自发现财产之日起超过六个月对该财产未执行完结的；

（三）对法律文书确定的行为义务的执行，执行法院自收到申请执行书之日起超过六个月未依法采取相应执行措施的；

（四）其他有条件执行超过六个月未执行的。①

上一级人民法院责令执行法院限期执行的，应当向其发出督促执行令，并将有关情况书面通知申请执行人。上一级人民法院决定由本院执行或者指令本辖区其他人民法院执行的，应当作出裁定，送达当事人并通知有关人民法院。②

上一级人民法院责令执行法院限期执行，执行法院在指定期间内无正当理由仍未执行完结的，上一级人民法院应当裁定由本院执行或者指令本辖区其他人民法院执行。③

第三节　执行申诉案件

1309.【申诉案件的一般规定】

执行案件的当事人、利害关系人、案外人认为执行法院的执行行为不当或确有错误，侵害其合法权益的，可以向上级法院申诉，上级法院审查后决定是否启动执行监督程序。

1310.【执行申诉的形式要件】

申诉人提出申诉的，应当向人民法院提交申诉书。申诉书应当载明具体的申诉请求、事实、理由等内容，并附下列材料：

（一）申诉人的身份证明；

（二）相关证据材料；

（三）送达地址和联系方式。

---

① 参照《最高人民法院关于适用〈中华人民共和国民事诉讼法〉执行程序若干问题的解释》（法释〔2008〕13号，2020年12月23日修正）第十条。

② 参照《最高人民法院关于适用〈中华人民共和国民事诉讼法〉执行程序若干问题的解释》（法释〔2008〕13号，2020年12月23日修正）第十一条。

③《最高人民法院关于适用〈中华人民共和国民事诉讼法〉执行程序若干问题的解释》（法释〔2008〕13号，2020年12月23日修正）第十二条。

1311.【申诉案件的审查立案】

当事人、利害关系人、案外人直接向上级法院申诉，请求执行监督，其请求事项符合民事诉讼法第二百三十二条、第二百三十四条规定情形的，由执行法院按照相关规定处理，上级法院不予受理。不符合上述规定情形的，由上级法院决定是否启动执行监督程序。

当事人、利害关系人、案外人直接向上级法院申诉，上级法院指令相关法院对其下级法院立案监督的，相关法院应当立案审查。

1312.【对复议裁定的申诉】

当事人、利害关系人不服民事诉讼法第二百三十二条所规定的执行复议裁定，向上一级人民法院申诉，上一级人民法院应当作为执行监督案件立案审查，以裁定方式作出结论。①

1313.【超过异议期限的申诉】

当事人、利害关系人在异议期限之内已经提出异议，但是执行法院未予立案审查，如果当事人、利害关系人在异议期限之后继续申诉，执行法院应当作为执行监督案件立案审查，以裁定方式作出结论。

当事人、利害关系人不服前款所规定的执行监督裁定，向上一级人民法院继续申诉，上一级人民法院应当作为执行监督案件立案审查，以裁定方式作出结论。②

1314.【申诉案件的审查处理】

上级人民法院审查申诉案件，应当按照下列情形，分别作出处理：

（一）准许撤回申请，即当事人撤回申诉的；

---

① 参照《最高人民法院关于人民法院办理执行信访案件若干问题的意见》（法发〔2016〕15号）第15条。

② 参照《最高人民法院关于人民法院办理执行信访案件若干问题的意见》（法发〔2016〕15号）第16条。

（二）驳回申请，即申诉不成立的；

（三）限期改正，即申诉成立，指定执行法院、复议法院在一定期限内改正的；

（四）撤销并改正，即申诉成立，撤销执行法院、复议法院的裁定直接改正的；

（五）其他，即其他可以报结的情形。①

1315.【参照复议案件相关规定审查】

除本章另有规定外，申诉案件可以参照本规范第二十六章关于复议案件的相关规定进行审查。

第四节 检察监督案件

1316.【同级法院的受理与回复】

人民检察院提出的民事执行监督检察建议，统一由同级人民法院立案受理。②

人民法院收到人民检察院的检察建议书后，应当在三个月内将审查处理情况以回复意见函的形式回复人民检察院，并附裁定、决定等相关法律文书。有特殊情况需要延长的，经本院院长批准，可以延长一个月。③

回复意见函应当载明人民法院查明的事实、回复意见和理由并加盖院章。不采纳检察建议的，应当说明理由。④

1317.【上级法院的受理与回复】

人民法院收到检察建议后逾期未回复或者处理结果不当的，

① 参照《最高人民法院关于执行案件立案、结案若干问题的意见》（法发〔2014〕26号）第二十六条。

② 《最高人民法院、最高人民检察院关于民事执行活动法律监督若干问题的规定》（法发〔2016〕30号）第十二条。

③ 《最高人民法院、最高人民检察院关于民事执行活动法律监督若干问题的规定》（法发〔2016〕30号）第十三条第一款。

④ 《最高人民法院、最高人民检察院关于民事执行活动法律监督若干问题的规定》（法发〔2016〕30号）第十三条第二款。

提出检察建议的人民检察院可以依职权提请上一级人民检察院向其同级人民法院提出检察建议。上一级人民检察院认为应当跟进监督的，应当向其同级人民法院提出检察建议。人民法院应当在三个月内提出审查处理意见并以回复意见函的形式回复人民检察院，认为人民检察院的意见正确的，应当监督下级人民法院及时纠正。[①]

1318.【检察监督行为不当的处理】

人民法院认为检察监督行为违反法律规定的，可以向人民检察院提出书面建议。人民检察院应当在收到书面建议后三个月内作出处理并将处理情况书面回复人民法院；人民法院对于人民检察院的回复有异议的，可以通过上一级人民法院向上一级人民检察院提出。上一级人民检察院认为人民法院建议正确的，应当要求下级人民检察院及时纠正。[②]

1319.【检察监督案件的审查】

检察机关提出民事执行监督检察建议的案件，可以参照执行申诉案件审查。

1320.【暂缓执行的检察建议】

人民检察院对人民法院生效民事判决提出暂缓执行的建议没有法律依据，不予采纳。[③]

---

① 《最高人民法院、最高人民检察院关于民事执行活动法律监督若干问题的规定》（法发〔2016〕30号）第十四条。

② 《最高人民法院、最高人民检察院关于民事执行活动法律监督若干问题的规定》（法发〔2016〕30号）第十七条。

③ 参照《最高人民法院关于如何处理人民检察院提出的暂缓执行建议问题的批复》（法释〔2000〕16号）。

第二十九章　执行协调案件

1321.【协调案件的适用范围】

下列案件，人民法院应当按照执行协调案件予以立案：

（一）不同法院因执行程序、执行与破产、强制清算、审判等程序之间对执行标的产生争议，经自行协调无法达成一致意见，向共同上级法院报请协调处理的；

（二）对跨高级人民法院辖区的法院与公安、检察等机关之间的执行争议案件，执行法院报请所属高级人民法院与有关公安、检察等机关所在地的高级人民法院商有关机关协调解决或者报请最高人民法院协调处理的；

（三）当事人对内地仲裁机构作出的涉港澳仲裁裁决分别向不同人民法院申请撤销及执行，受理执行申请的人民法院对受理撤销申请的人民法院作出的决定撤销或者不予撤销的裁定存在异议，亦不能直接作出与该裁定相矛盾的执行或者不予执行的裁定，报请共同上级人民法院解决的；

（四）当事人对内地仲裁机构作出的涉港澳仲裁裁决向人民法院申请执行且人民法院已经作出应予执行的裁定后，一方当事人向人民法院申请撤销该裁决，受理撤销申请的人民法院认为裁决应予撤销且该人民法院与受理执行申请的人民法院非同一人民法院时，报请共同上级人民法院解决的；

（五）跨省、自治区、直辖市的执行争议案件报请最高人民法院协调处理的；

（六）其他依法报请协调的。[①]

1322.【执行争议的协调】

两个或两个以上人民法院在执行相关案件中发生争议的，应当协商解决。协商不成的，逐级报请上级法院，直至报请共同的上级法院协调处理。[②]

高级人民法院负责协调处理本辖区内跨中级人民法院辖区的法院与法院之间的执行争议案件。对跨高级人民法院辖区的法院与法院之间的执行争议案件，由争议双方所在地的两地高级人民法院协商处理；协商不成的，按有关规定报请最高人民法院协调处理。[③]

对跨高级人民法院辖区的法院与公安、检察等机关之间的执行争议案件，由执行法院所在地的高级人民法院与有关公安、检察等机关所在地的高级人民法院商有关机关协调解决，必要时可报请最高人民法院协调处理。[④]

1323.【协调处理决定的效力】

上级法院协调下级法院之间的执行争议所作出的处理决定，有关法院必须执行。[⑤]

1324.【特殊情形的处理】

上级法院在协调下级法院执行案件中，发现据以执行的生效法律文书确有错误的，应当书面通知下级法院暂缓执行，并按照

---

① 《最高人民法院关于执行案件立案、结案若干问题的意见》（法发〔2014〕26号）第十三条。

② 《最高人民法院关于人民法院执行工作若干问题的规定（试行）》（法释〔1998〕15号，2020年12月23日修正）第67条第1款。

③ 《最高人民法院关于高级人民法院统一管理执行工作若干问题的规定》（法发〔2000〕3号））第六条。

④ 《最高人民法院关于高级人民法院统一管理执行工作若干问题的规定》（法发〔2000〕3号））第七条。

⑤ 《最高人民法院关于人民法院执行工作若干问题的规定（试行）》（法释〔1998〕15号，2020年12月23日修正）第70条。

审判监督程序处理。[①]

执行中发现两地法院或人民法院与仲裁机构就同一法律关系作出不同裁判内容的法律文书的，各有关法院应当立即停止执行，报请共同的上级法院处理。[②]

上级法院协调处理有关执行争议案件，认为必要时，可以决定将有关款项划到本院指定的账户。[③]

1325.【协调案件的结案方式】

执行协调案件的结案方式包括：

（一）撤回协调请求，即执行争议法院自行协商一致，撤回协调请求的；

（二）协调解决，即经过协调，执行争议法院达成一致协调意见，将协调意见记入笔录或者向执行争议法院发出协调意见函的。[④]

---

① 参照《最高人民法院关于人民法院执行工作若干问题的规定（试行）》（法释〔1998〕15号，2020年12月23日修正）第75条。

② 《最高人民法院关于人民法院执行工作若干问题的规定（试行）》（法释〔1998〕15号，2020年12月23日修正）第68条。

③ 《最高人民法院关于人民法院执行工作若干问题的规定（试行）》（法释〔1998〕15号，2020年12月23日修正）第69条。

④ 《最高人民法院关于执行案件立案、结案若干问题的意见》（法发〔2014〕26号）第二十八条。